Roberto Francisco de Carvalho
Juciley Silva Evangelista Freire
José Damião Trindade Rocha
José Soares das Chagas
Organizadores

EDUCAÇÃO ESCOLAR NO TOCANTINS

POLÍTICA, CURRÍCULO E PRÁTICA

Editora CRV

Roberto Francisco de Carvalho
Juciley Silva Evangelista Freire
José Damião Trindade Rocha
José Soares das Chagas
(Organizadores)

EDUCAÇÃO ESCOLAR NO TOCANTINS:
Política, Currículo e Prática

Editora CRV
Curitiba – Brasil
2021

Copyright © da Editora CRV Ltda.
Editor-chefe: Railson Moura
Diagramação e Capa: Designers da Editora CRV
Revisão: Analista de Escrita e Artes

DADOS INTERNACIONAIS DE CATALOGAÇÃO NA PUBLICAÇÃO (CIP)
CATALOGAÇÃO NA FONTE
Bibliotecária responsável: Luzenira Alves dos Santos CRB9/1506

ED24

    Educação escolar no Tocantins: política, currículo e prática / Roberto Francisco de Carvalho, Juciley Silva Evangelista Freire, José Damião Trindade Rocha, José Soares das Chagas (organizadores) – Curitiba : CRV, 2021.
316 p.

    Bibliografia
    ISBN Digital 978-65-5868-792-4
    ISBN Físico 978-65-5868-791-7
    DOI 10.24824/978655868791.7

    1. Educação 2. Gestão da educação – Tocantins 3. Política e gestão educacional 4. Política e gestão curricular 5. Política e gestão de práticas pedagógicas I. Carvalho, Roberto Francisco de, org. II. Freire, Juciley Silva Evangelista, org. III. Rocha, José Damião Trindade, org. IV. Chagas, José Soares das, org. V. Título VI. Série.

CDU 37   CDD 371.2

Índice para catálogo sistemático
1. Gestão educacional 371.2

ESTA OBRA TAMBÉM SE ENCONTRA DISPONÍVEL
EM FORMATO DIGITAL.
CONHEÇA E BAIXE NOSSO APLICATIVO!

2021
Foi feito o depósito legal conf. Lei 10.994 de 14/12/2004
Proibida a reprodução parcial ou total desta obra sem autorização da Editora CRV
Todos os direitos desta edição reservados pela: Editora CRV
Tel.: (41) 3039-6418 - E-mail: sac@editoracrv.com.br
Conheça os nossos lançamentos: www.editoracrv.com.br

Conselho Editorial:

Aldira Guimarães Duarte Domínguez (UNB)
Andréia da Silva Quintanilha Sousa (UNIR/UFRN)
Anselmo Alencar Colares (UFOPA)
Antônio Pereira Gaio Júnior (UFRRJ)
Carlos Alberto Vilar Estêvão (UMINHO – PT)
Carlos Federico Dominguez Avila (Unieuro)
Carmen Tereza Velanga (UNIR)
Celso Conti (UFSCar)
Cesar Gerónimo Tello (Univer .Nacional Três de Febrero – Argentina)
Eduardo Fernandes Barbosa (UFMG)
Elione Maria Nogueira Diogenes (UFAL)
Elizeu Clementino de Souza (UNEB)
Élsio José Corá (UFFS)
Fernando Antônio Gonçalves Alcoforado (IPB)
Francisco Carlos Duarte (PUC-PR)
Gloria Fariñas León (Universidade de La Havana – Cuba)
Guillermo Arias Beatón (Universidade de La Havana – Cuba)
Helmuth Krüger (UCP)
Jailson Alves dos Santos (UFRJ)
João Adalberto Campato Junior (UNESP)
Josania Portela (UFPI)
Leonel Severo Rocha (UNISINOS)
Lídia de Oliveira Xavier (UNIEURO)
Lourdes Helena da Silva (UFV)
Marcelo Paixão (UFRJ e UTexas – US)
Maria Cristina dos Santos Bezerra (UFSCar)
Maria de Lourdes Pinto de Almeida (UNOESC)
Maria Lília Imbiriba Sousa Colares (UFOPA)
Paulo Romualdo Hernandes (UNIFAL-MG)
Renato Francisco dos Santos Paula (UFG)
Rodrigo Pratte-Santos (UFES)
Sérgio Nunes de Jesus (IFRO)
Simone Rodrigues Pinto (UNB)
Solange Helena Ximenes-Rocha (UFOPA)
Sydione Santos (UEPG)
Tadeu Oliver Gonçalves (UFPA)
Tania Suely Azevedo Brasileiro (UFOPA)

Comitê Científico:

Altair Alberto Fávero (UPF)
Ana Chrystina Venancio Mignot (UERJ)
Andréia N. Militão (UEMS)
Anna Augusta Sampaio de Oliveira (UNESP)
Barbara Coelho Neves (UFBA)
Cesar Gerónimo Tello (Universidad Nacional de Três de Febrero – Argentina)
Diosnel Centurion (Univ Americ. de Asunción – Py)
Eliane Rose Maio (UEM)
Elizeu Clementino de Souza (UNEB)
Fauston Negreiros (UFPI)
Francisco Ari de Andrade (UFC)
Gláucia Maria dos Santos Jorge (UFOP)
Helder Buenos Aires de Carvalho (UFPI)
Ilma Passos A. Veiga (UNICEUB)
Inês Bragança (UERJ)
José de Ribamar Sousa Pereira (UCB)
Jussara Fraga Portugal (UNEB)
Kilwangy Kya Kapitango-a-Samba (Unemat)
Lourdes Helena da Silva (UFV)
Lucia Marisy Souza Ribeiro de Oliveira (UNIVASF)
Marcos Vinicius Francisco (UNOESTE)
Maria de Lourdes Pinto de Almeida (UNOESC)
Maria Eurácia Barreto de Andrade (UFRB)
Maria Lília Imbiriba Sousa Colares (UFOPA)
Mohammed Elhajji (UFRJ)
Mônica Pereira dos Santos (UFRJ)
Najela Tavares Ujiie (UTFPR)
Nilson José Machado (USP)
Sérgio Nunes de Jesus (IFRO)
Silvia Regina Canan (URI)
Sonia Maria Ferreira Koehler (UNISAL)
Suzana dos Santos Gomes (UFMG)
Vânia Alves Martins Chaigar (FURG)
Vera Lucia Gaspar (UDESC)

Este livro passou por avaliação e aprovação às cegas de dois ou mais pareceristas *ad hoc*.

SUMÁRIO

APRESENTAÇÃO 11
João Cardoso Palma Filho/UNESP

INTRODUÇÃO 17
Juciley Silva Evangelista Freire
Roberto Francisco de Carvalho

PARTE I

POLÍTICA/GESTÃO EDUCACIONAL EM TEMPOS DE NEOCONSERVADORISMO E SUPRESSÃO DO DIREITO À EDUCAÇÃO

O FINANCIAMENTO DA EDUCAÇÃO NO BRASIL 25
João Cardoso Palma Filho

DIREITO À EDUCAÇÃO E ASSISTÊNCIA
ESTUDANTIL NO ESTADO BRASILEIRO:
avanços e desafios da permanência no Brasil e na UFT 39
Doracy Dias Aguiar de Carvalho
Roberto Francisco de Carvalho

POLITICAS PÚBLICAS DE INCLUSÃO: um olhar sobre o acesso
e a permanência das pessoas com deficiência no ensino superior 59
José Wilson Rodrigues de Melo
Marja Diane Pereira Brito de Oliveira

EDUCAÇÃO MUNICIPAL NO TOCANTINS: política, gestão
e direito na pandemia do coronavírus – um campo controverso 75
Rosilene Lagares
Ítalo Bruno Paiva Gonçalves
Leonardo Victor dos Santos

MECANISMOS DE PROVIMENTO NO CARGO DE DIRETOR
ESCOLAR NO SISTEMA ESTADUAL DE EDUCAÇÃO DO
TOCANTINS: epicentro da gestão democrática ou acomodação jurídica? ... 93
Katia Cristina C. F. Brito
Lêda Lira Costa Barbosa
Meire Lúcia Andrade da Silva

PARTICIPAÇÃO NA AVALIAÇÃO INSTITUCIONAL DA
UNIVERSIDADE FEDERAL DO TOCANTINS:
o campus de Miracema como ilustração 109
Geraldo Santos da Costa

PARTE II

POLÍTICAS CURRICULARES NO TOCANTINS: ETAPAS E MODALIDADES DA EDUCAÇÃO BÁSICA

POLÍTICAS CURRICULARES E FORMAÇÃO DOCENTE: reflexões
sobre as diretrizes nacionais e as implicações para o Estado do Tocantins ...129
Rosemeri Birck
Roberto Francisco de Carvalho
João Cardoso Palma Filho

FORMAÇÃO DO SUJEITO AUTÔNOMO E PROTAGONISMO
JUVENIL: uma problematização do sentido de autonomia na base
nacional comum curricular do ensino médio – BNCC/EM............................. 147
José Carlos da Silveira Freire
Eliziane de Paula Silveira

EDUCAÇÃO INTEGRAL *VERSUS* EDUCAÇÃO DE TEMPO
INTEGRAL: um olhar na rede estadual de ensino do estado do Tocantins ...167
Adriana dos Reis Martins
Solange Aparecida Machado

O CURRÍCULO INTERCULTURAL DA ESCOLA INDÍGENA AKWẼ
DO TOCANTINS-BR EM UMA PERSPECTIVA DECOLONIAL 189
Raquel Castilho Souza
Karylleila Andrade
Tânia Ferreira Rezende

PARTE III

PRÁTICAS EDUCATIVAS NO AMBIENTE ESCOLAR: PLANEJAMENTO, PROCESSOS PEDAGÓGICOS E AVALIAÇÃO

A DIMENSÃO CULTURAL NO CURRÍCULO
DO ENSINO DE ARTE EM PALMAS/TO:
ausências e possibilidades formativas
abrangendo os saberes populares 211
Roní Lopes Nascimento

ASPECTOS TEÓRICOS, METODOLÓGICOS E PRÁTICOS DA PRODUÇÃO DE VÍDEOS-MINUTO EM TURMAS DO ENSINO MÉDIO 229
Catherinne Melo Alves
João Paulo Simões Vilas Bôas

ENSINO DE FILOSOFIA PARA CRIANÇAS SOB A PERSPECTIVA DE MATTHEW LIPMAN 243
Terezinha de Jesus Rocha Bezerra
Raquel Castilho Souza

O ENSINO DA ARTE NO CONTEXTO ESCOLAR: reflexões sobre a primeira fase do ensino fundamental 263
Brenda Faria Braga de Sousa
Rosemeri Birck

QUEM ESCUTA TRANSFORMA: concepções das juventudes sobre o ensino médio e reflexões para pensar a educação na contemporaneidade ... 281
Marluce Zacariotti
Adriana Aguiar
Amanda Costa

ÍNDICE REMISSIVO 301

SOBRE OS AUTORES 307

APRESENTAÇÃO

João Cardoso Palma Filho/UNESP

O livro que tenho a honra de apresentar ao leitor, organizado pelos Professores Doutores Roberto Francisco de Carvalho, Juciley Silva Evangelista Freire, José Damião Trindade Rocha e José Soares das Chagas é muito oportuno em razão da atualidade da temática: Política, Currículo e Prática no contexto da educação escolar no Estado do Tocantins. Trata-se de uma obra vinculada ao Grupo de Estudo e Pesquisa Práxis Socioeducativa e Cultural (Práxis) e Mestrado Profissional em Educação do Programa de Pós-Graduação Profissional em Educação (PPPGE).

A obra está organizada em três partes:

Parte I – Política/ gestão educacional em tempos de neoconservadorismo e supressão do direito à educação, composta por seis capítulos.

Parte II – Políticas curriculares no Tocantins: etapas e modalidades da educação básica, integrada por quatro capítulos.

Parte III – Práticas educacionais no ambiente escolar: planejamento, processos pedagógicos e avaliações – também estruturada a partir de quatro capítulos.

Só pelos títulos das três partes podemos avaliar a importância dessa publicação, que tenho certeza muito enriquecerá o conhecimento dos leitores sobre a educação, particularmente no Estado do Tocantins, portanto, muito significativa para o momento em que estamos vivendo.

Obra esta, articulada em torno de três eixos: Política e Gestão Educacional, Currículo na Educação Básica e como tudo isso repercute no ambiente escolar, ou seja, como é realizada na prática do dia a dia essa política e a implementação do currículo escolar.

Inicialmente aborda a questão do financiamento da educação educacional, ampliado que foi pelo texto constitucional de 1988 e pela recente criação do Fundo para o desenvolvimento da educação básica, decorrente do Plano Nacional de Educação.

Claro que a ampliação do acesso à educação escolar, não só na educação básica, como também no ensino superior com as políticas afirmativa de inclusão, criou no campo da assistência estudantil uma decorrência natural da ampliação do direito à educação, tema tratado com propriedade pelos pesquisadores/professores Doracy Dias de Aguiar Carvalho e Roberto Francisco de Carvalho, para o contexto do Estado do Tocantins.

Na sequência, o terceiro capítulo dessa primeira parte do livro, os pesquisadores/ professores José Wilson Rodrigues de Melo e Marja Diane Pereira Brito de Oliveira enfrentam a complexa temática das políticas de inclusão voltadas para o acesso e permanência das pessoas com deficiência no ensino superior.

Nesse sentido, apontam os avanços e as contradições trazidas pela modernidade. Há toda uma rica abordagem histórica sobre o tema, concluindo pela presença de ainda muitos desafios, no enfrentamento dessa temática.

No quarto capítulo, os pesquisadores/professores remetem o leitor para um tema muito atual, no âmbito da educação municipal no Estado do Tocantins, ou seja, Rosilene Lagares, Ítalo Bruno Paiva Gonçalves e Leonardo Victor dos Santos discutem como tratar a política, a gestão e o direito da educação em tempos de pandemia do coronavírus, questão muito controversa e que apresenta o envolvimento de diferentes atores e muitas posições divergentes e nem podia ser diferente, como acentuam os autores: vivemos numa sociedade de interesses antagônicos.

As pesquisadoras/professoras Katia Cristina Custódio Ferreira Brito, Lêda Lira Costa Barbosa e Meire Lúcia Andrade da Silva no quinto capítulo tratam da espinhosa questão dos mecanismos de provimento do cargo para diretor escolar no sistema estadual de educação do Tocantins, formulando com pertinência a questão: Gestão democrática ou acomodação jurídica?

Com foco nesse questionamento, retomam a discussão da gestão democrática prevista no artigo 206 da Constituição Federal e também presente na Meta 19 do Plano Nacional de Educação e ainda na Meta 22 do Plano Estadual de Educação que afirma o princípio da gestão democrática. Alicerçadas em ampla bibliografia sobre o assunto, concluem que é fundamental ampliar o debate em torno da questão.

Fechando a Parte I, que se iniciou com a discussão do financiamento da educação, o pesquisador/professor Geraldo Santos da Costa nos remete para a questão muito presente nas discussões no âmbito da academia que é a avaliação institucional da Universidade Federal de Tocantins, com foco no campus de Miracema.

Se depreende da leitura do texto que o central na discussão é a participação da comunidade do campus citado na avaliação institucional e com base nas respostas dadas por essa mesma comunidade, leva o pesquisador a concluir que o processo avaliativo: "apresenta um caráter mais regulador, gerencialista e fiscalizador e, portanto, menos emancipatório, motivador e autônomo."

Tenho convicção que essa é uma constatação que pode ser generalizada para outras instituições universitárias, particularmente as que conheço no Estado de São Paulo, mas essa é minha opinião, o autor do texto não abordou fora do Campus de Miracema.

PARTE II – Políticas curriculares no Tocantins: etapas e modalidades da educação básica.

A Parte II se inicia com capítulo que discute as implicações para o Estado do Tocantins as implicações das Diretrizes Nacionais Curriculares para a formação docente.

Nesse sentido, Rosemeri Birck, Roberto Francisco de Carvalho e João Cardoso Palma Filho partem da análise do papel dos organismos multilaterais na formulação dessa política curricular e a formação docente.

O texto é um recorte da pesquisa realizada por Rosemeri para o seu doutorado.

Concluem os autores que influência exercida pela chamada pedagogia do aprender a aprender, bem como a pedagogia das competências, entre outras, tem levado a uma rarefação dos conteúdos formativos.

No segundo capítulo, os professores/pesquisadores José Carlos da Silveira Freire e Eliziane de Paula Silveira, a partir das perguntas: Para quê educar? E para quê ensinar? Discutem o sentido da autonomia e o protagonismo juvenil na Base Nacional Comum Curricular (BNCC) para o Ensino Médio, ou seja, qual a noção de autonomia presente nesse documento curricular, incorporado no componente curricular: "Projeto de vida e Protagonismo Juvenil", da Secretaria Estadual de Educação do Tocantins.

Na sequência, Adriana dos Reis Martins e Solange Aparecida Machado abordam o tema: "Educação integral versus Educação de tempo integral", numa perspectiva histórica, traçam o percurso da educação integral no sistema educacional brasileiro.

Entendem as autoras, que são muitos os desafios postos para a educação integral em tempo integral, uma vez que são muitas as concepções em torno do assunto e que vem despertando à atenção dos educadores em tempos recentes.

A Parte II é concluída com artigo, de autoria das professoras/pesquisadoras Raquel Castilho Souza, Karylleila Andrade e Tânia Ferreira de Rezende, intitulado: "O currículo intercultural da escola indígena AKWÊ do Tocantins-BR, em uma perspectiva decolonial", desafio muito bem enfrentado pelas autoras, que trazem novas contribuições pertinentes, para uma real compreensão da educação indígena no estado, com elementos que poderão contribuir para uma melhor formulação dessa mesma educação em termos de Brasil.

Para tanto, são apresentados aspectos históricos do trajeto dessa educação no Brasil, desde projeto Colonial, projeto de civilização do indígena, contextualizando para o Estado do Tocantins. São analisados o currículo da escola e o projeto político-pedagógico.

Enfim, as autoras buscam para a educação indígena uma nova perspectiva, superando a visão do período colonial e, desse modo, rompendo com o conhecido colonizado.

PARTE III – Práticas educacionais no ambiente escolar: planejamento, processos pedagógicos e avaliações.

A última parte do livro, mas nem por isso, menos importante, nos remete para a temática das práticas educativas no ambiente escolar, na qual são abordados os conceitos e práticas de planejamento, processos pedagógicos e avaliação.

A parte III inicia-se com artigo da professora/pesquisadora Roní Lopes Nascimento que trata da dimensão cultural no currículo do ensino de arte em Palmas, TO, indicando às ausências e as possibilidades formativas, abrangendo os saberes populares.

A pesquisa é realizada no contexto do ensino das artes numa escola de Educação Infantil e surge a partir das inquietações provocadas pela abordagem do tema "folclore" e os conteúdos correlacionados com essa temática.

"Serve de base para análise e discussão o documento oficial: Referencial Curricular Nacional para a Educação Infantil" e, claro, também levando em consideração o "Referencial pedagógico para a Educação Infantil de Palmas.TO.

A autora conclui "que a cultura afeta nossas vidas e de como ela se processa, especificamente em relação à constituição dos saberes populares e as diferentes maneiras de utilizá-la na escola."

Na sequência, o segundo capítulo de autoria da professora/pesquisadora Catherinne Melos Alves e do professor/pesquisador João Paulo Simões Vilas Bêas discute "Aspectos teóricos, metodológicos e práticos da produção de vídeos-minuto em turmas do Ensino Médio."

Trata-se de um trabalho teórico-conceitual com Nietzsche e da pesquisa metodológica com as Tecnologias de Informação e Comunicação (TICs) no ensino de filosofia, em especial a produção de vídeos por parte dos estudantes.

Nesse sentido, são apresentados os princípios teóricos que nortearam o planejamento e a execução da intervenção pedagógica, com a finalidade de ressaltar os pontos positivos e os principais problemas ligados ao emprego dessas tecnologias.

Para trabalhar com os alunos em sala de aula, os autores trouxeram à baila a obra de Nietzsche "Genealogia da Moral", em diálogo com as questões de nosso tempo que envolvem a violência gerada pelo preconceito, especificamente a homofobia e dados estatísticos sobre violência contra populações LGBT. Claro, um tema polêmico que gerou alguns conflitos com estudantes com formação religiosa fundamentalista. Mas, de um modo geral, os estudantes consideram válida a discussão do tema.

No terceiro capítulo, as professoras/pesquisadoras Terezinha de Jesus Rocha Bezerra e Raquel Castilho Souza, argumentam em favor de filosofia na educação infantil e no ensino fundamental, a partir da proposta do pensador Matthew Lipman, pois consideram que é fundamental que a educação estimule a criança a pensar melhor e acentuam, o quão é importante atentar para proposições de ações que possibilitem o desenvolvimento do pensamento crítico, criativo e reflexivo.

No capítulo quatro, as professoras/pesquisadoras Brenda Braga de Sousa e Rosemeri Birck abordam o tema: "O ensino da arte no contexto escolar: reflexões sobre a primeira fase do ensino fundamental"

O texto apresenta o ensino de arte em duas escolas municipais de Miracema do Tocantins.

Nesse sentido, descreve a trajetória histórica do ensino de arte no Brasil e a inserção desse conteúdo curricular na educação básica, procurando refletir sobre a formação docente, apontando os desafios desse ensino para os professores/as.

Concluem que foram muitas as mudanças porque passou o ensino de artes no Brasil, com destaque para a LDB de 1961, a Lei 5.692/71 que tratou da Reforma do Ensino de 1º e 2º Graus e no bojo dessa reforma, estabeleceu a obrigatoriedade do ensino de Educação Artística e por fim as mudanças advindas da atual LDB (Lei 9.394/96) e as subsequentes alterações.

Por fim e concluindo a Parte III, as autoras Marluce Zacariotti, Adriana Aguiar e Amanda Costa tratam, no capítulo 5, da temática "Quem escuta transforma:

concepções das juventudes sobre o ensino médio e reflexões para pensar a educação na contemporaneidade".

O texto apresenta o relato de uma pesquisa que levantou dados sobre o que pensam as juventudes do ensino médio da capital de Palmas/TO sobre a escola e o projeto Jovem em Ação.

A pesquisa revelou que os jovens veem na escola a grande chance de melhoria de vida, de oportunidade de trabalho e desejam educação de qualidade. As autoras concluem que a transformação da educação – sem perder de vista a qualidade do ensino – é caminho inevitável e necessário para a construção do conhecimento cidadão das juventudes do século XXI.

Ao concluir a breve apresentação desse robusto livro, quero manifestar meus mais sinceros agradecimentos pela oportunidade que me foi dada para fazê-la.

É minha convicção que este livro, com as diferentes contribuições dadas por pesquisadores/as do campo da educação, provocará reflexões por parte de seus leitores/as que saberão avaliar de modo consistente o importante papel que o conteúdo desse livro apresenta na direção do aprimoramento do processo educacional, nos diferentes conteúdos abordados, no Estado do Tocantins.

Boa leitura é o que desejo a todos e todas.

INTRODUÇÃO

Juciley Silva Evangelista Freire
Roberto Francisco de Carvalho

O cenário social, político, econômico e educacional no mundo se modificou nesses nove meses do ano de 2020. A pandemia do novo Corona vírus (Sars-COV-2), causador da Covid-19, passou a ditar novas regras de conduta social, exigindo dos governos medidas de distanciamento entre as pessoas por meio do isolamento e confinamento social, e culminou com o fechamento de vários espaços coletivos que propiciam a aglomeração de pessoas; a recomendação do uso social de máscaras faciais para proteção contra a contaminação e espalhamento do vírus; lavagem das mãos e uso do álcool em gel a 70% e diversos outros protocolos de cuidados para evitar a contaminação em massa, por tratar-se de um vírus com alto poder de contágio por via direta, inclusive pelo ar, incidindo fortemente em estágio de contaminação comunitária.

As medidas oficiais tomadas por governos em muitas partes do mundo, contudo, não evitaram uma alta contaminação de pessoas, atualmente são quase 30 milhões de infectados, com agravamento da doença em grupos de risco, levando à morte em torno de 950.000 (novecentos e cinquenta mil) pessoas no mundo (GOOGLE Notícias[1], 2020). No Brasil, esses dados são também altos, pois hoje o país figura em terceiro lugar no número de contágios, com mais de 4 milhões de infectados, e em segundo lugar no número de mortos pela Covid-19, contabilizando mais de 134.000 (cento e trinta e quatro mil), perdendo apenas para os Estados Unidos, que já tem quase 200.000 (duzentos mil) mortos e lidera o ranking de contágios e mortes no mundo. A alta concentração de contaminados que desenvolvem a forma grave da doença e necessitam de internação em leitos ou em Unidades de Terapia Intensiva tem levado ao colapso do sistema de saúde pública em vários estados brasileiros.

Paralela a essa crise sanitária e social, do ponto de vista econômico, a Covid-19 intensificou uma crise do sistema do capital que já vinha se arrastando desde o último grande abalo do sistema financeiro em 2008. Desemprego, aumento das desigualdades e da pobreza, fechamento de postos de trabalho formais e informais, redução de carga horária com redução salarial, paralisação de atividades comerciais e serviços não essenciais, intensa utilização de trabalho remoto, diminuição no ritmo da atividade produtiva e do consumo de variados bens, bem como a suspensão de atividades educacionais presenciais em vários países, afetando "quase 90% da população estudantil mundial" segundo a UNESCO (2020), são algumas das consequências das medidas tomadas durante a Pandemia.

Essas consequências, no entanto, estão sendo agravadas também por conta dos resultados das políticas neoliberais regressivas adotadas em alguns países e aos ataques desferidos à democracia e ao estado de direito. No caso brasileiro, após o

---

1 Disponível em: https://news.google.com/covid19/map?hl=pt-BR&gl=BR&ceid=BR%3Apt-419, Acesso em: 17 set. 2020.

impeachment da presidenta eleita Dilma Rousseff, em 2016, cassada pelo Congresso Nacional com base em processo de responsabilidade fiscal nunca comprovado judicialmente, o que configura um golpe parlamentar e jurídico, as reformas trabalhista e da previdência pública empreendidas iniciaram o desmonte de políticas sociais e solaparam direitos dos trabalhadores, desregulamentando as relações trabalhistas, precarizando a cobertura previdenciária e contribuindo para o aumento da exploração do trabalho pelo capital. Nesse contexto, sob a tutela do poder judiciário e com ampla cobertura da grande mídia dá se início a uma agenda conservadora e de destruição do estado social. Segundo Silva (2018).

> O processo do impeachment foi uma estratégia audaciosa para garantir a implantação da agenda conservadora de ataque aos direitos trabalhistas, aos direitos de jovens, homossexuais, negros, indígenas e mulheres. [...] (p. 504).

> A agenda conservadora é ampla e reconfigura a relação de forças entre capital/trabalho ao impor, por um lado, à classe trabalhadora um retrocesso às conquistas mais elementares de proteção social à ação predatória do capital. Por outro lado, o capital através dos seus representantes no Congresso Nacional e no Judiciário, garante o marco legal necessário para ampliar seus domínios e sua lucratividade. (p. 505).

As correlações de forças – entre liberais, conservadores e o diversificado campo da esquerda progressista – que vinham se delineando no Brasil nas primeiras décadas do século XX e que culminaram com o impeachment da presidenta Dilma, deram origem a um campo político que até então não detinha centralidade ou protagonismo na cena do poder executivo e legislativo, mas que ganha bastante notoriedade após o golpe: o ultraconservadorismo de tom fascista e antidemocrático, que encontra sua expressão mais bem acabada no personagem do então deputado federal Jair Bolsonaro.

Eleito presidente da república em outubro de 2018, o governo ultraconservador, neoliberal e militarizado de Jair Bolsonaro empreende uma agenda política, econômica e educacional ainda mais conservadora, em que

> partidos de esquerda, sindicatos, movimentos sociais e a escola pública, gratuita, laica e democrática se tornaram objeto de ataques. Professores foram alçados a inimigos do Estado e da Família, acusados de doutrinação ideológica. O contexto é de desmonte da escola pública, tanto pela via do corte de recursos financeiros quanto pela destituição da função social da escola, reduzida a instrução técnica. Conquista histórica da classe trabalhadora, o direito à educação se encontra ameaçado. A Ciência e as Universidades são atacadas e subjugadas ao fundamentalismo religioso. (CAVALCANTI et al., 2020, p. 318).

No âmbito das políticas educacionais, a agenda é, além de "ultraconservadora", também "fundamentalista religiosa que se contrapõe aos princípios constitucionais da liberdade, da democracia e dos direitos sociais" (CAVALCANTI et al., 2020, p. 318). O Plano de governo apresentado durante a campanha delineava 4 pontos que expressam bem esse espírito:

(1) inverter as prioridades, de modo a investir menos em educação superior e investir mais em educação básica e no ensino técnico; (2) expurgar a filosofia de Paulo Freire das escolas; (3) priorizar Matemática, Ciências e Português, sem doutrinação e sexualização precoce; (4) a educação a distância como estratégia para a educação nas áreas rurais. (*Ibidem*).

Segundo Cavalcati *et al.* (2020, p. 319), entre as principais pautas educacionais apresentadas por Bolsonaro em seu primeiro ano de governo, destacam-se: "o Homeschooling, o Programa Escola Cívico-Militar, o Projeto Escola Sem Partido, a alfabetização pelo método fônico, a privatização da educação superior e o Programa Novos Caminhos".

Coerente com suas proposições de construção de uma agenda ultraconservadora e excludente para a educação brasileira, o governo de Jair Bolsonaro iniciou um amplo processo de destruição das políticas educacionais até então vigentes, que tinham uma perspectiva de inclusão e de garantia do direito à educação em todos os níveis, etapas e modalidades da educação. O Ministério da Educação do governo Bolsonaro, em apenas 100 dias de governo apresentou como saldo, segundo levantamento realizado pelo De Olho nos Planos (BASILIO; ELOY; DAHER, 2020), dentre outras ações:

- Extinção da Secretaria de Articulação com os Sistemas de Ensino (SASE), principal responsável por articular o Sistema Nacional de Educação (SNE);
- Extinção da Secretaria de Educação Continuada, Alfabetização, Diversidade e Inclusão (SECADI), responsável pelos programas, ações e políticas de Educação Especial, Educação de Jovens e Adultos, Educação do Campo, Educação Escolar Indígena, Educação Escolar Quilombola, Educação para as relações Étnico-Raciais e Educação em Direitos Humanos.
- Criação da Subsecretaria de Fomento às Escolas Cívico-Militares, braço da Secretaria de Educação Básica (SEB), para subsidiar a implantação de "escolas e modelos de gestão compartilhada entre as Secretarias de Educação, o Exército, as Polícias Militares (PM) e o Corpo de Bombeiros".
- Assinatura de acordo entre Ministério da Educação, Ministério da Justiça, Controladoria-Geral da União e Advocacia-Geral da União para apurar casos de corrupção no Ministério da Educação, chamada de "A Lava Jato da Educação", com o claro objetivo de criminalização de atores educacionais.

Nosso objetivo aqui não é listar ou analisar todas as ações no plano educacional empreendidas nesse pouco mais de ano e meio de governo Bolsonaro, mas evidenciar os pressupostos de sua política educacional. Nesse sentido, vale lembrar que neste pouco período de tempo a pasta do Ministério da Educação já foi ocupada por quatro ministros, todos eles profundamente comprometidos com a implementação dessa agenda.

Se considerarmos o princípio da proposição versus realização para avaliação de uma política pública, poderíamos dizer, conforme aponta Ximenes (*apud* BASILIO; ELOY; DAHER, 2020), que Bolsonaro tem sido exitoso em sua política educacional. O que é péssimo para a educação brasileira.

O Plano Nacional de Educação (2014-2024), pensado, mas nunca considerado como uma política de estado, não está orientando o planejamento das políticas educacionais. Tornou-se, como seu antecessor, letra morta. E, assim, os problemas que a educação brasileira vem remontando desde o século passado só se agravam, pois ainda não conseguimos alcançar metas elementares, como a erradicação do analfabetismo (meta 9 do PNE), a universalização da educação infantil (meta 1) e dos jovens de 15 a 17 anos, chegando a pelo menos 85% de matrículas no ensino médio (meta 3), e a questão da formação e valorização da carreira do magistério (meta 18), fundamental para a atratividade de jovens para a docência.

Neste contexto de regressividade das políticas educacionais, há que se comemorar, contudo, uma importante conquista para a concretização da meta 20 do PNE, que trata do financiamento da educação pública: a recente aprovação da Emenda Constitucional 108/2020, que tornou permanente o Fundo de Manutenção e Desenvolvimento da Educação Básica e de Valorização dos Profissionais da Educação (Fundeb), com ampliação de verbas para a educação, e a aprovação do Custo Aluno Qualidade (CAQ) e do Sistema Nacional de Avaliação da Educação Básica (Sinaeb). Essa conquista só foi possível devido a uma ampla organização da sociedade civil que pressionou deputados e senadores a votarem favorável ao texto da relatoria que incorporava dispositivos formulados democraticamente por organizações sociais e associações de educadores[2] comprometidos com a perspectiva da educação pública, gratuita, laica e de qualidade social. Os pontos defendidos pela Campanha Nacional pelo Direito à Educação e aprovados na PEC, são:

- Aumento da complementação da União dos atuais 10% para 23%, com recursos novos e preservando o Salário-Educação;
- Constitucionalização do Custo Aluno-Qualidade (CAQ), como parâmetro para qualidade adequada da educação e como mecanismo de controle social, melhoria da gestão, segurança jurídica, fazendo avançar a justiça federativa no Brasil;
- Incorporação do Sistema Nacional de Avaliação da Educação Básica (Sinaeb) como política de avaliação que inclui, mas supera as avaliações de larga escala;
- Aprovação de sistema híbrido de distribuição de recursos, sendo mais equitativo, mas sem desestruturar grandes redes públicas do Norte e Nordeste do país;
- Uso do recurso público exclusivamente para a educação pública;
- Destinação dos 70% dos recursos do Fundeb para a valorização de todos os profissionais da educação;
- Proibição do desvio dos recursos de Manutenção e Desenvolvimento do Ensino para o pagamento de aposentadorias. Atualmente, as escolas

---

2   Nessa luta destacamos a Campanha Nacional pelo Direito à Educação, constituída por uma rede de entidades que tiveram papel ativo na construção do novo Fundeb e do CAQ, são eles: Ação Educativa, ActionAid Brasil, Centro de Cultura Luiz Freire, Cedeca-CE, CNTE, Fineduca, Mieib, MST, Uncme e Undime. (CAMPANHA..., ago. 2020)

públicas perdem R$ 20 bilhões com essa transferência indevida. (CAMPANHA, 2020, p. 56)

Os desafios para a educação no Brasil, no atual contexto social, político, sanitário e econômico, são muitos, como vimos. O papel da ciência, da reflexão e sobretudo da organização da sociedade civil compromissada com o projeto emancipador e progressista, torna-se fundamental para o enfrentamento desses desafios e (re)construção da agenda de políticas públicas inclusivas e de fortalecimento do estado.

Não mencionamos acima o grave estímulo negacionista da ciência que tem prevalecido nos discursos de autoridades que compõe o governo federal e de seus asseclas. Discursos estes que tem agravado a crise sanitária e educacional no país. O projeto deste livro vem na contramão desta narrativa negacionista.

Nesta obra, produzida coletivamente, são apresentadas à comunidade acadêmica, estudantes das licenciaturas, professores da educação básica e ao público interessado, reflexões teóricas e práticas, resultado de pesquisas acadêmico-científicas, sobre três eixos fundamentais da educação: Políticas Educacionais; Gestão da Educação; Currículo da Educação Básica e Práticas Educativas.

O objetivo é contribuir com o debate acerca de temas e problemas educacionais e pôr em evidência os desafios, limites e perspectivas que a realidade da educação brasileira e, em especial, a do Tocantins, apresenta para os educadores, os gestores, os pesquisadores, os formuladores de políticas e para a sociedade de modo geral.

Trata-se de uma obra sobre a política/gestão, currículo e prática da educação de espectro abrangente, mas que contem eixos estruturantes articulados objetivando oferecer um leque de conhecimentos que possibilitam aos trabalhadores da educação refletirem criticamente sobre temas caros à política/gestão educacional em tempos de encolhimento da esfera pública, ataque a educação escolar pública, retrocessos nas políticas sociais e reacionarismo que afeta o planejar e realizar do processo educativo.

O livro, nesse sentido, além de criticar a direção em que vem tomando a elaboração e implementação da política/gestão da educação em um momento de aprofundamento da crise da sociedade capitalista, entendendo a educação como prática social contraditória, indica a resistência como uma trilha que pode fortalecer a luta na disputa por uma educação emancipadora e democrático-popular.

Nessa linha de pensamento, esperamos fomentar o debate fazendo a crítica ao atual momento educacional brasileiro problematizando: a subordinação da política e gestão da educação ao capital; a transformação do professor/educador em professor/instrutor; e a conversão das práticas pedagógicas escolares em treinamento técnico e apolítico. Nessa perspectiva, articulado à crítica teórica, que nessa segunda década do século XXI tende ao pessimismo, os autores da presente obra expressam, como esperança construtiva, um otimismo crítico na ação. Com essa intencionalidade, convidamos à leitura do livro que pretende contribuir com o debate sobre a política/gestão da educação brasileira em tempos de conservadorismo reacionário, imprimido pelo governo de plantão.

REFERÊNCIAS

BASILIO, A. L; ELOY, D.; DAHER, J. **De Olho nos Planos** – 100 dias de governo Bolsonaro e a educação: o que aconteceu até agora. Disponível em: https://www.deolhonosplanos.org.br/100-dias-bolsonaro-educacao/ Acesso em: 18 set. 2020.

CAMPANHA Nacional pelo Direito à Educação. **Fundeb 2020**: vitória da escola pública e da Campanha Nacional pelo Direito à Educação. Disponível em: https://media.campanha.org.br/acervo/documentos/Fundeb2020_Historico_2020_08_26_AtuacaoCampanha_FINAL.pdf Acesso em: 18 set. 2020.

CAVALCANTI *et al*. Educação e cultura na luta por emancipação da humanidade: ataques e resistências no governo Bolsonaro. **Revista de Políticas Públicas,** v. 24, 2020. Disponível em: http://www.periodicoseletronicos.ufma.br/index.php/rppublica/article/view/15148 Acesso em: 18 set. 2020.

SILVA. Ilse Gomes. Estado e lutas sociais no Brasil no golpe de 2016: o estado de exceção avança. **Revista de Políticas Públicas,** v. 22, número especial, 25.09.2018. Disponível em: http://www.periodicoseletronicos.ufma.br/index.php/rppublica/article/view/9796 Acesso em: 18 set. /2020.

UNESCO. **Reabertura das Escolas.** Covid-19 resposta educacional: nota informativa – setor de Educação, 7.1. Abril de 2020. Disponível em: https://unesdoc.unesco.org/ark:/48223/pf0000373275_por?posInSet=1&queryId=f5e77daf-4788-48e3-8d-17-8e13b634dfa6 Acesso em: 17 set. 2020.

PARTE I

POLÍTICA/GESTÃO EDUCACIONAL EM TEMPOS DE NEOCONSERVADORISMO E SUPRESSÃO DO DIREITO À EDUCAÇÃO

O FINANCIAMENTO DA EDUCAÇÃO NO BRASIL

João Cardoso Palma Filho

"Só existirá democracia no Brasil no dia em que se montar no país a máquina que prepara as democracias. Essa máquina é a escola pública" (ANÍSIO TEIXEIRA).

Introdução

A finalidade do presente texto é investigar, à luz da legislação vigente o financiamento da educação brasileira e as dificuldades enfrentadas pelos gestores público, para garantir um mínimo de recursos visando atender a crescente demanda por educação de qualidade para todos.

O ponto de partida é a análise documental sobre o conteúdo legislativo relacionado ao tema em questão. De toda documentação compilada sobreleva em importância, a Constituição Federal promulgada em 1988, bem como as Emendas Constitucionais n. 14/96, que instituiu o Fundo de Manutenção e Desenvolvimento do Ensino Fundamental e de Valorização do Magistério (Fundef), a n. 53/06, que substituiu o Fundef pelo Fundo de Manutenção e Desenvolvimento da Educação Básica e de Valorização dos Profissionais da Educação Básica (Fundeb) e a n. 59/09, que estendeu a obrigatoriedade para a educação básica dos 04 (quatro) aos 17 (dezessete) anos de idade, reduziu gradativamente os limites ao financiamento da educação e definiu a existência de parâmetros percentual do Produto Interno Bruto (PIB) para o setor da educação. Ao final discutiremos a tramitação no Congresso Nacional relacionada a renovação do atual fundo para a manutenção da educação básica e valorização do magistério (Fundeb), cuja vigência expira em 31.12.2020.

A Lei de Diretrizes e Bases da Educação Nacional (LDBEN), promulgada em 20.12.1996 e o Plano Nacional de Educação (PNE) sancionado em junho de 2014 (Lei 13.005), em particular a Meta n. 20 que trata especificamente da questão do financiamento serão levadas em consideração na análise que está sendo feita.

O maior desafio que se apresenta ao campo da educação pública no momento é garantir o financiamento da educação para que se cumpra as metas e estratégias do Plano Nacional de Educação, com vigência até o ano de 2024.

Acrescente-se, a crise econômica que se avizinha, consequência dos efeitos da pandemia do Corona Vírus na economia brasileira e no momento que se discute no Congresso Nacional a renovação do Fundo Nacional para o Desenvolvimento e Valorização do Magistério da Educação Básica (FUNDEB), que termina em dezembro de 2020.

Normalmente, com algumas interrupções, os recursos para a educação têm sido garantidos nos textos constitucionais e nas leis de diretrizes e bases da educação nacional LDBEN (1961 e 1996).

Um pouco de história

Num rápido retrospecto e valendo-me das considerações feitas por Monlevade (2014, p. 322) temos, até o momento, a seguinte trajetória: "A Constituição de 1934 foi a primeira que vinculou percentuais de impostos à educação em níveis federal (10%), estadual (20%) e municipal (10%)." De acordo com esse autor, o texto constitucional na questão do financiamento foi uma consequência do Manifesto dos Pioneiros da Educação, que alertava a Nação sobre a necessidade de investimento público prioritário para o setor da educação pública.

Todavia, a Constituição Federal de 1934 teve vida curta, vindo a ser revogada pelo golpe do Estado Novo (1937), dado por Getúlio Vargas com apoio das Forças Armadas e o novo texto redigido por Francisco Campos inspirado na Constituição da Polônia, retira o dispositivo que vinculava recursos federais para cobrir as despesas na manutenção da educação pública. Com o fim do Estado Novo (1945) e após eleições realizadas em 1946, o novo texto constitucional voltou a fixar a vinculação de impostos federais (12%) e ainda com o acréscimo para a manutenção da educação básica pública da vinculação de 20% dos Fundos de Participação dos Estados (FPE) e dos Municípios (FPM), em decorrência da tendência verificada cada vez mais dos entes federados (Estados e Municípios assumirem o ensino primário e pré-primário, o que já vinha ocorrendo desde o advento do Ato Adicional de 1834. A vinculação dos recursos federais foi mantida a vinculação dos impostos federais (12%) até o ano de 1966. Entretanto, a nova Constituição Federal de 1967 retirou essa obrigatoriedade e dali até 1985, quando foi editada a Emenda Constitucional de autoria do Senador João Calmon, a educação deixou de contar com recursos federais, a não ser os advindos do Salário Educação estabelecido em 1964 no governo Castelo Branco. Finalmente, a Constituição Federal de 1998 restabelece a obrigação de a União investir pelo menos 18% dos impostos federais na educação e 25% dos impostos estaduais e municipais e no mesmo ano foi, pela primeira vez, criado um fundo para a manutenção e desenvolvimento do ensino fundamental e valorização do magistério, antiga reivindicação dos pioneiros pela educação.

A Constituição Federal de 1988

A Emenda Constitucional n. 59 de 2009 tornou obrigatória a educação dos quatro aos dezessete anos de idade e desse modo ampliou o dever do estado para com a educação, previsto no artigo 205 da mesma Constituição.

De acordo com dados fornecidos pelo INEP/MEC para o ano de 2018, essa obrigatoriedade abrangia um total de 48.456 milhões de estudantes, assim distribuído: Creche: 3,587; Pré-Escola: 5,158; Anos Iniciais do Ensino Fundamental: 15,176; Anos Finais do Ensino Fundamental: 12,008; Ensino Médio: 7,710; Educação de Jovens e Adultos (EJA): 3,546 e Educação Profissional: 1,903.

Essa matrícula se apresentava distribuída da seguinte forma em valores percentuais e em milhão de estudantes: Rede Federal: 0,8; Rede Estadual: 32,9; Rede Municipal: 47,7 e Rede Privada: 18,6.

No quesito desempenho dos alunos, medidos pelo IDEB para o ano de 2017, os dados são os seguintes:

Anos iniciais do Ensino Fundamental: 5,8, para uma meta prevista de 5,5.

Anos finais do Ensino Fundamental: 4,7 e ficou abaixo da meta prevista que era de 5,0.

Ensino Médio: 3,8 para uma meta prevista de 4,7.

Quanto à responsabilidade dos entes federativos na manutenção do ensino obrigatório na educação básica, a distribuição se dá da seguinte forma: União: 20,3%; Estados: 39,1% e Municípios: 40,6%.

Como financiar as despesas?

No ano de 1996 em decorrência da Emenda Constitucional n. 14 foi criado o Fundo para a Manutenção do Ensino Fundamental e Valorização do Magistério (FUNDEF) que previa que 60% do que estados e municípios deveriam aplicar em educação seria destinado ao Ensino Fundamental. Desse modo, esses entes federativos deveriam aplicar 15% da arrecadação de alguns impostos, com destaque para o ICMS no ensino fundamental, restando 10% para as demais despesas nos demais níveis da educação básica. Importante ressaltar, que em várias unidades da federação (Estados e Municípios) em razão de legislação estadual aplicavam mais que o mínimo de 25,0% previsto na Constituição Federal (art. 212).

Houve forte reação no âmbito do poder público municipal que argumentava que haveria prejuízo para o atendimento da população em idade infantil (creches e pré-escolas). Como consequência, os municípios passaram a defender que o ingresso no ensino fundamental passasse a ser aos 6 (seis) anos de idade e, desse modo, o último ano da pré-escola se deslocasse para aquele nível da educação básica. O movimento foi vitorioso e beneficiou as municipalidades que apenas atendiam a educação infantil. Outra consequência foi que os municípios que não atendiam o ensino fundamental e para não ter que transferir recursos para os estados, passassem a reivindicar a municipalização dos anos iniciais do ensino fundamental, ou seja, o atendimento do primeiro ao quinto ano. Desse modo, unidades da federação que até então atendiam apenas a educação infantil passaram a contar com recursos do Fundef. Nesses estados, atualmente, a maior parte da matrícula nos anos iniciais estão sob a responsabilidade dos municípios. Como se vê, o fundo alavancou a municipalização do ensino fundamental, ao menos nos anos iniciais.

Com o término do Fundef, a Emenda Constitucional n. 53/2006 cria as condições para a extensão do financiamento para toda a educação básica, o que veio a ocorrer com a promulgação da Lei Federal n. 11.494, de 20/06/2007. De outra parte, a emenda constitucional amplia a participação da União na manutenção e desenvolvimento da educação básica, quando estabelece que a partir do quarto ano de vigência da mesma, essa esfera da federação complementará os recursos do fundo para a educação básica com 10% do montante aplicado por estados e municípios, mas ainda manterá a DRU

(Desoneração das Receitas da União), a qual começará a cair a partir do ano de 2009, com a Emenda Constitucional n. 59 e, assim mesmo, de forma gradativa.

Todavia, a citada emenda amplia o atendimento obrigatório, quando estabelece a obrigatoriedade educacional na faixa etária dos 04 (quatro) aos 17 (dezessete) anos de idade e legisla no sentido de que a União, os Estados, o Distrito Federal e os Municípios definam, formas de colaboração, de modo a assegurar a universalização do ensino obrigatório, que anteriormente era obrigatório dos 6 (seis) aos 14 (catorze) anos de idade e mantendo a mesma obrigatoriedade como direito subjetivo.

A Emenda Constitucional n. 53/2006 deu nova redação aos artigos 7º, 23, 30, 206, 208, 211 e 212 da Constituição Federal e ao artigo 60 do Ato das Disposições Constitucionais Transitórias. Com as alterações fica garantida à assistência gratuita aos filhos e dependentes desde o nascimento até 5(cinco) anos de idade em creches e pré-escolas; estabelece ainda que leis complementares fixarão normas para a cooperação entre a União e os Estados, o Distrito Federal e os Municípios, tendo em vista o equilíbrio do desenvolvimento e do bem-estar em âmbito nacional. Até o momento em que escrevo o presente texto, as normas complementares não foram aprovadas pelo Congresso Nacional. Prescreve também que deverá ser mantida a cooperação técnica e financeira da União e do Estado, programas de educação infantil e de ensino fundamental, de certa forma, assegurando a prioridade do atendimento nesses dois níveis da educação básica.

Ao artigo 206 da Constituição Federal dá nova redação ao Inciso V estabelecendo a obrigatoriedade da existência, na forma da lei, de planos de carreira, com ingresso exclusivamente por concurso público de provas e títulos, no caso das redes públicas e, acrescenta um Inciso VIII criando, pela primeira vez, na história republicana do Brasil, o piso salarial profissional nacional para os profissionais da educação escolar pública, regulamentado posteriormente pela lei federal n. 11.738, de 18 de julho de 2008. Alguns estados entraram com ação de inconstitucionalidade da referida lei junto ao STF, mas a lei foi declarada constitucional, inclusive no que diz respeito a jornada de trabalho docente, que deverá reservar um terço da carga horária total para as demais atividades do exercício do magistério, fora de sala de aula. Até hoje, muitos estados e municípios não estão cumprindo esse dispositivo, inclusive o estado de São Paulo. De acordo com essa lei os estados e municípios que não tiverem recursos necessários para cumprimento do piso salarial deverão ter os recursos complementados pela União (art. 4º). Pelo que está determinado pelo § 5º do artigo 211, a educação básica pública atenderá prioritariamente ao ensino regular.

Ainda do ponto de vista do financiamento da educação básica pública, o § 5º do artigo 212, afirma que ela terá como fonte adicional de financiamento a contribuição social do salário-educação, recolhida pelas empresas na forma da lei.

O financiamento da educação básica e superior de acordo com o PNE (Plano Nacional de Educação).

Como já assinalado, a existência de um plano nacional de educação decenal, é uma exigência constitucional. Nesse sentido no dia 25 de junho de 2014 foi sancionada pela Presidente Dilma Rousseff a lei federal n. 13.005. Esta contempla um conjunto de 20 metas e mais de 260 estratégias. Foge ao escopo deste texto, abordar todas as metas, razão pela qual vamos nos ater especificamente a meta 20, que trata do financiamento da educação pública. Entretanto, de modo sucinto apresentamos as 20 metas, sem considerar as estratégias contidas em cada uma das metas:

Meta 1 – Educação infantil

Universalizar, até 2016, a educação infantil na pré-escola para as crianças de 4 (quatro) a 5 (cinco) anos de idade e ampliar a oferta de educação infantil em creches de forma a atender, no mínimo, 50% (cinquenta por cento) das crianças de até 3 (três) anos até o final da vigência deste PNE.

Meta 2 – Ensino Fundamental

Universalizar o ensino fundamental de 9 (nove) anos para toda a população de 6 (seis) a 14 (quatorze) anos e garantir que pelo menos 95% (noventa e cinco por cento) dos alunos concluam essa etapa na idade recomendada, até o último ano de vigência deste PNE.

Meta 3 – Ensino Médio

Universalizar, até 2016, o atendimento escolar para toda a população de 15 (quinze) a 17 (dezessete) anos e elevar, até o final do período de vigência deste PNE, a taxa líquida de matrículas no ensino médio para 85% (oitenta e cinco por cento).

Meta 4 – Inclusão

Universalizar, para a população de 4 (quatro) a 17 (dezessete) anos com deficiência, transtornos globais do desenvolvimento e altas habilidades ou superdotação, o acesso à educação básica e ao atendimento educacional especializado, preferencialmente na rede regular de ensino, com a garantia de sistema educacional inclusivo, de salas de recursos multifuncionais, classes, escolas ou serviços especializados, públicos ou conveniados.

Meta 5 – Alfabetização infantil

Alfabetizar todas as crianças, no máximo, até o final do 3º (terceiro) ano do ensino fundamental.
Oferecer educação em tempo integral em, no mínimo, 50% (cinquenta por cento) das escolas públicas, de forma a atender, pelo menos, 25% (vinte e cinco por cento) dos (as) alunos (as) da educação básica.

Meta 7 Qualidade da Educação Básica/ IDEB

Fomentar a qualidade da educação básica em todas as etapas e modalidades, com melhoria do fluxo escolar e da aprendizagem de modo a atingir as seguintes médias nacionais para o Ideb: 6,0 nos anos iniciais do ensino fundamental; 5,5 nos anos finais do ensino fundamental; 5,2 no ensino médio.

Meta 8 – Elevação da escolaridade/Diversidade

Elevar a escolaridade média da população de 18 (dezoito) a 29 (vinte e nove) anos, de modo a alcançar, no mínimo, 12 (doze) anos de estudo no último ano de vigência deste Plano, para as populações do campo, da região de menor escolaridade no País e dos 25% (vinte e cinco por cento) mais pobres, e igualar a escolaridade média entre negros e não negros declarados à Fundação Instituto Brasileiro de Geografia e Estatística – IBGE.

Meta 9 – Alfabetização de jovens e adultos

Elevar a taxa de alfabetização da população com 15 (quinze) anos ou mais para 93,5 (noventa e três inteiros e cinco décimos por cento) até 2015 e, até o final da vigência deste PNE, erradicar o analfabetismo absoluto e reduzir em 50% (cinquenta por cento) a taxa de analfabetismo funcional.

Meta 10 – EJA Integrada

Oferecer, no mínimo, 25% (vinte e cinco por cento) das matrículas de educação de jovens e adultos, nos ensinos fundamental e médio, na forma integrada à educação profissional.

Meta 11 Educação Profissional

Triplicar as matrículas da educação profissional técnica de nível médio, assegurando a qualidade da oferta e pelo menos 50% (cinquenta por cento) da expansão no segmento público.

Meta 12 – Educação Superior

Elevar a taxa bruta de matrícula na educação superior para 50% (cinquenta por cento) e a taxa líquida para 33% (trinta e três por cento) da população de 18 (dezoito) a 24 (vinte e quatro) anos, assegurada a qualidade da oferta e expansão para, pelo menos, 40% (quarenta por cento) das novas matrículas, no segmento público.

Meta 13 – Qualidade da Educação Superior

Elevar a qualidade da educação superior e ampliar a proporção de mestres e doutores do corpo docente em efetivo exercício no conjunto do sistema de educação superior para 75% (setenta e cinco por cento), sendo, do total, no mínimo, 35% (trinta e cinco por cento) doutores.

Meta 14 – Pós-Graduação

Elevar gradualmente o número de matrículas na Pós-Graduação de modo a atingir a titulação anual de 60.000 (sessenta mil) mestres e 25.000 (vinte e cinco mil) doutores.

Meta 15 – Profissionais da Educação

Garantir, em regime de colaboração entre União, os Estados, o Distrito Federal e os Municípios, no prazo de 1 (um) ano de vigência do PNE, política nacional de formação dos profissionais da educação de que tratam os incisos I, II e III do caput do art. 61 da Lei n p.9.394, de 20 de dezembro de 1996, assegurado que todos os professores e as professoras da educação básica possuam formação específica de nível superior, obtida em curso de licenciatura na área de conhecimento em que atuam.

Meta 16 – Formação em nível de Pós-Graduação

Formar, em nível de Pós-Graduação, 50% (cinquenta por cento) dos professores da educação básica, até o último ano de vigência deste PNE, e garantir a todos (as) os (as) profissionais da educação básica formação continuada em sua áreas de atuação, considerando as necessidades, demandas e contextualizações dos sistemas de ensino.

Meta 17 – Valorização do Magistério

Valorizar os (as) profissionais do magistério das redes públicas de educação básica de forma a equiparar seu rendimento médio ao dos (as) demais profissionais com escolaridade equivalente, até o final do sexto ano de vigência do PNE.

Meta 18 – Planos de Carreira

Assegurar, no prazo de 2 (dois) anos, a existência de planos de Carreira para os (as) profissionais da educação básica e superior pública de todos os sistemas de ensino e, para o plano de Carreira dos (as) profissionais da educação básica pública, tomar como referência o piso salarial nacional profissional, definido em lei federal, nos termos do inciso VIII do art. 206 da Constituição Federal.

Meta 19 – Gestão Democrática

Assegurar condições, no prazo de 2 (dois) anos para efetivação da gestão democrática da educação, associada a critérios técnicos de mérito e desempenho e à consulta pública à comunidade escolar, no âmbito das escolas públicas, prevendo recursos e apoio técnico da União para tanto.

Meta 20 – Financiamento da Educação

Ampliar o investimento público em educação pública de forma a atingir, no mínimo, o patamar de 7% (sete por cento) do Produto Interno Bruto (PIB) do País no 5º (quinto) ano de vigência desta Lei e, no mínimo 10% (dez por cento) do PIB ao final do decênio.

De outra parte, a LDBEN de 1996 definiu quais são os recursos públicos destinados aos sistemas educacionais. São eles: a) receita de impostos próprios da União, dos Estados, do Distrito Federal e dos Municípios; receita de transferências constitucionais e outras transferências; c) receita do salário educação e de outras contribuições sociais; d) receita de incentivos fiscais; e) outros recursos previstos em lei.

Oportuno destacar que parte desses recursos públicos pode ser direcionada a escolas comunitárias, confessionais ou filantrópicas, com a finalidade de criar bolsas de estudo no ensino fundamental e médio quando faltarem vagas na rede pública próximas à residência do estudante. Os mesmos estabelecimentos de ensino que de acordo com a lei, se afigurem como instituições sem fim lucrativos gozam de imunidade fiscal, que na prática, significa não incidência de impostos sobra a renda, os serviços e o patrimônio. A legislação prevê, ainda a isenção tributária a qualquer estabelecimento privado de nível superior, que aderirem ao Programa Universidade para Todos (Prouni), que fica, por exemplo, isenta do IRPJ (Imposto de Renda sobre Pessoa Jurídica) e de mais três contribuições: Contribuição Social sobre o Lucro Líquido (CSLL), Contribuição Social para o Financiamento da Seguridade Social (COFINS) e Contribuição para o Programa de Integração Social (PIS).

As 12 (doze) estratégias da Meta 20 do Plano Nacional de Educação

Visando ampliar o investimento público em educação público para que as metas do PNE sejam alcanças ao longo de dez anos, a partir da promulgação da Lei 13.005/14, o legislador aprovou 12 estratégias:

1. Garantir fontes de financiamento permanentes e sustentáveis para todos os níveis, etapas e modalidades da educação básica, observando-se as políticas de colaboração entre os entes federados, em especial as decorrentes do art. 60 do Ato das Disposições Constitucionais Transitórias e do § 1º do art. 75 da Lei n. 9.394, de 20 de dezembro de 1996, que tratam

da capacidade de atendimento e do esforço fiscal de cada ente federado, com vistas a atender suas demandas educacionais à luz do padrão de qualidade nacional;
2. Aperfeiçoar e ampliar os mecanismos de acompanhamento da arrecadação da contribuição social do salário-educação;
3. Destinar à manutenção do ensino, em acréscimo aos recursos vinculados nos termos do art. 212 da Constituição Federal, na forma da lei específica, a parcela da participação no resultado ou da compensação financeira pela exploração de petróleo e gás natural e outros recursos, com a finalidade de cumprimento da meta prevista no inciso VI do *caput* do art. 214 da Constituição Federal;
4. Fortalecer os mecanismos e os instrumentos que assegurem, nos termos do parágrafo único do art. 48 da Lei Complementar 101, de 4 de maio de 2000, a transferência e o controle social na utilização dos recursos públicos aplicados em educação, especialmente a realização de audiências públicas, a criação de portais eletrônicos de transparência e a capacitação dos membros dos conselhos de acompanhamento e controle social do Fundeb, com a colaboração entre o Ministério da Educação, as secretarias de educação dos estados e dos municípios e os tribunais de contas da União, dos estados e dos municípios;
5. Desenvolver, por meio do Instituto Nacional de Estudos e Pesquisas Educacionais Anísio Teixeira (Inep), estudos e acompanhamento regular dos investimentos e custos por aluno da educação básica e superior pública, em todas suas etapas e modalidades;
6. No prazo de dois anos da vigência deste PNE, será implantado o Custo Aluno-Qualidade inicial (CAQi), referenciado no conjunto de padrões mínimos estabelecidos na legislação educacional e cujo financiamento será calculado com base nos respectivos insumos indispensáveis ao processo de ensino-aprendizagem e será progressivamente reajustado até a implantação plena do Custo Aluno Qualidade (CAQ);
7. Implementar o Custo Aluno Qualidade (CAQ) como parâmetro para o financiamento da educação de todas as etapas e modalidades da educação básica, a partir do cálculo e do acompanhamento regular dos indicadores de gastos educacionais com investimentos em qualificação e remuneração do pessoal docente e dos demais profissionais da educação pública, em aquisição, manutenção, construção e conservação de instalações e equipamentos necessários ao ensino e em aquisição de material didático-escolar, alimentação e transporte escolar;
8. O CAQ será definido no prazo de três anos e será continuamente ajustado, com base em metodologia formulada pelo Ministério da Educação (MEC), e acompanhado pelo Fórum Nacional de Educação (FNE), pelo Conselho Nacional de Educação (CNE) e pelas Comissões de Educação da Câmara dos Deputados e de Educação, Cultura e Esportes do Senado Federal;
9. Regulamentar o parágrafo único do art. 23 e o art. 211 da Constituição Federal, no prazo de dois anos, por lei complementar, de forma a

estabelecer as normas de cooperação entre a União, os estados, o Distrito Federal e os municípios, em matéria educacional, e a articulação dos sistema nacional de educação em regime de colaboração, com equilíbrio na repartição das responsabilidades e dos recursos e efetivo cumprimento das funções redistributiva e supletiva da União no combate às desigualdades educacionais regionais, com especial atenção às regiões Norte e Nordeste;
10. Caberá à União, na forma da lei, a complementação de recursos financeiros a todos os estados, ao Distrito Federal e aos municípios que não conseguirem atingir o valor do CAQi e, posteriormente, do CAQ;
11. Aprovar, no prazo de um ano, Lei de Responsabilidade Educacional, assegurando padrão de qualidade na educação básica, em cada sistema e rede de ensino, aferida pelo processo de matas de qualidade aferidas por institutos oficiais de avaliação educacionais;
12. Definir critérios para distribuição de recursos adicionais dirigidos à educação ao longo do decênio, que considerem a equalização das oportunidades educacionais, a vulnerabilidade socioeconômica e o compromisso técnico e de gestão do sistema de ensino, a serem pactuados na instância prevista no § 5º do art. 7º desta lei.

Balanço geral do cumprimento das metas do PNE

A Meta 20 e suas estratégias apresentam um quadro promissor, que se levado à efeito teria contribuído para considerar melhoria na qualidade da educação básica brasileira e, inclusive teria contribuído para diminuir as desigualdades regionais, decorrentes do diferente desenvolvimento das condições socioeconômicas de cada região. Para tanto, muito contribui a implementação do CAQi e do CAQ, bem como a regulamentação do regime de colaboração entre os entes federados, além de disciplinar a função redistributiva e supletiva da União, que indiscutivelmente beneficiaria as regiões menos desenvolvidas do país.

Mas não foi isso que se observou a partir do ano de 2015, com a crise política que culminou no afastamento pelo Congresso Nacional da Presidenta Dilma Rousseff e recessão econômica que se seguiu a esse quadro institucional. Em 2016 o governo Michel Temer aprova a Emenda Constitucional n. 95, conhecida com a PEC do "fim do mundo", que congela os recursos no campo da educação, decretando a morte do Plano Nacional de Educação.

Como consequência das 20 metas, 16 estão estagnadas e 4 tiveram cumprimento parcial, de acordo com Andressa Pellanda. Coordenadora executiva da Campanha Nacional pelo Direito à Educação.

Segundo Pellanda, desde 2015 vem ocorrendo um "desinvestimento" na educação. Para ela, o quadro se agrava diante do contingenciamento de R$ 5.8 bilhões no orçamento do Ministério da Educação (MEC), apesar do desbloqueio de R$ 1,587 bilhão, diante da reação produzida na sociedade civil.

Ao titular atual do MEC (2020) interessa rever duas metas do PNE, a 12 e a 20, respectivamente a que estabelece o aumento de vagas no ensino superior público para 40%, atualmente está em menos de 30% e a que defende 10% do PIB para a educação até o ano de 2024. Quanto às demais metas Abraham Weintraub nada disse, quando depôs na Câmara Federal.

Para Pellanda, são várias as razões pelas quais, o PNE não andou: queda nos recursos da educação; política de austeridade do país; ausência de um sistema nacional de educação; falta de prioridade nas políticas de educação; falta de suporte do governo federal para estados e municípios e a atual gestão do MEC foca em políticas que vão na contramão do PNE, Como ações que vão na contramão do PNE, aponta: a militarização das escolas, que vai contra a gestão democrática nas escolas públicas, prevista pela Meta 19; cortes de recursos e ensino a distância para a educação básica, que não tem previsão legal e contradiz o que dispõe o próprio PNE, que prevê aumento de recursos em educação pública presencial.

A renovação do Fundeb em tempos de Corona vírus

Anteriormente indicamos que o atual Fundeb tem vigência até 31.12.2020 e não tem havido interesse do MEC em prorrogá-lo ou mesmo em criar um novo modelo. A não prorrogação dele acarretará uma série de consequências prejudiciais a continuidade da manutenção da educação básica por parte de estados e municípios. Estudos têm apontado que praticamente 2/3 desses entes federativos não terão condições de manter em funcionamento as escolas estaduais e municipais, uma vez que o fundo responde por quase 70% das despesas com a educação.

Desde o ano de 2015 tramitam no Congresso Nacional duas propostas de Emenda Constitucional com a finalidade de instituir um novo fundo para a educação básica. A partir de 2016 a discussão se desenrola num quadro institucional e financeiro muito desfavorável, agravado em 2020 com tríplice crise que o país está enfrentando: sanitária, política e financeira.

A PEC 15/2015 iniciou sua tramitação na Câmara Federal e foi apresentada pela deputada federal Raquel Muniz e tem como relatora a deputada federal Dorinha Seabra Rezende do estado de Tocantins. No Senado Federal foi a apresentada a PEC 65/2019 de autoria do senador Randolfe Rodrigues e tem como relator o senador Flávio Arns e no mesmo ano também no senado federal foi apresentada a PEC 33/2019 proposta pelo senador Jorge Kajuru que tem como relator o senador Zequinha Marinho.

A PEC relatada pela professora Dorinha Seabra Rezende está mais adiantada e a partir de determinado momento contou também com a participação do senador Flávio Arns, no sentido de produzirem um relatório que contemplasse tanto a Câmara Federal como o Senado Federal.

Foi realizada uma quantidade muito grande de audiências públicas, talvez em excesso e o resultado foi que às vésperas de vencer o prazo de vigência do atual fundo ainda não temos aprovada aquela que seria a renovação dele, colocando em risco o financiamento da educação básica.

O ministério da educação tem sido omisso no tocante à discussão do novo fundo, como já assinalado o titular da pasta mostrou interesse em rediscutir as metas 12 e 20, ou seja não concorda com a expansão do ensino superior público e muito menos ainda com o percentual proposto para a complementação dos recursos a ser feita pela União, que na proposta original previa passar de 10% (dez por cento) para 40% (quarenta por cento), valor este a ser alcançado em 2031.

O fato é que acabou ficando no relatório apresentado pela deputada federal Professora Dorinha Seabra Rezende o valor de 15% (quinze por cento) para o ano de 2021 e 1,0% a mais a cada ano subsequente até atingir a complementação por parte da União de 20% (vinte por cento).

De acordo com notícias veiculadas pela imprensa até esses valores correm o risco de não serem aprovados pela área econômica do governo federal.

Para que se tenha ideia do desastre que advirá com a não renovação do Fundeb, basta mencionar que 45% (quarenta e cinco por cento) dos recursos aplicados na educação básica advém desse fundo.

No contexto da desigualdade regional, o papel redistributivo do fundo é fundamental para minimizar os efeitos na educação dessa desigualdade. Essa redistribuição representa muito, principalmente para municípios mais pobres ou com uma rede educacional muito grande. Assim é que quase 66% dos municípios paulistas, ou 403 municípios, perderiam investimentos na educação caso deixe de existir o Fundeb e, ainda pior, nesses municípios estão quase 93% (noventa e três por cento) de todos os estudantes em redes municipais de educação. Dos municípios paulistas que perderiam investimento, cerca de 18% (dezoito por cento) deles perderiam mais de 30% (trinta por cento) de tudo que investem na educação e 44% (quarenta por cento) perderiam, no mínimo, 20% (vinte por cento) do seu investimento. No total, 403 municípios paulistas deixariam de contar com cerca de R$ 7,5 bilhões para investir na educação. No limite muitos deles não teriam condições de manter a folha de pagamento do magistério.

Quando olhamos para o Brasil, a situação é ainda pior, os estudantes mais prejudicados seriam nas regiões Norte e Nordeste, onde cerca de 90% dos alunos veriam suas escolas perderem recursos, em grande parte deixariam de contar com a complementação feita pela União, que atualmente gira em torno de 10% (dez por cento) do total da contribuição de estados, distrito federal e municípios. No ano de 2019, a complementação da União girou em torno de 15 bilhões de reais. A região Sudeste seria a menos prejudicada, mesmo assim, 84% (oitenta e quatro por cento) dos estudantes teriam algum tipo de perda.

Por fim, importante salientar alguns pontos positivos:

1. O substitutivo da Deputada Professora Dorinha Seabra Rezende insere o Fundeb no corpo das disposições permanentes da Constituição Federal (art. 212-A.
2. Garante a autonomia, manutenção e consolidação dos Conselhos de Acompanhamento e Controle Social do Fundeb.
3. Aumento dos recursos para a educação básica.
4. Fortalecimento do monitoramento quanto à aplicação dos recursos vinculados à educação.
5. Veda o uso dos recursos referidos no *caput* e §§ 5º e 6º do art. 212 da Constituição Federal para pagamento de aposentadorias e pensões.

6. Proporção não inferior a 70% (setenta por cento) de cada Fundo referido no inciso I do art. 212-A será destinada ao pagamento dos profissionais do magistério da educação básica pública.
7. Inclui 80% (oitenta por cento) das receitas da exploração de minérios na cesta do Fundeb e constitucionaliza a Lei 12.858, prevendo a aplicação por parte da União, Estados, DF e Municípios de 75% (setenta e cinco por cento) dos recursos provenientes da exploração mineral, incluídas as de petróleo e gás natural.
8. Adota como referência qualidade o custo aluno qualidade, pactuados em regime de colaboração na forma do disposto em lei complementar, conforme o art. 23, parágrafo único da Constituição Federal, que estabelece o regime de colaboração entre os entes federados.

Um ponto da PEC 15/2015 que vem merecendo críticas de segmentos da sociedade civil, é o que se refere à incorporação dos recursos do salário educação na complementação a ser feita pela União, pois são recursos consideráveis, que no ano de 2019 distribuiu 21,4 bilhões de reais, dos quais 12,9 bilhões de reais (60%) para o estados (cota estadual e municipal) e 8,5 bilhões de reais (40%) referente à parte dos recursos que ficam sob a gestão do governo federal na forma de programas suplementares redistribuídos pelo Fundo Nacional do Desenvolvimento da Educação (FNDE). A cota estadual e municipal vem sendo utilizada para complementar as despesas com o transporte escolar e a alimentação escolar, contribuindo para a melhoria da alimentação oferecida aos estudantes.

Considerações Finais

No presente texto procuramos acentuar a importância que tem para que poder público possa ampliar o atendimento escolar, tanto do ponto de vista quantitativo como qualitativo, a redefinição das fontes de financiamento da educação pública.

Nesse sentido, ganha importância a discussão que ora se realiza em torno da renovação do Fundo para a Manutenção e Valorização dos Profissionais da Educação Básica (Fundeb).

REFERÊNCIAS

BRASIL Lei 11.494, de 20 de junho de 2007. Regulamenta o Fundo de Manutenção e Desenvolvimento da Educação Básica e Valorização dos Profissionais da Educação. FUNDEB. **Diário Oficial da União**, Brasília /DF, 21 jun. 2007.

BRASIL Lei 11.738, de 16 de julho de 2008. Regulamenta a alínea "e" do inciso III do *caput* do art. 60 do Ato das Disposições Constitucionais Transitórias para instituir o piso salarial profissional nacional para os profissionais do magistério público da Educação Básica. **Diário Oficial da União**, Brasília /DF, 17 jul. 2008.

BRASIL Constituição da República Federativa do Brasil. 55. ed. comemorativa. São Paulo: **Saraiva**, 2018.

BRASIL Plano Nacional de Educação. Lei 13.005, de 26.06.2014. Aprova o Plano Nacional de Educação – PNE e dá outras providências. **Diário Oficial da União**, Brasília /DF, 26 de jun. 2014.

MONLEVADE, João Antonio Cabral de. O custo aluno qualidade – novo critério de financiamento. **Revista Retrato da Escola**, Brasília/ DF, v. 8, n. 15, p. 313-327, jul. /dez. 2014.

PALMA FILHO, João Cardoso. Políticas públicas de financiamento da educação no Brasil. *In:* **Educação Pública em tempos de globalização neoliberal.** São Paulo: Porto de Ideias, (série políticas públicas, v. 3), 2018

PELLANDA, A. 70% das metas do Plano Nacional de Educação não foram atingidas. **Revista FAPESP**, ed. 269. São Paulo, julho 2018.

PELLANDA, A, **Plano Nacional de Educação está com 80% das metas estagnadas.** Associação de Mantenedores de Ensino Superior. www.abmes.org.br Acesso em: 22 jun. 2020.

PINTO, J. M. R. O financiamento da educação na Constituição Federal de 1988 – 30 anos de mobilização social. **Educação & Sociedade,** v. 39, n. 145, p. 846-869, out.-dez., 2018,

PINTO, J. M. R.; NASCIMENTO, I.; CARA, D. T.; PELLANDA, A. C. (org.) CAQi e CAQ no PNE. Quanto custa a educação pública de qualidade no Brasil? São Paulo: **Campanha Nacional pelo Direito à Educação**, 2018.

DIREITO À EDUCAÇÃO E ASSISTÊNCIA ESTUDANTIL NO ESTADO BRASILEIRO: avanços e desafios da permanência no Brasil e na UFT[3]

Doracy Dias Aguiar de Carvalho
Roberto Francisco de Carvalho

Introdução

Este estudo, de natureza teórico documental, analisa a política de Assistência Estudantil implementada pelo Estado nas IFES brasileiras, especificamente na UFT. Toma como principal referência empírica o Relatório da Pesquisa sobre Assistência Estudantil produzido pela Proest/UFT, em 2017, pesquisa essa que teve por objetivo verificar se a AE tem contribuído para a melhoria da qualidade de vida e permanência dos assistidos. O mencionado relatório demonstrou a importância de tal política na visão dos estudantes, bem como evidenciou a desproporção entre a demanda por assistência e os serviços ofertados pela UFT. Tal desproporção, que se soma à secundarização de algumas áreas do PNAES na Instituição, decorre da insuficiência de recursos financeiros do referido Programa em todas as IFES, cuja assistência implementada atende a uma lógica restritiva e focalizada condizente com as contrarreformas neoliberais implementadas no Brasil a partir de 1990 que vêm prejudicando, profundamente, a garantia de direitos como a educação e a assistência estudantil no âmbito das IFES.

Historicamente, a Assistência Estudantil (AE) tem assumido um lugar de importância no seio da luta pela garantia do direito à educação no Brasil, pois trata-se, inequivocamente, de uma condição essencial à permanência e à formação dos estudantes socioeconomicamente desfavorecidos que ingressam nas Instituições Federais de Ensino Superior (IFES).

Partindo dessa premissa, este texto – de caráter teórico documental – analisa a política de AE brasileira, especialmente da Universidade Federal do Tocantins (UFT) e toma como principal referência documental o *Relatório da pesquisa sobre assistência estudantil,* produzido, em 2017, pela Proest/UFT – setor responsável pela gestão da referida política na Instituição. A mencionada pesquisa teve por objetivo verificar se a AE tem contribuído para a melhoria da qualidade de vida e permanência

---

3   Neste texto retomamos, de forma revisada, redirecionada e aprofundada, parte da discussão realizada por Aguiar de Carvalho e Carvalho (2019) apresentado no 16º Congresso Brasileiro de Assistentes Sociais (CBAS) realizado em Brasília – DF, em 2019.

dos estudantes assistidos, e traz, portanto, com base no relatório em questão, a ótica dos estudantes/usuários acerca da mencionada política.

Para problematizar e fundamentar a discussão, o item dois traz breves considerações sobre a natureza da AE, considerada elo orgânico entre a Assistência Social e a educação superior (PEREIRA E SOUZA, 2017), e busca demonstrar a importância dessa política e os principais desafios enfrentados pelas IFES brasileiras no contexto da expansão da educação superior e da implementação das chamadas políticas de inclusão nas duas últimas décadas. Este item procura, ainda, de maneira breve, elucidar o tensionamento entre a demanda por assistência estudantil e as dificuldades relativas ao financiamento dessa política por parte do Estado Brasileiro, dificuldades essas intensificadas a partir de 2016 com a aprovação da Emenda Constitucional n. 095/2016.

O terceiro item analisa o relatório da pesquisa sobre a política de AE na UFT e aponta seus principais elementos, entre eles a (in)capacidade de atendimento da totalidade das demandas estudantis por assistência, o índice de satisfação discente com a mencionada política e as prioridades eleitas pelos estudantes sobre os programas e serviços existentes ou que devem ser implementados pela Instituição. Aborda, ainda, as principais áreas atendidas pela AE da UFT e as estratégias adotadas quanto aos critérios de seleção e acesso, que têm se intensificado de maneira crescente e fortemente alinhada às diretrizes contrarreformistas neoliberais implementadas no Brasil desde a década de 1990 e aprofundadas nos dois últimos governos de Michel Temer e Jair Bolsonaro.

Direito à educação e assistência estudantil como política de Estado: desafios do ingresso, da permanência e da formação nas IFES brasileiras

A temática da assistência estudantil e das políticas de permanência nas Instituições de Ensino Superior (IES) públicas integra o debate sobre a democratização da educação e da universidade pública e está relacionada à oferta de condições de estudo e de permanência aos estudantes pobres, privados historicamente do acesso aos bens materiais e culturais socialmente produzidos.

O direito à educação e à assistência estudantil foi assegurado pela Constituição Federal (CF) de 1988, cuja promulgação foi o marco mais importante do processo de redemocratização brasileira pois garantiu avanços singulares nos campos social e político. Nesta CF a educação foi concebida como "direito de todos e dever do Estado e da família" (art. 205) e entre seus princípios foi assegurado que o ensino seja ministrado com base na "igualdade de condições para o acesso e permanência na escola" (art. 206, inciso I). (BRASIL, 1988)

O acesso de que trata a CF em pauta equivale, no nosso entendimento, não apenas ao ingresso na instituição de ensino mediante aprovação em processo seletivo. Para além da mera entrada na universidade, o acesso à educação diz respeito ao alcance efetivo da formação superior, cuja garantia demanda políticas de permanência, amplas e universais, capazes de atender às necessidades humanas dos estudantes socioeconomicamente vulneráveis durante todo o seu percurso formativo, políticas essas sem as quais a garantia e a concretização do direito à educação superior torna-se impossível.

Conceber a educação como direito do cidadão e dever do Estado foi, certamente, um avanço considerável na legislação brasileira, visto que, no caso da educação superior, por mais de quatro séculos esta destinou-se apenas à elite, em prejuízo dos interesses da esmagadora maioria da população. (ROMANELLI, 2002; NEVES E FERNANDES 2002; SANFELICE, 1986) Como evidencia a historiografia educacional brasileira, a extensão da educação superior às classes médias se deu a partir de 1930, mas as camadas populares só puderam acessá-la a partir da década 1970 em razão do processo de industrialização do país. A ampliação desse nível de ensino, contudo, só ocorreu na década de 1990, quando o mercado passou a demandar mão-de-obra qualificada, exigindo, portanto, o "aumento do patamar mínimo de escolarização para a execução do trabalho simples e do trabalho complexo." (NEVES; FERNANDES, 2002, p. 22)

Entre 2003 e 2010, de um lado, visando dar continuidade ao atendimento das exigências mercantis e, do outro lado, responder às demandas sociais históricas relativas ao acesso à educação superior pública por parte das camadas populares, bem como às mobilizações dos educadores em prol da autonomia universitária, o governo de Lula da Silva buscou equilibrar as tensões produzidas no embate entre as requisições internacionais econômico-produtivas e a classe trabalhadora. Nessa direção, segundo Fonseca e Oliveira (2010), no que se refere à educação superior, as políticas educacionais desse período optaram por um viés mais social, visando corrigir a histórica desigualdade entre regiões, pessoas, gêneros e raças, o que foi viabilizado por meio das políticas de inclusão ou de cotas, bem como pela expansão das vagas nas IFES e nas IES privadas.

Para alcançar tal feito, a partir de 2007, como parte das reformas da educação superior, o governo Lula expandiu, consideravelmente, as vagas nas IFES, especialmente por meio do Programa de Apoio a Planos de Reestruturação e Expansão das Universidades Federais (Reuni) (BRASIL, 2007) e das chamadas políticas de inclusão, ampliadas no Governo de Dilma Rousseff por meio da Lei 12.711/2012. (BRASIL, 2012)

O pacote de medidas contrarreformistas direcionadas à educação superior, em atendimento às orientações emanadas dos organismos financeiros multilaterais (o Fundo Monetário Internacional, a Organização Mundial do Comércio e o Banco Mundial), antecede o governo de Lula da Silva e envolve diversas áreas, como aponta Leite (2012, p. 454):

> A Reforma da Educação Superior, no Brasil, vem sendo implementada desde 1995 (com vigor redobrado a partir do governo Lula da Silva) pelo Ministério da Educação (MEC), Fazem parte desta Reforma a Lei de Diretrizes e Bases da Educação Nacional (dezembro 1996, incluindo-se o Decreto n. 2.306/97, que alterou artigos no que se refere à diversificação das Instituições de Ensino Superior – Ifes); a Lei de Inovação Tecnológica (Lei n. 10.973/04), as Parcerias Público-Privadas (Lei n. 11.079/04); a regulamentação das Fundações de Apoio privadas nas Ifes (Decreto Presidencial n. 5.205/04); o ProUni (Lei n. 11.096/05); a Educação a Distância – EAD (Decreto Presidencial n. 5.622/05 que, na prática, institui a

abertura do mercado educacional nacional para o capital estrangeiro); o "pacote de abril/2007" (Decreto n. 6.096), intitulado Reuni; e, mais recentemente, em julho de 2010, a Lei n. 12.349/2010, a partir da conversão da Medida Provisória n. 495/2010, conhecida como "pacote da autonomia"

O conjunto de normas acima apontado vem alterando, de maneira retrógrada, a configuração da educação superior no Brasil. Em razão disso, segundo Sguissardi (2015), o direito à educação tem sido transformado em mercadoria, livremente negociada no mercado, de modo que até o final de 2014 o setor educacional figurou entre os 15 ou 16 setores mais lucrativos no mercado de ações presentes na Bovespa. No período de agosto de 2012 a agosto de 2014 "enquanto o Ibovespa (índice do total de cerca de 350 empresas) teve uma redução de 3,67%; a Vale (VALE5), redução de 13,48%; e a Petrobras (PETR4), valorização de 9,32% de suas ações; a Kroton (KROT3) teve uma valorização de 314% e a Estácio (ESTC3), 240,97% de suas respectivas ações" (SGUISSARDI, 2015, p. 870).

Assim, a permissividade da legislação brasileira transformou a educação em mercadoria e possibilitou a alteração da natureza comercial das organizações e instituições educacionais, ao mesmo tempo em que promove a expansão quantitativa da educação. Tal expansão vem se ampliando de maneira intensa "não importando muito ou quase nada se essa expansão se dá como usufruto de um direito público ou se apenas como compra de um serviço, produto comercial ou mercadoria" (SGUISSARDI, 2015, p. 869-870).

No contexto da expansão ocorrida na segunda gestão do governo de Lula da Silva, houve abertura às reivindicações históricas[4] do movimento estudantil, do Fórum Nacional de Pró-Reitores de Assuntos Comunitários e Estudantis (Fonaprace) e da Associação Nacional dos Dirigentes das Instituições Federais de Ensino Superior (Andifes) quanto à assistência estudantil. Assim, associado à criação do Reuni, foi instituído o Programa Nacional de Assistência Estudantil (Pnaes), por meio da Portaria Normativa – MEC n. 39/2007, posteriormente regulamentada pelo Decreto n. 7.234/2010 (BRASIL, 2007; 2010).

Conforme o artigo 2º do Decreto 7.234/2010, o Pnaes tem como objetivos: "I – democratizar as condições de permanência dos jovens na educação superior pública federal; II – minimizar os efeitos das desigualdades sociais e regionais na permanência e conclusão da educação superior; III – reduzir as taxas de retenção e evasão; e IV – contribuir para a promoção da inclusão social pela educação" (BRASIL, 2010). O mesmo Decreto estabelece em seu artigo 5º que "serão atendidos no âmbito do PNAES prioritariamente estudantes oriundos da rede pública de educação básica ou com renda familiar *per capita* de até um salário mínimo e meio, sem prejuízo de demais requisitos fixados pelas instituições federais de ensino superior" (BRASIL, 2010).

A partir da instituição do Pnaes, em 2007, a IFES passaram a contar com uma rubrica financeira específica para a implementação de políticas de assistência

---

4   A despeito dos avanços relacionados ao PNAES – conquistados ao final da primeira década do século XXI – convém recordar a luta dos movimentos ligados à educação pela garantia desse direito, luta essa que incluiu a defesa da assistência social aos estudantes pobres, pauta que, ainda que negligenciada pelo Estado, se fez presente na legislação educacional brasileira desde a década de 1930.

estudantil direcionadas, especialmente, aos estudantes em situação de vulnerabilidade socioeconômica. Ainda que o Pnaes seja limitado quanto ao financiamento, às prioridades do atendimento, às áreas de cobertura e ao percentual de estudantes que acessam seus benefícios, o Programa objetiva desenvolver, articuladamente, ações assistenciais direcionadas à permanência estudantil e à melhoria do rendimento acadêmico, assim como evitar a evasão. Entre as dez áreas do Pnaes nas quais devem ser implementados os programas de assistência, estão: I – moradia estudantil; II – alimentação; III – transporte; IV – atenção à saúde; V – inclusão digital; VI – cultura; VII – esporte; VIII – creche; IX – apoio pedagógico; e X – acesso, participação e aprendizagem de estudantes com deficiência, transtornos globais do desenvolvimento e altas habilidades e superdotação. (BRASIL, 2010).

Diante da instituição do Pnaes, desde 2008 as IFES vêm seguindo as diretrizes do mencionado Programa, cujos recursos têm sido insuficientes para atender os estudantes em sua totalidade em razão da ampliação das vagas, que, nas duas últimas décadas, alterou, consideravelmente, o perfil dos ingressantes, fazendo crescer, consequentemente, o quantitativo de estudantes a ser assistido.

A importância do Pnaes bem como a sua incapacidade orçamentário financeira é evidenciada na pesquisa mais recente realizada pela Andifes e Fonaprace (2019) que alcançou 424.128 estudantes, o equivalente a 35,34% dos graduandos matriculados nas IFES no primeiro semestre de 2018 – quando os dados foram coletados. Os dados da pesquisa evidenciam que durante os governos de Lula da Silva e Dilma Rousseff, o orçamento do Pnaes cresceu continuamente entre 2008 e 2016 "saindo de R$ 125 milhões, em 2008, para pouco mais de R$ 1 bilhão, em 2016 [...], sofrendo, todavia, queda para R$ 987 milhões em 2017 e R$ 957 milhões em 2018." Todavia, nos dois últimos anos analisados, foram observadas reduções nos valores nominais, de 4,1% e 3,1% respectivamente. (ANDIFES; FONAPRACE, 2019, p. 3)

O estudo do Fonaprace e Andifes (2019) aponta queda de cobertura em todos os programas e ações no campo da assistência estudantil e a redução do percentual de estudantes atendidos nas IFES quando comparado à pesquisa de 2014 realizada pelo mesmo Fórum.

> [...] Em todos os programas os percentuais de estudantes atendidos em 2018 são inferiores aos aferidos em 2014. Por exemplo: em 2014, 44,2% participavam dos programas de alimentação, 18,4% de transporte, 11,7% de moradia e 11,4% de bolsa permanência institucional, enquanto em 2018 são 17,3%, 8,2%, 7,5% e 7,6% respectivamente (ANDIFES; FORNAPRACE, 2019, p. 223).

A redução do orçamento e da cobertura da assistência estudantil das IFES é notória como evidenciam os dados acima elencados além de outros apresentados pelo mesmo estudo, que revelam, de maneira clara, que a assistência estudantil nas IFES brasileiras ainda é extremamente restrita, visto a maioria dos estudantes em situação de vulnerabilidade socioeconômica, com renda per capita de até meio salário mínimo, ainda está desassistida.

Segundo os dados da mesma pesquisa, entre os estudantes com renda *per capita* de até meio Salário Mínimo (SM), somente 47,4% são atendidos pela assistência estudantil. Dentre os que possuem renda *per capita* entre meio e um SM, o percentual de cobertura é de 36,8%, ao passo que a cobertura entre os que dispõem de uma renda *per capita* entre 1 SM e 1 e meio SM é de apenas 21,9%. No tocante aos cotistas, a proteção social assegurada pela AE alcança apenas 40,9% dos estudantes, pois "a assistência estudantil prioriza casos de maior vulnerabilidade, no entanto, ainda em proporção de cobertura insuficiente para o atendimento de uma quantidade razoável do público-alvo" (ANDIFES; FONAPRACE, 2019, p. 133).

O estudo em questão afirma que a oferta de programas acadêmicos e de mobilidade não acompanhou o ritmo de crescimento das matrículas nas instituições federais. Assim,

> [...] se levarmos em consideração que a extinção de alguns programas governamentais como o Incluir[5] produziu sobrecarga às políticas de permanência e que a inflação nos anos de 2016 (que deveria ser reposta em 2017) foi de 6,3% e a de 2017 ficou em 3,0%, pode-se estimar uma redução real de R$ 197 milhões de reais. Este movimento de contração do financiamento foi acompanhado, *pari passu*, pela consolidação da democratização do acesso às IFES via sistema de cotas, tal como já foi apresentado neste relatório. Em síntese, com redução do financiamento seria natural que os indicadores de cobertura fossem severamente atingidos. (ANDIFES; FONAPRACE, 2019, p. 131-132).

Os dados apontados apresentados pela Andifes e Fonaprace (2019) evidenciam, portanto, que tem havido, nacionalmente, uma queda no montante de recursos destinados ao Pnaes e, consequentemente, redução no atendimento dos estudantes no âmbito do Programa. A redução do financiamento acirra, ainda mais, os critérios de seletividade para ingresso dos estudantes nos programas e serviços socioassistenciais adotados pelas IFES, o que reforça a necessidade da expansão dos recursos destinados à assistência estudantil e da defesa veemente da garantia e ampliação dessa política, indispensável para assegurar a permanência e evitar a evasão dos graduandos em situação de vulnerabilidade socioeconômica.

O estudo acerca da realidade das IFES, aqui mencionado, nos permite afirmar que a garantia formal do direito à educação aos estudantes socioeconomicamente vulneráveis não vem sendo efetivada, uma vez que esse direito não se materializa apenas por meio da expansão das vagas e das políticas de ingresso diferenciadas formalmente instituídas no interior das IFES. Indiscutivelmente, a formação acadêmica desse segmento estudantil requer a oferta de políticas de assistência estudantil amplas, capazes de atender, de forma integral, suas necessidades, o que não tem sido possível nos moldes em que tais políticas vêm sendo implementadas nas IFES brasileiras.

Como política de Estado e direito do estudante, a AE tem a função de assegurar um importante direito social: a educação. Nesse sentido, no entendimento de Pereira e Souza (2017), a AE implementada nas IFES trata-se de uma ramificação da política de Assistência Social, ou seja, constitui-se um elo entre esta e a educação superior – lugar institucional de materialização da assistência social ao estudante. Segundo as autoras,

---

5 *Programa* de Acessibilidade na Educação Superior (*Incluir*).

> [...] embora a política educacional não esteja incluída no Sistema de Seguridade Social previsto pela Constituição Federal vigente (o que é criticável), ela é uma política social pública importante que, em tese, teria o papel de fortalecer as demais políticas sociais e de ser fortalecida por estas, inclusive pela Assistência Social. Daí a importância das reflexões e debates sobre a intersetorialidade das políticas sociais, atualmente intensificados (PEREIRA; SOUZA, 2017, p. 64).

No caso da Assistência Social, pelo fato de ser uma política intersetorial, esta intervém e se desenvolve no âmbito das chamadas políticas setoriais, sendo assim, alcança não apenas um aspecto do social, mas, em seu escopo "cabem todos os recortes ou 'setores' das outras políticas, já que ele é por natureza *ampla, interdisciplinar e intersetorial*." (PEREIRA; SOUZA, 2017, p. 64-65, grifo das autoras)

Dessa maneira, a Assistência Social transita de forma quase automática pelo interior das políticas setoriais, "ora desmentindo a pureza setorial que algumas querem burocraticamente instituir, ora, ao contrário, fortalecendo o empenho de outras para concretizar a sua vocação, sempre interditada, de ser universal." Portanto, dada à natureza intersetorial da Assistência Social, tal política "[...] é, por excelência, a política social com propensão inerente de criar interfaces favoráveis à universalização das políticas ditas setoriais". (PEREIRA; SOUZA, 2017, p. 64)

Embora a Assistência Social tenha sido concebida como direito de cidadania, o que a elevou à condição de política pública na Constituição de 1988, segundo Pereira e Souza (2017), esta vem sendo regida pelo mérito e pela competição pautada por valores do mercado, em detrimento do princípio da universalidade do atendimento aos que dela necessitam. A meritocracia que, é traço marcante dessa política, tem sido uma tendência geral na sociedade capitalista, e, no Brasil, abarca não somente a educação superior, mas as demais áreas em que a assistência social se implementa. Na opinião das autoras,

> [...] mérito, na Assistência Social tem, tradicionalmente, funcionado como demérito porque inverte, subverte ou rebaixa a cidadania das pessoas assistidas, além de desconsiderar os princípios da igualdade substantiva e da equidade, por equivocadamente eleger como "merecedores" de sua atenção os "fracassados", "incapacitados" e não cidadãos de plenos direitos (PEREIRA; SOUZA, 2017. p 62).

Ao ser implementada a partir do mérito em detrimento do direito, a Assistência Social assume uma concepção restrita (PEREIRA, 1996) que contraria a lógica do direito social garantido por meio de políticas públicas.

Na visão de Pereira (1996), a Assistência Social, no capitalismo, assume duas perspectivas: uma de caráter *lato sensu* e a outra de caráter *stricto sensu,* perspectivas essas que divergem em suas concepções e características. A perspectiva *lato sensu* ultrapassa o padrão de atendimento das necessidade biológicas; busca ampliar direitos; tem caráter redistributivo; e depende da participação da sociedade para seu desenvolvimento. A segunda perspectiva, de caráter *stricto sensu,* atende às necessidades sociais de forma individual; tem fim em si mesma; visa manter a sobrevida dos seus demandantes; desenvolve-se desvinculada das demais políticas de proteção social; é contingencial, eventual e incerta; e tem caráter distributivo. Trata-se, portanto, de uma perspectiva funcional ao fortalecimento do chamado capitalismo "selvagem", que transforma as políticas de bem estar social em pseudo direitos sociais.

Nessa direção, pensar a assistência estudantil como política que materializa a Assistência Social nas IFES brasileiras requer a clareza de que a sua oferta vem ocorrendo na perspectiva *strictu sensu,* que compromete a permanência dos estudantes e a garantia do direito social à educação, assegurado constitucionalmente. Além disso, a desassistência, ou assistência precarizada aos estudantes socioeconomicamente vulneráveis resulta, em grande medida, em evasão estudantil e subtrai da juventude pobre o direito de acessar, concretamente, a educação, em nível de graduação.

Embora a formação superior não se traduza pela garantia de ingresso no mercado de trabalho, o não acesso a esse nível de ensino tem implicações sobre diversos aspectos da vida dos jovens, posto que, além de privá-los de um direito, os impede de apropriarem-se da cultura, da história humana e do conhecimento científico, prejudicando, portanto, sua realização individual e coletiva como sujeitos sociais.

Assim, partindo do pressuposto de que a assistência social ao estudante é essencial à garantia do direito à educação, compreendemos que a política de assistência estudantil implementada nas IFES brasileiras deve evoluir para uma perspectiva de cobertura ampla e universal que abarque todas as demandas dos estudantes e os alcances em sua totalidade. Nesse sentido, para além do atendimento às necessidades de sobrevivência física – prioritariamente eleitas pelo Fonaprace – a AE deve considerar, também, a necessidade de autonomia dos estudantes, condição indispensável ao processo de participação social e à realização de escolhas genuinamente informadas. (DOYAL; GOUGH, 1991, *apud* PEREIRA, 2006) As necessidades – de sobrevivência física e autonomia – são necessidades humanas de caráter objetivo e universal, que estão presentes em todas as culturas e sociedades, como argumentam os autores.

A não satisfação dessas duas necessidades impede as pessoas de definirem valores e crenças e de perseguirem quaisquer fins humano-sociais, uma vez que que o desenvolvimento dos sujeitos sociais depende do desenvolvimento dessas forças humanas, imprescindíveis à satisfação de suas necessidades coletivas. (DOYAL; GOUGH, 1991, *apud* PEREIRA, 2006) Por essa razão, é fundamental que a AE nas IFES avance na perspectiva *lato sensu* e busque assegurar a satisfação das necessidades humanas dos estudantes, portanto, suas necessidades de sobrevivência e de autonomia.

Nessa direção, o avanço da mencionada política requisita a ampliação, considerável, dos recursos destinados ao financiamento do Pnaes, que segundo Abrahão (2018, p.1),

> [...] crescem muito abaixo das necessidades. Isso significa que, embora haja um crescimento acelerado no número de estudantes em vulnerabilidade, as verbas que ajudam a mantê-los nas universidades não estão sendo capazes de atender à demanda. Como consequência, muitas instituições precisam lançar mão de seu orçamento de custeio para garantir o andamento das iniciativas – orçamento que também sofreu reduções nos últimos anos. A situação se tornou ainda mais grave com a vigência da emenda constitucional n. 95, que estabeleceu um teto para os gastos públicos – inclusive, em áreas estratégicas como a educação.

O exposto por Abrão reforça os resultados da pesquisa realizada pela Andifes e Fonaprace (2019) aqui já mencionada, além de denunciar o fato de que a propalada democratização da universidade pública é inviável sem a garantia de amplas e efetivas condições de permanência aos estudantes das camadas populares, que não conseguem permanecer sem a assistência do Estado.

A garantia do direito à educação superior àqueles que historicamente foram privados do seu usufruto demanda, portanto, muito mais que a expansão de vagas ou o ingresso diferenciado nas instituições de ensino superior públicas. A efetiva democratização da educação superior pública requer, indispensavelmente, a implementação sistemática de políticas de assistência estudantil universais, capazes de dar repostas concretas às necessidades humanas de todos os estudantes sociais socioeconomicamente vulneráveis que acessam as IFES brasileiras.

Embora o Pnaes seja considerado um grande avanço face à histórica negligência do Estado quanto à garantia de condições de permanência na escola aos estudantes pobres, a conquista de uma AE na perspectiva *lato sensu* – que tenha como objeto as necessidades humanas dos estudantes – não será possível sem a ampliação e fortalecimento da luta das IFES, dos estudantes e das camadas sociais que dependem da AE e da educação superior pública. Tal luta, certamente, torna-se mais desafiadora na atualidade, mediante a aprovação – pelo Governo de Michel Temer – da Emenda Constitucional 095/2016 que prejudica, profundamente, o financiamento da educação pública, e que vem sendo implementada, na íntegra, pelo atual governo de Jair Bolsonaro.

Como já assinalado, a incapacidade de atender as demanda por AE é uma realidade vivenciada por todas as IFES brasileiras, entre elas a UFT que está localizada na Região Norte, e que, juntamente com a Região Centro Oeste, alcança um percentual de cobertura da assistência estudantil menor que as demais regiões brasileiras (ANDIFES; FONAPRACE, 2019).

Diante disso, embora o relatório da pesquisa realizada pela Proest/UFT, em 2017, envolvendo 550 estudantes beneficiários da AE, demonstre avanços institucionais significativos relacionados à mencionada política alguns desafios ainda persistem, conforme demonstraremos no item a seguir.

Avanços e desafios da política de assistência estudantil da UFT sob a ótica dos seus beneficiários

A UFT situa-se na região Norte do Brasil e foi criada por meio da Lei n. 1.126/00, de 01/02/2000. Possui natureza *multicampi* e está localizada nos municípios de Araguaína, Arraias, Gurupi, Miracema, Palmas, Porto Nacional e Tocantinópolis. Atualmente, a Instituição oferece 61 cursos de graduação presenciais e 26 cursos na modalidade à distância, que inclui graduação, especialização e extensão. Possui ainda 17 programas de mestrado acadêmico e 9 profissionais; 6 doutorados, além de vários cursos de especialização *lato sensu*. (UFT/PDI, 2016-2020)

Como as demais IFES que aderiram ao Reuni, a UFT ampliou seu quadro de estudantes da graduação passando de 8.550, em 2007, para 15.680, em 2018, sendo que, deste total, 13.700 estão matriculados em cursos presenciais e 1.980 em cursos à distância.[6] Diante disso, os recursos relativos ao Pnaes de que dispõe a instituição não tem lhe permitido atender todas as áreas do mencionado Programa, como demonstra o relatório de pesquisa analisado. Nem mesmo na área da assistência básica/material, considerada prioritária pelo Fonaprace, tem sido atendida integralmente pela UFT, de modo que a primazia da assistência tem sido assegurada apenas aos estudantes considerados mais vulneráveis, ou seja, os mais pobres entre os pobres.

Respeitadas as especificidades das IFES, a realidade vivenciada pela UFT tem sido comum às demais instituições que enfrentam grandes desafios relacionados à desproporção entre as demandas sócio assistenciais dos estudantes e os recursos disponíveis para assegurar condições adequadas de permanência. (ABRAHÃO, 2018; ANDIFES, FONAPRACE, 2019)

Como já anunciado, o desequilíbrio entre a demanda por AE e os recursos disponíveis para tal tem levado as IFES a imporem critérios rigorosos de seletividade, privilegiando os estudantes em situação de maior vulnerabilidade social por meio da rígida comprovação de sua condição de renda, principal indicador considerado nos processos seletivos. Essa conduta das IFES, que contraria a perspectiva do direito à educação, é condizente com as diretrizes neoliberais impostas no campo das políticas sociais brasileiras, como a educação superior. Essas medidas vêm sendo adotadas, também, na UFT, onde parte dos demandantes da AE fica na lista de espera ou no cadastro reserva em razão da falta de recursos, o que gera insegurança e desfavorece o desempenho acadêmico, resultando em retenção e evasão[7].

No caso da UFT, visando selecionar os estudantes "mais necessitados" que demandam assistência, desde 2017, a Instituição vem utilizando o sistema de Cadastro Unificado de Bolsas e Auxílios (CUBO), que "mede" a vulnerabilidade socioeconômica discente e a classifica em cinco níveis, sendo: I – extrema; II – Alta; III média; IV – baixa; e V – muito baixa. Tal classificação visa identificar os estudantes considerados mais vulneráveis, diante da ampla demanda, de modo que, a partir da implantação do CUBO, ficou estabelecida a prioridade do atendimento aos estudantes dos níveis I e II. Quanto aos estudantes classificados nos níveis subsequentes, o atendimento só é assegurado caso haja recursos disponíveis, conforme pode ser comprovado por meio dos editais UFT/Proest n. 049/2017 (Moradia) e n. 065/2017(Auxílio Permanência), bem como nos demais processos seletivos subsequentes.

A prioridade do atendimento aos estudantes das Classes I e II (extrema e alta vulnerabilidade), escancara, assim, a complexa incompatibilidade entre a alta demanda por AE e o parco orçamento disponibilizado à UFT para assegurar condições de permanência aos estudantes em situação de vulnerabilidade socioeconômica, de modo que estes possam concluir sua formação de maneira exitosa.

Visando avaliar o grau de satisfação dos usuários da AE, entre 01 e 31 de maio de 2017, a Proest/UFT realizou uma pesquisa, por meio de formulário eletrônico, envolvendo 550 estudantes beneficiários da referida política. A pesquisa objetivou

---

6 A esse respeito, ver Relatório de gestão UFT – 2018.
7 Ainda que a evasão tenha diversas causas que extrapolam aquelas relativas à assistência estudantil e aos fatores internos (DIAS; THEÓPHILO; LOPES, 2012), compreende-se que a deficiência dessa política resulta em grandes prejuízos à permanência dos estudantes pobres, que necessitam abandonar os estudos para trabalhar e sustentar-se, visto que não podem conciliar as duas atividades.

verificar "se a política de assistência estudantil tem contribuído para a melhoria da qualidade de vida e para permanência com sucesso dos alunos da UFT", além de averiguar a satisfação dos bolsistas em relação aos programas dos quais participam.

Conforme o relatório da pesquisa, a distribuição dos participantes, por campus, configurou-se da seguinte forma: Arraias: 57 estudantes (10,4%), Araguaína: 61 (11,1%); Gurupi: 79 (14,4%); Miracema: 45 (8,2%); Palmas: 145 (28%); Porto Nacional: 30 (5,5%); e em Tocantinópolis 92 (16,7%). (UFT, 2017, p. 5) Do total de participantes, 42,4% estão vinculados a cursos integrais; 31,5 % matriculados em cursos noturnos; 25,1% em cursos matutinos; e apenas 1% no turno vespertino, o que levou a Proest a concluir que "quase a metade dos participantes não pode ter nenhum tipo de vínculo empregatício porque tem aulas nos dois turnos." (UFT, 2017, p. 7)

Entre os estudantes pesquisados 21,5% declararam desconhecer o Pnaes e suas diretrizes, ao passo que 78,5% afirmaram conhecer o Programa. Sobre isso a Proest afirma: "é imprescindível que desde o momento do ingresso na universidade, seja realizado um trabalho de divulgação do Pnaes para que um maior número de estudantes tenha conhecimento deste, tendo-o como apoio ao longo da sua vivência acadêmica" (UFT, 2017, p. 9)

O relatório indica que 57,5% dos pesquisados são beneficiários da AE há menos de 1 ano, 22,9% estão vinculados à AE entre 1 e 2 anos, 15,6% são assistidos entre 02 e 03 anos, e apenas 4% há mais de 04 anos. Segundo a Proest,

> [...] os estudantes, nem todos precisam do auxílio durante todo o curso. Alguns, no início do curso, solicitam a bolsa, mas no decorrer do mesmo, vão alcançando oportunidades de trabalho e, por isso, não é mais necessário o auxílio. Isso também pode ser justificado pelo fato de que o estudante beneficiário não pode ultrapassar dois semestres do tempo regulamentar do curso de graduação em que estiver matriculado para se diplomar, conforme legislação do Programa Bolsa Permanência, o que incentiva a conclusão do curso em tempo hábil, e assim, menos tempo recebendo bolsa (UFT 2017, p. 11).

Ainda que a maioria esteja vinculada aos programas há menos de um ano, conforme apontado acima, o relatório indica que mais de 89,1% dos estudantes afirmaram que seu rendimento acadêmico melhorou após receber os benefícios da AE; 39,1% declararam que melhorou, em parte, e 10,2% consideraram que não houve alterações visíveis a esse respeito. Sobre esse quesito, a Proest sustenta que "as ações de apoio pedagógico favorecem a permanência e a qualidade dos processos de formação dos bolsistas [...], reduzindo os índices de evasão e reprovação, melhorando o desempenho acadêmico [...] e diplomação no tempo regular do curso em que está inserido" (UFT, 2017, p. 12).

Como principal fator que prejudica o desempenho acadêmico, 26,4% dos estudantes apontaram o não domínio das disciplinas que são pré-requisitos, seguido pela falta de didática dos professores, aspecto indicado por 19,1% dos respondentes. A dificuldade de assimilar conteúdos específicos também foi apontada como entrave ao desempenho acadêmico. Segundo a Proest, "as ações coordenadas pelos professores são fundamentais, para que a oferta de monitoria nos *câmpus* seja estendida e, assim, o problema de assimilação de conteúdo seja minimizado"

(UFT, 2017. p. 13). A monitoria ofertada pela UFT objetiva contribuir para sanar lacunas relativas à apreensão dos conteúdos pelos estudantes e é considerada pela Proest uma "ação eficiente, porém, há alguns entraves que têm dificultado esse processo, tais como o choque de horário das aulas em sala com as de monitoria e dificuldades em encontrar horário com o monitor." (UFT, 2017, p.13) Ainda como entraves ao desempenho acadêmico foram elencados: problemas familiares – como a distância da família – citados por 14,4%; dificuldades de adaptação ao ambiente universitário, como o ritmo de estudo, a complexidade dos conteúdos e insuficiência de conhecimentos prévios, mencionadas por 13,6%; além de problemas de saúde, como sono excessivo, dificuldades em manter a atenção e a concentração, apontados por 8,7% dos participantes.

Como já anunciado, o relatório da pesquisa analisado revela a importância da assistência estudantil para a permanência discente na UFT, o que se comprova com a afirmação de 94,1% dos estudantes beneficiários de que o cancelamento de algum dos auxílios que recebem comprometeria a conclusão de seus cursos. Em relação a isso, a Proest conclui:

> [...] auxílios pagos com recurso do Pnaes fazem diferença na trajetória dos estudantes em vulnerabilidade socioeconômica, que têm nos benefícios um suporte para permanência com sucesso na graduação e, assim, concluir com êxito o curso em que está matriculado. O fato de estar sendo beneficiado com o auxílio proporciona a possibilidade de ter mais tempo para dedicação aos estudos, diminuindo o tempo para a conclusão do curso (UFT, 2017, p. 15).

Compreende-se que a dedicação aos estudos é, de fato, favorecida pelos programas de assistência estudantil, pois o estudante passa a ter condições de permanecer na universidade e de estudar sem necessitar recorrer ao trabalho para custear despesas pessoais ligadas à própria sobrevivência, além das despesas acadêmicas, que não são poucas.

Sobre o atendimento às necessidades financeiras dos estudantes, 63,3% afirmaram que os auxílios recebidos suprem, em parte, tais necessidades, ao passo que 33,1% declararam que atendem integralmente; e apenas 3,6% consideram que os auxílios recebidos não suprem suas necessidades.

O relatório demonstra, também, que 28,2% dos pesquisados moram com os pais; 21,8% residem com outros estudantes; 15,5% residem sozinhos; 12,9% moram com marido/esposa/filhos; 10,7% residem com outros parentes e 10,9% responderam residir de outra forma. Esses dados, segundo a Proest, refletem o perfil nacional dos estudantes universitários levantados em pesquisa pelo Instituto Nacional de Estudos e Pesquisas Educacionais Anísio Teixeira (INEP), o qual indicou que 56,6% dos estudantes universitários do Brasil moram com os pais.

Em relação à renda familiar dos participantes, 37,9% informaram que suas famílias recebem menos de 01 SM, 54,2% declararam ter renda familiar de 1 a 2 SM, 7,3% de 2 a 5 SM e somente 0,6% superior a 05 SM. Esses dados, mais uma vez, reforçam a necessidade de ampliação da assistência estudantil nas IFES, visto que a renda da maioria das famílias é insuficiente para o custeio das necessidades dos estudantes e da garantia de sua permanência na universidade.

Dentre os que declararam ter despesas com moradia, 8,3% afirmaram gastar até R$ 100,00 do seu orçamento mensal; 25,3% apontaram gastos entre R$ 101,00 e R$ 300,00; 16,7% entre R$ 301,00 e R$ 400,0017; e 6% afirmaram destinar mais de R$ 400,00 a essa despesa. Para a Proest, "o Auxílio Moradia[8] consegue subsidiar o valor integral dos gastos com moradia dos estudantes beneficiários", pois uma parte considerável do Pnaes destina-se ao "pagamento de auxílio moradia e à manutenção das residências universitárias" (UFT, 2017, p. 19).

Quanto ao transporte/locomoção entre residência e universidade, 54,4% afirmaram não ter gastos com esse quesito e apenas 45,6% arcam com tal despesa que, segundo a Proest é custeada, em parte, pelo Auxílio Permanência.

No tocante à destinação dos auxílios recebidos, 23,1% declararam utilizar, mensalmente até R$ 50,00 para despesas com livros, impressões, fotocópias e pesquisa; 40,2% destinam entre R$ 50,00 e R$ 100,00; 17,1% entre R$101,00 e 150,00; e 19,6% lançam mão de mais de R$ 150,00. De acordo com a Proest, "estes números são considerados altos, considerando que o valor da bolsa também é destinado para outras despesas mensais, tais como moradia, transporte e alimentação." (UFT, 2017, p. 20)

Um dado do relatório que também chama a atenção refere-se à utilização do Auxílio Permanência para custeio de despesas com tratamento de saúde, conforme declarado por 70% dos estudantes pesquisados. A esse respeito, a Proest ressalta a importância do Programa Auxílio Saúde e a necessidade de sua ampliação e integração com outras ações, setores atores institucionais. Adicionalmente, afirma que "[...] é importante não somente manter e aperfeiçoar a oferta de acompanhamento psicológico ao estudante que necessita dele para dar continuidade aos estudos, como também ouvir e subsidiar o trabalho desenvolvido pelos profissionais designados para tal" (UFT, 2017, p. 20).

O percentual de estudantes que destinam parte do Auxílio Permanência para custear gastos com saúde é significativo, posto que abarca 70% dos participantes. Esse é um dado que necessita ser problematizado pela UFT, visto que o Auxílio Saúde – que em fevereiro de 2019 atendeu 51 estudantes[9] – destina-se apenas à assistência à saúde mental, portanto, ao custeio de consulta psiquiátrica e sessões de terapia com psicólogo. Contudo, outros agravantes de saúde devem ser considerados, pois, também, influenciam no bem estar dos estudantes e, consequentemente, no seu rendimento acadêmico e permanência na instituição. Assim, além da oferta de programas de assistência estudantil nessa área, as IFES necessitam manter diálogo e articulação constante com a rede de saúde pública, que também precisa ser fortalecida e ampliada, pois, trata-se de uma política pública que, junto com a educação superior, vem sofrendo a redução do seu financiamento e sendo desmontada de maneira cruel, sobretudo após a Emenda Constitucional 095/2016, aqui já referida.

Sobre a moradia estudantil, 59,5% dos estudantes afirmaram que esta deveria ser ofertada exclusivamente pela UFT, por meio da construção de infraestrutura própria, ao passo que 38,5% defenderam o pagamento de auxílio moradia. Sobre a

---

8   O Auxílio Moradia da UFT é da ordem atual de R$ 300,00.
9   Fonte: Estudantes por campus = vinculados. UFT, s/d.

construção de moradias pela UFT, a Proest justifica sua impossibilidade ao afirmar: "no cenário em que vivemos, as construções tornam-se inviáveis considerando que, além de dispor de recursos para construção, a administração também despenderá de recursos humanos e financeiros para manutenção desses espaços." (UFT, 2017, p. 21)

Compreendemos que o posicionamento da Proest contrário à construção de moradias próprias no âmbito da Instituição endossa a lógica das políticas contrarreformistas adotadas no Brasil a partir da década de 1990 que impõem, dentre outras medidas, a privatização/ terceirização dos serviços públicos considerados lucrativos, a exemplo dos serviços de Restaurante Universitário (RU), fotocópias, limpeza, segurança, entre outros. A alegação da Proest parece expressar um aparente conformismo institucional que se harmoniza com a perspectiva privatista dos serviços e espaços públicos e reforça a ideia da suposta impossibilidade de rompimento com a perspectiva do desmonte das políticas públicas, entre elas a educação superior.

O não investimento em moradia, RU e outros serviços por parte das IFES brasileiras contraria não somente os interesses dos estudantes, mas coloca em xeque os fins da Universidade pública que, ao invés de buscar atender aos interesses da população e assegurar direitos, contraditoriamente, vem adequando-se para atender às imposições e os interesses do mercado, que pretende ampliar sua exploração em relação a esse espaço, considerado um importante nicho lucrativo.

No tocante ao RU, 46% dos participantes declararam realizar suas refeições nesse local, enquanto 41,6% alimentam-se em casa, e 12,4% realizam suas refeições em outros ambientes. A significativa utilização do RU pelos estudantes deve-se, segundo a Proest, à acessibilidade do preço da refeição e ao fato destes não necessitarem deslocar-se da universidade. (UFT, 2017) Quanto à relação entre a previsão de gastos mensais com alimentação e a economia gerada pelo uso do RU, a maioria dos estudantes "reconhece que consegue economizar entre 75% a 100% do que gastaria se não tivesse acesso ao Restaurante". A possibilidade de se alimentar no RU permite a 14% dos estudantes economizarem entre 25% e 50%; enquanto 9,3% afirmaram economizar de 5% a 25%. Na visão da Proest, "os benefícios da assistência estudantil têm contribuído com uma formação de qualidade dos estudantes que participaram da pesquisa, considerando que *a assistência básica está sendo colocada como prioridade*. (UFT, 2017, p. 23, grifo nosso)

Em relação aos programas considerados mais importantes, os estudantes apontaram, em ordem de prioridade: 1º) *Auxílio Permanência* – bolsa de R$ 400,00 – eleito por 421 dos respondentes (76,54%); 2º) *Programa Bolsa Permanência MEC* – destinado principalmente a indígenas e quilombolas – apontado por 336 estudantes (61,09%); 3º) *Auxílio Alimentação* – desconto no RU ou recebimento de subsídio nos *campi* onde não há restaurante – indicado por 333 estudantes (60,54%); e 4º) *Auxílio Saúde*, mencionado por 286 participantes (52%). Segundo a Proest, "dada a realidade socioeconômica da maioria dos estudantes da UFT e a limitação dos recursos [...] do Pnaes para atender o elevado número de estudantes vulneráveis, a Universidade atua *[...] priorizando as áreas da assistência básica do Pnaes* e, por isso, ainda não atende a todas as áreas." (UFT, 2017, p. 25, grifo nosso)

No que tange aos serviços/programas que os estudantes consideram que devem ser implantados pela Proest, 43,1% indicaram o Auxílio Moradia, seguido pelo Auxílio para Material Didático (17,6%). O Auxílio Transporte ocupou o terceiro lugar, apontado por 15,6% e em quarta posição apareceu a Cultura, com 6,4% de indicações. Por sua vez, o Auxílio Creche foi mencionado por 5,6%, ficando em quinto lugar. Na sexta posição apareceu o Auxílio Cópias, apontado por 4,7% dos participantes. Em sétimo lugar, com 4,2% das indicações, foram indicados os Programas de Lazer, e, por fim, em oitavo lugar, a Inclusão Digital foi mencionada por um percentual de 2,7%.

Conforme o relatório, 86,2% dos estudantes manifestaram interesse em "desenvolver algum tipo de pesquisa ou ação que contribuísse com sua formação, enquanto apenas 13,8% disseram que não teriam interesse em participar de projetos de extensão ou pesquisa" (UFT, 2017, p. 27). Isso revela, no nosso entendimento, que a participação da maioria dos estudantes em atividades dessa natureza tem sido inviável por diversas razões, entre elas a limitação de bolsas, os critérios de seleção meritocráticos e as dificuldades para dedicação de tempo à pesquisa, fato que restringe a formação do estudante, em grande parte, às atividades do ensino, em prejuízo da pesquisa e da extensão universitárias.

Quando perguntados se conheciam alguém que tivera algum auxílio assistencial cancelado, 86,2% afirmaram que não, enquanto 23,5% disseram que sim. Para a Proest, "tal fato pode ser explicado porque há um número considerável de estudantes que evadem anualmente dos cursos em que estão matriculados: ou porque desistiram do curso ou porque trancaram suas matrículas" (UFT, 2017, p. 27).

Ainda segundo o relatório, 53,6% dos respondentes consideraram que as ações desenvolvidas pela AE da UFT atendem suas necessidades integralmente; 40,9% afirmaram atender apenas parcialmente, enquanto para 5,5% tais ações não atendem suas necessidades. O relatório reforça que

> [...] a Proest tem buscado contribuir com a melhoria da qualidade de vida e do desempenho acadêmico dos estudantes assistido pelo Pnaes, tentando identificar as causas que podem levá-los ao insucesso acadêmico, e consequentemente a Reprovação e a evasão. Esses fatores os impedem de permanecer na universidade e, assim concluir o curso. As dificuldades em custear as despesas como moradia alimentação e transporte estão sendo minimizadas com o recebimento de auxílios, contribuindo com a permanência do estudante e com uma formação de qualidade, no tempo adequado (UFT, 2017, p. 28).

A minimização das dificuldades apontadas pela Proest no relatório diz respeito especialmente ao investimento em programas destinados ao atendimento das necessidades materiais dos estudantes, devido à insuficiência de recursos para investir em todas as áreas previstas pelo Pnaes.

A limitação das áreas atendidas pela AE da UFT parece tratar-se de uma situação "aceita" pelos estudantes, pois, segundo o mesmo relatório, no tocante às prioridades da política, os respondentes apontaram como preocupação primeira a sobrevivência material, ou seja, o suprimento de necessidades básicas relativas à alimentação, locomoção, moradia etc. Isso reafirma a urgência em ampliar os recursos do Pnaes no âmbito das IFES de modo a expandir os programas ofertados e, assim, garantir aos demandantes da AE todas as condições de permanência e formação, inclusive a participação em pesquisa – apontada como interesse da grande maioria – além de atividades ligadas à extensão, eventos formativos e culturais, intercâmbios, entre outras.

A prioridade quanto ao atendimento das necessidades materiais apontada pelos participantes da pesquisa traz à tona as drásticas desigualdades socioeconômicas que marcam a sociedade brasileira e que afligem boa parte dos estudantes de graduação das IFES. Essa realidade os leva a colocarem a sobrevivência material em primeiro lugar, em prejuízo de outras condições relativas às suas necessidades humanas.

Considerações inconclusivas sobre o direito à educação e à assistência estudantil na UFT

O presente estudo possibilitou constatar que a assistência aos estudantes pobres foi historicamente negligenciada pelo Estado brasileiro e que sua conquista é fruto da luta da classe trabalhadora, especialmente dos estudantes, do Fonaprace e mais recentemente, da Andifes.

Contudo, ainda que a garantia da permanência tenha sido objeto da Constituição de 1988, somente em 2007 a assistência estudantil passou a contar com recursos específicos para o seu financiamento, num contexto de ampliação das vagas nas IFES e IES instituições privadas. Tal expansão ocorreu atendendo uma dupla exigência: de um lado, as demandas internacionais econômico-produtivas e, do outro lado, as requisições históricas de acesso à universidade pública por parte de alguns segmentos sociais que passaram a contar com políticas de acesso diferenciado, ligadas à condição social (renda), raça/etnia, entre outras.

Contudo, a despeito do advento do Pnaes, as IFES, de modo geral, têm enfrentado grandes dificuldades relacionadas à insuficiência de recursos para atender a demanda dos estudantes em relação à assistência estudantil. Essa situação, as tem levado a impor critérios rigorosos de seletividade no que tange ao acesso dos estudantes aos programas e serviços, bem como à restrição as áreas de atendimento, priorizando, de modo geral, os programas de alimentação, moradia e transporte, ou seja, as necessidades materiais dos que demandam por assistência social estudantil. Como evidencia a pesquisa realizada pela Andifes e Fonaprace (2019), apesar do investimento prioritário em programas de assistência material, boa parte dos que demandam por esse tipo de assistência e possuem renda *per capita* de até meio salário mínimo tem ficado desassistida dada à incapacidade financeira do Pnaes, o que compromete, indubitavelmente, a garantia do direito à educação.

No caso da UFT, o relatório de pesquisa analisado (UFT, 2017) evidenciou que os beneficiários da dessa política sustentam a sua importância e a consideram condição essencial à garantia de sua permanência acadêmica e formação superior. Contudo, dada a lógica focalizada da mencionada política e à insuficiência de recursos do Pnaes, a AE na UFT, como nas demais IFES, tem sido implementada de maneira restrita, numa perspectiva *stricto sensu (*PEREIRA, 1996), o que a torna incapaz de suprir as demandas de todos os estudantes em situação de vulnerabilidade socioeconômica nas diversas áreas previstas pelo Pnaes. Como as demais IFES, a UFT tem atuado priorizando as demandas dos estudantes mais vulneráveis, deixando em segundo plano – na fila de espera ou no cadastro reserva – os estudantes considerados "menos vulneráveis". Nesse sentido, a democratização do acesso à educação superior às camadas sociais empobrecidas tem sido prejudicada, comprometendo a garantia do direito social à educação estabelecido na legislação brasileira.

A incompatibilidade entre as demandas por AE e a capacidade do seu atendimento por parte das IFES, entre elas a UFT, evidencia a necessidade urgente de intensificação da luta do segmento discente, do Fonaprace, dos trabalhadores em educação e da sociedade em geral em defesa educação superior pública e da AE numa perspectiva *lato sensu*, regida não pelo mérito, mas pelo direito a ser garantido na órbita do Estado.

A defesa da assistência estudantil e da educação pública, em todos os seus níveis, é tarefa imprescindível, sobretudo no atual contexto de intensificado desmonte dos direitos sociais e de sucateamento, deliberado, da educação superior pública no âmbito das IFES brasileiras. Nesse sentido, a estratégia adotada pelos dois últimos governos, mas que ganha força com Jair Bolsonaro, é restringir o financiamento das IFES – na perspectiva da intensificada de minimização do Estado brasileiro em relação às políticas sociais públicas – com o propósito de privatizá-las atendendo, assim, aos interesses do mercado, que considera esse espaço/serviço um nicho importante de lucratividade a ser explorado pelos empresários da educação.

REFERÊNCIAS

ANDIFES. **Plano Nacional de Assistência Estudantil,** 2007. Disponível em: http://www.andifes.org.br/wp-content/files_flutter/Biblioteca_071_Plano_Nacional_de_Assistencia Estu dantil_da_Andifes_completo.pdf. Acesso em: 10 mar. 2018.

ANDIFES; FONAPRACE. V Pesquisa Nacional de Perfil Socioeconômico e Cultural dos (as) Graduandos (as) das IFES – 2018. **Relatório Executivo.** Uberlândia/MG, Maio, 2019.

ABRAHÃO, M. **Andifes,** 2018. Disponível em: http://www. andifes.org.br/o-direito-universidade-reitora-marcia-abrahao/. Acesso em: 05 mar. 2019.

AGUIAR DE CARVALHO; CARVALHO. A assistência estudantil da UFT e os desafios à garantia do direito à educação. **Anais 16º Congresso Brasileiro de Assistentes Sociais (CBAS).** ISSN 2675-1054. Brasília – DF, 2019. Disponível em: http://broseguini. bonino.com.br/ojs/index.php/CBAS/article/view/1159/1135.

BRASIL. **Decreto 7.234 de 19 de julho de 2010.** Dispõe sobre o programa nacional de assistência estudantil – PNAES. http://www.planalto.gov.br/ccivil_03/_Ato2007-2010/2010/Decreto/D7234.htm. Acesso em: 20 maio 2013.

BRASIL. **Lei n. 12.7111/212 de 29 de agosto de 2012.** Dispõe sobre o ingresso nas universidades federais e nas instituições federais de ensino técnico de nível médio e dá outras providências. Disponível em: https://www2.camara.leg.br/legin/fed/lei/2012/lei-12711-29-agosto-2012-774113-norma-pl.html Acesso em: 15 jan. 2018.

BRASIL. **Constituição Federal da República do Brasil de 1988.** Disponível em: http://www.planalto.gov.br/ccivil_03/constituicao/constituicao.htm. Acesso em: 20 ago. 2018.

DIAS, Ellen Christine Moraes; THEÓPHILO, Carlos Renato; LOPES, Maria Aparecida Soares. **Evasão no Ensino Superior:** Estudo dos Fatores Causadores da Evasão no Curso de Ciências Contábeis da Universidade Estadual de Montes Claros. MG: Unimontes, 2012.

FONSECA, M.; OLIVEIRA, J. F. A gestão escolar no contexto das recentes reformas educacionais brasileiras. **Revista Brasileira de Política e Administração da Educação,** v. 25, p. 233-248, 2009.

LEITE, J. L. Política de Assistência Estudantil: direito da carência ou carência de direitos? *In:* **SER Social,** Brasília, v. 14, n. 31, p. 453-472, jul./dez. 2012

NEVES, Lúcia Maria Wanderley; FERNANDES, Romildo Raposo. Política neoliberal e educação superior. *In:* NEVES, Lúcia Maria Wanderley (org.). **O empresariamento da educação: novos contornos do ensino superior no Brasil dos anos de 1990**. São Paulo: Xamã, 2002.

PEREIRA. P. A. P. **A Assistência Social na perspectiva dos direitos:** crítica aos padrões dominantes de proteção aos pobres no Brasil. Potyara Amazoneida Pereira. Brasília: Thesaurus, 1996, 142 p.

PEREIRA. P. A. P. Políticas públicas e necessidades humanas com enfoque no gênero. **Sociedade em Debate,** Pelotas, v. 84, n. 12, p. 67-86, jun. 2006. Disponível em: http://rle.ucpel.edu.br/index.php/rsd/article/ download/437/391. Acesso em: 16 jul. 2017.

PEREIRA, P.A.P.; SOUZA, J. D. A. Assistência Estudantil: direito ou mérito? *In:* **O trabalho das equipes multiprofissionais na educação:** 10 anos do grupo de pesquisa *TEDIS*. YANOULLAS, S. C. (org.). 1. ed. Curitiba: Editora CRV, 2017. 242 p.

ROMANELI, Otaíza de Oliveira. **História da educação no Brasil**. 27. ed. Petrópolis – RJ: Vozes, 2002.

SANFELICE, J. L. **Movimento Estudantil:** A UNE na resistência ao golpe de 64. São Paulo: Cortez: Autores Associados, 1986.

SGUISSARDI, Valdemar. Educação superior no Brasil: democratização ou massificação mercantil? **Educ. Soc.,** Campinas, v. 36, n. 133, p. 867-889, out.--dez., 2015

UFT. **Plano de Desenvolvimento Institucional (PDI) 2016-2020**. Resolução Consuni/UFT n. 06/2016 de 05 de abril de 2016. Palmas – TO, 2010.

UFT. **Edital Proest/UFT n. 49 /2017** – Proest. Programa Auxílio Moradia. Disponível em: http://docs.uft.edu.br/share/s/1tScAxsjQfetPOlWQXJi-w. Acesso em: 10 ago. 2017

UFT. **Edital Proest/UFT n. 065/2017** – Programa Auxílio Permanência. Disponível em: http://docs.uft.edu.br/share/s/x4d2dPCXTD-L3D9rFvDMA Acesso em: 10 ago. 2017.

UFT. **Estudantes por campus = vinculados.** UFT/Proest. Palmas – TO, s/d.

UFT. **Relatório da pesquisa sobre Assistência Estudantil na UFT.** Proest/UFT, Palmas – TO, 2017.

UFT. **Relatório de Gestão da Universidade Federal do Tocantins** – UFT. Palmas – TO, 2018.

POLITICAS PÚBLICAS DE INCLUSÃO:
um olhar sobre o acesso e a permanência das pessoas com deficiência no ensino superior

José Wilson Rodrigues de Melo
Marja Diane Pereira Brito de Oliveira

Introdução

A modernidade trouxe avanços e contradições. Na dimensão paradigmática do conhecimento veio a razão cartesiana. A compreensão da realidade dava-se a partir de uma relação biunívoca. Tudo era visto a partir da lógica: causa e efeito. Após uma longa fase de suficiência explicativa da física newtoniana passou-se ao campo da física quântica, onde os conceitos de espaço e tempo caminham por outras formas de captação do mundo. Deixa de ser como um sistema de causa e efeito: a realidade (BALSAS, 1999) tornou-se complexa. (MORIN, 2001). Há uma globalidade na integração das partes com o todo. Predomina uma interconexão de tudo com tudo. Então deixa de fazer sentido a exclusão. Tudo se junta na composição do universo. A inclusão (SASSAKI, 2010; 2005; 2001; ROSA, 2007) passou a dar a tônica na percepção da realidade.

A exclusão das pessoas com deficiência remonta as práticas eugênicas gregas. Vão estar presentes em sistemas baseados na pretensa supremacia de raças. Os resultados são conhecidos pela história. (CABRAL, 2017). Houve, então, a idealização de uma base jurídica principiológica internacional para uma condição humana (ARENDT, 2007) para todos/as. (BRAGA; SHUMACHER, 2013; DE MELO; MARTINS, 2016). A diferença (ORLANDI, 2014) deixaria de servir a desigualdades. No conjunto das sociedades a diversidade significaria uma riqueza da humanidade. Enquanto tal, deveria ser valorizada. Assim, as lutas pelos direitos civis vão abrir alas para a inclusão das pessoas com deficiência em todos os setores da sociedade. O destaque para o campo educacional segue como uma instância para reconhecimentos e oportunidades (DE MENESES, 2018) para todos/as circunstanciados/as em minorias (YOUNG, 2006). A democracia (SOBRINHO, 2010; 2005) não seria mais o império das maiorias à revelia das minorias. (ALMEIDA; FERREIRA, 2018; NOZU; BRUNO; CABRAL, 2018).

O artigo em exposição objetiva o desenvolvimento de um olhar sobre o acesso e à permanência de pessoas com deficiência no ensino superior (RAMBO, 2011; MOREIRA; BOLSANELO; SEGER, 2011) brasileiro. A Universidade Federal do Tocantins – UFT foi tomada para análise de aspectos do objeto de estudo a perspectivas das políticas de inclusão educacional.

Possivelmente foi desenvolvida uma pesquisa de caráter descritivo. Procurou-se fazer um breve retrato do objeto pesquisado. Embora o estudo disponha de uma índole bibliográfica o mesmo está próximo da pesquisa documental. A técnica de análise dos dados procurou captar os destaques postos pela documentação acessada. Uma outra limitação no acesso às fontes foi apenas acessar documentos da instituição estudada. Há uma necessidade de contrapontos. Perdura um tom de positividade. Embora esteja na natureza da instituição pública partir das diretrizes e orientações legais. Daí, otimizar a gestão das medidas e ações desenvolvidas. Ademais de relatar nos documentos internos a prestação dos serviços e a qualidade alcançada.

O artigo está estruturado em cinco seções. A primeira busca ser um panorama amplo de contexto da temática, ao articular sociedade e universidade. O recorte buscou elementos de democratização e justiça social. A segunda teve como título: Aproximação conceitual ao estudo do fenômeno da inclusão de pessoas com deficiência no ensino superior. Depois, foi apresentada uma síntese da teoria histórico-cultural como fundamento para a inclusão de pessoas com deficiência. Na sequência veio uma seção com o título: As políticas públicas de inclusão no ensino superior brasileiro. Por último, e como parte do recorte empírico da pesquisa, foi desenvolvido um olhar sobre a inclusão na UFT: aproximação ao objeto de estudo.

O estudo relatado neste artigo passou ao largo do intuito de esgotar o assunto em torno do objeto de interesse. Existe a consciência do limite dos recortes realizados e da pesquisa desenvolvida. Contudo, o propósito foi buscado para alcançar o ponto possível aqui relatado. As limitações, portanto, não constituíram óbices ao rigor de cientificidade.

Sociedade e universidade: elementos de democratização e justiça social

Os acúmulos históricos resultam da capacidade humana de transcendência. Ou seja, da superação dos limites da realidade; como de si mesma. Neste particular o ser humano dispõe de uma natureza própria. As fermentações coletivas dinamizam sociedades. Nestas, espaços-tempos voltam-se a elaboração e sistematização de saberes. Uma referência desses *loci* é a universidade. Nessa instituição o conhecimento potencializou a percepção sobre a realidade.

Tomando-se por referência o ocidente, as instituições sistematizadoras de saberes colocaram-se a serviço do desenvolvimento humano. As descobertas científicas potencializaram sociedades. Desta base veio o avanço tecnológico. O saber fez-se poder na lógica positivista. As sociedades passaram a níveis de potenciais político e econômico desiguais. Neste desnível histórico as relações de produção serão políticas. Nas relações internas as sociedades instituíram desigualdades. O ser humano foi capitalizado de modo desigual: um pressuposto nas sociedades liberais.

A relação entre a universidade e a sociedade deveria ser sistêmica. (DE MELO, 2015; 2016). A universidade, pelo menos no Brasil, tem sido orgânica a uma estrutura econômica e política plasmada em desigualdades. Desde a invenção do país como colônia, a exclusão de segmentos sociais fez-se presente. Ciclos hão sido superados, mas elementos residuais excludentes persistem na estruturação social. (ALMEIDA, 2019). Neste âmbito podem ser situadas as minorias de recortes étnicos, de gênero, com *gaps* de capacidades, linguísticos etc. Embora em certo segmento das ciências sociais brasileira tenha tratado o país como uma democracia racial. (DOMINGUES, 2005).

Os ciclos históricos de uma colônia, de um império, de uma república (limitada nos preceitos políticos) foram intercalando-se mantendo as desigualdades. O recorte histórico da redemocratização do país nos últimos 35 anos demonstra a pujança dos movimentos sociais e políticos na superação dos interditos coletivos. A democratização da sociedade precisa implicar no correlato para a universidade. (CARVALHO; CARAVALHO, 2019). Destaque para a instituição de caráter público. Ela apresenta uma função social tanto para o desenvolvimento humano quanto para a potencialização científica e tecnológica do país. A inclusão das minorias é um elemento marcante na democracia no contexto atual. (MARCON; SUBRINHO, 2012).

A UNESCO desenvolveu o Programa *Education for All – EFA*. Desde a reunião de Jomtien, Thilândia, 1990, os países prometeram ofertar na educação para todos/as. (UNESCO, 1998). A lei maior brasileira preconiza a educação, dever do estado e da família, como ferramenta voltada ao desenvolvimento das potencialidades, a qualificação para o trabalho e o exercício da cidadania (art. 205). Assim, todos devem ser incluídos no sistema educacional. (BRASIL, 1998)

As políticas públicas de inclusão educacional são indispensáveis e fundamentais. (PEREIRA, 2006). Ainda existem 10 milhões analfabetos no país. É fato: os direitos republicanos são desrespeitados. Mesmo órgãos imbuídos da obrigação para implementar políticas públicas desempenham um papel precário. A educação básica e a superior ainda apresentam distorções sistêmicas. A acessibilidade e a permanência de estudantes ainda são um ponto de distorção no ideário de democratização da universidade.

A relação sociedade e universidade perpassa a cidadania. Dentre os/as cidadãos/ãs com desafios no acesso e permanência (MAYORGA; SOUZA, 2012; BOZZEDA, 2017; ZITOSKI; GENRO; CAREGNATO, 2015; MARKON; SUBRINHO, 2010) no ensino superior colocam-se as pessoas com deficiência. [10]Em geral, invisíveis[11] diante da sociedade e excluídas diante dos obstáculos para o exercício da cidadania. Em um passado próximo essas pessoas, em grande parte, ficavam relegadas à indigência ou na dependência dos familiares. Na atualidade são buscadas medidas do poder público para a supressão dos obstáculos à acessibilidade. (OLIVIERA, 2015)

Os elementos de ordem histórica, política, econômica, social, cultural, educacional etc. articulam-se em uma complexidade. Essas questões estruturais limitam a cidadania. As pessoas com deficiência são capazes e cidadãs. Uma questão de direitos humanos e justiça social. (BRAGA; SCHUMACHER, 2013).

---

10 Pessoas com algum tipo de deficiência no Brasil (seja ela auditiva, física, intelectual ou visual) representam 6,2% da população, segundo a Pesquisa Nacional de Saúde (PNS), do IBGE com o Ministério da Saúde. (IBGE, 2015).

11 A invisibilidade é uma realidade para tais pessoas. Este fato põe a limitação de estatísticas seguras que contribui nesse desvio de percepção. A falta de uma base de dados, dentre outros fatores, dificulta o planejamento e a implementação de medidas eficazes voltadas a uma melhoria da qualidade de vida das pessoas com deficiência. Mas essa questão passa ao largo de ser apenas um elemento de ordem técnica. Trata-se de uma problemática de vontade política. Respeitar o direito das pessoas com deficiência é um ato de reverenciar a dignidade humana. E isso se faz, dentre outras medidas, com acessibilidade.

Aproximação conceitual ao estudo do fenômeno da inclusão de pessoas com deficiência no ensino superior

A diversidade é um feito social. Um elemento desta realidade multicultural é a diferença. A filosofia política clama atenção pela alteridade. Na segunda metade do século XX a preocupação com os direitos humanos adquiriu importância universal. (DE MELO *et al.*, 2017). A luta pelos direitos civis nos EEUU foi emblemática. A inclusão surgiu das lutas pelo direito à diferença. Movimentos sociais ergueram braços e vozes por uma maior democratização das oportunidades. A inclusão das pessoas com deficiência tem na Declaração de Salamanca (UNESCO, 1994) um marco de referência.

O que é inclusão de pessoas com deficiência, afinal? Este tema pode ser percebido como um avanço. É um estágio posterior à normalização e à integração. (OMOTE, 1999). Os países escandinavos foram pioneiros nas propostas de normalização nos anos de 1950. Isto implicava na disposição em classes comuns de estudantes com necessidades especiais. (MRECH, 1998). A normalização era entendida como um termo para identificar ações de oportunidades para pessoas com ou sem deficiências. (SCHWARTZMAN, 1997).

Os movimentos de normalização conduziram a práticas denominadas de integracionistas. Os EEUU adquiriram destaque nessa tendência. Acreditava-se que a integração prezava por um ambiente com possibilidades de trânsito entre os sistemas escolares convencionais e o ensino especial. O pressuposto da integração estava na premissa de usufruto das condições de vida das pessoas com deficiência para um convívio mais comum ou normal nas comunidades. Ou seja, a ideia era realizar práticas de vivências próximas das pessoas tidas como normais. (MANTOAN, 1998).

É fundamental explicitar, em relação ao acesso e permanência na educação superior, a inclusão (RAMBO, 2011; SIQUEIRA; SANTANA, 2010; WALBER, SILVA, 2006) situa-se além de uma adequação de espaços. No âmbito atitudinal (MEIRA, 2017) é imprescindível a aceitação das diferenças e a valorização da diversidade. O conceito de identidade joga um papel central neste particular. O sentido de pertencimento, ser membro, fortalece a convivência, a cooperação para uma vida comunitária mais justa, saudável e satisfatória. (SASSAKI, 2010).

A teoria histórico-cultural como fundamento para a inclusão de pessoas com deficiência

A Teoria Histórico-Cultural dispõe de aportes fundamentais na aplicabilidade com o processo educacional escolar. Os fundamentos são válidos tanto para os processos normais quanto para com educação especial. Há um foco da teoria na educação de pessoas com deficiência. O expoente teórico dessa corrente é o bielorrusso Lev Semionovich Vygostky. O conceito-chave da teoria assevera o desenvolvimento intelectual de crianças para existir em decorrência das interações sociais e condições de vida.

Outra chave do pensamento vygostykiano é a zona de desenvolvimento proximal.[12] Neste Âmbito, pode ser considerado o papel da aprendizagem no desenvolvimento humano onde a linguagem e a cultura apresentam implicações cruciais. Essas são indispensáveis para o processo histórico-social da pessoa considerada normal ou com deficiência. No recorte específico da educação especial, o pensamento vygostkyano compreende o momento em que a deficiência traz dificuldade de adaptação, socialização. No caso, é identificado um mecanismo para compensação da deficiência. Deste modo, o limite de uma capacidade pode adicionar à pessoa o desenvolvimento de outras capacidades.

À revelia da aparência, este não é mecanismo simples. A sua eficácia fica na dependência de novas formas de imersão na realidade e à apropriação cultural assimilada pela pessoa com deficiência. Apesar da validade estratégica, a teoria não assegura a suplantação do limite orgânico por meio de novas conexões interfuncionais. Isto é, uma espécie de cura para a limitação. Mas, uma superação da pessoa no campo cognitivo. Podem aparecer compensações das limitações através do desenvolvimento de novas aprendizagens (VYGOTSKY, 1997).

Por fim, a Teoria Histórico-cultural compreende o desenvolvimento das funções psíquicas superiores (pensamento abstrato, memória, atenção voluntária, associação, cooperação etc.) como resultado da interação cultural. A interação cultural produz na pessoa a humanidade (VYGOTSKY, 2001).

As políticas públicas de inclusão no ensino superior brasileiro

Uma sociedade democrática tem nos movimentos sociais um ator central. A dinâmica relacional com os direitos precisa do debate, da sistematização das formalidades e das demandas do poder público. As vozes organizadas da sociedade civil são fundamentais na interação do ordenamento jurídico (DE MELO; MARTINS, 2016) do país e a realidade concreta dos/das cidadãos/ãs. Uma vez estabelecidos em lei[13] é necessário trazer as intenções para a vida concreta das pessoas. Sobretudo, daqueles/as mais necessitados. Enfim, os movimentos sociais estão atrelados ao desenvolvimento das políticas públicas.

Obviamente, as políticas públicas são espaços de disputas. Os interesses postos na sociedade são divergentes. Nem sempre o poder público está voltado para os mais necessitados. Os grupos hegemônicos expressam o domínio dos interesses nas disputas. Contudo, o exercício do poder é marcado por antagonismos e contradições. Deste movimento, os grupos minoritários tentam extrair ações públicas a seu

---

12   A Zona de Desenvolvimento Proximal (ZDP) observa a distância entre nível de desenvolvimento real e o nível de desenvolvimento potencial. Esta distância se evidencia pela habilidade de se resolver um problema individualmente e com ajuda de outra pessoa. Ou seja, configura o acumulado de informações e habilidade individuais de um sujeito articulado à capacidade de aprendizagem: o potencial cognitivo atual. Este potencial é configurado, mas ainda está em desenvolvimento. A ZDP resulta das funções imaturas. Seu estado é embrionário. Contudo, já indica um potencial de amadurecimento ou desenvolvimento.

13   "No que se refere ao direito das pessoas com deficiências, estudos mostram que nas duas últimas décadas houve uma ampliação da formalidade dos direitos. (LOPES; RECH, 2013). Atualmente são mais de 40 dispositivos legais que garantem direitos às pessoas com deficiência. " (*Apud*. DA SILVA, 2015, p.73)

favor. No recorte surgem as demandas por acesso e permanência das pessoas com deficiência no ensino superior (AMOROSO, 2019; MARTINS; LEITE; SANTANA, s/d; MARTINS; LEITE; LACERDA, 2015; MARTINS; LEITE; LACERDA, 2014).

Na formatação das políticas de inclusão no ensino superior brasileiro três documentos internacionais são balizadores. Um deles é a Declaração de Educação para Todos (UNESCO, 1998). O outro é a Declaração de Salamanca (UNESCO, 1994). Esta com escopo na educação das pessoas com deficiência integradas (incluídas) no sistema educacional. O ponto forte desse documento internacional recuperou elementos da Declaração Universal dos Direitos Humanos (ONU, 1948). O Brasil passou a tomar as diretrizes dessas declarações no âmbito da política de inclusão educacional.

A Lei de Diretrizes e Bases da Educação Nacional – LDBEN, Lei n. 9394/96 (BRASIL, 1996a) garantiu o acesso das pessoas com deficiência ao sistema educacional. Tal ato é refratário a princípios de direitos humanos instituídos na Constituição Federativa da República de 1988. Uma das medidas deste movimento[14] veio na forma de ofício direcionado às Instituições de Ensino Superior – IES. O teor do aviso circular n. 277 (BRASIL, 1996b) veio na forma de pedido para providenciar adequações no processo seletivo para candidatos com deficiência. Ou seja, medida de adequação ao acesso ao ensino superior.

Um documento âncora na política de inclusão educacional foi a aprovação das Diretrizes Nacionais para a Educação Especial na Educação Básica – DNEEEB pelo Conselho Nacional de Educação. (BRASIL, 2001). A citada diretriz trouxe um "status" de lei pois regulamentou artigos da LDBEN. Assim, as DNEEEB instituíram a educação especial como modalidade de ensino. Paralelamente, demandaram a prestação de atendimento educacional especializado na rede pública. Deste modo, alcançou desde o nível infantil ao superior. Um momento marcante da reforma.

Uma gama de atos legais e medidas foram tomadas a partir do ano 2003[15]. No conjunto, foi quando houve uma definição mais explícita da Política Nacional de Educação Especial na Perspectiva da Educação Inclusiva. Esta foi constituída com o Programa de Educação Inclusiva: direito à diversidade, pelo Governo Federal. (BRASIL, 2008). O citado programa apresentou conceitos centrados nas tipologias de deficiências. Deste modo, foi realizada uma contextualização histórica da educação especial. Assim, houve uma transparência ao modo como a pessoa com deficiência estava percebida tanto no plano internacional como nacional.

---

14   No Brasil, a primeira iniciativa por parte do Ministério da Educação (MEC), por meio da Secretaria de Educação Especial (SEESP), com relação ao aluno com necessidades educacionais especiais no Ensino Superior se deu através da Portaria n. 1.793/94, que recomendava a inclusão da disciplina "Aspectos Ético-Político-Educacionais da Normalização e Integração da Pessoa Portadora de Necessidades Especiais", prioritariamente nos cursos de Pedagogia, Psicologia e demais licenciaturas. [...] (MOREIRA; BOLSANELLO; SEGER, 2011, p.129)

15   O contexto em destaque procurou como ação do poder público ampliar o acesso à universidade. Merece destaque a criação da Secretaria de Educação Continuada, Alfabetização, Diversidade e Inclusão – SECADI. (Decreto n. 9.005 de 14 de março de 2017). As ações da Secretaria estavam voltadas para a garantia do direito de todos à educação com qualidade e equidade, em um sistema educacional inclusivo. A finalidade não era apenas o acesso e permanência. Focava ainda a conclusão da trajetória escolar com níveis adequados de participação, aprendizagem e respeito às diferenças. Dentre estes os que não tiveram acesso na idade regular. A perspectiva era a de educação ao longo da vida. (BRASIL, 2017). A SECADI foi extinta na atual gestão do Governo Federal.

Para consorciar a política de acesso à universidade foi demandada a adoção de medidas de apoio à permanência. O Decreto n. 7.234/10: Dispõe sobre o Programa Nacional de Assistência Estudantil – PNAES. A finalidade do programa foi a ampliação das condições de permanência dos jovens na educação superior pública federal. No art. 3º § 1º, consta que as ações de assistência estudantil do PNAES deveriam ser desenvolvidas em diferentes áreas, entre elas: "acesso, participação e aprendizagem de estudantes com deficiência, transtornos globais do desenvolvimento e altas habilidades/ superdotação". (BRASIL, 2010).

O Programa de Acessibilidade na Educação Superior – INCLUIR objetivou fomentar a criação e a consolidação dos núcleos de acessibilidades nas Instituições Federais de Ensino Superior – IFES. A finalidade era promover a inclusão de estudantes com deficiência na educação superior. Deste modo, procurou garantir condições de acessibilidade nas IFES. O programa cumpre o disposto nos decretos n. 5.296/2004 (BRASIL, 2004) e n. 5.626/2005 (BRASIL, 2005) e no edital INCLUIR 04/2008, publicado no Diário Oficial da União n. 84, seção 3, páginas 39 e 40, de 5 de maio de 2008. (MEC, 2008).

Na relação sociedade e universidade convém refletir o fato de uma política de inclusão no ensino superior situar-se além dos aspectos arquitetônicos, psicopedagógicos etc.[16] É fundamental os desenvolvimentos de atitudes de aceitação da diversidade. Aqui a tônica pode ser dada ao sentir-se membro da comunidade. Para tanto, este sentimento de pertença (identidade) necessita vir acompanhado de cooperação. Enfim, contribuir com uma vida comunitária mais saudável. (SASSAKI, 2010).

Um olhar sobre a inclusão na UFT: aproximação ao objeto de estudo

A Universidade Federal do Tocantins – UFT é uma fundação pública integrada ao sistema federal de ensino[17]. A implantação efetiva teve como marco o dia 15 de maio de 2003. Nesta data tomaram posse os/as primeiros/as professores/as. Ligada à estrutura política e de gestão do Ministério da Educação, a UFT volta-se à promoção do ensino, pesquisa e extensão. Dispõe de autonomia didático-científica, administrativa e de gestão financeira e patrimonial. No contexto de democratização das Instituições Federais de Ensino Superior – IFES, esta unidade nasceu imbuída de uma concepção inclusiva.

Uma política pública com centralidade inclusiva mais genérica é a focada na assistência estudantil. Trata-se de um movimento de maior abertura da universidade a segmentos com vulnerabilidade socioeconômica. A questão é assegurar a permanência na universidade. A Política de Assistência Estudantil da UFT é constituída por um conjunto de ações voltadas para a promoção do acesso, da permanência e do

---

16   Essa linha de pensamento está em conexão com a Teoria Histórico-Cultural. Essa ambiência não fará a superação das deficiências. Nela pode ser criada uma atmosfera de desenvolvimento de aprendizagens e superações. O fundamento pode estar na capacidade de transcendência. Contudo, sem políticas públicas de acessibilidade e permanência no ensino superior, os limites das pessoas com deficiência perdem diante das premissas formais de igualdade: uma questão de justiça social.
17   A UFT foi criada pela Lei n. 10.032 de 23 de outubro de 2000. (BRASIL, 2000).

êxito dos estudantes. Tais ações estão vinculadas a aspectos como a inclusão social, a produção do conhecimento, a melhoria do desempenho escolar e da qualidade de vida. (UFT, 2019a). Enfim, um guarda-chuva de programas configura a política de assistência estudantil (Auxílio Permanência; Auxílio Alimentação e Auxílio Moradia).

Ao debruçar um olhar sobre o Censo da Educação 2018 obtém-se o dado de 232 estudantes com deficiência matriculados na UFT.[18] Este número representa 1,4% das matrículas gerais. Os registros apresentam a IES na categoria acima de cinco mil matrículas, onde 1% ou mais de estudantes apresentam deficiência. Neste bloco categorial estão 51 universidades brasileiras (públicas e privadas). Na classificação das instituições neste particular, a UFT situa-se em 16º lugar. Em se tratando de docentes, a universidade conta com 14 professores/as com deficiência. O dado representa 1,16% dos profissionais do magistério superior da instituição. (UFT, 2019b).

Os números positivos acima podem ser avaliados como um dos resultados da política pública implantada através da Resolução n. 03, de 25 de fevereiro de 2015. (UFT/CONSUNI, 2015) A citada medida dispõe sobre a criação do Programa de Acessibilidade e Educação Inclusiva – PAEI/UFT e a respectiva estruturação no âmbito da UFT. O documento determina ainda a criação e a implantação da Diretoria de Acessibilidade e a Coordenação de Acessibilidade e Educação Inclusiva. O conjunto das medidas tomadas é significativo. Além da indicação da finalidade decisória já define os setores da gestão para o funcionamento do programa.

Uma medida emblemática na política de inclusão da UFT foi a instalação da Seção de Acessibilidade Informacional – SAI. Com este ato administrativo foi regulamentado o sistema de bibliotecas – SISBIB. (Portaria n. 007/2015. UFT/CONSUNI). A medida visou dispor acervo especializado (Braille, digital acessível e falado). Ademais, adaptou materiais didáticos e pedagógicos. Possibilitou o empréstimo de recursos de tecnologia assistiva. Na órbita do SAI encontram-se dispostos: computadores, "scanners", impressoras Braille e textos ampliados.

Uma outra ação no plano de inclusão foi a implantação do curso de Letras com habilitação em Língua Brasileira de Sinais – LIBRAS no Câmpus de Porto Nacional. O curso está voltado à produção e democratização dos conhecimentos no campo do ensino de LIBRAS. Um eixo curricular do referido curso está assentado na Educação Inclusiva e Direitos de Pessoas com Deficiência. Como sujeitos de ações especializadas encontra-se o corpo de interpretes de LIBRAS da UFT. Estes profissionais participam das reuniões institucionais, da tradução de trabalhos de conclusão de curso e dos processos seletivos da graduação e Pós-Graduação. Ainda atuam no apoio a docentes em atividades de ensino.

Cabe destaque a instalação da Central de Acessibilidade e Educação Inclusiva, também. O objetivo do setor é localizar demandas específicas. Soma-se ao propósito dispor os recursos e estratégias de apoio à educação inclusiva com foco no estudante de ensino superior.

Em linhas gerais são essas medidas indutoras da política de inclusão educacional na UFT. Possivelmente são necessárias avaliações com a voz dos sujeitos usuários

---

18 Número de Matrículas de Alunos com Deficiência, Transtornos Globais do Desenvolvimento ou Altas Habilidades/Superdotação em (2009-2018) no Brasil é de 43.633. Já o percentual em relação ao Total de Matrículas em Cursos de Graduação é de 0,52% (UFT/PAEI, 2019)

dos serviços de inclusão. Deve ser destacado o acompanhamento do desenvolvimento do/da estudante com necessidade especial. Afinal, a democratização do acesso e da permanência deve ser condutora do êxito da formação no ensino superior. Assim, a universidade pode ensejar e contribuir na efetivação de uma sociedade mais justa e democrática.

À guisa de conclusão

Este artigo objetivou voltar um olhar sobre o acesso e a permanência das pessoas com deficiência no ensino superior. Talvez fora acionado um olhar de soslaio. Uma primeira apreciação simples, singela, diante das complexidades da realidade. Tratou-se de uma breve aproximação a um objeto de estudo com recortes melhor delimitados em um futuro próximo. O artigo está na centralidade de um simples ensaio. Inexiste a pretensão de haver alcançado a totalidade do objeto estudado. Afinal, o espaço de um artigo tem seus limites enquanto espaço-tempo para o alcance global de um fenômeno. Embora, seu caráter de instrumento comunicacional tenha uma inteireza neste âmbito.

O estudo das políticas públicas é amplo e multifacetado teoricamente. Em uma perspectiva genérica foi tomada uma compreensão da dimensão formal da matéria. Tal dimensão compreendida como instituidora de direitos. Os direitos necessitam das ações de poder público para alcançar sentido na vida concreta dos/as cidadãos/ãs; principalmente aos mais necessitados. Embora a sociedade careça de uma abertura democrática para os movimentos sociais. Estes vão influir na formatação das políticas públicas como na avaliação material dessas. Para tanto, é indispensável a permanência de um debate democrático transparente a uma participação ativa da sociedade civil organizada em seu contraponto com a sociedade política instituída.

Para finalizar, é fundamental apontar outras hipóteses ou recortes temáticos e de objetos para futuras pesquisas. Primeiramente, a instituição precisa investigar a satisfação das pessoas com deficiência em relação ao alcance dos programas, projetos e ações específicas. Na dimensão pedagógica há um campo vasto para as implicações da docência diante da temática. É significativo investigar sobre as perspectivas de visibilidades dessas pessoas na universidade. Elas estão representadas nos conselhos? Fazem parte dos diretórios? São encorajadas à participação política? Elas aprecem na "mídia" produzida pela universidade? O que dizem sobre o ambiente inclusivo da universidade? Há um acolhimento da diversidade ou existem preconceitos, discriminações etc.? A política de inclusão educacional das pessoas com deficiência desenvolve-se de modo uniforme em todos os câmpus da UFT? Como ocorre o sucesso, a perseverança e a diplomação das pessoas com deficiência na universidade?

A pesquisa deve retratar a inteireza teórico-metodológica. Por isso foi decidido concluir com a demonstração de o objeto não haver sido esgotado. O desenvolvimento do artigo buscou ser fiel ao propósito. A estrutura do mesmo seguiu uma linha tênue onde o eixo de um guarda-chuva foi localizado na relação sociedade e universidade. Assim, nas hastes da cobertura puderam ser traçados raios estruturais como democracia, políticas públicas, inclusão, justiça social. Tudo isso bem entrecortada pela centralidade das pessoas com deficiência e o acesso e a permanência no ensino superior.

Os desafios seguem. Olhar para esta realidade requer enxergar para além do imediato. É importante a universidade apresentar uma perspectiva positiva das ações, mas os contrapontos com as pessoas com deficiência fazem-se imprescindíveis. O acesso e a permanência com qualidade precisam culminar em uma formação de qualidade tanto do ser humano quanto do profissional. Assim, a relação sociedade e universidade constrói-se em uma vertente socialmente mais justa e politicamente mais democrática. Mais que uma fotografia, a realidade é dinâmica e contraditória face à história. A inclusão educacional de pessoas com deficiência precisa estar pautada na complexidade do cotidiano da universidade. Realizar tal intento é fazer valer o estado democrático de direitos. Um ato indispensável na diminuição das desigualdades; ademais de um imperativo da justiça social e dos direitos humanos.

REFERÊNCIAS

ALMEIDA, José Guilherme de Andrade; FERREIRA, Eliana Lucia. Sentidos da inclusão de alunos com deficiência na educação superior: olhares a partir da Universidade Federal de Juiz de Fora. **Psicol. Esc. Educ.**, Maringá, v. 22, n. spe, p. 67-75, 2018. Disponível em: http://www.scielo.br/scielo.php? script=sci_arttext&pid= S141385572018000400067 &lng=en&nrm=iso. Acesso em: 15 mai. 2020.

ALMEIDA, Silvio. **Racismo estrutural**. Pólen Produção Editorial LTDA, 2019.

AMOROSO, Sônia Regina Basili. INCLUSÃO DO DEFICIENTE NO ENSINO SUPERIOR: uma perspectiva para a inclusão social. **HUMANIDADES E TECNOLOGIA (FINOM)**, v. 1, n. 15, p. 115-135, 2019.

ARENDT, Hannah. **A condição humana**. Forense universitária, 2007.

BALSAS, Álvaro. Física quântica e a realidade. **Revista Portuguesa de Filosofia**. T.55, Fasc. ½, jan-jun 1999, p. 129-162.

BRAGA, Mariana Moron Saes; SCHUMACHER, Aluisio Almeida. Direito e inclusão da pessoa com deficiência: uma análise orientada pela teoria do reconhecimento social de Axel Honneth. **Soc. estado.**, Brasília, v. 28, n. 2, p. 375-392, ago. 2013. Disponível em: http://www.scielo.br/scielo.php?script=sci_arttext&pid=S0102-992201300020 0010&lng=en&nrm=iso. Acesso em: 14 jul, 2020.

BRASIL. **Constituição da República Federativa do Brasil de 1988**. Disponível em: http://www.planalto.gov.br/ccivil_03/constituicao/constituicao.htm. Acesso em: 20 maio 2020

BRASIL. **Lei n. 9.394, de 20 de dezembro de 1996**. Estabelece as Diretrizes e Bases da Educação Nacional. Diário Oficial da União, Brasília, DF, 23 dez. 1996a.

BRASIL. Presidência da República. **Aviso Circular n. 277**. Brasília, DF, 8 maio 1996b.

BRASIL. Ministério da Educação. Secretaria de Educação Especial. **Diretrizes nacionais para a educação especial na educação básica**. Brasília, DF, 2001.

BRASIL. Ministério da Educação. Secretaria de Educação Especial. **Política Nacional de Educação Especial**. Brasília, DF, 2008c.

BUENO, José Geraldo Silveira. Crianças com necessidades educativas especiais, política educacional e a formação de professores: generalistas ou especialistas. **Revista Brasileira de Educação Especial**, v. 3. n. 5, 1999, p.7-25.

CARVALHO, Doracy Dias Aguiar de; CARVALHO, Roberto Francisco de. Democracia e direitos sociais: histórico e implicações para as políticas educacionais brasileiras. **Rev. katálysis**, Florianópolis, v. 22, n. 3, p. 457-467, set. 2019. Disponível em: http://www.scielo.br/scielo.php?script=sci_arttext&pid=S1414-49802019000300457&lng=en&nrm=iso. Acesso em: 13 ago. 2020.

DE MELO, Francisco Ricardo Lins Vieira; MARTINS, Maria Helena. Legislação para estudantes com deficiência no ensino superior no Brasil e em Portugal: algumas reflexões. **Acta Scientiarum. Education**, v. 38, n. 3, p. 259-269, 2016.

DE MELO, José Wilson Rodrigues de. Políticas de permanência na Universidade. Sucesso, perseverança e abandono: uma breve aproximação à questão no Quebec, Canadá. **Desafios – Revista Interdisciplinar da Universidade Federal do Tocantins**, 2015, v. 1, 29-43.

DE MELO, José Wilson Rodrigues. Multiculturalismo: tensões brasileiras do direito à diferença como expressão de igualdade e dignidade. **Revista Esmat**, 2016, v. 8, n. 11, p. 91-104.

DE MELO, José Wilson Rodrigues de; ROCHA, Suyene Monteiro; FERNANDES, Suzidarly Ribeiro Teixeira (org.). **Caminhos e olhares sobre os direitos humanos.** 1. ed. Curitiba: CRV, 2017. v. 180. 258 p.

DE MENEZES, Sheilla Alessandra Brasileiro. **As pessoas com deficiência chegam a universidade:** políticas públicas e práticas para igualdade de oportunidades no ensino superior a distância no Brasil e na Espanha. 2018. Disponível em: https://editora.pucrs.br/acessolivre/anais/cidu/assets/edicoes/2018/arquivos/458.pdf. Acesso em: 23/04/2020.

DIAS SOBRINHO, José. Educação superior, globalização e democratização: qual universidade?. **Rev. Bras. Educ.**, Rio de Janeiro, n. 28, p. 164-173, abr. 2005. Disponível em: http://www.scielo.br/scielo.php?script=sci_arttext&pid=S1413-24782005000100014&lng=en&nrm=iso. Acesso em: 14 Mar. 2020. https://doi.org/10.1590/S1413-24782005000100014

DIAS SOBRINHO, José. Democratização, qualidade e crise da educação superior: faces da exclusão e limites da inclusão. **Educ. Soc.**, Campinas, v. 31, n. 113, p. 1223-1245, dez. 2010. Disponível em: http://www.scielo.br/scielo.php?script=sci_arttext&pid=S0101-73302010000400010&lng=en&nrm=iso. Acesso em: 14 mar. 2020.

DOMINGUES, Petrônio. O mito da democracia racial e a mestiçagem no Brasil (1889-1930). **Diálogos latinoamericanos**, n. 10, p. 0, 2005.

IBGE. **Pesquisa nacional de saúde, 2015**. Disponível em: https://agenciabrasil.ebc. com.br/geral/noticia/2015-08/ibge-62-da-populacao-tem-algum-tipo-de-deficiencia. Acesso em: 20/05/2020

MANTOAN. Maria Teresa Égler *et al*. **Educação de qualidade para todos** formando professores para a inclusão escolar. Temas sobre desenvolvimento, Memnon – edições científicas. São Paulo/SP, 1998.

MARCON, Frank; SUBRINHO, Josué Modesto dos Passos. **Ações afirmativas e políticas inclusivas no ensino superior**. Aracaju; Editora da UFS, 2010.

MARTINS, Diléia Aparecida; LEITE, Lúcia Pereira; DE LACERDA, Cristina Broglia Feitosa. Políticas públicas para acesso de pessoas com deficiência ao ensino superior brasileiro. **Anais do IV SIES**, 2014, p. 26.

MARTINS, Diléia Aparecida; LEITE, Lúcia Pereira; LACERDA, Cristina Broglia Feitosa de. Políticas públicas para acesso de pessoas com deficiência ao ensino superior brasileiro: uma análise de indicadores educacionais. **Ensaio: avaliação e políticas públicas em educação**, 2015, v. 23, n. 89, p. 984-1014.

MARTINS, Sandra Eli Sartoreto de Oliveira; LEITE, Maria Lúcia Pereira; SANTANA, Ana Paula Oliveira. **Análise das políticas educacionais ao desenvolvimento de mídias instrumentais sobre deficiência e inclusão**. Disponíveis em https://www.capes.gov.br/images/seminarios/iv-observatorio-da-educacao/Educacao_Especial/ACESSI_1.PDF. Acesso em: 15 maio 2020.

MAYORGA, Cláudia; SOUZA, Luciana Maria de. Ação afirmativa na universidade: a permanência em foco. **Rev. psicol. polít.**, 2012, v. 12, n. 24, p. 263-281. ISSN 2175-1390.

MEIRA, Carlos Eduardo Bozzeda. **Acessibilidade física e atitudinal:** inclusão de pessoas com deficiência no ensino superior. Dissertação de Mestrado. Volta Redonda: UniFOA, 2017.

MOREIRA, Laura Ceretta; BOLSANELLO, Maria Augusta; SEGER, Rosangela Gehrke. Ingresso e permanência na Universidade: alunos com deficiências em foco. **Educ. rev.**, Curitiba, n. 41, p. 125-143, set. 2011. Disponível em: http://www.scielo.br/scielo.php?script=sci_arttext&pid=S0104-40602011000300009&lng=en&nrm=iso. Acesso em: 02 jun. 2020.

MORIN, Edgar. Os desafios da complexidade. *In:* Morin E, (org.). **A religação dos saberes**. O desafio do século XXI. Rio de Janeiro: Editora Bertrand Brasil, p. 559-67, 2001.

MRECH, Leny Magalhães. O que é educação inclusiva? **Revista Integração**. Brasília. (Ministério da Educação e do Desporto/Secretaria de Educação Especial). Ano 8, n. 20, 1998, p. 37 – 40.

NOZU, Washington Cesar Shoiti; BRUNO, Marilda Moraes Garcia; CABRAL, Leonardo Santos Amâncio. Inclusão no Ensino Superior: políticas e práticas na Universidade Federal da Grande Dourados. **Psicol. Esc. Educ.**, Maringá, v. 22, n. spe, p. 105-113, 2018. Disponível em: http://www.scielo.br/scielo.php?script=sci_arttext&pid=S1413-85572018000400105&lng=en&nrm=iso. Accesso em 20 Mai 2020.

OLIVEIRA, Anelise Martinelli Borges. **Inclusão de alunos com deficiência na universidade e políticas públicas:** um olhar crítico. 2015. Disponível em: https://revistas.unilasalle.edu.br/index.php/Educacao/article/view/2451. Acesso em: 23 jun 2020.

OMOTE, S. Deficiência: da diferença ao desvio. *In:* MANZINI, E. J.; BRANCATTIi, P. R (org.), **Educação especial e estigma:** corporeidade, sexualidade e expressão artística. Unesp-Marilia. 1999, p. 3-21.

ONU. **Declaração Universal dos Direitos Humanos**. 1948. Disponível em: https://www.ohchr.org/EN/UDHR/Pages/Language.aspx?LangID=por. Acesso em: 15 abr. 2020

ORLANDI, Eni Puccinelli (org.). **Ser diferente é ser diferente**: a quem interessam as Minorias? p. 29, 2014.

PEREIRA, Marilú Mourão. A inclusão de alunos com necessidades educativas especiais no ensino superior. **UNI revista**, v. 1, n. 2, 2006.

RAMBO, Carla Patrícia. **A Inclusão escolar na perspectiva de alunos com deficiência no ensino superior:** contribuições da psicologia histórico-cultural. Maringá, 2011. 152 f [Dissertação de Mestrado]

ROSA, Ângela Coronel. Compreendendo o paradigma da inclusão. **Revista do Centro de Educação**, n. 29, 2007. Disponível em: https://periodicos.ufsm.br/educacaoespecial/article/view/4138/2510. Acesso em: 21 jun. 2020.

SASSAKI, Romeu Kazumi. **Inclusão:** a universidade e a pessoa com deficiência, 2001. Disponível em: www.apacsp.com.br. Acesso em: Acesso em: 25 jun. 2020.

SASSAKI, Romeu Kazumi. **Inclusão:** o paradigma do século 21. Inclusão: revista da educação especial, Brasília, v. 1, n. 1, 2005, p. 19-23.

SASSAKI, Romeu Kazumi. **Inclusão: construindo uma sociedade para todos**. 8. ed. Rio de Janeiro: WVA, 2010.

SCHWARTZMAN, José Salomão. **Síndrome de Down**. São Paulo: Mackenzie, 1999.

SILVA, Alliny Kássia da. **Políticas Públicas de Educação Inclusiva e o Papel da Universidade Federal do Tocantins para a Formação de Professores para o Ensino de Pessoas com Deficiência**. UFT: Palmas, TO, 2015. Disponível em: https://repositorio.uft.edu.br/bitstream/11612/94/1/Alliny%20Kassia%20da%20 Silva%20-%20Disserta%C3%A7%C3%A3o.pdf Acesso em: 30 mar. 2020 [Dissertação de Mestrado]

SIQUEIRA, Inajara Mills; SANTANA, Carla da Silva. Propostas de acessibilidade para a inclusão de pessoas com deficiências no ensino superior. **Rev. bras. educ. espec.**, Marília, v. 16, n. 1, p. 127-136, Apr. 2010. Disponível em: http://www.scielo.br/scielo.php?script=sci_arttext&pid=S1413=65382010000100010-&lng=en&nrm-iso. Acesso em: 14 ago. 2020. http://dx.doi.org/10.1590/S1413-65382010000100010.

UFT. CONSUNI. **Resolução 03, de 25 de fevereiro de 2015**. Dispõe sobre a criação do Programa de Acessibilidade e Educação Inclusiva (PAEI/UFT) e sua estruturação no âmbito da Universidade Federal do Tocantins. Palmas/Tocantins, UFT, 2015.

UFT. CONSUNI. **Portaria 07, de 25 de fevereiro de 2015**. Dispõe sobre a criação do Programa de Acessibilidade e Educação Inclusiva (PAEI/UFT) e sua estruturação no âmbito da Universidade Federal do Tocantins. Palmas/Tocantins, UFT, 2015.

UFT/PAEI. **A UFT no contexto da inclusão no ensino superior**. 2019. Disponível em: https://docs.uft.edu.br/share/proxy/alfresconoauth/api/internal/shared/node/1sXkA_ SoQACCVTghe22D5Q/content/15.%20A%20UFT%20no%20contexto%20da%20 inclus%C3%A3o%20no%20ensino%20superior. Acesso em: 20 jun. 2020.

UFT. **UFT é destaque na inclusão de estudantes com deficiência e lança campanha**. 2019. Disponível em: https://ww2.uft.edu.br/index.php/ultimas-noticias/26669-uft--destaque-inclusao-estudantes-e-docentes-com-deficiencia-lanca=-campanha#:~:text-ACESSIBILIDADE-UFT%20%C3%A9%20destaque. Acesso em: 20 jun. 2020.

UNESCO. **Declaração de Salamanca e linha de ação sobre necessidades educativas especiais**. Salamanca, Espanha, 1994. Disponível em: http://unesdoc.unesco.org/images/0013/001393/139394por.pdf. Acesso em: 02 abr. 2020.

UNESCO. **Declaração Mundial sobre Educação para Todos**. 1998. Disponível em: unesdoc.unesco.org/images/0008/000862/086291por.pdf. Acesso em: 15 maio 2020.

VYGOTSKY, Lev Semionovich. Fundamentos de defectología. Em Obras Escogidas (tomo V) Madrid: Visor Distribuciones. 1997.

VYGOTSKY, Lev Semionovich. **A Construção do Pensamento e da Linguagem**. São Paulo: Martins Fontes, 2001.

WALBER, Vera Beatris; SILVA, Rosane Neves da. As práticas de cuidado e a questão da deficiência: integração ou inclusão? Care practices and the disability issue: integration or inclusion. **Estud. psicol.** Campinas, p. 29-37.

YOUNG, Iris Marion. Representação política, identidade e minorias. **Lua Nova**, n. 67, p. 139-190, 2006.

EDUCAÇÃO MUNICIPAL NO TOCANTINS: política, gestão e direito na pandemia do coronavírus – um campo controverso

Rosilene Lagares
Ítalo Bruno Paiva Gonçalves
Leonardo Victor dos Santos

O aparecimento do coronavírus SARS-CoV-2, identificado pela primeira vez em seres humanos na cidade chinesa de Wuham, em dezembro de 2019, causador da infecção respiratória Covid-19, pegou o mundo de surpresa, tornando visível e aumentando ainda mais as desigualdades sociais. No caso do Brasil, constatou-se o denunciado há décadas. Nesse sentido, não fomos pegos de surpresa, pois deveríamos, pelo menos, conhecer nosso país [uns não querem ver tais desigualdades, outros não se importam com elas, outros entendem que deve ser assim mesmo e as reforçam].

Em se tratando da garantia do direito à educação, entre os anos 1940 e 1980, mesmo com programas de desenvolvimento, discursos e plataformas políticas proclamando a centralidade da educação no desenvolvimento do país e, eventualmente, no aperfeiçoamento da democracia, a economia era a prioridade. E, ainda que o país tenha apresentado uma lenta e contínua expansão educacional a partir dos anos 1990, elevando o número de matrículas nas diferentes etapas de ensino, o nível de instrução da população e diminuindo a desigualdade educacional entre regiões, grupos de cor, gênero e estratos de renda, a continuidade dos estudos da população em idade escolar ainda é um dos grandes desafios, prejudicando o aumento da escolaridade da população e apresentando indicadores educacionais muito ruins comparando-se com outros países.

É, então, nesse "campo de lutas e disputas que [nós] pensadores da resistência educacional" (SANDER, 2009, p. 76), retomamos a discussão iniciada por Lagares (2008) a respeito da educação municipal no Tocantins, problematizando a política, a gestão e a garantia do direito à educação, instigados pelas circunstâncias da pandemia do novo coronavírus a partir de março de 2020.

Em uma perspectiva crítica (CURY, 2000), trabalhamos com dados e informações de fontes bibliográficas, documentais, de hipertextos e de campo, coletadas junto a técnicos de algumas secretarias municipais de educação, utilizando telefone móvel, aplicativos de mensagens e *e-mail*.

Apresentamos nossa construção teórica em duas seções, complementadas por esta introdução, notas conclusivas e referências. Na primeira seção, insistimos na necessidade da declaração e da proclamação do direito à educação no Brasil, sobretudo da educação pública que vive o desafio da sobrevivência com uma asfixia financeira e a ação contrária dos recentes governos federais à sua promoção; e, na segunda, apresentamos elementos de medidas de gestões municipais do Tocantins para enfrentar as demandas da pandemia do coronavírus e indagamos a respeito de diferenças ou ininterrupções em relação à atuação dessas gestões, renovando a defesa da garantia do direito à educação.

Retirando o "pó" do direito à educação

Sem perdermos de vista os contextos históricos, políticos, econômicos, culturais e os limites de mandamentos normativos é crucial retomarmos o conteúdo constitucional, considerando sua emergência em circunstâncias marcadas por lutas de parte da sociedade civil contra a excessiva centralização e o autoritarismo dos governos militares que ficaram marcados pela ineficiência, corrupção e ausência de participação social; e por trazer para a gestão pública os princípios da descentralização das políticas públicas, da democratização do processo decisório, da participação, da transparência como virtudes desse novo momento da democracia brasileira (ARRETCHE, 2002).

Em contextos elitistas, Cury (2002, p. 259) sustenta que é preciso declarar e assegurar os direitos, não apenas proclamá-los:

> A declaração e a garantia de um direito tornam-se imprescindíveis no caso de países, como o Brasil, com forte tradição elitista e que tradicionalmente reservam apenas às camadas privilegiadas o acesso a este bem social. Por isso, declarar e assegurar é mais do que uma proclamação solene. Declarar é retirar do esquecimento e proclamar aos que não sabem, ou esqueceram, que eles continuam a ser portadores de um direito importante. Disso resulta a necessária cobrança deste direito quando ele não é respeitado.

Em um cenário brasileiro de contraposição aos direitos sociais, materializado em discursos políticos contundentes e em medidas normativas, como a Emenda Constitucional n. 95 (BRASIL, 2016), é imperativo retomar e defender que a educação é um dos direitos sociais previstos constitucionalmente (BRASIL, 1988, artigo 6º), considerado essencial para o desenvolvimento de todas as pessoas e da sociedade, pois que aparece como o primeiro desses direitos, e o critério não é a ordem alfabética: "Educação, saúde, alimentação, trabalho, moradia, transporte, lazer, segurança, previdência, maternidade e proteção à criança, a assistência aos necessitados é um direito social, na forma desta Constituição."

Na República Federativa brasileira (artigo 1º), a educação é um "direito de todos e dever do Estado e da família, e será promovida e incentivada com a colaboração da sociedade [...]" (artigo 205). E sua materialização implica o cumprimento de cada um dos incisos do artigo 206:

> O ensino será ministrado com base nos seguintes princípios:
> I – igualdade de condições para o acesso e permanência na escola;
> II – liberdade de aprender, ensinar, pesquisar e divulgar o pensamento, a arte e o saber;

III – pluralismo de ideias e de concepções pedagógicas, e coexistência de instituições públicas e privadas de ensino;
IV – gratuidade do ensino público em estabelecimentos oficiais;
V – valorização dos profissionais da educação escolar, garantidos, na forma da lei, planos de carreira, com ingresso exclusivamente por concurso público de provas e títulos, aos das redes públicas;
VI – gestão democrática do ensino público, na forma da lei;
VII – garantia de padrão de qualidade;
VIII – piso salarial profissional nacional para os profissionais da educação escolar pública, nos termos de lei federal.
Parágrafo único. A lei disporá sobre as categorias de trabalhadores considerados profissionais da educação básica e sobre a fixação de prazo para a elaboração ou adequação de seus planos de carreira, no âmbito da União, dos Estados, do Distrito Federal e dos Municípios.

Assim como dos incisos recepcionados e acrescidos pela Lei de Diretrizes e Bases da Educação Nacional (LDB) n. 9.394 (BRASIL, 1996):

Art. 3º O ensino será ministrado com base nos seguintes princípios:
I – igualdade de condições para o acesso e permanência na escola;
II – liberdade de aprender, ensinar, pesquisar e divulgar a cultura, o pensamento, a arte e o saber;
III – pluralismo de ideias e de concepções pedagógicas;
IV – respeito à liberdade e apreço à tolerância;
V – coexistência de instituições públicas e privadas de ensino;
VI – gratuidade do ensino público em estabelecimentos oficiais;
VII – valorização do profissional da educação escolar;
VIII – gestão democrática do ensino público, na forma desta Lei e da legislação dos sistemas de ensino;
IX – garantia de padrão de qualidade;
X – valorização da experiência extra-escolar;
XI – vinculação entre a educação escolar, o trabalho e as práticas sociais.
XII – consideração com a diversidade étnico-racial. (Incluído pela Lei n. 12.796, de 2013)
XIII – garantia do direito à educação e à aprendizagem ao longo da vida. (Incluído pela Lei n. 13.632, de 2018)

Na perspectiva de Saviani (2013), a educação configura-se ao mesmo tempo no exercício de todos os direitos – civis, políticos, sociais, econômicos e de qualquer outra natureza – porque a sociedade capitalista advogou à escola elementar a incumbência de converter todos os indivíduos em cidadãos, ou seja, plenos de direitos e de deveres.

No entanto, para esse mesmo autor, proclamar um texto constitucional não implica a efetivação do direito (SAVIANI, 2011). O que pode ser visto, por exemplo, pelos resultados/desempenhos alcançados, seja em avaliações externas ou internas; pelas estruturas precárias e inadequadas das escolas; pela formação ainda inadequada de muitos professores. Então, o país ainda mantém a dívida com milhões de brasileiros.

Educação municipal no Tocantins nas circunstâncias da pandemia: repercussões da inobservância do direito educacional

Panoramas nacional e estadual

O coronavírus, em virtude do seu alto poder de mutação e contágio, ultrapassou as fronteiras chinesas, onde foi detectado inicialmente, levando a Organização Mundial de Saúde (OMS) a declarar, em 11 de março de 2020, a situação de pandemia, quando a doença espalha-se por diversos continentes e sua disseminação é sustentada por pessoas.[19]

No Brasil[20], os primeiros casos surgiram em fevereiro de 2020, e, como medida para mitigar a disseminação da doença em razão dos altos riscos à saúde, o Ministério da Saúde emitiu a Portaria n. 188/GM/MS, de 4 de fevereiro (BRASIL, 2020a), declarando Emergência em Saúde Pública de Importância Nacional. Posteriormente, foi sancionada a Lei 13.979, de 6 de fevereiro (BRASIL, 2020b), dispondo sobre medidas de enfrentamento a pandemia e dando poderes as autoridades, no âmbito de suas competências, a adotarem entre tantas medidas, o isolamento, a quarentena, a restrição excepcional de locomoção interestadual e intermunicipal, além de determinarem compulsoriamente a realização de exames, internações e tratamentos médicos específicos.

Desde então, Estados e Municípios vêm editando Decretos, Instruções Normativas ou se valendo de outros instrumentos legais em favor do distanciamento social. No campo da educação, as primeiras medidas dos governos em todo o país foram de suspensão das aulas presenciais, para evitar a propagação do vírus e o colapso do sistema de saúde.

No Brasil, uma República Federativa (BRASIL, 1988, artigo 1º), a educação tem sua organização disposta em sistemas de ensino sob a responsabilidade da União, dos Estados, do Distrito Federal e dos Municípios e em regime de colaboração (artigo 211).

No âmbito da União, apenas em 1º de abril foi sancionada a Medida Provisória n. 934 (BRASIL, 2020c), estabelecendo normas excepcionais sobre o ano letivo da educação básica, desobrigando os sistemas e as redes de ensino de cumprirem os duzentos dias letivos de efetivos trabalho escolar e determinando que a carga horária mínima de oitocentas horas fosse cumprida, ficando a cargo dos sistemas de ensino se organizarem.

---

19 Disponível em: https://www.canalsaude.fiocruz.br/2020/6/15
20 A Covid-19 está presente em todas as Unidades da Federação e já são 891.556 casos confirmados e 44.118 mortes em sua decorrência, conforme https://g1.globo.com/bemestar/coronavirus/noticia/2020/06/15/brasil-tem-44118-mortes-por-coronavirus-aponta-consorcio-de-veiculos-de-imprensa-sao-729-nas-ultimas-24--horas.ghtml Acesso: 15 jun. 2020.

No Conselho Nacional de Educação, no dia 28 abril, o Conselho Pleno aprovou o Parecer CNE/CP n. 5/2020 (BRASIL, 2020d) tratando da reorganização do calendário escolar e da possibilidade de contabilização das atividades não presenciais para fins de cumprimento da carga horária mínima anual em razão da pandemia. E, após dois meses, no dia 7 de julho, o Parecer CNE/CP n. 11/2020 (BRASIL, 2020e), com orientações educacionais para a realização de aulas e atividades pedagógicas presenciais e não presenciais no contexto da pandemia.

Segundo a Constituição Federal de 1988 (BRASIL, 1988, artigo 8º), cabe à União, na organização da educação nacional, dentre as suas competências, "a coordenação da política nacional de educação, articulando os diferentes níveis e sistemas e exercendo função normativa, redistributiva e supletiva em relação às demais instâncias educacionais." Todavia, na crise instaurada pela pandemia, o que observamos até o momento foi a falta de coordenação nacional e a transferência da gestão no enfrentamento da situação para Estados, Municípios, escolas, profissionais e famílias.

No Tocantins, antes da iniciativa do governo federal, no dia 13 de março, o Governo editou o primeiro Decreto que suspendeu todas as atividades educativas nas unidades escolares da rede pública estadual e na Universidade Estadual do Tocantins (Unitins) e, em decorrência do agravamento da Covid-19, em 18 de março, editou o segundo Decreto prorrogando por tempo indeterminado a suspensão das aulas em todos os estabelecimentos de ensino com sede no Estado, públicas e privadas, como escolas e universidades, e orientou os Municípios a adotarem medidas complementares necessárias ao seu cumprimento. Em seguida, foram publicados outros decretos, como demonstramos no quadro 1.

Quadro 1 – Decretos Governo do Tocantins – Coronavírus/2020

Data	Decreto	Objeto
13/03/2020	6.065	Suspensão aulas na rede estadual de 16 a 20 de março (TOCANTINS, 2020a)
18/03/2020	6.071	Suspende por tempo indeterminado as atividades educacionais nos estabelecimentos de ensino públicos e privados do Tocantins (TOCANTINS, 2020b)
24/03/2020	6.073	Antecipação das férias escolares na rede estadual de 25 de março a 23 de abril (TOCANTINS, 2020c)
27/04/2020	6.087	Prorroga a suspensão das aulas de 27 de abril a 29 de maio (TOCANTINS, 2020d)
28/05/2020	6.099	Mantêm a suspensão das atividades educacionais até 30 de junho (TOCANTINS, 2020e)
29/06/2020	6.112	Dispõe sobre a prorrogação de prazos relativos à suspensão de atividades educacionais e à jornada de trabalho, na forma que especifica, e adota outras providências. (TOCANTINS, 2020f)

Fonte: https://diariooficial.to.gov.br.

No âmbito da gestão, a Secretaria de Estado da Educação (SEDUC/TO) vêm desenvolvendo algumas medidas específicas de enfrentamento, como apresentamos no quadro 2.

Quadro 2 – Principais medidas Seduc-Tocantins – Coronavírus/2020

Programa/Projeto/Ação	Observações
Ações educativas e culturais.	Página virtual Seduc-TO: atividades pedagógicas interativas; jogos e brincadeiras; acesso a livros, vídeos educativos e cursos *on-line*; e passeios virtuais a museus e zoológicos.
Distribuição de *kits* com alimentos e produtos de higiene pessoal a todos os alunos da rede estadual de ensino.	Recursos do Tesouro Estadual.
Comissão de Estudos e Sistematização de Orientações e Normas.	Composta no dia 29 de abril de 2020
Olhar Atento: Governo do Tocantins lança programa de apoio e cuidado emocional para educadores e estudantes da rede estadual.	Objetivo: Proporcionar o suporte necessário aos profissionais da educação e estudantes para que possam se manter equilibrados e saudáveis, garantindo as condições necessárias para protagonizar o ensino não presencial, o retorno gradual às salas de aula e preparando-se para o enfrentamento dos desafios que se apresentarão no período pós-pandemia. Iniciativa: Parceria com o *Instituto Península*, por intermédio do *Conselho Nacional de Secretários de Educação (Consed)*.
Seduc mobiliza jovens para inscrição em *curso de empreendedorismo* gratuito e *on-line*.	Objetivo: Apontar novas perspectivas, construir caminhos e transformar os sonhos da juventude em realidade a partir do empreendedorismo. Iniciativa: *Besouro Agência de Fomento Social* (organização privada de interesse público em que o capital entregue é o intelectual).
TO de casa NO ENEM.	Objetivo: Ferramenta de apoio a preparação dos estudantes para o Enem on-line. Lançada em 11 de maio de 2020.
Formação continuada "A Educação Básica no Novo Cenário: Adaptação e Transformação".	Realizada no período de 22 a 26 de junho de 2020 pelo Movimento Todos Pela Educação.

Fontes: https://seduc.to.gov.br/noticia/2020/6/10; https://www.juventudeempreendedora.com/a-besouro e https://seduc.to.gov.br/noticia/2020/6/16/seduc-mobiliza-jovens-para-inscricao-em-curso-de-empreendedorismo-gratuito-e-on-line/

Em se tratando da reorganização do Calendário Escolar 2020, a Secretaria instituiu uma Comissão de Estudos e Sistematização de Orientações e Normas (TOCANTINS, 2020g), com o papel de "subsidiar a Titular desta Pasta [Seduc-TO]" (art. 2º). Compuseram-na seis servidores da Secretaria da Educação, Juventude e Esportes e dois membros do Conselho Estadual de Educação do Estado do Tocantins (CEE/TO) (Art. 3º), sendo presidida por um dos servidores da Seduc e pelo Presidente do CEE/TO (Art. 4º). Foi construída uma proposta de reorganização do Calendário Escolar com um retorno híbrido (aulas não presenciais, semipresenciais e presenciais).

Embora a proposta tenha sido construída em uma Comissão, indicando diálogo, os Municípios que não têm seus sistemas de ensino próprios não foram incluídos na construção, mostrando a ausência de colaboração e da gestão democrática.

Sobre a formação docente, a opção da Seduc-TO foi pela parceria público-privada, trazendo o curso pronto do Movimento Todos Pela Educação (TPE) "A Educação Básica no Novo Cenário: Adaptação e Transformação", realizado em plataforma *on-line*, para debater o presente e o futuro (TOCANTINS, 2020h). Uma opção que, também, repercute no princípio da gestão democrática da educação.

Como norma estadual, o Sistema de Ensino, por meio do Conselho Estadual de Educação (CEE/TO) aprovou a Resolução n. 105[21], de 8 de abril de 2020 (TOCANTINS, 2020i)[22], estabelecendo formas de reorganização do Calendário Escolar/2020 e definindo o regime especial de atividades escolares não presenciais no Sistema Estadual, para fins de cumprimento do ano letivo de 2020, como medida de prevenção e combate ao contágio do coronavírus.

Com a publicação da Resolução, o Ministério Público cobrou do Estado a discussão da proposta com as diversas entidades representativas de ensino no Tocantins e as universidades; a realização de um diagnóstico com dados da quantidade de escolas, professores e alunos com acesso à *internet* e aptos a operar algum sistema de educação a distância; e a necessidade de planejamento, monitoramento e avaliação como etapas fundamentais antes da apresentação de uma proposta para compensar a suspensão das aulas (https://mpto.mp.br/portal/2020/04/17/). Isto é, cobrou a gestão em uma perspectiva democrática e o regime de colaboração no enfrentamento da crise forjada pela pandemia.

Exame de contextos municipais

Nos governos municipais, como a LDB n. 9.394 (BRASIL, 1996, artigo 11) permitiu que os Municípios se organizassem optando por uma das três formas – sistemas próprios de ensino, integração ao sistema estadual de ensino ou composição de sistema único de educação básica – há medidas comuns e outras específicas sendo materializadas pelas esferas locais no Tocantins.

---

21 O CEE/TO está elaborando outra Resolução, abordando, dentre outros assuntos, a validação de estudos não presenciais, o cômputo da carga horária, estratégias de avaliação.

22 NOTA DO SINTET SOBRE RESOLUÇÃO DO CEE. Resolução publicada pelo CEE para reorganização do calendário escolar 2020 transfere responsabilidade às escolas e EaD não é a solução, afirma Sintet. http://www.sintet.org.br/ultimasnoticias-785-nota-do-sintet-sobre-resolucao-do-cee. Acesso em: 30 jun. 2020.

Localidades com muitos ou poucos habitantes; sem casos confirmados, com poucos ou muitos casos de Covid-19; com poucas ou muitas unidades de ensino foram impactadas diretamente pelas medidas nacionais e estaduais em sua rotina escolar, levando as 139 Secretarias Municipais de Educação, os profissionais, os estudantes e as famílias a se reorganizarem, como mostra Lagares (2020, p. 3):

> todas as redes e sistemas de ensino suspenderam seus calendários escolares; muitos anteciparam as férias; e alguns têm investido na continuidade dos processos de ensino e aprendizagem por meios virtuais e outros com a entrega de atividades impressas a alunos sem acesso à rede de *internet*.

Nas gestões analisadas nesta pesquisa, na maioria, houve o planejamento e a construção de planos de trabalho, assentados em pesquisas de opiniões com pais/mães/responsáveis, alunos, professores e servidores para a tomada de decisões. Ainda assim, nesse movimento, não apreendemos discussões quanto a continuidade e/ou a retomada da implementação, do monitoramento e/ou da avaliação dos planos municipais de educação (PME), dos planos de ações derivados dos planos municipais de educação e dos projetos político-pedagógicos (PPP), apresentando cenários na contramão desses processos de planejamento e documentos defendidos historicamente no campo da educação.

Em um dos Municípios, o nosso levantamento de campo mostrou a baixa participação dos pais/mães/responsáveis (23%) na pesquisa de opinião sobre as estratégias de retomada das atividades escolares (PLANO DE AÇÃO/MUNICÍPIO 4), implicando na gestão democrática.

Coutinho (2003, p. 17) pontua que a democracia é um processo que só se estabelece na conjunção da "socialização da participação política com a socialização do poder". Por isso, a participação política qualificada, substantiva, precisa ocorrer em todas dimensões e espaços formais e não formais, com debates e proposições. Também, precisamos ter em mente que a "gestão democrática não é o caminho mais fácil, mais curto ou rápido, mas em nossa perspectiva é um processo formativo e de transformação/emancipação sociopolítica" (LAGARES; POLI, 2017, p. 840). Assim sendo, essa participação permitida apenas em alguns momentos, são ações típicas de políticas neoliberais, que despolitizam a política, pois delimitam o campo de atuação da participação popular em questões específicas, ficando impedida de estabelecer relações entre um problema pontual/específico com os graves problemas estruturais da nossa sociedade (NEVES, 2003).

Nesse mesmo Município, não conseguimos informações sobre atos do Conselho Municipal de Educação (CME) a respeito das atividades pedagógicas, critérios avaliativos e de recuperação, quantitativo de horas letivas a que as atividades correspondem. Assim, o retorno não presencial pode tratar mais de um cumprimento de formalidades, relegando a segundo plano as condições estruturais, tecnológicas e o ambiente doméstico dos alunos.

Em outra localidade, a gestão optou pela ofensiva conservadora da interrupção de contratos docentes e da remuneração paralelo a suspensão do calendário escolar, forjando a desvalorização do profissional de educação e impactando, ainda, na economia da sociedade local, justamente em um momento de extrema fragilidade social, ofendendo a dignidade da pessoa.

Outro Município optou pela privatização da gestão pública, sendo uma das principais medidas a contratação de um Instituto[23] para a condução das ações, como descritas: 1. Formular e aplicar um questionário *on-line* cujo objetivo é traçar o perfil socioeconômico e familiar dos estudantes[24]; 2. Desenvolver um Plano de Contingência a partir dos dados obtidos na pesquisa para orientar as ações das escolas e da Secretaria Municipal de Educação; 3. Elaborar, em parceria com a Secretaria Municipal de Educação, escolas e professores, um Plano de Ação[25], que direcionará as atividades escolares e reorganizará o calendário escolar; 4. Analisar as metodologias de ensino adotadas pelo Município e seus desdobramentos na aprendizagem; 5. Analisar e avaliar os impactos e danos causados pela Covid-19 no Município (PLANO DE AÇÃO/MUNICÍPIO 5).

Um cenário que nos revelou dois quadros interdependentes. De um lado, o avanço crescente das empresas privadas de consultoria nos assuntos educacionais em Municípios, sobretudo nos de pequeno porte, e, de outro, a ausência de uma política articuladora, com orientação e formação do Ministério da Educação e/ou do Estado, em especial, para os Municípios que não têm sistemas próprios de ensino, acarretando certo afastamento e escancarando a fragilidade política e técnica dos sistemas/redes/secretarias municipais de educação.

Nos Municípios maiores do ponto de vista populacional e educacional, foram organizadas discussões mais ampliadas para o planejamento, a elaboração de planos de trabalho, a aprovação nos CME, a apreciação por outras instituições (Tribunal de Contas, Ministério Público), a constituição de comissões de estudos e elaboração de propostas de calendários escolares por meio remoto ou a distância; a realização de diagnósticos sobre as condições estruturais de acesso às tecnologias, a *internet* e a viabilidade de implantação do ensino remoto. No entanto, a situação se repetiu, quanto a invisibilidade dos PME e dos PP.

Na capital, Palmas, uma proposta prendeu-nos a atenção, o Plano Emergencial de Acompanhamento Pedagógico, aprovado por Instrução Normativa n. 01/Portaria/GAB/SEMED n. 0342, de 1º junho de 2020 (PALMAS, 2020), com efeitos retroativos a 27 de abril de 2020, o qual, dentre as estratégias, reorganiza o calendário escolar, define atividades não presenciais e orienta a utilização da ferramenta *on-line Palmas Home School*.

Com base em informações da plataforma *Palmas Home School* (https://www.educacaopalmas.com.br/Acesso em: 17 jun. 2020), "Todo o material foi produzido e/ou organizado pela equipe pedagógica da Semed", sendo textos, vídeos, livros literários, sugestões de sites, dentre outros. Ainda, há dois esclarecimentos envolvendo temas polêmicos no país:

---

23 De acordo com o Diário Oficial do Município, n. 285, de 07 de maio de 2020, o contrato foi celebrado no valor de R$ 132.000,00, com vigência até o final do ano de 2020.
24 Desenvolvido por outra empresa contratada pelo Instituto.
25 Denominado: "Um novo caminho para a escola".

a) a reposição de aulas:

> [...] todo o conteúdo da ferramenta é um complemento ao ensino formal. **Não se trata de reposição de aulas**. Nesse momento, a prioridade da gestão é com a saúde e a segurança de todos. A reposição das aulas será tratada em outro momento. Por agora, o nosso foco está em oferecer o reforço de aprendizagem para que as crianças e os adolescentes não fiquem tão afastados da escola. (Grifos na plataforma).

b) os alunos que não tem acesso à *internet:*

> Os estudantes que têm acesso à internet por computador (ou mesmo pelo celular) poderão responder as atividades *on-line*. Para quem não possui acesso à internet, as escolas municipais vão fornecer as atividades impressas, por semana, sendo a retirada em um dia específico para cada série/ano.
> Os materiais podem também ser impressos e estão divididos por ano escolar.

Embora o Plano Emergencial não seja **a proposta do *homeschooling*[26]** [ensino domiciliar] a semelhança entre as nomenclaturas **remeteu-nos a indagar sobre tal motivo: seria a defesa/a origem dessa proposta para o Município? Há alguma relação entre a** *Palmas Home School* **e a proposta da** deputada federal pelo partido Democrata-Tocantins, Professora Dorinha Seabra Rezende, relatora na Comissão de Educação da Câmara Federal da matéria e de uma emenda aditiva a Medida Provisória 934[27], no dia 2 de abril de 2020 (CÂMARA FEDERAL, 2020), regulamentando a educação domiciliar durante a pandemia, por meio de alterações na LDB/1996 e na Lei n. 8.069/1990, que aprova o Estatuto da Criança e do Adolescente:

> Art. 1º A Lei n. 9.394, de 20 de dezembro de 1996, passa a vigorar com as seguintes alterações:

---

26 A Câmara dos Deputados lida com proposições sobre a educação domiciliar pelo menos de 2001: a) Projetos de Lei (PL) arquivados: 6001/2001, do Deputado Ricardo Izar (PTB/SP), 6484/2002, do Deputado Osório Adriano (PFL/DF), 3518/2008, dos Deputados Henrique Afonso (PT/AC) e Miguel Martini (PHS/MG) e 4122/2008, do Deputado Walter Brito Neto (PRB/PR). Os dois primeiros dispõem sobre o ensino em casa por meio de lei específica e, os outros, por alteração da Lei de Diretrizes e Bases da Educação Nacional (LDB). Também a variação de partidos e Unidades Federadas dos deputados autores dos referidos PL; b) Proposta de Emenda Constitucional (PEC) arquivada 444/2009, do Deputado Wilson Picler (PDT/PR); c) Em apreciação, tramitando em conjunto, os PL: 3179/2012, do Deputado Lincoln Portela (PR/MG), 3261/2015, do Deputado Eduardo Bolsonaro (PSC/SP) e 10185/2018, do Deputado Alan Rick (DEM/AC). Essas proposições propõem alterações na LDB e as duas últimas, também, na Lei n. 8069/1990, que aprova o Estatuto da Criança e do Adolescente (ECA). A matéria aguarda apresentação de novo parecer da relatora, Deputada Professora Dorinha Seabra Rezende (DEM/TO), devido à apensação do PL 10185/2018. O parecer apresentado anteriormente pela relatora foi pela aprovação dos PL 3179/2012 e PL 3261/2015, com Substitutivo.

27 Estabelece normas excepcionais sobre o ano letivo da educação básica e do ensino superior decorrentes das medidas para enfrentamento da situação de emergência de saúde pública de que trata a Lei n. 13.979, de 6 de fevereiro de 2020.

> "Art. 23. [...] § 3° É admitida a educação básica domiciliar, sob a responsabilidade dos pais ou tutores responsáveis pelos estudantes, observadas a articulação, supervisão e avaliação periódica da aprendizagem pelos órgãos próprios dos sistemas de ensino, nos termos das diretrizes gerais estabelecidas pela União e das respectivas normas locais, que contemplarão especialmente: I – obrigatoriedade de matrícula do estudante em escola regularmente autorizada pelo Poder Público; II – manutenção de registro oficial das famílias optantes pela educação domiciliar; III – participação do estudante nos exames realizados nacionalmente e exames do sistema estadual ou sistema municipal de avaliação da educação básica, quando houver; IV – previsão de inspeção educacional, pelo órgão competente do sistema de ensino, no ambiente em que o estudante estiver recebendo a educação domiciliar; V – vedação de qualquer espécie de discriminação entre crianças e adolescentes que recebam educação escolar e aquelas educadas domiciliarmente.
>
> Art. 24. [...] VI – o controle de frequência fica a cargo da escola, conforme o disposto no seu regimento e nas normas do respectivo sistema de ensino, exigida frequência mínima de setenta e cinco por cento do total de horas letivas para aprovação, ressalvado o disposto no § 3° do art. 23 desta lei;
>
> Art. 2° A Lei n. 8.069, de 13 de julho de 1990, passa a vigorar com a seguinte alteração: "Art. 129. [...] V – obrigação de matricular o filho ou pupilo e acompanhar sua frequência e aproveitamento escolar, de acordo com o regime de estudos, se presencial ou domiciliar;

Na justificativa da emenda, a Deputada Dorinha (CÂMARA FEDERAL, 2020) assim escreve:

> O tema da educação domiciliar é recorrente no cenário das discussões sobre políticas públicas educacionais e nos espaços de deliberação legislativa. A educação domiciliar é admitida em diversos países, ainda que de acordo com distintas regulamentações. Mesmo nos Estados Unidos da América, há significativas diferenças entre os estados, com relação aos requisitos para autorização para que o equivalente à educação escolar seja realizado em casa. Há estados em que eles são reduzidos, como o Texas. Há outros em que são detalhados, como Washington, Louisiana, Dakota do Norte e Califórnia. Se a educação domiciliar deve ser formalmente reconhecida no contexto brasileiro, cabe observar a história e a forma de organização da educação no País. Em primeiro lugar, é preciso considerar a proposta no âmbito das normas constitucionais referentes à educação. A educação básica, dos quatro aos dezessete anos de idade, é obrigatória. Cabe ao Estado oferecê-la e à família assegurar que a criança e o jovem a ela tenha efetivo e exitoso acesso. Essa determinação se encontra no art. 208, I, da Carta Magna. Ela se complementa pela disposição do § 3° desse mesmo artigo. Nele se lê sobre a competência do poder público para recensear os educandos no ensino fundamental, fazer-lhes a chamada e zelar, junto aos pais ou responsáveis, pela frequência à escola. Sobre esse ponto há uma questão de interpretação a ser discutida. Em termos de eficácia educacional, isto é, garantia do direito do estudante à educação básica, é preciso esclarecer o que significa o "zelo do poder público

junto às famílias sobre a frequência à escola". Certamente o objetivo é assegurar que toda criança e todo jovem tenha acesso à educação básica de qualidade. O conceito de frequência à escola pode ser entendido de maneira ampla, dependendo do que estiver fixado na legislação infraconstitucional. No caso, a legislação de diretrizes e bases da educação nacional. Pode a frequência ser estabelecida em termos de obrigação de presença na escola ao longo de todo o período letivo; em termos de um percentual mínimo de presença e máximo de faltas; em termos de períodos de alternância, com duração variável; ou mesmo em termos de formas diferenciadas de articulação presencial com a escola, de acordo com processos de orientação pedagógica e de avaliação especificamente estabelecidos. Nessa última alternativa, pode ser aceita a hipótese de inserir a chamada educação domiciliar. Ela não poderá, porém, jamais prescindir de uma efetiva articulação e supervisão por parte da instituição escolar oficialmente constituída. Esta emenda faculta aos sistemas de ensino admitir, sem obrigar, a possibilidade de uma diferenciação na responsabilidade pela educação básica, autorizando a alternativa de que pais e tutores se responsabilizem diretamente pela condução do processo ensino/aprendizagem de crianças e jovens de suas famílias. Aqui há uma dimensão nacional que precisa ser considerada. De fato, dada a existência de diretrizes gerais, fixadas pela União, para toda a educação nacional, seria inadequado que, em determinado ente da Federação essa CD/20604.43091-90 alternativa fosse implementada e em outra, não. A norma, nesse caso, deve ser geral. Ressalte-se novamente que a emenda especifica que deve haver diretrizes que assegurem a articulação, a supervisão e a avaliação periódica da aprendizagem pelos órgãos próprios dos sistemas de ensino. Parece oportuno, ainda, explicitar algumas questões adicionais nas diretrizes da União sobre o assunto. É necessário deixar claro que essa alternativa combina responsabilidades da família e das instituições escolares oficiais, ainda que em grau distinto do tradicionalmente praticado no sistema educacional brasileiro. É também importante que o órgão competente do sistema de ensino mantenha registro da opção dos pais ou responsáveis, autorize a prática, faça acompanhamento qualificado dos estudantes nessa situação e promova inspeções periódicas. Os estudantes devem se submeter a avaliações periódicas em escolas oficiais, nas quais deverão estar regularmente matriculados, em regime diferenciado de estudos, e aos exames nacionais e locais de avaliação da educação básica. Peço o apoio dos nobres colegas para que essa importante proposta possa ser aprovada (CÂMARA FEDERAL, 2020, s/p.).

Além dessa incógnita, no maior Município do Tocantins, sobressai, também, a invisibilidade do PME e dos PPP e a centralização na elaboração dos conteúdos da plataforma *Palmas Home School*, implicando, também, na gestão democrática da educação.

Segundo o Presidente da União Nacional dos Dirigentes Municipais de Educação (Undime) no Tocantins, nos Municípios, de um modo geral, faltam equipamentos para laboratórios de informática nas escolas e há problemas com o acesso à *internet* junto aos alunos, tanto que as atividades se mantiveram suspensas em boa parte deles. E, para o retorno às aulas, enfrentarão grandes problemas, em especial, financeiros com a organização dos protocolos de segurança, com o quadro de pessoal, o transporte escolar e o regime de colaboração (Disponível em: http://senadorakatiaabreu.com.br/2020/7/6).

Do que expusemos, Sander (2009, p. 76) nos ajuda a analisar esse campo controverso:

[...] o campo educacional brasileiro continua sendo hoje, como foi no passado, uma arena de disputas em que diferentes atores tratam de impor suas opções político-pedagógicas e suas categorias de percepção e interpretação.

Estas disputas se observam tanto nos processos de formulação política como nas práticas de intervenção no cotidiano da gestão educacional, refletindo posições políticas diferenciadas sobre a condição humana, a cultura e a educação. Muitas vezes, estratégias administrativas, como descentralização, autonomia, colegialidade e participação são apregoadas pelos protagonistas das várias concepções educacionais em disputa. Os seus significados, no entanto, são diferentes, quando não opostos. Para os pensadores neoliberais o sentido desses termos é prioritariamente técnico-racional, enquanto que para os pensadores críticos, o sentido é sociológico, antropológico, político.

Reside aí a necessidade de problematizarmos as medidas das gestões municipais e de renovarmos a defesa da garantia do direito à educação.

Notas conclusivas

Problematizando a política, a gestão e a garantia do direito à educação, instigados pelas circunstâncias da pandemia do coronavírus a partir de março de 2020, em gestões municipais no Tocantins, o fizemos compreendendo a educação como prática social no interior de uma sociedade de interesses antagônicos.

Nos aspectos analisados, a diferença apresentada em relação ao contexto anterior a pandemia, basicamente, centrou-se na suspensão dos calendários letivos. No mais, em nossa perspectiva, nessa situação de excepcionalidade, mantiveram-se ininterruptos a mitigação do direito à educação; ações assistemáticas; a gestão produtivista.

Continuamos, então, com o dever de declarar e assegurar o direito à escola pública; o regime de colaboração; a gestão democrática da educação [princípios, espaços e mecanismos de participação no âmbito dos sistemas e das unidades de ensino];[28] a implementação e avaliação dos PME e PPP; a valorização do magistério. Em outras palavras, todas as forças que atuam em favor da educação pública, inclusiva, de qualidade social, gratuita, laica e emancipadora devem resistir, ficar vigilantes e cobrar que o direito à educação seja garantido, pois as desigualdades ampliam-se.

---

28 Deixamos outras questões, para continuarmos nossa investigação: as Redes e os Sistemas Municipais que estão realizando atividades à distância como meio de repor os dias suspensos, levaram de fato em consideração as condições socioeconômicas dos alunos, principalmente, da zona rural e de seus familiares, o nível de escolaridade, a sobrecarga de trabalho e o ambiente doméstico? Como definiram os critérios para validar as atividades não presenciais e contabilizá-las como horas letivas? Essas decisões foram tomadas em conjunto com a comunidade escolar? As atividades não presenciais permitiram alcançar os objetivos de ensino e aprendizagem conforme o PPP? Houve participação da comunidade escolar na reorganização do calendário escolar? Estão garantindo o direito à alimentação escolar? Que condições materiais foram disponibilizadas aos professores para o trabalho remoto e as atividades não presenciais? Que condições de acesso às atividades foram disponibilizados para os alunos que se enquadram na Educação Especial?

REFERÊNCIAS

ARRETCHE, Marta. Relações federativas nas políticas sociais. **Educação & Sociedade**, Campinas, v. 23, n. 80, p. 25-48, 2002. Disponível: http://antigo.enap.gov.br. Acesso em: 14 jun. 2020.

BRASIL. [Constituição (1988)]. **Constituição da República Federativa do Brasil**. Brasília, DF, 1988. Disponível em: https://www.planalto.gov.br. Acesso em: 13 mai. 2020.

BRASIL. **Lei n. 9.394**. Estabelece Diretrizes e Bases para a Educação Nacional (LDB). Brasília, DF, 1996. Disponível em: https://www.planalto.gov.br. Acesso em: 01 jun. 2020

BRASIL. Emenda Constitucional n. 95, de 15 de dezembro de 2016. Altera o Ato das Disposições Constitucionais Transitórias, para instituir o Novo Regime Fiscal, e dá outras providências. **Diário Oficial da República Federativa do Brasil**. Brasília, 16 dez. 2016.

BRASIL. Ministério da Saúde. Portaria n. 188/GM/MS, de 04/02/2020. Brasília, DF, 2020a. **Diário Oficial da União**, publicado em: 4 fev. 2020. Disponível em: http://www.in.gov.br/en/web/dou/-/portaria-n-188-de-3-de-fevereiro-de-2020-241408388 Acesso em: 14 jun. 2020.

BRASIL. Lei n. 13.979, de 6 de fevereiro de 2020. Brasília, DF, 2020b. **Diário Oficial da União**, publicado em: 07/02/2020. Disponível em: http://www.in.gov.br/en/web/dou/-/lei-n-13.979-de-6-de-fevereiro-de-2020-242078735 Acesso em: 14 de jun. 2020.

BRASIL. Medida Provisória n. 934, de 01 de abril de 2020. Brasília, DF, 2020c. **Diário Oficial da União**, publicado em: 01/04/2020. Disponível em: http://www.in.gov.br/en/web/dou/-/medida-provisoria-n-934-de-1-de-abril-de-2020-250710591 Acesso em: 15 jun. 2020.

BRASIL. Conselho Nacional de Educação. Conselho Pleno. **Parecer n. 5/2020**, de 28/4/2020. Reorganização do Calendário Escolar e da possibilidade de cômputo de atividades não presenciais para fins de cumprimento da carga horária mínima anual, em razão da Pandemia da COVID-19. Brasília, DF, 2020d. Disponível em: http://portal.mec.gov.br/. Acesso em: 15 jun. 2020.

BRASIL. Conselho Nacional de Educação. Conselho Pleno. **Parecer CNE/CP n. 11/2020**, de 07/07/2020. Orientações Educacionais para a Realização de Aulas e Atividades Pedagógicas Presenciais e Não Presenciais no contexto da Pandemia. Brasília, DF, 2020e. Disponível em: http://portal.mec.gov.br/. Acesso em: 07 jul. 2020.

COUTINHO, Carlos Nelson. A democracia na batalha das ideias e nas lutas políticas do Brasil de hoje. *In:* Fávero, Osmar; SEMERARO, Giovanni (org.). **Democracia e construção do público no pensamento educacional brasileiro**. 2. ed. Petrópolis: Vozes, 2003. p. 11-39.

CURY, Carlos Roberto Jamil. **Educação e contradição:** elementos metodológicos para uma teoria crítica do fenômeno educativo. 7. ed. São Paulo: Cortez, Autores Associados, 2000.

CURY, Carlos Roberto Jamil. Direito à Educação: Direito à Igualdade, Direito à Diferença. **Cadernos de Pesquisa.** n. 116, julho/ 2002 Cadernos de Pesquisa, n. 116, p. 245-262, julho/ 2002.

LAGARES, Rosilene. A Educação no Tocantins no cenário da pandemia do novo coronavírus: desvelamento de desigualdades. **Revista Educação Básica em Foco**. v. 1, abril a junho de 2020. Disponível em: https://educacaobasicaemfoco.net.br/NumeroAtual/Artigos.html Acesso em: 19 jun. 2020.

LAGARES, Rosilene; POLI, Luzenir. Dilemas da gestão democrática da educação frente ao contexto da Nova Gestão Pública. **RBPAE** – v. 33, p. 835 – 849, set/dez, 2017. Disponível em: https://seer.ufgrs.br/rbpae/article/view/76080 Acesso em: 18 jun. 2020.

NEVES, Lúcia Maria W. As massas trabalhadoras começam a participar do banquete, mas o cardápio é escolhido à sua revelia, ou democracia e educação escolar nos anos iniciais do século XXI. *In:* FÁVERO, Osmar; SEMERARO, Giovanni. (org.). **Democracia e construção do público no pensamento educacional brasileiro**. 2. ed. Petrópolis: Vozes, 2003. p. 163-174.

PALMAS. Secretaria Municipal de Educação. Instrução Normativa n. 01/Portaria GAB/SEMED n. 0342, de 1º de junho de 2020. **Diário Oficial de Palmas**, publicado em: 04 e de jun. 2020. Disponível em: http://diariooficial.palmas.to.gov.br/ Acesso em: 17 jun. 2020.

PLANO DE AÇÃO. **Município 4.** Coletado em 14 de maio de 2020. Palmas, Tocantins, 2020.

PLANO DE AÇÃO. **Município 5.** Coletado em 03 de maio de 2020. Palmas, Tocantins, 2020.

REZENDE, Dorinha Seabra Rezende. Relatora na Comissão de Educação da Câmara Federal. **Emenda aditiva a Medida Provisória 934**, no dia 2 de abril de 2020. Brasília, DF, 2020. Disponível em: https://www.planalto.gov.br. Acesso em: 16 jun. 2020.

SANDER, Benno. Gestão Educação concepções em disputa. **Revista Retratos da Escola**, Brasília, v. 3, n. 4, p. 69-80, jan./jun. 2009.

SAVIANI, Dermeval. Vicissitudes e perspectivas do direito à educação no Brasil: abordagem histórica e situação atual. **Educ. Soc.** v. 34, n. 124, p. 743-760, 2013.

SAVIANI, Dermeval. O direito à educação e a inversão de sentido da política. **Revista Profissão Docente**, v. 11, p. 58-75, 2011.

TOCANTINS. Decreto n. 6.065, de 13 de março de 2020. Palmas, TO, 2020a. **Diário Oficial,** publicado em: 13 mar. de 2020. Disponível em: www.diariooficial.to.gov.br. Acesso em: 15 jun. 2020.

TOCANTINS. Decreto n. 6.071, de 18 de março de 2020. Palmas, TO, 2020b. **Diário Oficial,** publicado em: 18 de mar. de 2020. Disponível em: www.diariooficial.to.gov.br Acesso em: 15 jun. 2020.

TOCANTINS. Decreto n. 6.073 de 18 de março de 2020. Palmas, TO, 2020c. **Diário Oficial,** publicado em: 24 de mar. de 2020. Disponível em: www.diariooficial.to.gov.br Acesso em: 15 jun. 2020.

TOCANTINS. Decreto n. 6.087, de 18 de março de 2020. Palmas, TO, 2020d. **Diário Oficial,** publicado em: 27 de abr. de 2020. Disponível em: www.diariooficial.to.gov.br Acesso em: 15 jun. 2020.

TOCANTINS. Decreto n. 6.099, de 18 de março de 2020. Palmas, TO, 2020e. **Diário Oficial,** publicado em: 28 de mai. de 2020. Disponível em: www.diariooficial.to.gov.br Acesso em: 18 jun. 2020.

TOCANTINS. Decreto n. 6.112, de 18 de março de 2020. Palmas, TO, 2020 f. **Diário Oficial,** publicado em: 29 de jun. de 2020. Disponível em: www.diariooficial.to.gov.br Acesso em: 30 jun. 2020.

TOCANTINS. Secretaria da Educação, Juventude e Esportes. **Portaria-Seduc n. 681**, de 29 de abril de 2020. Institui Comissão de Estudos e Sistematização de Orientações e Normas. Palmas, TO, 2020g.

TOCANTINS. Secretaria da Educação, Juventude e Esportes. Superintendência de Educação Básica. **Memorando Circular n. 53/SEDUC/SEB**, de 17 de junho de 2020. Encontro on-line: A Educação Básica no Novo Cenário: Adaptação e Transformação. Palmas, TO, 2020h.

TOCANTINS. Conselho Estadual de Educação. **Resolução n. 105**, de 08 de abril de 2020. Estabelece formas de organização do Calendário Escolar 2020 e define o regime especial de atividades escolares não presenciais no Sistema Estadual de Ensino do Tocantins, para fins de cumprimento do ano letivo de 2020, como medida de prevenção e combate ao contágio do novo coronavírus. Palmas, TO, 2020i. Disponível em: www.diariofficial.to.gov.br. Acesso em: 25 mai. 2020.

Sites

https://www.canalsaude.fiocruz.br/noticias/noticiaAberta/organizacao-mundial-da-saude-declara-novo-coronavirus-uma-pandemia11032020. Acesso em: 15 jun. 2020.

https://g1.globo.com/bemestar/coronavirus/noticia/2020/06/15/brasil-tem-44118-mortes-por-coronavirus-aponta-consorcio-de-veiculos-de-imprensa-sao-729-nas-ultimas-24-horas.ghtml. Acesso em: 15 jun. 2020

https://seduc.to.gov.br/noticia/2020/6/10. Acesso em: 25 jun. 2020.

https://www.juventudeempreendedora.com/a-besouro. Acesso em: 25 jun. 2020.

https://seduc.to.gov.br/noticia/2020/6/16/seduc-mobiliza-jovens-para-inscricao-em-curso-de-empreendedorismo-gratuito-e-on-line/. Acesso em: 25 jun. 2020.

https://seduc.to.gov.br. Acesso em: 26 jun. 2020.

https://mpto.mp.br/portal. Acesso em: 20 mai. 2020.

http://senadorakatiaabreu.com.br. Acesso em: 6 jun. 2020.

http://www.sintet.org.br. Acesso em: 30 jun. 2020.

https://www.educacaopalmas.com.br. Acesso em: 17 jun. 2020.

MECANISMOS DE PROVIMENTO NO CARGO DE DIRETOR ESCOLAR NO SISTEMA ESTADUAL DE EDUCAÇÃO DO TOCANTINS: epicentro da gestão democrática ou acomodação jurídica?

Katia Cristina C. F. Brito
Lêda Lira Costa Barbosa
Meire Lúcia Andrade da Silva

Introdução

A partir da promulgação da Constituição Federal de 1988 o cenário brasileiro apresentou um avanço significativo no que concerne às conquistas relativas ao direito à educação. Nesse contexto, o Brasil obteve a possibilidade de experimentar um considerável processo de democratização em diferentes instâncias. No conjunto dos diversos aspectos propagados no texto constitucional, destaca-se o inciso VI do artigo 206, que tem como premissa básica estabelecer a gestão democrática no ensino público.

Para o cumprimento do referido inciso os sistemas de ensino devem implementar/institucionalizar a gestão democrática de forma a garantir seus princípios, bem como, os espaços e mecanismos para sua implantação. De acordo com o Plano Nacional de Educação (PNE) (BRASIL, 2014), a implementação desses princípios traz em si a exigência de corresponsabilidade entre os envolvidos, considerando os pilares macro (gestão dos sistemas de educação) e micro (atores escolares e comunidades locais). Ressalte-se que a gestão educacional incorpora diferentes sentidos políticos que induzem a diferentes práticas, dependendo da matriz teórica que a fundamenta, assim como, a disputa de interesses na gestão dos sistemas.

A temática deste texto delimita-se ao provimento do cargo de gestor escolar no Estado do Tocantins. De acordo com Dourado (2006), não se pode deixar de mencionar que a autonomia da escola e da educação é construída continuamente, pois a democracia só se realiza de fato com ações coletivas. Além disso, a autonomia conduz diretamente às questões políticas e sociais pois, [...] "não podemos desejar a autonomia sem desejá-la para todos e que sua realização só pode conceber-se plenamente como empreitada coletiva. [...] A autonomia só é concebível como um problema e uma relação social" (CASTORIADIS, 1995, p. 129-130).

É relevante instituir e manter os espaços e mecanismos democráticos, pois estes colaboram para que ocorra a ampliação da participação e da autonomia das/nas unidades escolares. Conforme Dourado (2006), acredita-se que o processo de eleição visivelmente vem ganhando espaços nas instituições escolares. Logo, vinculado a outras instâncias democráticas, a eleição, sem sombras de dúvidas, consiste em um dos mecanismos que assegura a gestão participativa e democrática, embora existam questões controversas neste âmbito.

A pesquisa em tela objetivou analisar o cumprimento da meta 19 do Plano Nacional de Educação (PNE) – Lei n. 13.005/2014 (BRASIL, 2014), no que se refere à forma de provimento do cargo de gestor, bem como, apresentar as condições jurídico-institucionais que favorecem (ou não) a democratização da gestão educacional e escolar na rede pública de ensino no Tocantins. Com base em pesquisa documental, revisão bibliográfica e a utilização de hipertextos, visa apreender as condições jurídico-institucionais que favorecem (ou não) a democratização da gestão educacional no Tocantins[29].

Nesse contexto, reafirma-se que a democratização dos processos de organização e gestão deve considerar as especificidades dos sistemas de ensino, bem como os graus progressivos de autonomia das unidades escolares a eles vinculados, "buscando e priorizando a participação da sociedade civil organizada, especialmente o envolvimento de trabalhadores em educação, estudantes e pais" (DOURADO, 2007, p. 925).

Além desta introdução, o artigo encontra-se estruturado em três tópicos com análises que perpassam o Plano Nacional de Educação, suas decorrências quanto à gestão democrática e ao provimento do cargo de diretor escolar; os caminhos percorridos pelo Estado do Tocantins na implantação do PNE e o provimento do cargo de diretor escolar no Estado do Tocantins.

O Plano Nacional de Educação, suas decorrências quanto à gestão democrática e ao provimento do cargo de diretor escolar

Em 2014 foi aprovado o novo Plano Nacional de Educação, com a promulgação da Lei n. 13.005, em um contexto de maior participação, já que se identifica um texto que emanou de Conferências nos Estados e Municípios de todo o país e que se consolidou em 20 metas detalhadas em seus respectivos objetivos e estratégias. Se não contemplou a demanda da Conferência Nacional de Educação (CONAE) de que a gestão democrática alcançasse os níveis básico e superior e os segmentos público e privado, o texto final aprovado no parlamento obedecendo ao princípio constitucional de gestão democrática no ensino público (art. 206, VI) avançou ao incorporar algumas temáticas fundamentais para a materialização efetiva deste conceito, buscando promover a cidadania e a participação dos diversos atores envolvidos no processo educativo.

As 20 metas do referido Plano estabelecem diretrizes e estratégias para a política educacional dos próximos dez anos e organizam-se em quatro blocos de atuação: o

---

29 Pesquisa desenvolvida no Grupo de Estudos, Pesquisa e Extensão em Educação Municipal da Universidade Federal do Tocantins (GEpeEM) e no Observatório dos Sistemas e Planos de Educação no Tocantins (ObSPE), vinculado a Anpae-Diretoria Estado do Tocantins, sob a coordenação da Prof[a] Dra Rosilene Lagares.

primeiro compõe-se de metas estruturantes à garantia do direito à educação básica com qualidade; o segundo trata da redução das desigualdades e da valorização da diversidade; o terceiro bloco diz respeito à valorização dos profissionais da educação e, o quarto grupo define as metas para o Ensino Superior. Dentre elas, destaca-se a meta 19 que versa sobre a gestão democrática. A mesma objetiva:

> Assegurar condições, no prazo de 2 anos, para a efetivação da gestão democrática da educação, associada a critérios técnicos de mérito e desempenho e à consulta pública à comunidade escolar, no âmbito das escolas públicas, prevendo recursos e apoio técnico da União para tanto (BRASIL, 2014, p. 83).

Para a efetivação da gestão democrática prevista nesta meta apresentam-se oito estratégias de atuação, dentre elas, a formação de conselheiros, o fortalecimento dos conselhos e a participação na construção do projeto político pedagógico. É importante ressaltar que há uma garantia jurídica e legal para a implementação da gestão democrática evidenciada nos documentos, legislações e planejamentos oficiais, especialmente quanto aos que regulamentam a educação em âmbito federal, o que significa avanços e garantias indispensáveis para sua concretização.

Com a aprovação do PNE o art. 9º determina que os Estados, o Distrito Federal e os Municípios deverão aprovar leis específicas para os seus sistemas de ensino, disciplinando a gestão democrática da educação pública nos respectivos âmbitos de atuação, no prazo de 2 (dois) anos [...] (BRASIL, 2014).

O Estado de Tocantins, embora tenha incluído na Constituição Estadual um capítulo dessa natureza não chegou a referir-se à gestão democrática. A lei do sistema contempla orientações e diretrizes acerca da efetivação da gestão democrática e expressa os princípios da autonomia, da participação e da descentralização. Propõe a participação da unidade de ensino na elaboração do PPP, a instituição dos Conselhos Escolares. "No entanto, não regulamenta outros mecanismos da gestão democrática, mas preconiza que as instituições de ensino deverão estar sujeitas a este princípio constitucional" (UNESCO, 2014).

O Estado do Tocantins e os caminhos percorridos no PNE

Em 2018, o Relatório do 2º ciclo de monitoramento das metas do PNE-2018, produzido pelo Instituto Nacional de Estudos e Pesquisas Educacionais Anísio Teixeira (Inep), apresentou dados da implementação da meta 19, considerando, os seguintes indicadores: i) Indicador 19A – percentual de unidades federativas que selecionam diretores de escolas públicas da rede de ensino estadual por meio de eleições e critérios técnicos de mérito e desempenho; e ii) Indicador 19B – percentual de municípios que selecionam diretores de escolas públicas da rede de ensino municipal por meio de eleições e critérios técnicos de mérito e desempenho (Grifos nossos). Com suporte nos referidos dados realizou-se o recorte situacional do estado do Tocantins conforme segue:

Quadro 1 – Características do processo de seleção de diretores das escolas da rede estadual de ensino público – Tocantins – 2017

UF	Documento Legal	Ano	Indicação	Eleição	Concurso	Mérito e desempenho	Formas de inscrição da candidatura	Avaliação do mandato	Tempo de mandato	Reeleição
Tocantins	3.071	2016	X	-	-	-	-	-	-	-

Fonte: Elaborado pela Dired/Inep com base em documentos legais vigentes dos governos estaduais (leis, decretos, portarias, resoluções) e adaptado pelos autores (2020).

Parafraseando Brasil (2018), ainda que algumas unidades federativas já realizassem eleições anteriormente a aprovação do PNE, em 2014, nove Estados, incluindo o Tocantins, atualizaram suas legislações sobre as formas de seleção de diretores das escolas após a aprovação do Plano, no caso do Tocantins permaneceu a forma de indicação.

Observa-se que a forma de seleção para escolha de gestores escolares adotada no Tocantins, caminha na contramão do PNE, pois, para Souza (2018), o modelo proposto na meta é a retirada da indicação (política ou técnica) como forma de provimento. Entretanto, o modelo misto (seleção + eleição) que vem sendo adotado em parte dos sistemas de ensino expressa, na realidade, uma indefinição sobre a natureza e especificidade da função de dirigente escolar e não parece haver estudos que comprovem que se trata de um modelo que traz melhores resultados para a gestão democrática e para a qualidade da educação pública.

Considerando que a meta em comento é composta de oito estratégias, nota-se que apenas a estratégia 19.1 aparece como ponto focal no relatório de monitoramento e avaliação/2018, o que causa mais inquietações, afinal, e as demais estratégias? Segundo Souza (2018, p. 69):

> Esta meta dialoga com os princípios dispostos na Constituição Federal (art. 205, VI) e na Lei de Diretrizes e Bases da Educação (art. 3º, VIII; art. 14), que estabelecem a gestão democrática na esfera da educação pública. Contudo, trata-se de um dos textos que menos tem compreensão e aplicação direta em todo o Plano Nacional de Educação (PNE), pois sugere a ideia de que o país tem um prazo de dois anos (findado em junho de 2016) para a efetivação da gestão democrática (GD), mas indica que compreende a ideia de GD como a definição de critérios que associem mérito e participação na gestão escolar pública.

Nessa perspectiva, tanto a meta, quanto a maioria de suas estratégias, "parece compreender a ideia de gestão democrática circunscrita apenas à escola, pois indica poucas ferramentas de gestão democrática dos sistemas de ensino, mesmo com algumas menções a Conferências, Fóruns e Conselhos de Educação". Na concepção de Souza (2018) isto, não é inadequado se a escola é o epicentro do sistema educacional e, por isto, é preciso que a sua gestão se paute pelos princípios e procedimentos democráticos, contudo, não é suficiente, uma vez que é razoável supor que diretores tenderão a agir em relação aos trabalhadores da escola e aos alunos e seus familiares, de forma parecida como são tratados pelos gestores dos sistemas, ou seja, ao se querer relações mais horizontais no cotidiano escolar, um bom incentivo para isto é horizontalizar as relações no âmbito do próprio sistema educacional. "Assim, buscar formas de se democratizar a gestão do sistema educacional como um todo se mostra urgente" (SOUZA, 2018, p. 69).

No panorama da gestão democrática dos estados e DF, Souza e Pires (2018, p. 79), confirmam que no Tocantins, a legislação é rudimentar e se reflete sobretudo nas questões atinentes à [...] "gestão democrática, vez que a lei do sistema estadual de ensino, apenas faz menção à gestão democrática, sem indicar os mecanismos ou procedimentos operacionais para o princípio legal".

Tais referências nos aproximam da gestão na década de 1970, em que como instituição, o Estado brasileiro era governado por Ditadura Militar, assim, a estrutura política não traduzia um cenário democrático. Neste período a escolha dos diretores de escola pública era feita por indicação política, com um modelo de gestão clientelista, autoritária e controladora. A indicação da gestão escolar estava de alguma maneira atrelada à burocracia estatal. Fato confirmado por Arroyo (1983, p. 128):

> [...] o diretor de unidade de ensino no sistema escolar público sempre foi um cargo de confiança do poder central ou local. Acompanhando a história da escola pública, observamos que ele sempre foi um dos mecanismos do jogo do poder e da barganha política. A figura do diretor escolar era uma das peças importantes no controle dos docentes e da rede escolar.

A escolha dos diretores escolares e a ideia de gestão escolar na década de 1970, são demonstrações de autoritarismo visando seus próprios interesses. Por esse motivo, originaram-se manifestos e reivindicações dos docentes para que se desse início ao processo de redemocratização da escola púbica, entretanto, será que essa lacuna foi preenchida ou corrigida? Obviamente, no Brasil, percebe-se a existência de pressão no campo educacional nas décadas de 70 a meados de 1990, pois segundo Sander (2007, p. 61): o campo educacional constantemente foi alvo de permanentes pressões conjunturais, as quais são "provenientes dos processos de abertura democrática, das lutas sindicais, dos movimentos sociais e dos primeiros influxos neoliberais da mundialização da economia e de toda a atividade humana".

Pesquisadores como Cury, Oliveira e Paro afirmam que a democratização da educação, que embora não seja nova, efetivamente não está concretizada. Para Cury, "a gestão democrática nos sistemas públicos de ensino e na própria administração dos serviços públicos vem sendo objeto de reflexões e indagações" (CURY; OLIVEIRA 2005, p. 15). Para Oliveira (2008, p. 95), "a garantia de um artigo constitucional que estabelece a gestão democrática não é suficiente para a sua efetivação".

Segundo Paro "[...] a gestão democrática deve implicar necessariamente a participação da comunidade, parece faltar ainda uma maior precisão do conceito de participação" (PARO, 2005, p. 16).

A gestão democrática, não é um fim em si mesmo, mas deve ser capaz de envolver sistemas e instituições educativas, mecanismos de participação coletiva e autonomia, buscando sempre a descentralização, democratização do ensino e qualidade na educação pública. Levando-se em conta os formatos de escolha do diretor escolar como características que vão de contra as estratégias políticas, torna-se relevante abordar com ênfase a atuação desta e o que é necessário para torná-la mais democrática.

Provimento do cargo de diretor escolar no Estado do Tocantins

A discussão teórica sobre a gestão democrática da educação no Tocantins traz um debate sobre a construção de novos paradigmas para a qualidade do ensino e o meio essencial para romper com práticas autoritárias e clientelistas que às vezes perpassam o ambiente escolar, afastando-o de ser um espaço democrático e inclusivo, no qual todo ser humano tem a capacidade de aprender de acordo com seus interesses e seu ritmo, respeitando a heterogeneidade e a individualidade, a diversidade e os interesses da comunidade escolar.

Neste contexto, o processo educativo, conforme Dourado (2007) não pode ser negligenciado, uma vez que, o papel social da escola é mediado pelo contexto sociocultural, pelas condições em que se efetiva o ensino-aprendizagem, pelos aspectos organizacionais e, consequentemente, pela dinâmica com que se constrói o projeto político-pedagógico e se materializam os processos de organização e gestão da educação básica.

Em observância à LDB 9394/96 e ao PNE, o Plano Estadual de Educação – PEE/TO, oriundo do Projeto de Lei n. 2.977/ 2015, Meta 22 visa:

> Assegurar, em regime de colaboração com a União, recursos e apoio técnico, para, no prazo de 01 (um) ano de vigência, efetivar a gestão democrática da educação, associada a critérios técnicos e a consulta pública a comunidade escolar, no âmbito das escolas públicas estaduais (PEE/TO 2015-2025).

O texto aponta a 'gestão democrática' vinculada mais ao tecnicismo burocrático do sistema educacional que aos princípios democráticos de descentralização, democratização, autonomia e participação. Por outro lado, a Meta 21, estratégia 19 do PEE/TO, destaca os aspectos ligados à concepção de gestão escolar para implementação nas escolas públicas do Estado do Tocantins:

> I – Promoção do princípio da gestão democrática da educação pública, com a garantia e efetivação da participação popular nos processos decisórios, assegurando a consolidação de colegiados com condições de trabalho, para o acompanhamento e controle social dos processos pedagógicos e financeiros;
> II – universalização e efetivação da autonomia pedagógica, administrativa e financeira das unidades escolares públicas estaduais, assegurando o fortalecimento das políticas educacionais, locais, regionais e estadual, a partir da otimização dos processos, com valorização da economia local e extinção de práticas autoritárias de gestão;

III – implementação do planejamento político pedagógico, considerando o sistema educacional inclusivo, a sustentabilidade socioambiental, a cultura da paz e da não-violência, visando a participação da comunidade escolar e local, inclusive nos processos de avaliação institucional;
IV – promoção de políticas e programas de formação e valorização dos profissionais da educação e dos colegiados e conselhos escolares, considerando as dimensões da gestão democrática (PEE/TO 2015-2025).

O referido Plano traz a afirmação do princípio de gestão democrática, com ênfase para a universalização e efetivação da autonomia pedagógica, atuação dos colegiados, construção do projeto político pedagógico e valorização dos profissionais de educação. Em atendimento aos Planos Nacional e Estadual de Educação, o Estado do Tocantins realiza o Processo de Efetivação da Gestão Democrática destinado a servidores efetivos da educação, para a função de diretor de unidade escolar, visando a qualificação profissional e, consequentemente, a melhoria do processo de ensino e aprendizagem. Assim, o PEE/TO na Meta 22, Estratégia 1, propõe diretrizes para escolha do(a) gestor(a), nas escolas públicas:

Regulamentar legislação específica, no âmbito do Estado, para a nomeação de gestor(a) de unidade escolar, que considere critérios técnicos de formação, experiência docente, desempenho e a participação da comunidade escolar, em todas as escolas públicas estaduais, considerando o princípio da gestão democrática, as especificidades locais e regionais das populações do campo, das comunidades indígenas e quilombolas, assegurando, formação, acompanhamento e avaliação de desempenho dos(as) gestores(as) (PEE/TO 2015-2025).

Nesse aspecto, o princípio técnico de gestão quanto ao processo de nomeação de gestor(a) escolar é visível, mas sem a garantia no texto normativo ao processo democrático de escolha através do processo seletivo, ou bem dizer, a eleição em caráter de escolha, com o sufrágio direto. O texto é enfático quanto à nomeação, que após classificação nas referidas etapas, vem assegurando a formação técnica em serviço, monitoramento e avaliação, de desempenho também técnico ao referenciado gestor, visando ao aprimoramento da liderança, com foco na gestão escolar e nos resultados de aprendizagem dos alunos.

Para assegurar o prazo de vigência do PEE/TO (2015-2025), a partir de 1 (um) ano, o Governo do Tocantins através da Secretaria de Estado da Educação, Juventude e Esportes (SEDUC), no uso das atribuições conferidas pelo Decreto n. 5.645, de 30 de maio de 2017, publicado no Diário Oficial do Estado n. 4.883, de 7 de junho de 2017, do Senhor Governador do Estado do Tocantins, torna sem efeito o edital de abertura n. 058/2015, de 1º de dezembro de 2015 e todos os atos dele decorrentes e torna pública, por meio do Edital n. 001/2017 – SEDUC/TO em parceria com a Comissão Permanente de Seleção (COPESE) da Fundação Universidade Federal do Tocantins (UFT), e realizado no âmbito deste mesmo Estado, a abertura de processo seletivo para subsidiar a escolha do provimento da função pública de diretor de unidade escolar na rede pública estadual de ensino do Tocantins.

O presente Edital n. 001/2017 – SEDUC/TO após instituir e constituir a comissão estadual e as comissões regionais, regulamentada por portarias, estabelece critérios para o processo que irá subsidiar a escolha do provimento da função pública de diretor de unidade escolar da rede estadual de ensino destina-se à seleção de servidor efetivo, integrante do quadro do magistério da educação básica, conforme critérios técnicos, pelo período de até 3 (três) anos, obedecendo as seguintes etapas:

>**Etapa I – Avaliação de Competência Técnica / Prova Objetiva:** de caráter eliminatório e classificatório – de responsabilidade da COPESE/UFT e da Secretaria da Educação, Juventude e Esportes do Estado do Tocantins;
>**Etapa II – Plano de Gestão Escolar (entrega e avaliação):** de caráter eliminatório e classificatório – de responsabilidade da Secretaria da Educação, Juventude e Esportes do Estado do Tocantins;
>**Etapa III – Apresentação de Títulos:** de caráter apenas classificatório – de responsabilidade da Secretaria da Educação, Juventude e Esportes do Estado do Tocantins;
>**Etapa IV – Entrevista:** de caráter eliminatório e classificatório – de responsabilidade da Secretaria da Educação, Juventude e Esportes do Estado do Tocantins (Edital n. 001/2017 – SEDUC/TO).

Considerando o Edital em tela, a *Etapa I, necessariamente*, versa sobre a formação técnica do gestor interligada com a cultura organizacional e para a eficácia da organização, sendo de caráter eliminatório e classificatório. A *Etapa II*, por sua vez, delineia o passo a passo para a elaboração do Plano de Gestão:

- Na introdução: apresentação clara e objetiva do plano de gestão escolar.
- Justificativa: relevância do plano de gestão escolar com vistas à melhoria do processo de ensino e aprendizagem e os benefícios para a comunidade escolar.
- Objetivos: explicitar o que se pretende alcançar para garantir resultados satisfatórios da aprendizagem.
- Estratégias: quais os meios para se alcançar os objetivos estabelecidos.
- Metas: resultados a serem alcançados a curto, médio e longo prazo; ações focadas nos objetivos pretendidos e nos resultados educacionais do IDEB, Taxas de aprovação, reprovação e abandono.
- Ações: a serem desenvolvidas para o alcance das metas estabelecidas. Prazo para execução das ações e responsáveis pelas ações.
- Monitoramento e avaliação: proposição avaliativa coerente com as metas e as estratégias a serem adotadas. Período de avaliação das ações, considerando o envolvimento do coletivo escolar na integração do projeto político pedagógico e apontando a direção, avanços e serviços prestados à sociedade.
- Considerações finais: correspondentes aos problemas, às ações propostas, às estratégias, aos objetivos e às metas estabelecidas no plano de gestão escolar (Edital n. 001/2017 – SEDUC/TO).

Essa etapa á a que mais chama a atenção para uma análise considerando o princípio democrático previsto nas diretrizes de educação básica. O Plano de Gestão que visa a melhoria do processo de ensino e aprendizagem e os benefícios para a comunidade escolar elaborado no formato e para a práxis democrática, não somente deveria envolver a comunidade escolar durante a justificativa e o monitoramento e avaliação na integração do Projeto Político-Pedagógico, mas durante todo o processo de construção. Desse modo, Brito (2019), destaca que a participação pode se manifestar nos seguintes aspectos, como:

a) ativa, que pressupõe um elevado grau de envolvimento na organização, manifestando-se, entre muitas outras, na capacidade de influenciar decisões;
b) reservada, que é caracterizada por um comportamento expectante, pendular, muitas vezes tático, que observa/analisa para tomar uma decisão mais esclarecida, protegendo os seus interesses;
c) passiva, que se manifesta por atitudes de desinteresse e alheamento, onde o indivíduo desaproveita as oportunidades/direito de participação (BRITO, 2019, p. 54).

O envolvimento da comunidade é um critério que caracteriza a forma como os atores da escola estão empenhados nas ações da organização defendendo determinados interesses e apresentando soluções. Isso denota, quanto ao aspecto técnico, que o processo seletivo de provimento do cargo de diretor caminha para atender uma educação de qualidade, mas, que em sua essência, a natureza democrática para a participação e envolvimento ativo, ainda está em processo de construção.

Segundo Dourado (2007, p. 931) "tal concepção alicerça-se numa ressignificação da gestão democrática e da participação, entendidas a partir da criação de canais de efetiva participação e decisão coletivas, tendo por norte a educação como um bem público". Desenhando o texto, a participação efetiva da comunidade escolar e local ainda precisa ser efetivada in loco.

É importante que se tenha clareza quanto ao exercício da participação na democratização da escola:

> [...] No âmbito da unidade escolar, esta constatação aponta para a necessidade da comunidade participar efetivamente da gestão da escola de modo a que esta ganhe autonomia [...]. Não basta, entretanto, ter presente a necessidade de participação da população na escola. É preciso verificar em que condições essa participação pode tornar-se realidade (PARO, 2005, p. 40).

Na concepção do autor, a gestão escolar não se reduz apenas à dimensão técnica, mas também como ato político, pois pressupõe uma construção coletiva que implica em participação, discussão e tomada de decisões dos envolvidos, nas formas de organização e gestão, mecanismos de distribuição de poder. Para Carvalho (2013, p. 67) na concepção de Sander (1995) a gestão é entendida "como um processo político-administrativo contextualizado e historicamente construído". Nesse aspecto, é preciso analisar a gestão para além das questões de natureza técnico-administrativa.

A dimensão política da gestão "prima por uma efetiva participação na tomada de decisão no âmbito das instituições educativas". (CARVALHO, 2013, p. 70 *apud* SANDER, 1995, p. 55-56).

A análise da Etapa *III* referente à Apresentação de Títulos, de caráter apenas classificatório, destaca como um dos requisitos para o preenchimento do cargo:

> I. ser servidor efetivo, ocupante do cargo de Professor, do Plano de Cargos, Carreiras e Remuneração dos Profissionais da Educação Básica Pública do Estado do Tocantins, de que trata a Lei 2.859, de 30 de abril de 2014;
> II. ter sido aprovado no estágio probatório;
> III. possuir título de licenciatura ou de bacharelado com complementação pedagógica;
> IV. ter, no mínimo, 3 (três) anos de experiência docente;
> V. ter disponibilidade para dedicação exclusiva à função pretendida (Edital n. 001/2017 – SEDUC/TO).

Observa-se, todavia, uma contradição, o título exigido denota o não específico par a área de gestão escolar, licenciatura em Pedagogia, abrindo brechas para qualquer curso de licenciatura ou de bacharelado com complementação pedagógica. Para gerenciar uma escola, espaço de construção de saberes, o mínimo esperado é um título de nível superior, o que se poderia esperar muito mais. E sendo esta uma etapa classificatória, não elimina o servidor por não apresentá-lo durante o processo.

Os diretores eleitos serão nomeados e exercerão a função de diretor de unidade escolar por um período de 03 (três) anos. Quanto aos requisitos para o exercício de gestor escolar, é necessário ser servidor efetivo, ocupante do cargo de Professor, do Plano de Cargos, Carreiras e Remuneração dos Profissionais da Educação Básica Pública do Estado do Tocantins – PCCR, de que trata a Lei 2.859, de 30 de abril de 2014, Art. 3º, VIII:

> Função de Magistério, a exercida por professores e especialistas em educação no desempenho de atividades educativas, quando exercidas em estabelecimento de educação básica em seus diversos níveis e modalidades, incluídas, além do exercício da docência, as de direção de unidade escolar e as de coordenação e assessoramento pedagógico (PCCR/TO, 2014).

Nesse entendimento, percebe-se a falta de interligação entre o PCCR e a sua garantia no PEE/TO quanto à exigência. No PEE/TO, o PCCR, refere-se apenas à Meta 10 Estratégia 5:

> assegurar, até o segundo ano de vigência deste PEE/TO, no Plano de Cargos, Carreira e Remuneração – PCCR auxílio periculosidade, com percentual de acréscimo adicional à remuneração dos profissionais que atuam na educação do sistema prisional e unidades socioeducativas, levando em consideração a Resolução n. 2, de 19 de maio de 2010, do Conselho Nacional de Educação – CNE; (PEE/TO 2015-2025).

Para garantir a elaboração do planejamento estratégico, a autonomia financeira e a melhoria contínua da qualidade da educação, o PEE/TO, Meta 22, Estratégias 9 e 10 aponta:

> 22.9. Implementar e assegurar o processo contínuo de autoavaliação das escolas de educação básica, por meio da constituição de instrumentos de avaliação e monitoramento que orientem as dimensões a serem fortalecidas, destacando-se a elaboração de planejamento estratégico, a melhoria contínua da qualidade educacional, a formação continuada dos profissionais da educação e o aprimoramento da gestão democrática;
>
> 22.10. Assegurar a autonomia administrativa, pedagógica e financeira da gestão escolar, mediante transferência direta de recursos financeiros à escola pública estadual, garantindo a participação da comunidade escolar e local no planejamento e na aplicação dos recursos, visando à ampliação da transparência e o efetivo desenvolvimento da gestão democrática, orientando os Municípios, quando solicitado (PEE/TO 2015-2025).

As estratégias citadas visam implementar e assegurar o processo educativo quanto ao aprimoramento da gestão democrática, mas não estabelece critérios pontuais para esse acompanhamento e monitoramento. Ainda em relação ao Edital N. 001/2017– SEDUC/TO, anexo III, verifica-se que as dimensões de competência técnica para o provimento do cargo de diretor são claras:

> **Dimensão Administrativa:** Gestão dos espaços físicos e patrimônio; Gestão dos processos administrativos da escola; Organização do trabalho escolar; Gestão de pessoas e clima organizacional; Organização dos registros e documentação escolar; e, Liderança organizacional.
>
> **Dimensão Pedagógica:** Fundamentos e princípios da educação em todos os níveis, etapas e modalidades; Gestão Escolar participativa; Gestão para a diversidade. Conselho Pedagógico Escolar; Planejamento, monitoramento e avaliação dos resultados da aprendizagem; Construção coletiva do projeto pedagógico da escola; O acesso, o atendimento, a permanência e a aprendizagem do aluno.
>
> **Legislação Educacional Vigente:** Constituição Federal de 1988 (Capítulo III, Seção I – Da Educação); Lei n. 9.394/1996 – Lei de Diretrizes e Bases da Educação Nacional (LDB); Lei n. 13.005/2014 – Plano Nacional de Educação (PNE); Lei 2.139 – Sistema de Ensino do Estado do Tocantins/Associação de Apoio à Escola; Lei 2.977/2015 – Plano Estadual de Educação do Tocantins; e, Lei n. 1.818/2007 – Estatuto dos Servidores Públicos Civis do Estado do Tocantins.
>
> **Dimensão Financeira:** Fundo de Manutenção e Desenvolvimento da Educação Básica – Fundeb – Constituição Federal de 1988 (Emenda Constitucional n. 53/2006); Programa Dinheiro Direto na Escola – PDDE (Resolução n. 10, de 18 de abril de 2013); Lei de Responsabilidade Fiscal – Lei n. 101/2000; Programa

Escola Comunitária de Gestão Compartilhada – Instrução Normativa n. 011/2006 – Diário Oficial n. 2.317 – TO; Programa Nacional de Alimentação Escolar – PNAE – Lei Federal n. 11.947/2009 e Resolução n. 26/2013 – MEC/FNDE; Transporte Escolar – Resolução CETRAN n. 006/2009; Lei n. 8.666, de 21 de junho de 1993 – Licitações e contratações (Edital n. 001/2017 – SEDUC/TO).

A função de gestor escolar possui uma importância fundamental na organização e funcionamento da instituição escolar, em todos os seus aspectos: físico, sócio-político, relacional, material, financeiro e pedagógico desde o acompanhamento da aprendizagem dos estudantes até o trabalho de toda a equipe escolar. Todo aparato técnico é necessário para a atuação da gestão frente aos desafios que perpassam no ambiente escolar. Desse modo, tendo por base o paradigma multidimensional da educação, conforme Carvalho (2013), pode-se aferir:

> 1º – a educação e a administração são concebidas como realidades globais que, para efeitos analíticos, podem ser construídas por dimensões articuladas entre si.
> 2º – no sistema educacional existem preocupações substantivas ou ideológicas, de natureza cultural e política, e preocupações instrumentais ou técnicas, de caráter pedagógico e econômico.
> 3º – no sistema educacional existem preocupações internas, de caráter antropológico e pedagógico, e preocupações externas relacionadas com a economia e a sociedade mais ampla.
> 4º – o ser humano, como sujeito individual e social historicamente responsável pela construção da sociedade e de suas organizações, em um conjunto de oportunidades históricas, constitui a razão de ser da existência do sistema educacional. (CARVALHO, 2013, p. 70 *Apud* SANDER, 1995, p. 55-56).

Mesmo de posse do conhecimento necessário, não se pode perder de vista o princípio norteador – os espaços de discussão e participação. Visando fortalecer a gestão democrática da escola através das competências e habilidades da gestão moderna um outro aspecto é destacado, não só no referido Edital, mas também no PEE/TO Meta 24 Estratégia 8:

> assegurar e incentivar a efetiva participação da comunidade escolar e local, em especial, as associações de apoio às escolas e grêmios estudantis das unidades escolares, no acompanhamento, controle social e fiscalização da aplicação de todos os recursos financeiros destinados à escola, a fim de fortalecer a gestão democrática (PEE/TO 2015-2025).

Dessa forma, a gestão democrática prevista no PEE/TO, Art. 2º, inciso, VI, está afirmada na "promoção do princípio da gestão democrática da educação pública, consolidada na efetividade da autonomia administrativa, financeira e pedagógica", ficando abstrato o conceito de democracia participativa no processo de provimento do cargo de diretor escolar no Estado do Tocantins.

Na busca de democratizar o ensino, em 2019, o Estado do Tocantins, em regime de colaboração com seus 139 municípios, consolidou o Documento Curricular do

Tocantins (DCT), aprovado e homologado pelo Conselho Estadual de Educação, por meio da Resolução n. 24, de 14 de março de 2019.

Conforme o Guia de Implementação do DCT (2019) a gestão democrática é garantida, atribuindo responsabilidades à unidade escolar e ao gestor. Assim, cabe à escola "assumir a responsabilidade de garantir um ambiente propício, articulado e coerente às demandas pedagógicas com estratégias eficientes que mobilizem e envolvam toda a comunidade escolar" e, ao diretor escolar compete:

- Mobilizar e garantir a participação ativa dos professores em todas as etapas de formação do processo de implementação do DCT;
- Promover, de forma democrática e participativa, o Projeto Político-Pedagógico (PPP), alinhando-o ao DCT, e reavaliá-lo, quando necessário;
- Envolver a Comunidade Escolar e suas instâncias participativas (conselho escolar, conselho de classe, grêmio estudantil, líderes de sala, Associação de Apoio à Escola, e outros) na implementação do DCT (DCT, 2019, p. 12).

A concepção de gestão escolar sugerida pela SEDUC/TO é subsidiada, na maioria de seus instrumentos e mecanismos apontados pelas diretrizes sistema de ensino, por perspectivas que refletem as características gerenciais e democrática de gestão escolar, assim como algumas interfaces entre essas concepções. Embora ainda apresente a concepção de gestão associada ao aspecto burocratizado e segmentado.

A qualidade da educação implica em educar para a tomada de consciência, para atuar e transformar a realidade social, na construção de uma sociedade mais justa e igualitária, e para isso é preciso a participação de todos na gestão escolar. Compreender também, que o gestor escolar tem um papel relevante no processo de gestão, mas não é o único responsável pela democracia escolar: ele tem de liderar, mediar e motivar os debates para a construção do projeto político-pedagógico e, em conjunto com a equipe pedagógica da escola deverá dar suporte aos professores, funcionários e comunidade escolar.

Considerações finais

A análise dos documentos reporta ao entendimento de que o legislador parecia resumir (ou enfatizar) a gestão democrática à forma de provimento de diretores escolares, o que, por certo, é um aspecto importante, mas absolutamente insuficiente para o cumprimento do princípio constitucional.

Por fim, convém estar atento à forma de construção das leis de gestão democrática, como disposto tanto na meta 19 quanto no art. 9º do plano, pois parece-nos urgente o início da discussão e o compromisso de todos, destacadamente dos gestores públicos, em garantir a mais ampla participação possível neste processo, uma vez que a qualidade desta legislação emergirá de um proceder de maneira democrática. O que implica no incentivo ao diálogo entre gestores dos sistemas de ensino, parlamentares, sindicatos, docentes, gestores escolares, trabalhadores da educação e pesquisadores, assim como, com a sociedade de maneira mais ampla, de forma a qualificar a discussão e a elaboração de legislação própria para a gestão democrática.

De acordo com o portal observatório do PNE, não há um indicador que permita acompanhar o cumprimento desta meta, embora a gestão democrática da Educação esteja amparada na legislação educacional, sua efetivação em cada uma das redes públicas de ensino e o acompanhamento das ações desenvolvidas são dificilmente praticadas e/ou monitoradas.

O portal Observatório do PNE também, explicita que o Ministério da Educação (MEC)/Fundo Nacional de Desenvolvimento da Educação (FNDE), desenvolve três programas de apoio aos estados e municípios para o cumprimento da meta 19, sendo: Programa de Formação de tutores para as redes de parcerias do FNDE, com o objetivo de ampliar e aprofundar a capacidade de gestão e controle das ações financiadas com recursos transferidos pelo FNDE; Programa Nacional de Formação Continuada à Distância nas Ações do FNDE (Formação Pela Escola), com o objetivo de contribuir para o fortalecimento da atuação de agentes e parceiros envolvidos com a prestação de contas e o controle das ações financiadas pelo FNDE; e, Escola de Gestores, programa que promove a formação continuada de gestores escolares, por meio de cursos de aperfeiçoamento e especialização.

Entende-se que esses programas desenvolvidos pelo MEC foram criados para viabilizar medidas que garantam a educação para todos os cidadãos, o que se concretiza no espaço escolar com efetiva atuação do gestor escolar.

REFERÊNCIAS

ARROYO, M. **A administração da educação é um problema político.** Revista Brasileira de Administração da Educação, Porto Alegre, 1983. p. 122-129.

BRASIL. Instituto Nacional de Estudos e Pesquisas Educacionais Anísio Teixeira. **Relatório do 2º Ciclo de Monitoramento das Metas do Plano Nacional de Educação – 2018.** Brasília, DF: Inep, 2018. 460 p. il.

BRASIL. **Lei n. 13.005 de 25 de junho de 2014.** Aprova o Plano Nacional de Educação - PNE e dá outras providências. Disponível em: http://www.planalto.gcv.br/ccivil_03/_Ato2011-2014/2014/Lei/L13005.htm Acesso em: 26 mar. 2020.

BRASIL. **Lei n. 9.394, de 20 de dezembro de 1996** – Estabelece as Diretrizes e Bases da Educação Nacional. Brasília, 1996.

BRITO, Kátia Cristina Custódio Ferreira. **O Programa Nacional de Fortalecimento dos Conselhos Escolares: um estudo no município de Palmas-TO.** 2019.

CARVALHO, Roberto Francisco de. **Gestão e participação universitária no século XXI.** Curitiba/PR: Editora CRV, 2013. (p. 50-71).

CASTORIADIS, C. **A instituição imaginária da sociedade.** Tradução: Guy Reynaud. Rio de Janeiro: Paz e Terra, 1995.

CURY, C. R. J. Gestão Democrática dos sistemas Públicos de Ensino. *In:* OLIVEIRA, Maria Auxiliadora Monteiro (org.). **Gestão Educacional: Novos olhares, Novas abordagens.** Petrópolis: Vozes, 2005

DOURADO, L. F. Políticas e gestão da educação básica no Brasil: limites e perspectivas. **Educação e Sociedade [on-line].** 2007, v. 28, n. 100, 2007. Disponível em: https://goo.gl/zC7Xjw Acesso em: 25 mar. 2020.

LIMA, M. A. B. **Os planos estaduais de educação e a gestão democrática:** uma análise das estratégias estaduais. Cadernos de Estudos e Pesquisas em Políticas Educacionais | 2. 2019. [Documento impresso].

LÜCK, H. **Gestão da cultura e do clima organizacional da escola.** 2. ed. Petrópolis, RJ: Vozes, 2011. V. V, série cadernos de gestão.

OBSERVATÓRIO DO PNE (OPNE) – **indicadores de monitoramento das 20 metas e 254 estratégias do PNE.** Disponível em: www.observatoriodopne.org.br Acesso em: 28 mar. 2020.

OLIVEIRA, D.A. (org.). **Gestão Democrática da Educação.** 8. ed. Petrópolis, RJ: Vozes, 2008.

OLIVEIRA, M. A. M. (org.). **Gestão Educacional:** Novos Olhares Novas Abordagens. 4. ed. Petrópolis, RJ: Vozes, 2005.

PARO, V. H. **Eleição de Diretores**: A escola pública experimenta a democracia. Campinas: Papirus, 1996.

PARO, V. H. **Gestão Democrática da Escola Pública.** 3. ed. São Paulo, Ática, 2005.

PARO, V.H. **Gestão Escolar, democracia e qualidade do ensino.** São Paulo: Ática, 2007.

SANDER, B. **Administração da Educação no Brasil:** genealogia do conhecimento. Brasília: Liber Livro, 2007.

SEDUC. **EDITAL N. 001/2017 – SEDUC –** Processo Seletivo para Subsidiar a Escolha do Provimento da Função Pública de Diretor de Unidade Escolar na Rede Pública Estadual de Ensino do Tocantins. Disponível em: https://seduc.to.gov.br/processo-seletivo-de-diretores/ https://central3.to.gov.br/arquivo/364899/ . Acesso em: 26 mar. 2020.

SOUZA. A. R. de. Gestão Democrática. *In:* **Caderno de avaliação das metas do Plano Nacional de Educação: PNE 2014-2024**. Organização: João Ferreira de Oliveira, Andrea Barbosa Gouveia e Heleno Araújo [Livro Eletrônico]. – Brasília: ANPAE, 2018.

SOUZA, A. R.; PIRES, P. A. G. As leis de gestão democrática da Educação nos estados brasileiros. **Educ. rev. [online].** 2018, vol.34, n.68, pp.65-87. ISSN 0104-4060

TOCANTINS. Lei n. 2.859, de 30 de abril de 2014. Publicada no Diário da Oficial n. 4.120. **Dispõe sobre o Plano de Cargos, Carreiras e Remuneração dos Profissionais da Educação Básica Pública, e adota outras providências.**

TOCANTINS. Lei n. 2.977, de 08 de julho de 2015**,** publicada no Diário Oficial n. 4.411– Aprova o **Plano Estadual de Educação do Tocantins – PEE/TO (2015-2025).**

TOCANTINS. Anexo Único à Lei n. 2.977, de 8 de julho de 2015**. Plano Estadual de Educação do Tocantins – PEE/TO (2015-2025).**

TOCANTINS. **Resolução n. 24, de 14 de março de 2019**. O Estado do Tocantins, em regime de colaboração com seus 139 municípios, consolidou o Documento Curricular do Tocantins, aprovado e homologado pelo Conselho Estadual de Educação.

TOCANTINS. **Guia de Implementação do DCT/2019**. Disponível em: https://seduc.to.gov.br/publicacoes/publicacoes/documento-curricular-do-tocantins-educacao-infantil-e-ensino-fundamental/ Acesso em: 28 mar. 2020.

UNESCO/PROJETO CNE– 914BRZ1144.3. **Desenvolvimento, aprimoramento e consolidação de uma educação nacional de qualidade.** 2014. Disponível em: http://portal.mec.gov.br/index.php?option=com_docman&view=download&alias=26111-produto-1-panorama-nacional-efetivacao-gestao-democratica-edu-basica-pdf&Itemid=30192. Acesso em: 01 de agosto de 2020.

PARTICIPAÇÃO NA AVALIAÇÃO INSTITUCIONAL DA UNIVERSIDADE FEDERAL DO TOCANTINS: o campus de Miracema como ilustração

Geraldo Santos da Costa

Introdução

A ideia de explorar o estudo que versa sobre a participação no processo de avaliação institucional no âmbito da Universidade Federal do Tocantins (UFT), está pautada em experiências profissionais de participação na Comissão Própria de Avaliação (CPA) da Faculdade Guaraí (FAG), e na Comissão Setorial de Avaliação (CSA), do campus de Miracema (UFT). Foram anos colaborando para execução das diretrizes estabelecidas na Lei 10.861/04 (SINAES, 2004), tanto no campo da esfera pública quanto na esfera privada. Soma-se a isso, o fato da avaliação institucional, um tema bastante explorado na literatura nacional, ainda ser tímida em relação à produção bibliográfica no âmbito da UFT, principalmente quando se delimita a uma de suas sete unidades, o campus de Miracema.

Frente ao exposto, o estudo abordará a participação na avaliação institucional da UFT entre 2004 e 2017, tendo como ilustração a participação no processo avaliativo no campus universitário de Miracema, no período de 2004 a 2014, especificamente quanto à análise das respostas das entrevistas feitas junto à comunidade universitária.

O primeiro foi delimitado buscando apreender a participação na avaliação institucional da UFT, a partir de dados quantitativos institucionais publicados nos relatórios da CPA. O segundo, como ilustração da pesquisa em geral, foi definido por relacionar-se à participação na avaliação institucional do campus de Miracema, na percepção dos segmentos da comunidade universitária abrangendo os cursos de Pedagogia e Serviço Social.

Neste sentido, indaga-se sobre qual perspectiva de participação na avaliação institucional vem sendo efetivada na UFT, entre 2004 e 2017, e, no campus de Miracema, entre 2004 e 2014, a partir do levantamento de dados institucionais sobre o processo formativo? Em tal perspectiva avaliativa, o objetivo geral da pesquisa consistiu em analisar a perspectiva de avaliação institucional que vem sendo efetivada na UFT, quanto a participação no processo avaliativo dos segmentos da comunidade universitária relacionados aos cursos de graduação em Pedagogia e Serviço Social do campus de Miracema.

Especificamente pretende-se: desvelar a concepção de participação no processo de avaliação institucional da UFT, situado no contexto nacional; explicitar a estrutura organizacional e gestão e, no seu bojo, a participação no processo avaliativo institucional da UFT; e identificar o tipo, grau e condicionantes de participação da comunidade universitária da UFT, tendo como base empírica de estudo, o campus universitário de Miracema.

Neste sentido, entrevistamos sujeitos discentes, docentes e técnicos administrativos junto aos referidos cursos. A realidade empírica do contexto analisado neste estudo, foi apresentada na percepção dos autores, dos documentos e dos sujeitos da pesquisa que repercutiram para a temática estudada. Os dados das referidas fontes não foram, contudo, entendidos como sendo a realidade mesma, pois tais referências, documentos, contém, em parte, o que se enuncia através da política e gestão educacional e, em parte, da ação concreta dos sujeitos do processo educativo.

Desta forma, para demonstrar o resultado alcançado como método de exposição[30], o estudo está estruturado em quatro seções. Na introdução são apresentados o tema, problema, objetivos e estrutura do texto, na perspectiva de desvelar uma visão panorâmica de como o texto está distribuído, para que ele seja compreendido quanto aos seus limites e abrangências.

A segunda parte, discutimos, a participação no processo de avaliação institucional da UFT em sua concepção e organização. Na terceira seção, a discussão se refere quanto a participação no processo de avaliação institucional da UFT, tendo como base, o campus universitário de Miracema, e por fim, as considerações finais, onde serão sintetizados os principais resultados da pesquisa, revelando os limites do trabalho e apontando campos para o aprofundamento do estudo. Esse é o escopo de análise do estudo realizado, em que apontamos caminhos, sugestões e recomendações, quanto à participação da comunidade universitária na avaliação institucional da UFT e de modo específico, o campus universitário de Miracema.

Processo de avaliação institucional da UFT: concepção, organização e participação

Nesta seção, indaga-se sobre qual a estrutura organizacional e, no seu bojo, a participação no processo avaliativo institucional da UFT? Objetivando responder à referida questão, buscou-se explicitar a estrutura organizacional e, no seu bojo, a participação no processo avaliativo institucional da UFT. Com tal objetivo, no desenvolvimento dessa seção reflete-se sobre a perspectiva de educação em desenvolvimento no âmbito da UFT, a avaliação institucional no âmbito da UFT: concepção, organização e participação e a análise da participação dos segmentos da comunidade universitária na AI. Partindo dessa premissa, será apresentada a trajetória da avaliação institucional, tendo a participação da comunidade universitária como objeto do estudo em tal processo avaliativo, considerando a proposta de desvelar a perspectiva de avaliação realizada, explicitar a forma de participação universitária.

---

30 Para Marx, "é, sem dúvida, necessário distinguir o método de exposição formalmente, do método de pesquisa. A pesquisa tem de captar detalhadamente a matéria, analisar as suas várias formas de evolução e rastrear sua conexão íntima. Só depois de concluído esse trabalho é que se pode expor adequadamente o movimento real. Caso se consiga isso, e espelhada idealmente agora a vida da matéria, talvez possa parecer que se esteja tratando de uma construção a priori." (MARX, 1985, p. 20).

A UFT busca ofertar ensino, pesquisa e extensão com qualidade, observando o que está contido em suas normativas, mesmo levando-se em consideração os tempos de crise que o país atravessa. Embora a UFT faça a sua atuação pautada em suas diretrizes, que se apresentam constitucionalmente como democrática, está em curso no Brasil, e na UFT, pelo modelo que se vislumbra, a crescente execução, não sem resistência, de uma lógica de gestão gerencial de natureza estratégico-empresarial em que o processo de participação é condicionado por múltiplas determinações: institucionais, políticas, materiais, culturais, tecnológicas e ideológicas. (CARVALHO, 2011, p. 23).

Decorrente dessa lógica, pode-se afirmar que a forma de avaliação reguladora, baseada nos SINAES, está adequada e diverge de uma lógica formativa como a do PAIUB que buscava realizar a avaliação institucional formativa e emancipatória. Em tal lógica, o que se espera é a apuração de dados. Para isso não precisa de uma participação efetiva no nível da tomada de decisão, mas na execução de tarefas para que os resultados sejam alcançados.

Ao discorrer-se sobre avaliação institucional no âmbito da UFT, é importante destacar que o processo avaliativo, está organizado e estruturado levando em consideração sua concepção e organização, em conformidade com as seguintes normas: Lei n. 10.861, de 14 de abril de 2004, Regimento Interno da Comissão Própria de Avaliação (CPA) da Universidade Federal do Tocantins (UFT), observado o Estatuto, Regimento Geral e PDI da UFT (UFT/Consuni, 2008).

A CPA é composta por representantes dos três segmentos que compõem a comunidade universitária, mais representações de egressos da Universidade ou da sociedade civil. É constituída por Comissões Setoriais de Avaliação (CSAs) – que são responsáveis pela avaliação institucional de cada *campi*, compostas por um representante docente e um representante discente de cada curso do campus, além de um representante técnico-administrativo. (CPA, 2019).

Atualmente, como etapas do processo de avaliação da Instituição a CPA – UFT definiu: o plano de ação anual; a sensibilização; a aplicação dos instrumentos; o recebimento dos relatórios de gestão e diagnósticos dos *campi*; a sistematização e a análise de dados; o relatório de avaliação interna; a divulgação; e o balanço crítico. (CPA, 2019). De acordo com a lei: "O SINAES avalia todos os aspectos que giram em torno desses três eixos: o ensino, a pesquisa, a extensão, a responsabilidade social, o desempenho dos alunos, a gestão da instituição, o corpo docente, as instalações e vários outros aspectos". (INEP, 2011).

Ainda de acordo com a normativa:

> [...] ela possui uma série de instrumentos complementares: autoavaliação, avaliação externa, ENADE, avaliação dos cursos de graduação e instrumentos de informação (censo e cadastro). Os resultados das avaliações possibilitam traçar um panorama da qualidade dos cursos e instituições de educação superior no País. Os processos avaliativos são coordenados e supervisionados pela Comissão Nacional de Avaliação da Educação Superior (Conaes). A operacionalização é de responsabilidade do Inep. (INEP, 2011).

Face o exposto e por ser uma instituição nova, busca sempre melhorias para o ensino, pesquisa e extensão e por conta disso, aderiu ao processo de expansão da educação superior. "Todavia, essa expansão convergiu para a necessidade de avaliação desse ensino para que se pudesse, através de um processo avaliativo sistemático, garantir a expansão sem detrimento da qualidade de ensino" (DUARTE, 2016, p. 67), socialmente referenciada, divergente da qualidade na lógica da organização empresarial de viés meritocrático.

Essa avaliação ajudará a IES a identificar seus aspectos mais fortes, suas carências e necessidades, definir suas prioridades institucionais, para alcançar um desenvolvimento institucional efetivo. Ela deve ser estabelecida de maneira democrática e inclusiva, com a participação de todos os atores que compõem a estrutura organizacional da universidade, professores, alunos e técnicos administrativos e ser facilmente compreendida por eles. (DUARTE, 2016, p. 77).

O processo avaliativo institucional da UFT está organizado em ciclos. O primeiro ciclo abrangeu período de 2004-2006, o segundo de 2007-2008, o terceiro 2009-2010 e assim por diante 2011, 2012, 2013, 2014-2015, 2015-217, 2018-2020. A organização desses processos avaliativos, visa executar a coleta de dados para o alcance de participação da comunidade universitária, o que não vem ocorrendo como apontado por Conceição (2011), Carvalho (2011) e Gonçalves Filho (2016).

Neste sentido, pode-se inferir que o primeiro momento, ou, ciclo de avaliação institucional, foi mais um período de articulação, constituição, estruturação, adequação a Lei 10.861, apresentação do plano de trabalho e da proposta de avaliação institucional à comunidade universitária. Na apresentação do relatório final (2004-2006), foram constatadas falhas e lacunas, sinalizando possibilidades para a execução de um novo ciclo. (UFT/CPA, 2018).

No segundo ciclo, de 2007 a 2008, não foi possível a aplicação dos instrumentos de consulta à comunidade universitária em virtude da desarticulação da CPA. O relatório consistiu na descrição das ações executadas pelas Pró-Reitorias em comparação com o previsto no Plano de Desenvolvimento Institucional (PDI) e no Projeto Pedagógico Institucional (PPI), aprovado nos Conselhos Superiores da Instituição. (UFT/CPA, 2018).

No ciclo de 2009 a 2010 foi aplicado o questionário de consulta à comunidade universitária, conforme previsto na proposta de autoavaliação elaborada pela CPA, o qual contou com a participação de 14% dos discentes, docentes e técnico-administrativos. O relatório institucional de avaliação referente ao ano de 2011, também foi elaborado com base no diagnóstico dos *campi* apresentados pelas comissões setoriais e os relatórios das Pró-Reitorias. (UFT/CPA, 2018).

No ciclo avaliativo 2012, as principais fontes de informação para a elaboração do relatório foram as seguintes: relatórios das Pró-Reitorias e diretorias, com informações sobre as ações planejadas e realizadas em 2012; relatórios das Comissões Setoriais de Avaliação (CSAs), com informações sobre estrutura física, gestão e atividades de ensino, pesquisa e extensão, junto aos cursos de graduação e Pós-Graduação; questionário de avaliação institucional aplicado a toda a comunidade universitária com questões referentes a duas dimensões do SINAES: a dimensão dois (Ensino, pesquisa e extensão) e a dimensão sete (infraestrutura física). (UFT/CPA, 2018).

No ciclo de 2013 da autoavaliação, a consulta à comunidade universitária tratou das dimensões três do SINAES (Responsabilidade social), quatro (Comunicação com a sociedade) e nove (Políticas de atendimento ao estudante), e teve a participação de aproximadamente 10% dos discentes, docentes e técnico-administrativos. (UFT/CPA, 2018). Também foram utilizadas como fontes de informação para a elaboração do relatório os relatórios das Pró-Reitorias e diretorias, com informações sobre as ações planejadas e realizadas no ano, bem como os relatórios das Comissões Setoriais de Avaliação (CSAs), com informações sobre estrutura física, gestão e atividades de ensino, pesquisa e extensão dos cursos de graduação e Pós-Graduação dos diversos *campi*. (UFT/CPA, 2018).

Em 2014, de acordo com o relatório da CPA, com os dados apresentados, pode-se afirmar que os resultados são tímidos em relação a participação da comunidade acadêmica, tendo muito que avançar. Mas também enfatiza que há empenho da UFT em,

> [...] reverter algumas fragilidades apresentadas, tanto é que a gestão reconhece se a instituição acreditar na autoavaliação, subsidiar a gestão institucional na busca de melhoria da educação superior, realizar-se como um processo de aprendizagem e transformação, oportunizar o autoconhecimento da Instituição, ser um instrumento de identificação das potencialidades e de fragilidades. (CPA, 2018, p. 164).

O ano de 2015 marca o início de um novo ciclo de avaliação institucional na UFT que abrange o período 2015-2017 e ratifica o que ocorreu em outros períodos avaliativos, ou seja, a tímida participação da comunidade acadêmica no processo avaliativo, conforme tabela três. Apresenta aspectos positivos dentro das diversas áreas, mas também, aborda muitos aspectos (recomendações) que devem ser aprimorados.

A CPA apresentou em março de 2018, o relatório de ano base 2017 contendo dados do ciclo 2015-2017, destacando sete ações que a UFT deverá considerar. Destaca ainda, os indicadores das ações do triênio 2015-2017 e que merecem atenção para o triênio 2018-2020. Merece atenção especial em 2017, o aumento considerável do número de participantes no processo avaliativo. Nos últimos cinco anos, 2017 apresenta o maior número de respondentes ao questionário disponibilizado, ou seja, 1.740 sujeitos participantes.

De acordo com a CPA, os dados de participação são os seguintes: 2013, 1.231; 2014, 1.195; 2015, 1.127; 2016, 803 e 2017, 1.740 respondentes respectivamente (CPA, 2018). Ainda assim, considerando o efetivo total de discentes, docentes e técnicos administrativos, o percentual continua baixo, pouco participativo. (CPA, 2018). Conforme dados apresentados, considerando especificamente o período demonstrado, apesar da utilização dos questionários *on-line*, constatou-se a baixa participação dos membros da comunidade universitária.

Conforme os documentos analisados, a CPA, tem buscado motivar os setores técnicos administrativos e acadêmicos da UFT para que se envolvam no processo de avaliação institucional, apresentando informações sistematizadas das ações, revelando suas percepções a respeito do trabalho desenvolvido na Instituição. Tem buscado também, implementar mecanismos de participação na avaliação, disponibilizando instrumentos eletrônicos de coleta de dados, motivar a organização das Comissões Setoriais de Avaliação (CSAs) nos *campi* e realizando a divulgação da avaliação para toda a comunidade acadêmica. (CPA, 2011, p. 14).

Isto posto, trataremos de esboçar a temática acerca da participação acadêmica no processo de avaliação institucional, aqui denominado pela sigla (AI), na Universidade Federal do Tocantins (UFT) e como se dá esse envolvimento da comunidade acadêmica dentro dos sete *campi* da Universidade. Os aportes teóricos do estudo envolvem uma análise de como se organiza a avaliação institucional na UFT. Posteriormente busca-se oportunizar uma reflexão teórica do processo de AI e por fim far-se-á algumas considerações da participação acadêmica da UFT e os impactos vivenciados na realidade a qual essa instituição de educação superior está inserida.

O processo de avaliação das IFES no Brasil está ancorado no debate das políticas de assuntos educacionais, visando problematizar as questões circunscricionais da UFT, no que tange não somente ao tripé ensino, pesquisa, extensão, mas também requer uma preocupação maior com as especificidades que vão para além dos muros das universidades, com ênfase, por exemplo, na responsabilidade social.

A AI na UFT, vem ocorrendo sistematicamente, cujo objetivo principal é a aquisição de elementos necessários para um processo de revitalização e de qualificação da atuação universitária, elevando o nível de sua produção e de seus serviços (UFT/CPA, 2013), bem como superar suas fragilidades e melhorar a qualidade das suas ações (UFT /CPA, 2012), tendo como objeto o processo de avaliação, através da Comissão Própria de Avaliação (CPA), Exame Nacional de Avaliação de Desempenho (ENADE) para assim diagnosticar as demandas, a fim de esquematizar formas que venham consolidar um novo desenho para o avanço da Instituição.

Neste processo, o papel da comunidade acadêmica é fundamental, pois acreditamos que politizar o debate de avaliação na UFT colocando em números suas necessidades, faz-se necessário quando há compromisso com as melhorias dessa instituição. A avaliação é uma etapa importante para conhecer, compreender, a fim de buscar melhorias no objeto avaliado. Assim, é um momento importante enquanto processo sistemático de análise, que permite compreender de forma contextualizada, todas as dimensões e implicações com vistas a melhorias e mudanças (BELLONI; MAGALHÃES; SOUSA, 2007), pois pode ser uma espécie de "termômetro" para se identificar se estão sendo atendidos os objetivos propostos.

Considerando o efetivo total da comunidade acadêmica, embora tenha crescido, em 2017, o percentual indica ainda um quadro pouco participativo se considerarmos o quantitativo geral dos sujeitos. De acordo com o relatório de avaliação institucional do ano de 2017 divulgado pela CPA em 2018, os indicadores refletem em números o que foi a participação da academia no processo avaliativo. Importante frisar que de acordo com a CPA, o período estipulado para responder o questionário on-line disponibilizado no site da UFT, foi de 15/11 a 15/12/2017, por decisão da própria Comissão, ou seja, os respondentes tinham até 30 dias para preenchimento do questionário.

Em outras palavras, conforme os dados analisados nos relatórios da CPA, a baixa participação dos envolvidos, considerando a totalidade dos sujeitos, sequer chega a 50%. Isto pode ser reflexo de várias situações, como por exemplo, disponibilidade do questionário on-line em curto período de tempo, em período de realizações de provas, exames finais, férias docentes, pouca sensibilização da comunidade acadêmica, condições para participação dos respondestes, enfim, todos estes entraves, inclusive o calendário acadêmico inadequado para o período de participação, podem ter reflexos no resultado final do processo avaliativo, isto é, o baixo número de participantes.

Isto é explicitado quando em 2017 apenas 6,97% de um universo total de 24.823 sujeitos responderam ao questionário. Em termos de participação, são apenas 1.732 sujeitos, o que é do ponto de vista da universalidade dos respondentes, números considerados baixíssimos para um processo avaliativo. Levando-se em consideração a participação por segmento, percebe-se que entre os docentes houve um equilíbrio, onde mais da metade do corpo docente, respondeu ao questionário hospedado no sitio da UFT.

Entre os técnicos administrativos, houve uma participação considerável, faltando pouco para atingir a metade dos participantes. Isto posto, pode-se considerar que a participação dos servidores (docentes e técnicos), foi mais significativa de que a dos estudantes, cuja discrepância em termos de participação foi notória. Da totalidade dos envolvidos, nem 1/3 participou do processo.

Em conformidade com os relatórios analisados da CPA (2004 a 2014), há pouco interesse em participar da avaliação institucional da UFT. Das conclusões do processo avaliativo foi possível depreender um conjunto de explicações e justificativas feitas pela CPA que serão destacados na sequência. Cabe ressaltar que dentro do período estipulado para a pesquisa, a UFT passou por seis ciclos avaliativos e destes, somente houve a aplicação de questionário on-line no ciclo 2009-2010, que contou com participação de 14% da comunidade acadêmica; no ciclo de 2012 não teve o percentual de participação divulgado; no ciclo 2013 a participação ficou em 10% da comunidade universitária; e em 2014 foram 1.195 participantes em toda a UFT, isto é, 7,35%.

Conforme a discussão realizada, por exigências do MEC/CONAE/SINAES ou por ter que atender as diretrizes estabelecidas pela lógica mercantilista educacional em prática a partir da década de 1970 e intensificada a partir da década de 1990, o ensino superior brasileiro, particularmente as IFES, vem passando por um processo de ajustamento às ideias neoliberais, mercantilista, de natureza regulatório-regulamentatória de caráter estratégico-gerencial.

Esta lógica, orienta para um processo avaliativo desigual, verticalizado e teoricamente punitivo. Desigual por que considera todas as IFES em único patamar, não levando em consideração a organização administrativa, funcional, estrutural, financeira e regional existente entre elas. Verticalizado por apresentar e estabelecer diretrizes de cima para baixo e teoricamente punitivo por apresentar um ranking institucional com os melhores desempenhos nas avaliações internas e externas.

Esta forma que o processo avaliativo nas IFES vem sendo executado, decorrente da aplicação do SINAES, tem causado esvaziamento ou baixo nível de participação da comunidade universitária, tanto no processo de gestão das IFES quanto na participação da avaliação institucional, como aponta Carvalho (2011) e Gonçalves Filho (2016) em seus estudos. Carvalho (2011) afirma que em relação a participação no processo de gestão, a participação dos segmentos é desigual, colocando de um lado os professores e de outro alunos e técnicos administrativos, que essa participação apresenta obstáculos, efetivando uma participação desigual e aquém do esperado.

Já para Gonçalves Filho (2016, p. viii) a participação no processo de avaliação institucional "tem se caracterizado pelo esvaziamento da participação no processo avaliativo e, dessa forma, tem servido mais aos interesses do governo federal e das reitorias na regulação e no controle da instituição do que à comunidade universitária". Em seu estudo, o autor evidencia que os resultados se mostram alheios ao que determina o SINAES. Segundo o autor (p. vii), "tal modelo tem se pautado pela baixa participação, colocando em xeque a finalidade dos processos avaliativos institucionais, no que se refere às questões da autonomia universitária e da participação da comunidade nos processos avaliativos".

Gonçalves Filho (2016) sustenta que

> [...] o baixo nível de participação (que gira em torno de 14%) tem sido uma questão que não foi solucionada, ao longo do período de execução do SINAES, na UFT. As causas ou fatores que levaram ao esvaziamento da avaliação institucional, na UFT, não podem ser localizados na atuação dos membros da Comissão Própria de Avaliação (CPA) e na Comissão Setorial de Avaliação (CSA), como sugere a maioria dos entrevistados. Esses mesmos fatores geram a ilusão de que quanto mais empenho da CPA/CSA, isto é, quanto mais sensibilização, melhoria dos questionários, aperfeiçoamento do site institucional, da comunicação; maior será o nível de participação da comunidade universitária. (GONÇALVES FILHO, 2016, p. 169).

Nessa mesma linha de pensamento de que a UFT precisa resolver a questão da participação, só que no processo de gestão, Carvalho (2011) sustenta,

> [...] a forma como se efetiva a gestão da UFT revela a concepção e a prática da participação. Embora haja iniciativas no sentido da realização de uma gestão de perspectiva democrático-participativa, os dados da pesquisa indicam a existência de uma gestão regulatório-regulamentatória de natureza estratégico-empresarial, na qual há uma alta desigualdade de participação nos conselhos e nas atividades desenvolvidas. Tal desigualdade se expressa na grande distância, no que refere à participação, entre gestores e docentes, que atuam mais intensamente, e os outros dois segmentos: discentes e TAE. Acrescente-se a isso, conforme participantes da pesquisa, que o processo de gestão na UFT carece de ações transparentes, coletivas e dialógicas que privilegiem o pluralismo solidário. Isso significa combater, dentre outros aspectos, as atitudes de tendência centralizadora, autoritárias, individualistas, particularistas e preconceituosas. (CARVALHO, 2011, p. 309).

Isto posto, há de se concordar em um ponto comum entre Carvalho, Conceição e Gonçalves Filho: a baixa participação da comunidade universitária da UFT em seus espaços participativos. Do modo como está posto este modelo de participação, a CPA precisa rever seu planejamento e organização ou vai continuar constatando esses baixos índices de participação que apresenta a variabilidade de baixa participação.

Participação no processo de avaliação institucional da UFT: o campus de Miracema como ilustração

A presente seção tem como objetivo identificar o tipo, grau e condicionantes de participação da comunidade universitária da UFT, tendo como base empírica de estudo o campus universitário de Miracema. A discussão, nesse sentido, abordará: como ocorre o processo de avaliação institucional, levando em consideração sua concepção, organização e encaminhamentos; a participação da comunidade acadêmica no processo de avaliação institucional e dentro disso, a participação, as condicionantes e as potencialidades participativas; e os resultados teórico-prático para o processo educativo.

Atualmente, o campus universitário de Miracema tem duas unidades (Warã e Cerrado) e conta com quatro cursos de graduação, um curso de especialização e um curso de mestrado, o que demandou, pela lógica, aumento no quadro docente, técnicos administrativos e do pessoal de apoio.

Antes de se configurar o modelo de organograma que se apresenta para o campus de Miracema, foi necessário um amplo debate entre servidores, para adequação às exigências do novo sistema de organização da administração pública federal, através da Resolução n. 29, de 31 de outubro de 2018, que dispõe sobre normas e procedimentos para o processo de organização e inovação da estrutura organizacional, visando o fortalecimento da capacidade institucional no âmbito da UFT. (UFT/Consuni, 2018).

Conforme a documentação estudada, na condução do processo avaliativo no campus de Miracema, a CSA realiza reuniões com seus integrantes para traçar os planos de execução do processo. Deste modo, a Comissão tem como atribuição elaborar anualmente o diagnóstico do campus para a construção do relatório de avaliação institucional da CPA. (CPA, 2019). Os diagnósticos são construídos a partir de várias ações da Comissão constam informações referentes a organização institucional, infraestrutura, de pessoal, expansão acadêmica, financeiras, laboratório, biblioteca, transporte, cultura, esporte e lazer, dos cursos (ensino, pesquisa e extensão), assistência e movimento estudantil etc.

Conforme mencionado, a base empírica da pesquisa é o campus de Miracema e o recorte temporal para o estudo da participação no processo de AI do campus de Miracema compreende o período de 2004 a 2014, todavia, lembramos que a participação da comunidade universitária na AI do campus de Miracema, deveria ter ocorrido nos ciclos avaliativos de 2006, 2009, 2012-2014.

As buscas por essas informações foram realizadas *in loco* na CPA, CSA do campus de Miracema, Superintendência de Tecnologia da Informação (STI) da UFT, Centro de Documentação do Campus de Miracema. Virtualmente foram feitas buscas na página da CPA, nos e-mails institucionais da direção do campus de Miracema, nos e-mails do pesquisador, da biblioteca do campus de Miracema e, devidamente autorizado, no e-mail institucional da ex-presidente da CSA Miracema. Assim, dentro do recorte temporal estabelecido para a pesquisa, somente conseguiu-se recuperar os dados relacionados ao ano de 2013.

Gráfico 1 - Participantes da comunidade universitária na AI do campus de Miracema no ano de 2013

Fonte: Dados organizados pelo pesquisador a partir das informações da CPA/2019.

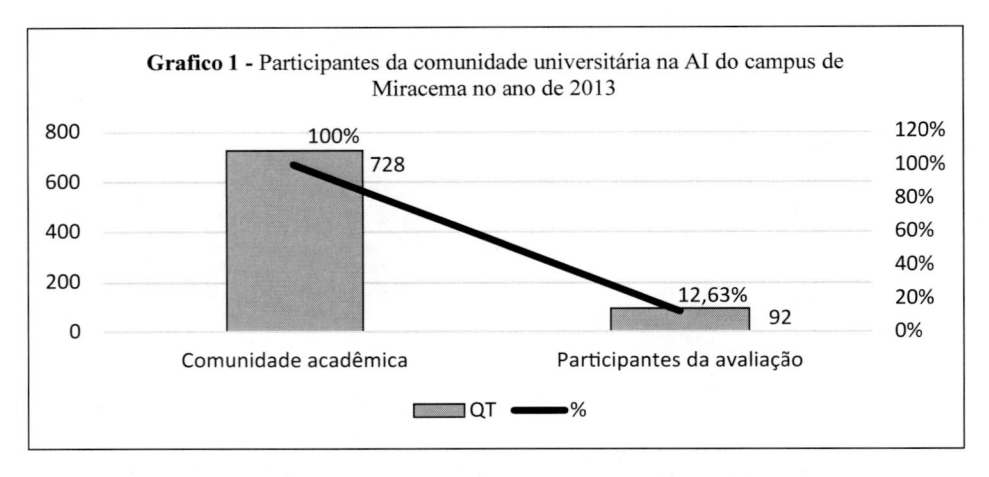

Em conformidade com o gráfico 1, os números referentes ao ano de 2013, revelaram que a comunidade acadêmica em Miracema era de 728 membros. Desse conjunto geral de membros 92 (12,63%) participaram da avaliação institucional, preenchendo o questionário eletrônico que foi disponibilizado na página da CPA, por e-mail institucional e pela Intranet.

O gráfico 2 retrata o baixo percentual de participação da comunidade universitária no período pesquisado, por segmento, da AI do campus de Miracema, respondendo ao questionário disponibilizado pela CPA. Ou seja, participaram da pesquisa 4 dos 39 (12,90%) docentes, 84 dos 670 (12,53%) alunos matriculados, além de 4 dos 19 (22,22%) técnicos administrativos.

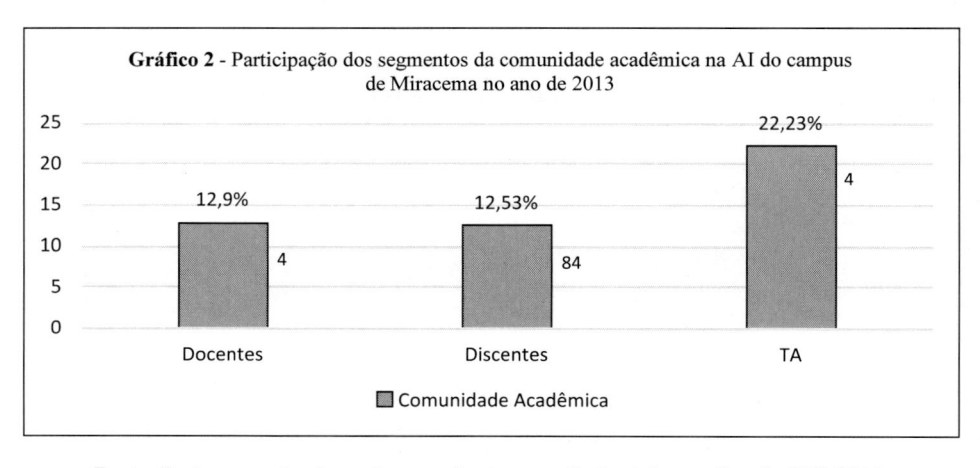

Gráfico 2 - Participação dos segmentos da comunidade acadêmica na AI do campus de Miracema no ano de 2013

Fonte: Dados organizados pelo pesquisador a partir das informações da CPA/2019.

Os números do gráfico 2 evidenciam a baixa participação dos docentes, discentes e TA do campus de Miracema no preenchimento do questionário on-line disponibilizado pela UFT com vistas a captar a percepção da comunidade universitária sobre o processo educativo. Em termos percentuais a participação docente e discente situa na casa dos 12 pontos inferior aos 22 pontos de participação dos TA.

Retomando a discussão realizada, corroborando com essa linha de pensamento sobre a relação da comunidade universitária na avaliação institucional da UFT, Gonçalves Filho (2016), apresenta alguns fatores que podem contribuir para a baixa participação, dentre eles, a falta de acesso ao processo avaliativo, à divulgação e à comunicação. O autor enfatiza ainda que o baixo nível de participação no processo de avaliação institucional é comparado às participações em eventos cotidianos da Universidade. Para ele, é preciso ver a avaliação institucional como um campo de possibilidades, e considerar que as dificuldades encontradas refletem uma cultura de avaliação não formativa, mas punitiva e, em grade medida, voltada para o controle. (GONÇALVES FILHO, 2016, p. 143).

O autor sustenta que a baixa participação é vista como consequência de uma cultura voltada para o controle, mas falta, também, conscientização e desenvolvimento de um sentimento de pertencimento à instituição UFT, no sentido de sua defesa e implementação das políticas que são benéficas a ela. Nesta visão, a baixa participação será superada quando a cultura de avaliação for formativa e o sentimento de pertencimento à Universidade for disseminado e vivido pelos membros da comunidade.

Para além dos condicionantes expostos, Gonçalves Filho (2016), também reforça que

> [...] os fatores da baixa participação têm a ver com a organização *multicampi* da Universidade, requerendo distintas formas de sensibilização, sendo preciso diversificar as estratégias da CPA. Outros fatores são apontados, como a dificuldade de acesso à avaliação institucional, no *site* da Universidade, e o questionário muito longo, disponibilizado à comunidade. (GONÇALVES FILHO, 2016, p. 146).

Além da dificuldade de acesso ao questionário on-line para participação na avaliação, existe ainda a própria dificuldade de organização interna tanto da Comissão quanto da gestão em relação a avaliação institucional da UFT. Um fator que contribui para essa desorganização interna, são os constantes rodízios dos integrantes tanto da CPA bem como nas CSAs. É recorrente, a substituição de seus membros e esse rodízio, se dá por diversos motivos.

Todavia, segundo Gonçalves Filho (2016), o chamado à participação, dirigido à comunidade em forma de diversos meios comunicativos, pela CPA e pelo SINAES, cria uma ilusão de participação e, ainda, transfere aos membros da comunidade universitária a responsabilidade por sua não participação no processo.

Isto posto, a discussão doravante, refere-se a um dos objetivos específicos propostos nesse estudo, isto é, qual o tipo, grau e condicionantes de participação da comunidade universitária da UFT, tendo como base empírica para o desenvolvimento da pesquisa, o campus de Miracema. Tal discussão foi baseada na análise das respostas dos entrevistados selecionados nos segmentos discentes, docentes e técnicos administrativos do campus.

Destarte que sobre essas questões, já abordadas nesse estudo, Carvalho (2011, p. 37) sustenta que "a participação é explicitada através de duas perspectivas de gestão:

gestão regulatório-regulamentatória de natureza estratégico-empresarial e gestão de perspectiva mais emancipatória de natureza democrático-participativa".

Destaca ainda, as formas ou maneiras de participação, os níveis, graus e condicionantes de participação da comunidade acadêmica em seus processos de gestão da educação e da avaliação institucional. Tal análise permitirá analisar e discutir o que foi proposto, comparando, explicando em que se aproxima ou se afasta da teoria relacionada ao tema em discussão.

Os sujeitos participantes dessa pesquisa foram selecionados, considerando o tempo de estudo e trabalho no campus de Miracema. Denotamos uma amostragem bem experiente dos sujeitos. Nível de escolaridade é elevado, com os solteiros predominando entre os entrevistados e no item tempo de serviço, 50% atuam no campus como servidor entre 6 a 10 anos.

Os entrevistados responderam questões abrangendo a concepção/prática, importância e função da AI do campus de Miracema; e a frequência, motivação, nível e entraves da participação dos segmentos da academia em tal processo avaliativo. Buscamos nas questões mencionadas, apreender a percepção dos segmentos discente, docente e dos TA sobre a participação na AI do campus de Miracema.

Do exposto pelos entrevistados na categoria docente, depreende-se uma concepção de avaliação com caráter formativo, controlador, gerencialista e ao mesmo tempo uma concepção de avaliação que não vai levar ninguém a lugar nenhum. Uma função e importância que identifica os problemas e não os resolvem. Uma prática avaliativa aplicada por meio de questionários que troca os meios pelos fins da Universidade, um nível de participação mais pela obrigação do que pela livre iniciativa e vários entraves a participação do segmento na avaliação institucional.

Nota-se ainda, que considerando essa pequena amostragem, este segmento tem uma visão macro do processo de AI do campus de Miracema diante de uma vivência da realidade do campus, da experiência em atuação na CSA Miracema e pelo próprio tempo efetivo de exercício profissional na UFT-Miracema. Esses argumentos tendem a explicitar que a forma concebida do AI do campus de Miracema, não contribui para solucionar os problemas do campus e que as melhorias precisam ser feitas para sanar os problemas criados pela própria Instituição.

As respostas dadas pelo segmento docente, nesse sentido, ilustram bem a tensão explicitada nas seções anteriores entre a participação no processo de gestão e avaliação institucional das IES brasileiras expressa pelas perspectivas estratégico-gerencial e democrático participativa. Pelas respostas não é difícil afirmar que se pratica uma gestão de cunho gerencial na qual a participação, definitivamente, não é efetiva. De fato, transparece ocorrer uma concepção de avaliação institucional de cunho contábil e instrumental em que os meios se revelam com maior prioridade que os fins institucionais e, consequentemente, escamoteia-se a importância da participação da comunidade universitária.

Para o segmento técnico administrativo, ficou evidente, a concepção de avaliação gerencialista, administrativa, de cumprimento de metas e melhorias, das dimensões e planos que devem ser cumpridos. As respostas sinalizam ainda que as ações, metas e objetivos no campus de Miracema, devem seguir fielmente o que determinam o PDI, PDC, PAT, para o que estabelece a Lei do SINAES. Nota-se a preocupação do segmento administrativo em fortalecer a participação na AI do campus de Miracema, demonstrando que a participação ainda é pouca. Sente a necessidade de motivar a comunidade acadêmica a participar mais da avaliação institucional.

Pelas respostas dos técnicos-administrativos, depreendemos que a percepção desse segmento da comunidade universitária em relação à participação no processo de AI do campus de Miracema não diverge, no essencial, dos segmentos discentes e docentes. Entretanto os técnicos-administrativos tem uma visão demasiadamente positiva sobre a AI não se posicionando criticamente sobre os entraves e condicionantes da participação que apontaram em suas respostas. Tal percepção pode relacionar-se com a função, em grande medida, técnica que desempenha no campus, mas também à área de formação e à própria compreensão que tem de universidade, gestão, avaliação e participação.

Analisar as entrevistas dos participantes desta pesquisa e responder aos objetivos propostos neste estudo, foi importante para desvelar, considerando o que foi discutido, a concepção de avaliação e a finalidade que busca alcançar; o tipo de participação que ocorre (no nível e grau de execução ou tomada de decisão); o que falta no campus de Miracema para a participação ocorrer considerando: a liberdade comunicativa, motivação, compromisso, condicionantes (material, institucional, político, ideológico e comunicacional); e ainda, entender se o processo avaliativo de Miracema tem um caráter mais regulador, gerencialista e fiscalizador ou emancipatório, motivador e autônomo.

Nesse contexto, os três segmentos da comunidade universitária do campus de Miracema, em relação à concepção e finalidade da AI, apontam para concepções, em certa medida, divergentes, apesar de se situarem na mesma realidade educacional, distanciando-se do processo avaliativo de sua finalidade oficial que é o implementar o processo de autoavaliação (avaliação interna) em caráter institucional e coordená-lo de acordo com as diretrizes, critérios e estratégias estabelecidas pelo (SINAES).

Deste modo, a concepção/finalidade de AI apontada pelos entrevistados, não diverge de um modo geral como é concebida a AI na UFT. De acordo com os princípios e propostas dos SINAES a AI tem, de um lado, um objetivo regulamentador/ contábil e, de outro, uma concepção democrática de avaliação, de participação e de universidade. Na UFT o que se percebe na prática, é uma concepção regulatória e meritocrática que acaba por evidenciar a preocupação com o controle, via coleta dos dados quantitativos, sem uma relação muito direta com as finalidades formativas e a valorização humana.

Quanto ao tipo de participação, ou seja, o nível e grau de execução ou tomada de decisão, percebe-se que a participação da comunidade acadêmica na AI, em busca dos resultados quantitativos, limita-se ao grau da consulta facultativa ou obrigatória, elaboração e recomendação. Isto posto, o campus de Miracema deve, através da CPA/ CSA, implantar uma cultura avaliativa, sistemática e anual para sua comunidade acadêmica, deixar claro o que significa e qual a finalidade, de modo geral, para a UFT. Antes, porém, é preciso que a UFT ofereça condições para estrutura e funcionamento da CPA/CSAs, no sentido que a participação na comissão seja valorizada, na tentativa de diminuir a alta rotatividade de participantes, o que interfere diretamente na organização da AI do campus de Miracema.

Ademais faz-se necessário oferecer rede internet rápida e sem bloqueios para acesso ao formulário eletrônico, isto é, dispor de aparato tecnológico-comunicacional capaz facilitar a aproximação dos participantes com o local de avaliação, laboratórios de informática modernos e não obsoletos, móveis e equipamentos de última geração para que o participante se sinta confortável no momento de preenchimento do formulário eletrônico.

Em geral, o que se percebe no campus de Miracema, através das respostas, é que o processo avaliativo na AI, apresenta um caráter mais regulador, gerencialista e fiscalizador e, portanto, menos emancipatório, motivador e autônomo, o que não difere de um modo geral o que se apresenta na AI da UFT. Também pode ser apreendido do conjunto das respostas, a predisposição dos respondentes em participar da AI do campus de Miracema, desde que a avaliação tenha como objetivo alcançar as finalidades institucionais e que esta seja realizada valorizando os segmentos da comunidade universitária em uma perspectiva democrático-participativa.

Considerações finais

O desafio de discorrer sobre a participação da comunidade acadêmica do campus de Miracema na avaliação institucional da Universidade Federal do Tocantins, foi um processo investigativo intenso, desgastante, longo, um verdadeiro desafio, mas com a perspectiva de que se conseguisse atender o que foi proposto nos objetivos deste estudo.

Para enfrentar esse desafio, foi necessário entender o que diz a Lei n. 10.861, de 14 de abril de 2004, que instituiu o Sistema Nacional de Avaliação da Educação Superior (SINAES), como a UFT conduz e planeja o seu processo de avaliação institucional a luz da Lei do SINAES, analisar os relatórios de avaliação institucional produzidos pela Comissão Própria de Avaliação (CPA), o Plano de Desenvolvimento Institucional (PDI), bem como, de que forma tem sido a participação na avaliação institucional desde o seu primeiro ciclo.

Somando-se a isso, considera-se, fundamentalmente, a pesquisa realizada no campus de Miracema, onde através da concepção de alunos, professores e técnicos administrativos, buscaram-se as respostas às questões norteadoras deste desafio, tornando-se necessária para tanto, à investigação qualitativa de natureza teórico-prática, incluindo a pesquisa bibliográfica, pesquisa documental e a pesquisa empírica.

Os resultados do estudo revelaram que a avaliação institucional na UFT, situada no contexto da política/gestão da educação nacional, não difere da que é realizada no âmbito do Sistema Nacional de Avaliação da Educação Superior. O processo de avaliação da UFT, neste sentido, embora propale, baseada no Sistema Nacional de Avaliação da Educação Superior, uma avaliação formativa – voltada para aumentar a qualidade e as capacidades de emancipação – tem realizado mais uma avaliação tendo por centralidade a regulação estratégico-gerencial evidenciando as funções de supervisão, fiscalização e controle institucional.

A comunidade universitária, aparentemente, tem demonstrado pouco interesse em participar do processo de avaliação institucional que tem sido pautado, em grande medida, pelos valores formativos contábeis buscando demonstrar os números reveladores do mérito acadêmico institucional. O processo de avaliação da UFT segue a perspectiva de educação e de política/gestão educacional estratégico-empresarial de cunho mercantil que requer a participação dos membros da comunidade universitária no levantamento de dados quantitativos, secundarizando o processo formativo e a dimensão formativa, evidenciando mais como instrumento de poder e estratégia de governo para controle e modelação das instituições e do sistema educativo.

O estudo possibilitou entender que a participação da comunidade acadêmica no processo avaliativo deve ser participativa, formativa e, realizada num processo de socialização de natureza democrática, baseado em autoavaliação e heteroavaliação. Tal avaliação participativa, deve ocorrer em uma perspectiva da construção coletiva do conhecimento, ou seja, para a realização de uma boa participação avaliativa, é necessário que UFT, através dos responsáveis pelo processo avaliativo institucional, ofereçam boas condições material, institucional, política, ideológica e comunicacional aos participantes, sejam eles professores, técnicos ou alunos.

Acerca da participação na AI do campus de Miracema, além da superação dos entraves mencionados, faz-se necessário envolver os segmentos da academia no nível das tomadas de decisão e não somente na execução de tarefas como é o caso de responder um questionário acerca de questões que não contribuiu para elaborar. O estudo em pauta, não pretendeu esgotar a discussão sobre a participação na avaliação institucional no campus de Miracema.

A continuidade do estudo em Miracema pode envolver uma categoria específica, um curso específico ou envolver os novos cursos implantados a partir de 2015. Entre as possibilidades investigativas, a temática relacionada à mobilização da comunidade universitária para participar, de forma mais efetiva na AI do campus de Miracema encontra-se no horizonte da continuidade do estudo que apresento como conclusão do Mestrado profissional em Educação.

REFERÊNCIAS

BELLONI, I.; MAGALHÃES, H. de; SOUSA, L. Costa de. **Metodologia de Avaliação em Políticas Públicas** – uma experiência em educação profissional. 4. ed. São Paulo: Cortez, 2007. 96 p.

BRASIL. **Lei n.º 10.861**, de 14 de abril de 2004b. Institui o Sistema Nacional de Avaliação da educação Superior – SINAES e dá outras providências. Disponível em: http://www.planalto.gov.br/ccivil_03/_ato2004-2006/2004/lei/l10.861.htm. Acesso em: 08 fev 2019.

BRASIL. Ministério da Educação e do Desporto. Secretaria da Educação Superior. **Programa de Avaliação Institucional das Universidades Brasileiras – PAIUB.** Brasília: MEC/SESU, 1994. 111 p. Disponível em: http://www.dominiopublico.gov.br/download/texto/me002072.pdf. Acesso em: 08 fev. 2019.

BRASIL. Ministério da Educação e do Desporto. Secretaria da Educação Superior. Lei N. 9.131, de 24 de novembro de 1995 [Conversão da MPv n. 1.159, de 1995]. Altera dispositivos da Lei n. 4.024, de 20 de dezembro de 1961, e dá outras providências. [Institui o Exame Nacional de Cursos, o "Provão"]. **Diário Oficial da União.** Brasília, 25 nov.1995. [Os dispositivos referentes ao ENC foram Revogados pela Lei n. 10.861, de 14 de abril de 2004]. Disponível em: https://www.planalto.gov.br/ccivil_03/Leis/L9131.htm. Acesso em: 17 fev. 2016.

DUARTE, Michele Matilde Semiguen Lima Trombini. Avaliação institucional na realidade brasileira: contexto e desafios. *In:* ALBIERO, Célia Maria Grandini; NUNES, Enedina Betânia Leite de Lucena Pires; BUENO, Enilda Rodrigues de Almeida. **Avaliação institucional:** impasses e perspectivas para uma educação superior de qualidade. Palmas: Eduft, 2016. p. 67-80.

GONÇALVES FILHO, Francisco. **A avaliação institucional na Universidade Federal do Tocantins (2004-2010)**. 2016. 184 f. Tese (Doutorado em Educação) – Instituto de Ciências da Educação, Programa de Pós-Graduação em Educação, Universidade Federal do Pará, Belém, 2016.

INEP. Disponível em: http://portal.inep.gov.br/superior-sinaes. Acesso em: 24 set. 2019.

MARX, Karl. **O capital**. v. I. 2. ed. Trad. Régis Barbosa e Flávio R. Kothe. São Paulo: Nova Cultural, 1985.

ORGANOGRAMA do campus de Miracema. Disponível em: https://docs.uft.edu.br/share/s/o3Pm2fLJSmyZDccvSjKssw. Acesso em: 17 jul. 2019.

SISTEMA NACIONAL DE AVALIAÇÃO DA EDUCAÇÃO SUPERIOR (SINAES). **Da concepção à regulamentação**. 2. ed. ampl. Brasília, DF: INEP, 2004. 156 p.

UNIVERSIDADE FEDERAL DO TOCANTINS. Comissão Própria de Avaliação. **Carta de compromissos e intenções da UFT para a primeira Avaliação Institucional da Universidade Federal do Tocantins (2005/6)**. Palmas, TO: UFT, 2005. 23 p.

UNIVERSIDADE FEDERAL DO TOCANTINS. Comissão Própria de Avaliação. **Documentos**: Comissão Própria de Avaliação. Palmas, TO: UFT, 2019. Disponível em: https://ww2.uft.edu.br/index.php/cpa/mais-2/arquivos. Acesso em: 03 out. 2019.

UNIVERSIDADE FEDERAL DO TOCANTINS. Conselho Universitário. **Resolução n. 11/2012, de 04 de maio de 2012**. Dispõe sobre o Regimento Interno da Comissão Própria de Avaliação (CPA) da Universidade Federal do Tocantins (UFT). Palmas, TO: Conselho Universitário, 2012.

UNIVERSIDADE FEDERAL DO TOCANTINS. Gabinete do Reitor. **Portaria n. 68/2004, de 13 de julho de 2004**. Nomeia os primeiros membros da Comissão Própria de Avaliação (CPA) da Universidade Federal do Tocantins (UFT). Palmas, TO: Gabinete do Reitor, 2004.

UNIVERSIDADE FEDERAL DO TOCANTINS. **Plano de desenvolvimento Institucional** – 2011-2015. Palmas: UFT, 2010. Disponível em: http://download.uft.edu.br/?d=54caf704-391e-49f3-af06-98d03d16f794;1.0:PDI%202016-2020.pdf. Acesso em: 01 jul. 2018.

UNIVERSIDADE FEDERAL DO TOCANTINS. **Plano de desenvolvimento Institucional 2016-2020**. Palmas: Eduft, 2018. 187 f. Disponível em: http://download.uft.edu.br/?d=54caf704-391e-49f3-af06-98d03d16f794;1.0:PDI%202016-2020.pdf. Acesso em: 01 jul. 2018.

UNIVERSIDADE FEDERAL DO TOCANTINS. Pró Reitoria de Desenvolvimento de Gestão de Pessoas (PROGEDEP). **Evolução quantitativa docente do campus de Miracema nos últimos anos**. Palmas: UFT, 2018.

UNIVERSIDADE FEDERAL DO TOCANTINS. **Relatório de Avaliação institucional** – UFT 2011. Palmas: UFT/PROAP/CPA, 2012. 197 p.

UNIVERSIDADE FEDERAL DO TOCANTINS. **Relatório de Avaliação institucional** – UFT 2012. Palmas: UFT/PROAP/CPA, 2013. 207 p.

UNIVERSIDADE FEDERAL DO TOCANTINS. **Relatório de Avaliação institucional** – UFT 2013. Palmas: Eduft, 2014. 191 p.

UNIVERSIDADE FEDERAL DO TOCANTINS. **Relatório de Avaliação institucional** – UFT 2014. Palmas: Eduft, 2015. 167 p.

UNIVERSIDADE FEDERAL DO TOCANTINS. **Relatório de Avaliação institucional** – UFT 2015. Palmas: Eduft, 2016. 161 p.

UNIVERSIDADE FEDERAL DO TOCANTINS. **Relatório de Avaliação institucional** – UFT 2016. Palmas: Eduft, 2017. 109 p.

PARTE II
POLÍTICAS CURRICULARES NO TOCANTINS: ETAPAS E MODALIDADES DA EDUCAÇÃO BÁSICA

POLÍTICAS CURRICULARES E FORMAÇÃO DOCENTE: reflexões sobre as diretrizes nacionais e as implicações para o Estado do Tocantins

Rosemeri Birck
Roberto Francisco de Carvalho
João Cardoso Palma Filho

Introdução

Neste capítulo[31] objetiva-se apresentar a análise do papel dos Organismos Multilaterais que orientam os rumos dos sistemas educacionais em nível mundial, e o direcionamento da educação, presente nos documentos oficiais, no contexto atual do modo de produção capitalista. Buscamos refletir acerca das tendências pedagógicas hegemônicas que estão presentes no currículo que priorizam a formação técnica para o desenvolvimento das "habilidades e competências", fundamentadas no ideário da Pedagogia do "aprender a aprender", que se tornou hegemônica na educação nacional.

A reflexão do percurso da educação, no que tange às políticas de formação docente, às reformas e diretrizes neoliberais, arraigadas nas concepções atuais de formação de professores, podem contribuir para mudanças que se fazem necessárias na educação. Nesse sentido, a perspectiva adaptativa e conformativa tem influenciado a própria concepção do que é o Curso de Pedagogia.

Se, por um lado, a Arte, as Ciências e a Filosofia podem promover a formação e humanização dos sujeitos, por outro lado, quando instrumentalizadas pelos grupos dirigentes, se tornam ferramentas de conformação de consumidores alienados a partir de um processo educativo que prioriza a formação técnica, o desenvolvimento de "habilidades e competências", enfim, do "aprender a aprender", dentre tantos outros constructos ideológicos afetando a formação de professores, em geral, no Brasil e, também no Estado do Tocantins.

Organismos Multilaterais e Políticas Educacionais

Para a compreensão da história das políticas públicas e das políticas educacionais, no Brasil, é preciso considerar e apreender os fundamentos das políticas educacionais legitimadas pelo governo. Contudo, essas não são geradas somente nacionalmente, mas em uma relação de intervenção e consentimento com os

---

31 Este texto é um recorte da pesquisa realizada na tese de doutorado intitulada "Arte como conhecimento no curso de Pedagogia: ensino, formação e Humanização", defendida em 2019.

Organismos Multilaterais (OM), tais como: Fundo Monetário Internacional (FMI), Organização para Cooperação e Desenvolvimento Econômico (OCDE), Banco Mundial (BM), Organização das Nações Unidas para a Educação, Ciência e Cultura (UNESCO) e Organização dos Estados Americanos (OEA).

Tais organismos orientam os rumos dos sistemas educacionais e, portanto, é a partir deles que se determina a forma de pensar e de educar, alterando ou reafirmando determinado comportamento humano, em nível mundial, visando preservar os interesses econômicos no modo de produção capitalista. Quanto às orientações dos OMs, direcionadas às políticas públicas e, principalmente no que tange a esfera educacional, Gomide e Jacomeli (2016) ressaltam que: "[...] a implementação de uma política pública é marcada por interesses econômicos, políticos e ideológicos, não é possível captar o significado de uma política educacional sem compreender a lógica global do sistema orgânico do capital." (GOMIDE; JACOMELI, 2016, p. 72).

As reformas econômicas e políticas empreendidas e que são resultados da orientação dos organismos internacionais multilaterais tiveram início nos anos de 1990 e permanecem. No atual contexto econômico, social e político, vive-se um período em que o capitalismo revela um processo intensamente contraditório, uma vez que, temos a um só tempo: a expansão do sistema capitalista e as crises. De um lado, a exploração massiva da classe trabalhadora e, de outro, o desemprego crescente e, por fim, observa-se um intenso investimento econômico que originam novas e importantes descobertas, porém caminham em conjunto com uma obsolescência planejada no campo do consumo de mercadorias. Na realidade, trata-se das formas históricas que o próprio sistema capitalista encontra fôlego para se fortalecer e se manter. Neste cenário turbulento, o que se observa é o controle da economia pelas empresas multinacionais a partir da perspectiva do neoliberalismo[32], fundamentada no livre mercado em uma lógica mercantil. A defesa ideológica da reforma do Estado é efetivada a partir do discurso da atualização e da racionalização, isto é, o Estado teria ampliado demais sua atuação, por exemplo, com as políticas públicas sociais. Em razão dessa ampliação, o postulado neoliberal propaga a minimização do papel do Estado a partir de estratégias imediatas, dentre outras, a urgência de privatizações estatais (GENTILLI; SILVA, 1996). Tempos esses, em que a ciência e a tecnologia transformam-se gradativamente em instrumentos da lógica do capital e de forças produtivas.

Nesse processo, a educação assumiu a centralidade na acepção neoliberal, uma vez que as reformas educacionais que ocorrem mundialmente possuem a mesma estratégia: "melhorar as economias nacionais pelo fortalecimento dos laços entre escolarização, trabalho, produtividade, serviços e mercado." (AZEVEDO, 2004, p. XI). As reformas ocupam um lugar importante na reforma do Estado, pois representam o ajuste da escola às demandas do mercado e aos interesses hegemônicos da sociedade capitalista.

---

32 É um termo que retoma os ideais do liberalismo clássico ao defender a liberdade do mercado em relação ao Estado. Trata-se de uma alternativa de poder composta por uma série de estratégias políticas, econômicas, sociais e educacionais, se manifesta mais claramente a partir dos anos 1970 e objetivam encontrar saídas para a crise do sistema capitalista. (CHESNAIS, 1996; GENTILLI; SILVA, 1996).

A partir da defesa de que a escola deve estar em sintonia com mudanças tecnológicas, culturais e sociais, se processa uma ampla reforma que visa obter um "melhor desempenho escolar", no que tange à aquisição de competências e habilidades relacionadas ao trabalho, controles mais diretos sobre os conteúdos curriculares,[33] o que implica também na adoção pela área educacional de teorias e técnicas gerenciais próprias do campo da administração de empresas que geram uma formatação de escola nos moldes que o sistema capitalista efetivamente almeja (AZEVEDO, 2004, p. XI).

Há um papel importante do setor educacional para que as medidas do projeto neoliberal global se efetivem. A intervenção visando atender aos propósitos empresariais e industriais, para Gentilli e Silva (1996), se corporifica em duas dimensões:

> De um lado, é central, na estruturação buscada pelos ideólogos neoliberais, atrelar a educação institucionalizada aos objetivos estreitos de preparação para o local de trabalho [...] que as escolas preparem melhor seus alunos para a competitividade no mercado nacional e internacional. De outro, é importante também utilizar a educação como veículo de transmissão de ideias que proclamam as excelências do livre mercado e da livre iniciativa. (GENTILLI; SILVA, 1996, p. 13).

As propostas neoliberais de conquista hegemônica ocupam um lugar privilegiado no campo educacional, porém não se limitam a ele: "O que estamos presenciando é um processo amplo de redefinição global das esferas social, política e pessoal." (GENTILLI; SILVA, 1996, p. 13). Conforme os autores, como estratégia, há a manipulação e uma redefinição de categorias que explicam o momento de mudanças e, em seu conjunto, tal processo

> [...] faz com que noções tais como igualdade e justiça recuem no espaço de discussão pública e cedam lugar redefinidas, as noções de produtividade, eficiência, 'qualidade', colocadas como condição de acesso a uma suposta 'modernidade', outro termo aliás, submetido a um processo de redefinição. (GENTILLI; SILVA, 1996, p. 14).

Compreender toda essa reestruturação neoliberal nacional exige que se considere a dinâmica internacional que, no Brasil, iniciou de forma atrasada, considerando que, nos Estados Unidos e na Inglaterra, esse debate e medidas já estavam ocorrendo há mais tempo (GENTILLI; SILVA, 1996). E tão importante quanto entender o contexto global da conquista hegemônica neoliberal, em especial na esfera pessoal, se faz considerar que toda essa estratégia está moldada por uma manipulação do "afeto e do sentimento". Logo, nenhum projeto alternativo a essa ofensiva neoliberal terá sucesso

---

33 A exemplo da aprovação da Base Nacional Comum Curricular (BNCC) para a Educação Básica, que após o debate e a participação necessários dos agentes da educação, dos sindicatos e dos Movimentos Sociais, foi aprovada, sem a incorporação desse debate no texto final. É um currículo que atende os interesses das classes dirigentes condutoras política e economicamente do país. E, assim, atende aos interesses de classe empresarial ao tornar obrigatórias no Ensino Médio somente as áreas de Matemática e Língua Portuguesa, voltado a formação profissional. O elucida um processo de esvaziamento – (de)formação – na educação dos jovens, ao desobrigar os sistemas de ensino à oferta das disciplinas de Artes, Filosofia, Sociologia, dentre outras, da grade curricular. Outro exemplo é a tentativa do Ministro da Educação Mendonça Filho censurar a oferta de disciplinas que visam discutir "O Golpe de 2016" propostas em diversas Universidades do país.

"se não compreender como funciona essa nova economia do afeto e do sentimento, na qual a apropriada utilização da mídia adquire um papel central." (GENTILLI; SILVA, 1996, p. 15).

Ao partirem do alerta de Grossberg (1989), Gentilli e Silva (1996, p. 16) enfatizam ser vital que, para além da "política da pedagogia", necessária para o embate, é preciso levar em consideração a "pedagogia da política", engendrada pelos habilidosos "pedagogos da livre iniciativa e do livre mercado". Ambos precisam estar em destaque nos espaços de discussão e de enfrentamento às ofensivas reformas neoliberais, especialmente conservadoras, no campo da educação, com as propostas de retorno ao tecnicismo educacional.

Neste aspecto, se compreende as intencionalidades dos organismos internacionais sobre os rumos que a pesquisa em educação toma a partir de 1990. Silva (2013), em um estudo sobre o levantamento dos temas de pesquisa realizadas nos anos 1990, constata, a partir de Gatti e Barreto (2009), que o foco é a denominada formação continuada como prioridade.

> [...] o investimento na formação continuada decorre de políticas públicas induzidas por organismos internacionais, fato bastante criticado pelos educadores e intelectuais do meio educacional, pois ao induzir a política também se produz um determinado modelo de formação. (SILVA, 2013, p. 11).

Depreende-se, dessa medida, que educação continuada dos professores é estratégica no que diz respeito às diretrizes que fomentam e introduzem a concepção do modelo de sociedade que precisa se adaptar às propostas das políticas neoliberais hegemônicas. Esse é um campo fértil, em especial quando a formação inicial do professor se deu e se dá de forma precária, não crítica e aligeirada. Por formação em serviço "compreende-se o modelo neoliberal de formação docente considerando os conceitos de produtividade, eficiência e competência." (SILVA, 2013, p. 9).

Nessa perspectiva, é imprescindível compreender o que é "formação continuada" e a lógica que a fundamenta. Fica claro, portanto, que o projeto de educação que orienta o processo de formação de professores, implantado pelos OMs, a partir dos anos de 1990, proposto pelo BM, contemplam orientações de atividades cada vez mais aligeiradas, em um desrespeito contínuo às propostas de embasamento teórico, consistentes e sistemáticos. Observamos uma tendência crescente de ausência de profundidade nas formas de pensar e de refletir nas diversas áreas de conhecimento.

As categorias neoliberais, ou seja, as palavras de uso corrente e de modo intensificado, intencionalmente perseguem o cotidiano dos sujeitos até se tornarem naturalizadas. A ofensiva contra as ideologias neoliberais não se resume a uma luta em torno da má distribuição dos recursos materiais, nem da visão de uma sociedade dita como única, mas também na busca incessante pela compreensão de tais categorias, uma vez que o: "[...] discurso neoliberal produz e cria uma 'realidade' que acaba por tornar impossível pensar e nominar de outra 'realidade'" (GENTILLI; SILVA, 1996, p. 16).

Com o desenvolvimento gradativo, constante e automatizado/robotizado dos meios de produção, exige-se do trabalhador capacidade de concentração, domínio de várias línguas, facilidade em adaptar-se às exigências do mercado, habilidade motora fina, estabilidade emocional, facilidade de convívio social, dentre outros. Os grandes investimentos e a complexidade das máquinas exigem um sujeito capaz de lidar com elas sem danificá-las, evitando o re-trabalho e o desperdício de tempo, conforme a lógica da classe dominante. Diante das mudanças tecnológicas que afetam diretamente os sujeitos, a escola é solicitada a "treinar" esses trabalhadores que o mundo globalizado exige, visando satisfazer as necessidades dos donos dos meios de produção.

É nesse cenário conturbado e complexo que o professor é formado, e é nesse contexto que irá atuar consciente ou alheio à realidade. Sobre isso, é fundamental registrar que a formação acadêmica que o pedagogo recebeu e que o acadêmico vem recebendo caminha para o fortalecimento e manutenção do *status quo*, isto é, uma educação para a adaptação. Em função do elevado custo da educação profissional e do montante de recursos necessários para universalizar, ao menos, o Ensino Médio e Superior nos países periféricos, o BM recomenda investimento no Ensino Fundamental e formação aligeirada.

Desse modo, justifica-se, através de reformas, investimento reduzido para aqueles "que não nascem competentes para as atividades intelectuais" (KUENZER, 1999, p. 22). Nessa direção, o BM[34], segundo Kuenzer, 1999,

> [...] tem recomendado que se priorize o ensino fundamental, deixando de investir em educação profissional especializada e de elevado custo como estratégia de racionalização financeira com vistas ao atingimento das metas de ajuste fiscal. Essa recomendação vem respaldada em pesquisa encomendada pelo próprio Banco, que conclui ser o nível fundamental o de maior retorno econômico e ser irracional o investimento em um tipo de formação cara e prolongada em face da crescente extinção de postos e da mudança de paradigma técnico para o tecnológico. Ao mesmo tempo a pesquisa aponta a irracionalidade de investimento em educação acadêmica e prolongada para aqueles que, segundo seus resultados, são a maioria e não nascem competentes para o exercício das atividades intelectuais: os pobres, os negros, as minorias étnicas e as mulheres. (KUENZER, 1999, p. 22)

Para tais grupos sociais, é racional, na lógica do capital, proporcionar educação aligeirada,[35] de baixo custo e de padrão mínimo exigido para participar da vida social nos atuais níveis de desenvolvimento tecnológico, uma vez que é o suficiente para formar o consumidor alienado.

O Fórum Capital – Trabalho, de 1992, que reuniu empresários e sindicatos, elaborou uma Carta Educação em que apontava para dois pontos importantes: carência no Ensino Fundamental e falta de condições internas para competir no mercado produtivo internacional. Diante do quadro de evasão e desistência escolar, essa Carta concluiu que não faltavam matrículas, mas eficiência. Segundo Shiroma, Moraes e Evangelista (2000), o governo Collor seguia à risca as recomendações da Comissão Econômica para a América Latina e o Caribe (CEPAL), e não foi diferente o que fizeram os governos que o seguiram.

---

34 Kuenzer (1999) em seu artigo faz referência ao texto do BM: La Enseñanza Superior: las lecciones derivadas de la experiência.

35 Tal proposta de formação com baixo custo se estende para a formação continuada em serviço, bem como para a "[...] formação, centrada nos aspectos pedagógicos, acontece em menor tempo e o próprio professor se torna o implementador da proposta, fato que auxilia nesse processo de barateamento da educação." (SILVA, 2013, p. 14).

As reuniões da CEPAL, para proporem reformas, recomendações ou mesmo diretrizes, contavam sempre com a presença dos empresários da educação, trabalhadores e o governo. E é nesse contexto do ideário neoliberal que foi aprovada em 1996, a LDB n. 9.394. Tais ideias já constavam um ano antes da aprovação da Lei, em um documento elaborado pelo MEC, quando empresários da educação e representantes da sociedade civil, durante o *workshop Questões Críticas da Educação Brasileira,* defenderam adequar os objetivos educacionais às novas exigências do mercado internacional e a formação de um cidadão produtivo, priorizando as áreas de gestão, financiamento e formação. As recomendações direcionavam-se para a Educação Básica, o Ensino Superior e à formação de professores. Para a educação básica o documento previa "reestruturação de currículos".

Quanto ao Ensino Superior, a Comissão indicava "maior articulação/integração entre universidade e empresas", "definição de mecanismos de facilitação de acesso ao Ensino Superior para professores" e, a respeito da formação de professores, recomendava "revisão e implantação do currículo do curso de formação de professores", "revalorização da **prática de ensino**", "reformulação dos cursos de pedagogia", dentre outros (SHIROMA; MORAES; EVANGELISTA, 2000, p. 78-80, grifo nosso).

Na observação de Shiroma, Moraes e Evangelista (2000), são explicitadas as coincidências das propostas acordadas nesse *workshop* com a reforma implantada no documento da LDB. Isso ocorreu, não apenas porque o MEC estava presente, representado pela Secretária Nacional de Educação Eunice Durham, mas, principalmente, porque a Secretária esclareceu a um grupo seleto da sociedade civil as propostas que se efetivariam através da reforma da educação nacional.

Outro *workshop*, organizado pela subcomissão do Ministério da Ciência e Tecnologia (MCT), publicou um documento, em 1999, intitulado *Tecnologia, Trabalho e Educação: interfaces e propostas,* sobre o qual Shiroma, Moraes e Evangelista (2000) destacam duas vertentes de análise: uma vertente que considera a educação básica como essencial para a inserção no mercado de trabalho, e a outra, que confirma essa ideia, porém sem garantir empregabilidade. O conceito que tal documento apresenta como meio para alcançar o "sucesso" é a "competência".

> [...] o conceito de "competências" para designar atributos de ordem subjetiva e de difícil mensuração como *maior capacidade de abstração e agilidade de raciocínio, capacidade de comunicação e de tomar decisões sobre assuntos diversos, criatividade, capacidade de adaptação e trabalho em grupo.* (SHIROMA; MORAES; EVANGELISTA, 2000, p. 81-82).

A ideia de competência em busca de uma possível empregabilidade no campo da educação tem se tornado lugar comum, pois permeia um universo amplo: no discurso oficial, em uma ampla produção bibliográfica, em programas de cursos de diversos níveis e na prática pedagógica docente. Sendo assim, as mais diversas pedagogias contemporâneas se alinham ao princípio geral do "aprender a aprender", como a pedagogia das competências, dos projetos, do professor reflexivo, o construtivismo e o multiculturalismo. Antes de apresentar tais correntes pedagógicas hegemônicas, buscaremos abordar a concepção de pedagogia "do aprender a aprender", que está contida nas diversas correntes pedagógicas.

Pedagogias do "aprender a aprender"

Em 1996 é lançado o Relatório da Comissão Internacional sobre a Educação para o século XXI, documento elaborado pela UNESCO e conhecido por Relatório Jacques Delors, intitulado *Educação: um tesouro a descobrir*. Nele, constam as orientações norteadoras para a educação que é denominada de Os Quatro Pilares da Educação. O objetivo dessa publicação visava à implantação de uma nova educação para o século XXI. A proposta de educação "ao longo da vida" está pautada nos seguintes quatro pilares: "aprender a conhecer", "aprender a fazer", "aprender a viver juntos" e "aprender a ser".[36] Com base nesses pilares, a educação seria capaz de produzir outro rumo para a sociedade em âmbito mundial. Neste sentido, optamos por resgatar os quatro pilares analisando-os sistematicamente à luz dos demais teóricos.

Delors (2003, p. 89), afirma que "A educação deve transmitir [...], de forma maciça e eficaz, cada vez mais saberes e saber fazer evolutivos, adaptados à civilização cognitiva, pois são as bases das competências do futuro." Ainda, a educação é uma bússola que permite a navegação neste mundo complexo e em constante agito, ao qual a sociedade deve ser adaptar. Ao seguir as orientações pedagógicas de Delors (2003), grande parte dos educadores ficam presos à ideia de que o único caminho possível é a adaptação às regras do documento para o mercado globalizado.

Duarte (2004a), em sua análise sobre a ideia de "aprender a aprender", afirma que se trata de propostas pedagógicas que, a olhares desatentos, parecem oferecer melhorias à educação. Contudo, representa uma proposta que encaminha a sociedade, por meio da educação, a um modo de ser e pensar de adaptação e alienação à sociedade capitalista.

> O lema aprender a aprender é a forma alienada e esvaziada pela qual é captada, no interior do universo ideológico capitalista, a necessidade de superação do caráter estático e unilateral da educação escolar tradicional, com seu verbalismo, seu autoritarismo e seu intelectualismo. (DUARTE, 2004a, p. 8).

O "aprender a aprender" é uma proposta pedagógica, porém não neutra e esvaziada de significado. Quatro posicionamentos valorativos estão contidos no lema dessa proposta, em que o primeiro é denominado como "aprender a conhecer". Delors (2003) destaca:

---

36 "Aprender a conhecer, combinando uma cultura geral, suficientemente ampla, com a possibilidade de estudar, em profundidade, um número reduzido de assuntos, ou seja: aprender a aprender, para beneficiar-se das oportunidades oferecidas pela educação ao longo da vida. Aprender a fazer, a fim de adquirir não só uma qualificação profissional, mas, de uma maneira mais abrangente, a competência que torna a pessoa apta a enfrentar numerosas situações e a trabalhar em equipe. Além disso, aprender a fazer no âmbito das diversas experiências sociais ou de trabalho, oferecidas aos jovens e adolescentes, seja espontaneamente na sequência do contexto local ou nacional, seja formalmente, graças ao desenvolvimento do ensino alternado com o trabalho. Aprender a conviver, desenvolvendo a compreensão do outro e a percepção das interdependências – realizar projetos comuns e preparar-se para gerenciar conflitos – no respeito pelos valores do pluralismo, da compreensão mútua e da paz. Aprender a ser, para desenvolver, o melhor possível, a personalidade e estar em condições de agir com uma capacidade cada vez maior de autonomia, discernimento e responsabilidade pessoal. Com essa finalidade, a educação deve levar em consideração todas as potencialidades de cada indivíduo: memória, raciocínio, sentido estético, capacidades físicas, aptidão para comunicar-se." (DELORS, 2003, p. 31).

> Este tipo de aprendizagem que visa não tanto a aquisição de um repertório de saberes codificados, mas antes o domínio dos próprios instrumentos do conhecimento pode ser considerado, simultaneamente, como um meio e como uma finalidade da vida humana. Meio, porque se pretende que cada um aprenda a compreender o mundo que o rodeia, pelo menos na medida em que isso lhe é necessário para viver dignamente, para desenvolver as suas capacidades profissionais, para comunicar. Finalidade porque seu fundamento é o prazer de compreender, de conhecer, de descobrir. (DELORS, 2003, p. 90-91).

Quanto a este ideário, designado no campo da educação como um pilar, Delors (2003) argumenta que o aumento dos saberes proporciona o despertar da curiosidade intelectual, da autonomia e estimula o senso crítico, permitindo a compreensão da realidade, em que todas as crianças devem ter acesso às metodologias científicas e a se tornarem "amigas da ciência". Ao analisar tal posicionamento, Duarte (2003) ressalta o viés valorativo dessa perspectiva, na medida em que não considera os conhecimentos e experiências já existentes.

Duarte (2003) não menospreza a importância da autonomia do educando nem seu senso crítico, destaca, porém, ser fundamental considerar os conhecimentos historicamente produzidos, pois, é a partir deles, que surgirão outros. Esse princípio valorativo de aprender sozinho representa estar em um nível mais elevado do que aprender por meio da transmissão de conhecimentos: "Não concordamos que o professor, ao ensinar, ao transmitir conhecimento, esteja cerceando o desenvolvimento da autonomia e da criatividade dos alunos." (DUARTE, 2004a, p. 35). Segundo Kosik (2002), o ser humano, além de fazer história, é nela que se humaniza, e isso somente é possível uma vez que ele dá continuidade ao processo de humanização.

> A história só é possível quando o homem não começa sempre do novo e do princípio, mas se liga ao trabalho e aos resultados obtidos pelas gerações precedentes. Se a humanidade começasse sempre do princípio e se toda ação fosse destituída de pressupostos, a humanidade não avançaria um passo e a sua existência se escoaria no círculo da periódica repetição de um início absoluto e de um fim absoluto. (KOSIK, 2002, p. 238).

O segundo pilar proposto no relatório da UNESCO está intrinsecamente relacionado ao primeiro. Assim, além de "aprender a aprender", o sujeito precisa "aprender a fazer", isto é, aprender a colocar em prática seus conhecimentos e, principalmente a adaptar a educação ao trabalho para um futuro que não se pode prever. Eis o que diz Delors (2003):

> Aprender a fazer não pode, pois, continuar a ter o significado simples de preparar alguém para uma tarefa material bem determinada, para fazê-lo participar no fabrico de alguma coisa. [...] as aprendizagens devem evoluir e não podem mais ser consideradas como simples transmissão de práticas mais ou menos rotineiras, embora estas continuem a ter um valor formativo que não é o desprazer. (DELORS, 2003, p. 93).

Na proposta para esse modelo de educação é importante ter muitas "qualidades", como a de se comunicar, trabalhar em equipe, gerir e resolver conflitos, além de estabelecer uma relação eficaz com os outros, aspectos que contribuem para que o setor de serviços se desenvolva. Segundo Duarte (2004a), além do desenvolvimento das competências, há uma espécie de "coquetel individual" que trata do comportamento social, do "trabalho em equipe", da iniciativa e do "gosto pelo risco".

> Trata-se da ideia de que é mais importante o aluno desenvolver um método de aquisição, elaboração, descoberta, construção de conhecimentos, do que aprender os conhecimentos que foram descobertos e elaborados por outras pessoas. É mais importante adquirir o método científico do que o conhecimento científico já existente. (DUARTE, 2004a, p. 35).

A partir dessas reflexões, podemos inferir que o conhecimento produzido historicamente representa um perigo real ao atual contexto social caso esse venha a ser conhecido e compreendido pelos sujeitos, mesmo que de modo não integral. O que a proposta neoliberal postula é a negação da importância da história, de tudo que se produziu de conhecimento e do conhecimento como construção histórica. O que não se pode permitir, se se quer dias menos desumanos, é que o vendaval do progresso e da proposta hedonista de vida, não apare as asas da história, de modo a fazer acreditar que o conhecimento produzido historicamente não é essencial para dar sentido e levar a compreensão do hoje e sua constante humanização.

O terceiro pilar postula o "aprender a viver juntos, aprender a viver com os outros", o que é considerado por Delors (2003) um dos maiores desafios da educação, em razão da violência em nossa sociedade. Ele argumenta que o ser humano naturalmente tende a se autovalorizar perante outro grupo culturalmente diferente, e ainda aponta que a escola é responsável pela desconstrução dessa perspectiva, pois, desde o início da escolarização, é necessária a aprendizagem sobre a diversidade da espécie humana e a consciência das semelhanças e da interdependência entre os seres humanos. Na perspectiva de Delors (2003), a educação, seja ela qual for, através da escola, da comunidade ou família, possibilita ao indivíduo uma visão ajustada do mundo, que descobre o outro e a si próprio.

> Passando à descoberta do outro, necessariamente, pela descoberta de si mesmo, e por dar à criança e ao adolescente uma visão ajustada do mundo, a educação [...], deve antes de mais ajudá-los a descobrir-se a si mesmos. Só então poderão, verdadeiramente, pôr-se no lugar dos outros e compreender as suas reações. (DELORS, 2003, p. 98).

Duarte (2003) ressalta que esse terceiro posicionamento valorativo nada mais é que uma extensão dos anteriores, porque, além de a criança buscar por si mesma o conhecimento, por meio de um método específico, é preciso que a educação atue de forma funcional no seu desenvolvimento. Dito de outro modo, o que move o processo educacional é uma necessidade da própria criança.

Por fim, sobre o pilar "aprender a ser", Delors (2003, p. 99) afirma que é fundamental que: "a educação deve contribuir para o desenvolvimento total da pessoa

– espírito e corpo, inteligência, sensibilidade, sentido estético, responsabilidade pessoal, espiritualidade." Tal pilar é pautado na dinâmica do mundo e, consequentemente, dos sujeitos. O autor argumenta que o século XXI necessita de diversidade de talentos e personalidades, mais ainda, de pessoas excepcionais, igualmente essencial em qualquer modelo de civilização e, numa aposta na necessidade de inovação, tanto social quanto econômica, como motores de mudança.

> [...] deve ser dada importância especial à imaginação e à criatividade; claras manifestações da liberdade humana [...]. Convém, pois, oferecer às crianças e aos jovens todas as ocasiões possíveis de descoberta e de experimentação – estética, artística, desportiva, científica, cultural e social – que venham completar a apresentação atraente daquilo que, nestes domínios, foram capazes de criar as gerações que os precederam ou suas contemporâneas. Na escola, a arte e a poesia deveriam ocupar um lugar mais importante do que aquele que lhes é concedido, em muitos países, por um ensino tornado mais utilitarista do que cultural. A preocupação em desenvolver a imaginação e a criatividade deveria, também, revalorizar a cultura oral e os conhecimentos retirados da experiência da criança ou do adulto. (DELORS, 2003, p. 100).

Na análise de Duarte (2003, p. 11), esse quarto posicionamento valorativo se destina inteiramente a "[...] uma concepção educacional voltada para a formação, nos indivíduos, da disposição para uma constante e infatigável adaptação à sociedade regida pelo capital." O autor alerta para o sentido do discurso de "aprender a aprender", e afirma que, quando se menciona que a educação deve formar indivíduos criativos, na verdade, devemos nos atentar para a falsa mensagem, uma vez que essa criatividade não pode ser confundida como busca de transformações radicais da sociedade e do capital, mas como meios de encontrar melhores estratégias de adaptação aos ditames da sociedade capitalista.

Duarte (2003) enfatiza que, apesar das alterações ocorridas no capitalismo do século XX e início do XXI, não significa que tenha havido modificação na essência da sociedade ou mesmo que tenha mudado e que estamos vivendo em uma sociedade radicalmente nova que pode ser nomeada como sociedade do conhecimento. Sua análise aponta que essa é uma ideologia do capitalismo e, para falar sobre as ilusões da sociedade do conhecimento, é preciso explicitar que essa sociedade é uma ilusão e que cumpre determinada função ideológica na sociedade capitalista contemporânea.

Assim, é necessário ter clareza que o Relatório Delors foi formulado para provocar reflexões. Ao contrário, seu propósito é a adaptação do indivíduo ao capitalismo vigente e não a provocação de sua transformação. De acordo com Shiroma, Moraes e Evangelista (2000), ao analisar o relatório, observam que a educação é considerada como fator decisivo para o crescimento econômico e redução de pobreza, uma vez que atende às demandas da economia, por meio da formação de trabalhadores adaptáveis, com rapidez na aquisição de novos conhecimentos.

Rossler (2005) apresenta as razões pelas quais o ideário pedagógico do "aprender a aprender" teria se popularizado a ponto de se tornar "moda", assim dito para se referir a algo que perseguimos para não nos sentirmos atrasados em relação aos outros. Logo, "a moda e os modismos são sempre e necessariamente fenômenos de alienação." (2005, p. 6). Para o autor,

> Sabemos o quanto sedutor pode se tornar um modelo teórico tido como crítico, como um modelo **prescritivo**, que traria respostas concretas para o dia-a-dia escolar, num contexto educacional no qual a grande maioria das correntes educacional e pedagógica vinha apenas se detendo em reflexões de caráter mais geral, abstrato, no âmbito dos fundamentos teóricos da educação [...]. Mais sedutor ainda torna-se esse modelo quando ele não se apresenta como uma teoria meramente especulativa, mas sim investida de prestígio científico. (ROSSLER, 2005, p. 15, grifo nosso).

Sendo assim, podemos dizer que tal modelo une três ideias supostamente interessantes, uma vez que se propõem como teoria crítica, porém se constitui em mais uma das propostas liberais. Esse modelo também apresenta sugestões práticas para a ação pedagógica e aposta em teóricos de grande popularidade como Piaget, atualmente confundido, inclusive, com as propostas teóricas de Vigotski (DUARTE, 2003).

A partir da década de 1990, as reformas na educação escolar tiveram como principal alvo o currículo escolar. Uma referência fundamental a essa questão foi a elaboração dos PCNs, que oficializou a pedagogia construtivista como referência pedagógica na educação brasileira e, de modo convincente, o "aprender a aprender" como a principal meta da educação (DUARTE, 2004a). De acordo com os PCNs (1998),

> Não basta visar à capacitação dos estudantes para futuras habilitações em termos das especializações tradicionais, mas antes trata-se de ter em vista **a formação dos estudantes em termos de sua capacitação para a aquisição e o desenvolvimento de novas competências, em função de novos saberes que se produzem e demandam um novo tipo de profissional, preparado para poder lidar com novas tecnologias e linguagens, capaz de responder a novos ritmos e processos. Essas novas relações entre conhecimento e trabalho exigem capacidade de iniciativa e inovação e, mais do que nunca, "aprender a aprender"**. Isso coloca novas demandas para a escola. A educação básica tem assim a função de garantir condições para que o aluno construa instrumentos que o capacitem para um processo de educação permanente. (BRASIL, 1998, p. 28, grifo nosso)

Como é possível observar, do mesmo modo que o Relatório Delors, os PCNs postulam aquilo que o "mercado precisa e solicita da escola", ou seja, o papel da escola nessa concepção neoliberal é a de formar o trabalhador habilitado por um conjunto de competências: flexibilidade; adaptabilidade; capacidade de boa convivência com o outro para evitar conflitos; saber lidar com as tecnologias, já que estão cada vez mais presente nos meios de produção e no contexto social; e a capacidade de iniciativa no sentido de saber competir em espaços cada vez mais meritocráticos, onde o "sucesso" ou o "fracasso" é atribuído ao sujeito.

Tal proposta é indissociável do discurso oficial que enfatiza as competências, o que Perrenoud (1999, p. 95) denomina de "revolução das competências" que "[...] só acontecerá se, durante sua formação profissional, os futuros docentes experimentarem-na pessoalmente.".

Conforme as DCNs (2006), o professor é embebido pelas expressões da moda e encontra-se confuso, ao atuar nesse contexto socioeconômico, a partir de "um repertório de informações e habilidades" e ao que Saviani (2012) denomina de excesso de acessórios. Tais ideários não são neutros e confundem intencionalmente o educador que, por vezes, sequer têm possibilidade de leitura crítica do contexto e da educação. Vivemos tempos que exigem novas demandas no processo de formação e de conhecimento, mas ainda há uma grande parcela da população brasileira que sequer alcançou o direito a educação fundamental de qualidade. A educação como prática social não se efetivou completamente, o que justificaria os níveis de desigualdade social que permanecem na virada do milênio (AZEVEDO, 2004). Eis o que dizem Falleiros, Pronko e Oliveira (2010):

> Nos governos Lula, aprofundaram-se as diretrizes educacionais instituídas por seu antecessor para o alargamento e ampliação dos níveis de formação para o trabalho simples, expressos nas políticas de alfabetização, combate à reprovação e reformulação da educação profissional, com vistas a fortalecer a preparação do "capital humano" para o estágio atual de racionalização do processo de produção da existência na periferia do capitalismo, bem como aprimorar uma formação para a cidadania adequada ao modelo de sociabilidade neoliberal da Terceira Via. (FALLEIROS; PRONKO; OLIVEIRA, 2010, p. 92).[37]

A despeito das desigualdades educacionais, a ênfase no conhecimento, na ciência e na tecnologia não são as propostas de prioridade para a educação brasileira na atualidade, pois o enfoque nas "competências foi proposto no sentido de garantir a adaptação dos novos homens às instáveis condições sociais e profissionais que marcam o início desse milênio." (FALLEIROS; PRONKO; OLIVEIRA, 2010, p. 92). Logo, o conhecimento que, de modo geral se diz ter acesso nos espaços educacionais que emitem certificados de competência aos trabalhadores, não passa de informações atualizadas para a inserção desses no mercado de trabalho e que reforçam comportamentos ético-político, adequados e necessários, à reprodução do capitalismo contemporâneo (FALLEIROS; PRONKO; OLIVEIRA, 2010).

A reforma do Ensino Superior, delineada e promovida pela atual LDB, apresenta uma diversificação de IESs, majoritariamente privadas, denominadas de "centros universitários, faculdades integradas, faculdades, institutos e escolas superiores", que possibilitaram atender setores conservadores da sociedade com um modelo de educação "marcado pela 'flexibilização' das instituições escolares e pela divisão entre instituições produtoras de conhecimento e instituições formadoras para o mercado de trabalho." (NEVES; PRONKO, 2008, apud FALLEIROS; PRONKO; OLIVEIRA, 2010, p. 93).

Neste cenário, o que se vislumbra é a alienação nos moldes da pedagogia do "aprender a aprender", materializada na matriz curricular, desdobrada nos seus diversos componentes. Duarte (2010a) aponta que, no pensamento pedagógico

---

37 As denominações para esse termo são várias, dentre elas: centro radical, centro-esquerda, nova esquerda, social-democracia modernizadora, social-liberalismo, Estado social-liberal, entre outros (LIMA; MARTINS, 2005). São vários os autores que caminham na perspectiva da pedagogia da hegemonia, de direita ou de esquerda não-marxista, "mas que, no fundamental convergem para a impossibilidade da revolução, para o fim da luta de classes e para a tese de que as energias utópicas devem ser direcionadas para a sociedade civil, compreendida, majoritariamente, como parte de um esquema de três vértices: Estado, sociedade civil e mercado." (LEHER, 2010, p. 16).

contemporâneo, há muita imprecisão acerca dos critérios para se delimitar uma cultura, e essa imprecisão fortalece o relativismo cultural na educação e, ao incidir inteiramente sobre o currículo escolar, promove a sua fragmentação. O "relativismo, tanto em seu aspecto epistemológico como no cultural, leva a uma ausência de referências para a definição do que ensinar na escola às novas gerações." (DUARTE, 2010a, p. 37). Conforme Gomide e Jacomeli (2016), além da fragmentação, há o fim das verdades históricas,

> [...], como se bastasse afirmações pautadas em achismos que exaltam a supremacia subjetivista e proclamam o relativismo da verdade (a verdade de cada um), não se preocupando com a refutação detalhada e rigorosa das posições contrárias. (GOMIDE; JACOMELI, 2016, p. 74).

As consequências desse formato e dessa proposta de formação de professores têm formado um educador que, quando desempenha sua função, reproduz as tendências pedagógicas hegemônicas, sem mesmo compreendê-las, e as implicações desse esvaziamento do exercício da reflexão e compreensão, para o aluno, são comprometedoras, pois, ao passar mais de uma década na escola, concluiu o Ensino Médio quase sem saber ler, escrever e contar.[38]

Apontamentos sobre currículo e formação de professores no Tocantins no contexto da pedagogia do aprender

No contexto histórico da discussão da Arte como importante e necessário instrumento teórico-prático na formação humana, há uma intensa e extensa luta dos educadores, em especial dos arte-educadores, em décadas anteriores, como descrito nos PCNs:

> A partir dos anos 80 constitui-se o movimento de organização de professores de arte, inicialmente com a finalidade de conscientizar e integrar os profissionais, resultando na mobilização de grupos de educadores, tanto da educação formal como não-formal. Esse movimento denominado arte-educação permitiu que se ampliassem as discussões sobre o compromisso, a valorização e o aprimoramento do professor, e se multiplicassem no país as novas ideias, tais como mudanças de concepções de atuação com arte, que foram difundidas por meio de encontros e eventos promovidos por universidades, associações de arte-educadores, entidades públicas e particulares. (BRASIL, 1998, p. 28).

Em Tocantins, o Referencial Curricular foi construído de forma coletiva, arregimentado na Constituição Federal (CF), de 1988, na LDB n. 9.394 de 1996, nas Diretrizes Curriculares Nacionais para a Educação Básica (1997), e como referência

---

[38] De acordo com os dados da aplicação do Programa Internacional de Avalição de Estudantes (PISA), de 2018, nas escalas de proficiência em Leitura, Matemática e Ciências, que variam de 0 a 1000, "O desempenho médio dos jovens brasileiros da rede estadual foi de 394 pontos." Disponível em: http://portal.mec.gov.br/component/tags/tag/33571. Acesso em: 25 fev. 2019.

teórica nos (PCNs)[39] e tem como objetivo orientar a construção do PPP de cada unidade escolar.

As propostas curriculares de Arte para o Ensino Fundamental possuem os seguintes objetivos: conhecer a Arte, proporcionar vivências nas várias linguagens, expressar sentimentos e ideias. Além disso, espera que os alunos aprendam conhecimento sobre a relação deles com o mundo e

> [...] desenvolvam potencialidades como percepção, observação, imaginação e sensibilidade que possam alicerçar a consciência de seu lugar no mundo e que também contribuam para a apreensão significativa dos conteúdos das outras disciplinas do currículo. (REFERENCIAL, 2009, p. 39)

Se, por um lado, na proposta curricular, estão dispostos objetivos que versam sobre a necessidade de valorização da "arte produzida em seu Estado, percebendo a sua importância para a identidade e para a história da cultura tocantinense" (REFERENCIAL, 2009, p. 42), bem como, de promover a valorização das expressões artísticas locais e regionais e o contato com as manifestações artísticas de diversas culturas.

Por outro lado, chama à atenção os verbos utilizados para elencar os objetivos gerais, que representam exatamente as ações que espera provocar no aluno: quais sejam: "conhecer a arte"; "integrar a arte com as demais áreas"; "valorizar a diversidade cultural"; "conhecer e perceber o mundo ao seu redor"; "observar e relacionar a arte"; "pesquisar, saber organizar e analisar informações sobre arte"; "saber buscar, selecionar e organizar informações" (REFERENCIAL, 2009, p. 41-42). Pode-se inferir que essas expressões carregam muito mais um convite para contemplar a vida, os acontecimentos do cotidiano, da realidade imediata, do que uma proposta que provoca reflexão para criação, inquietação ou a percepção ao que está instituído socialmente.

O professor que está sendo formado para atuar nas escolas e que, obrigatoriamente, deverá seguir esse e outros documentos oficiais no campo das políticas educacionais, e não está sendo preparado para ter compreensão do ensino da Arte para além das ações de "perceber, selecionar, relacionar e organizar". O ensino da Arte no Tocantins, da forma que está ocorrendo, fortalece a proposta de formação que visa a manutenção do modelo de sociedade vigente, através do ideário do "aprender a aprender", que promove a conformação de sujeitos.

Acerca das DCNs para o Ensino Fundamental de 9 anos, no art. 6º, inciso III, estão presentes, dentre outros, os princípios

> [...] estéticos: do cultivo da sensibilidade juntamente com o da racionalidade; do enriquecimento das formas de expressão e do exercício da criatividade; da valorização das diferentes manifestações culturais, especialmente a da cultura brasileira; da construção de identidades plurais e solidárias. (BRASIL, DCNs, 1998)

---

39   Na observação de Iavelberg, "muitos documentos curriculares regionais têm como base os Parâmetros Curriculares Nacionais e agora também as Diretrizes Curriculares Nacionais da Educação Básica, mas verificamos casos nos quais o desenho curricular segue escolhas teóricas específicas das equipes de elaboradores, orientadas por escolhas próprias." (IAVELBERG, 2014, p. 54). Os PCNs, conforme o autor esclarece, foram pensados não como currículo, mas como parâmetros, como base à elaboração de currículos de secretarias estaduais, municipais e escolas que optassem por adotá-los (IAVELBERG, 2014).

Em seu artigo 15, nos componentes curriculares obrigatórios do Ensino Fundamental serão organizados por área de conhecimento, e a Arte está descrita no 4º parágrafo: "A Música constitui conteúdo obrigatório, mas não exclusivo, do componente curricular Arte, o qual compreende também as artes visuais, o teatro e a dança, conforme o parágrafo 6º do art. 26 da Lei n. 9.394/96." No que diz respeito às articulações e continuidade da trajetória escolar, art. 30, os três anos iniciais do Ensino Fundamental devem assegurar a Música e as demais artes.

Em dezembro de 2010, o CNE aprovou a Resolução CEB n. 7 que fixou as diretrizes curriculares para o Ensino Fundamental de 9 (nove) anos. Entre outras determinações importantes, estabelece que: "do 1º ao 5º ano do Ensino Fundamental, os componentes curriculares Educação Física e Arte poderão estar a cargo do professor de referência da turma, aquele com o qual os alunos permanecem a maior parte do período escolar, ou de professores licenciados nos respectivos componentes." (BRASIL, CNE, 2010).

O professor, referência da turma, formado nos Cursos de Pedagogia e que atua na área de Arte, deve receber formação que, ao ampliar sua compreensão nesse saber, o capacite para ensinar o componente curricular de Arte em suas diversas linguagens. O conhecimento a ser ensinado por ele está relacionado com a perspectiva formativa a que teve durante o processo de formação, portanto, a formação acadêmica deve contribuir para uma efetiva apropriação do conhecimento produzido historicamente pela humanidade, e que interfira no processo de formação e de humanização.

Considerações inconclusivas

A partir dos anos de 1990, o capitalismo, ao revelar as contradições que lhe é inerente, assim como os Organismos Multilaterais, traçou as diretrizes que orientam os sistemas educacionais em nível mundial. A definição das políticas públicas no que tange as políticas educacionais, voltadas à formação docente, tem sido fortemente influenciada por esses Organismos. O Brasil, assim como os demais países das Américas, segue suas determinações e orientações presentes inclusive nos documentos oficiais.

O reflexo dessas medidas está consubstanciado nas diferentes tendências pedagógicas que determinam a forma de pensar e educar no processo de formação docente e do ensino escolar. Com vistas a atender e preservar os interesses econômicos do modo de produção capitalista, as políticas públicas implementadas são constituídas em função dos "interesses econômicos, políticos e ideológicos", conforme destacam Gomide e Jacomeli (2016, p. 72). Para as autoras, somente é possível captar o significado de uma política educacional quando se compreende a lógica global do sistema capitalista.

As diretrizes neoliberais constantes nas reformas educacionais e nas atuais concepções de formação de professores orientam o direcionamento de uma formação instrumentalizada, o que se concretiza a partir de um processo educativo que prioriza a formação técnica para o desenvolvimento de habilidades e competências, através das diversas tendências pedagógicas hegemônicas. Com a análise desenvolvida nesse estudo, verificou-se que, nos documentos institucionais, a concepção de formação docente, imbuída dessa diretriz pedagógica neoliberal, mostra-se mais evidente, especialmente na instituição privada.

Sendo assim, as mais diversas tendências pedagógicas contemporâneas se alinham ao princípio geral do "aprender a aprender", como a pedagogia das competências, a pedagogia de projetos, a pedagogia do professor reflexivo, o construtivismo e o multiculturalismo. Tais correntes pedagógicas e hegemônicas, na atualidade, têm definido a formação de educadores nos Cursos de Pedagogia, e a concepção de pedagogia de "aprender a aprender" encontra-se contida nas diversas correntes pedagógicas.

Por fim, da análise da proposta da educação pautada nos quatro pilares da educação e que há tempos predomina nos espaços de formação docente, observamos que são elementos que corroboram com o entendimento de que a formação do professor pedagogo esteja caracterizada na rarefação dos conteúdos formativos, logo, distanciados de uma concepção formativa e entendida como apropriação de conhecimento produzido historicamente.

REFERÊNCIAS

AZEVEDO, Janete M. Lins de. **A Educação como Política Pública**. 3. ed. Campinas, São Paulo: Autores Associados, 2004. (Coleção polêmicas do nosso tempo, v. 56).

BANCO MUNDIAL. **La Enseñanza Superior**: las lecciones derivadas de la experiência. Washington, 1995.

BRASIL. Lei n. 9.394 de 20 de dezembro de 1996. Estabelece as diretrizes e bases da educação nacional. **Diário Oficial da União**, Brasília, 23 de dezembro de 1996. Disponível em: http://www.planalto.gov.br/ccivil_03/leis/L9394.html. Acesso em: 2 out. 2017.

BRASIL. Secretaria de educação Fundamental. **Estabelece os parâmetros curriculares nacionais de Arte para o ensino fundamental (3º e 4º Ciclos)**. Brasília, MEC/SEF, 1998. Disponível em: http://portal.mec.gov.br/seb/arquivos/pdf/arte.pdf. Acesso em: 16 dez. 2017.

BRASIL. Ministério da Educação. **Apesar de gostar de ciências, estudante vai mal no Pisa**. Disponível em: http://portal.mec.gov.br/component/tags/tag/33571. Acesso em: 25 fev. 2019.

CHESNAIS, François. **A Mundialização do Capital**. Trad. Silvana Finzi Foá. São Paulo: Xamã, 1996.

DELORS, Jacques. **Educação:** um tesouro a descobrir. 2. ed. São Paulo: Cortez, Brasília, DF: MEC/UNESCO, 2003.

DUARTE, Newton. **Sociedade do Conhecimento ou Sociedade das Ilusões?** Campinas/SP: Autores Associados, 2003. (Coleção Polêmicas do Nosso tempo).

DUARTE, Newton. **Vigotski e o "Aprender a Aprender":** crítica às apropriações neoliberais e pós-modernas da teoria vigotskiana. 3. ed. Campinas/SP: Autores Associados, 2004. (Coleção Educação Contemporânea).

DUARTE, Newton. O Debate Contemporâneo das Teorias Pedagógicas, *In:* MARTINS, L. M; DUARTE, N. (org.). **Formação de professores**: limites contemporâneos e alternativas necessárias [on-line]. São Paulo: Editora UNESP; São Paulo: Cultura Acadêmica, 2010, p. 32-49. Disponível em: http://books.scielo.org. Acesso em: 28 nov. 2017.

FALLEIROS, Ialê; PRONKO, Marcela A; OLIVEIRA, Maria Tereza C. de. Fundamentos Históricos da formação/atuação dos intelectuais da nova pedagogia da hegemonia. *In:* NEVES, Lúcia Maria Wanderley. (org.). **Direita para o Social e Esquerda para o Capital**. São Paulo: Xamã, 2010, p. 39-95.

GENTILLI, Pablo A. A.; SILVA, Tomaz Tadeu (org.). **Neoliberalismo, Qualidade Total e Educação:** visões críticas. 4. ed. Petrópolis/RJ: Vozes. 1996.

GOMIDE, Denise Camargo; JACOMELI, Mara Regina Martins. O método de Marx na pesquisa sobre políticas educacionais. **Políticas Educativas**, Santa Maria, v. 10, n. 1, p. 64-78, 2016.

KOSIK, Karel. **Dialética do Concreto**. Trad. Célia Neves e Alderico Toríbio. 7. ed. Rio de Janeiro: Paz e Terra, 2002.

KUENZER, Acácia Zeneida. Educação Profissional: categorias para uma nova pedagogia do trabalho. **Boletim Técnico do SENAC**, Rio de Janeiro, v. 25, n. 2, p. 19-29, maio/ago. 1999.

LEHER, Roberto. Prefácio: uma penetrante perspectiva teórica para compreender como os dominantes dominam. *IN:* NEVES, Lúcia Maria Wanderley (org.). **Direita para o Social e Esquerda para o Capital**. São Paulo: Xamã, 2010, p. 11-18.

LIMA, Kátia Regina de Souza; MARTINS, André Silva. Pressupostos, princípios e estratégias. *In:* NEVES, Lúcia Maria Wanderley (org.). **A nova pedagogia da hegemonia**: estratégias do capital para educar para o consenso. São Paulo: Xamã, 2005.

PERRENOUD, Philippe. **Construir as competências desde a escola**. Porto Alegre: Artes Médicas, 1999.

ROSSLER, João Henrique. Construtivismo e Alienação: as origens do poder de atração do ideário construtivista. *In:* DUARTE, N. (org.). **Sobre o Construtivismo**. 2. ed. Campinas/SP: Autores Associados, 2005. (Coleção Polêmicas do Nosso Tempo; 77).

SAVIANI, Dermeval. **A Pedagogia no Brasil**: história e teoria. 2. ed. Campinas/SP: Autores Associados, 2012. (Coleção Memória da Educação).

SHIROMA, Eneida Oto; MORAES, Maria Célia M. de; EVANGELSITA, Olinda. **Política Educacional**. Rio de Janeiro: DP&A, 2000.

SILVA, Maria Cristina Fonseca da. Formação Docente em Arte: da formação das licenciaturas à formação continuada. **Revista Digital Art.**, São Paulo, v. 11, n. 14, p. 01-28, dez. 2013. Disponível em: http://www.revista.art.br/site-numero-14/maria--cristina-rosa.pdf. Acesso em: 8 dez. 2017.

FORMAÇÃO DO SUJEITO AUTÔNOMO E PROTAGONISMO JUVENIL: uma problematização do sentido de autonomia na base nacional comum curricular do ensino médio – BNCC/EM

José Carlos da Silveira Freire
Eliziane de Paula Silveira

Introdução

Para que educar? Para que ensinar? Uma das maneiras de responder a essas perguntas é a seguinte: cabe à educação selecionar os melhores, considerando sua capacidade para seguir uma carreira universitária ou laboral, ou seja, a educação cumpre uma função seletiva e propedêutica requerida pelo sistema educacional. Outra forma de responder à questão está contida na Lei de Diretrizes e Bases da Educação: a educação tem por finalidade "o pleno desenvolvimento do educando, seu preparo para o exercício da cidadania e sua qualificação para o trabalho" (Art. 2º Lei n. 9394/96). Numa perspectiva diferenciada compete a educação "provocar a reconstrução crítica dos conhecimentos e experiências que o aluno assimila no contexto das práticas sociais" (SACRISTÁN; PÉREZ GOMES, 2000, p. 22-24).

A despeito das discrepâncias no que concerne ao papel da educação e do ensino as respostas possuem algo em comum: trata-se da delimitação da educação ao âmbito escolar e de sua vinculação ao mundo do trabalho e à prática social, ou seja, a educação é concebida como prática social, como processo formal de socialização do indivíduo aos valores e costumes vigentes numa cultura. Entretanto a opção por uma dessas respostas condiciona e delimita o papel do saber e consequentemente das disciplinas no currículo escolar. Logo, trata-se de uma opção ideológica e política, e não apenas de ordem pedagógico-curricular.

Nessa perspectiva o acesso à educação constitui um dos direitos sociais, consagrados na Constituição Federal de 1988, e será efetivado mediante a garantia de educação básica obrigatória e gratuita, compreendida entre a pré-escola e o ensino médio. Ao delimitar a "Formação do sujeito autônomo e protagonismo juvenil" como tema de estudo pretende-se problematizar a noção de autonomia no currículo do Novo Ensino Médio, da Secretaria Estadual de Educação do Tocantins, particularmente no componente curricular da parte diversificada do currículo denominado "Projeto de Vida e Protagonismo Juvenil".

Entretanto tal empreendimento exige que façamos uma análise da relação entre Educação e Trabalho, a fim de reconhecer as novas funções sociais atribuídas à escola.

Em seguida é necessário caracterizar a reforma educacional que conformou o Novo Ensino Médio brasileiro. E, por último, revelar o sentido de autonomia subjacente no componente curricular "Projeto de Vida e Protagonismo Juvenil" da Secretaria Estadual de Educação do Tocantins.

As relações entre Educação e Trabalho e suas implicações para organização do trabalho educativo e para o currículo

Asseverou-se anteriormente que a educação é uma prática social. O que isso significa? Para Saviani (1992) o entendimento do conceito de educação se revela a partir da compreensão de "natureza humana". Diante do exposto, precisamos elucidar o que é Homem, como ele surge na História. Numa perspectiva sócio-histórica o Homem se caracteriza como um ser que não tem sua existência previamente definida e acabada como ocorre com as outras espécies naturais, ou seja, seu Ser ou existência não está de antemão garantido pela natureza. O homem precisa produzir sua existência. Como ele conquista seu Ser? Sua condição originaria é a de um ser natural, orgânico, mas incompleto, inacabado. Por conta dessa posição na ordem natural das coisas o Homem precisa buscar fora de si os elementos materiais para garantir sua subsistência físico-biológica (alimentar-se, vestir-se, habitar-se etc.). A respeito desse caráter objetivo e natural da essência humana, Marx (2004) afirma que:

> Um ser que não tenha sua natureza fora de si não é nenhum ser *natural*, não toma parte na essência da natureza. Um ser que não tenha nenhum objeto fora de si não é nenhum ser objetivo. Um ser que não seja ele mesmo objeto para um terceiro ser não tem nenhum ser para seu objeto... Não é nenhum ser objetivo. (p. 127).

Portanto, é como ser natural que o Homem emerge ao mundo como ser de carências e necessidades, cuja satisfação requer uma relação com a natureza, com seu corpo inorgânico[40], a fim de se produzir como ser objetivo. Fora dessa relação homem-natureza, não se pode falar do homem como ser real, concreto, pois "um ser não-objetivo é um *não-ser [...] um ser não efetivo,* não sensível, apenas pensado, isto é, apenas imaginado, um ser da abstração" (MARX, 2004, p. 128).

A objetivação é a condição precípua de sua essência e efetividade como ser natural. Todavia, o homem não se restringiu a essa condição originária de ser apenas um ente natural que buscava satisfazer suas necessidades imediatas. O homem emerge da natureza como ser humano por meio de um processo crescente de diferenciação e determinação de sua atividade vital produtiva. É no interior dessa atividade produtiva que o homem desenvolve a consciência social, pois ele "não é apenas um ser natural, mas ser natural *humano,* isto é, ser existente para si mesmo, por isso, *ser genérico*

---

40   Em Marx (2004), corpo inorgânico é a natureza exterior ao corpo humano, que se apresenta como condição de sua existência física e espiritual. A natureza inorgânica, constituída pelas plantas, pelos animais, minerais, pelo ar, pela luz etc. formam, teoricamente, uma parte da consciência humana e, praticamente, os elementos da vida e da atividade humana. Como parte da natureza, a universalidade do homem reside no fato de que este faz da natureza inteira o seu corpo inorgânico, tanto como um meio de vida imediato quanto um objeto/matéria de sua atividade vital (p. 84).

que, enquanto tal, tem de atuar e confirmar-se tanto em seu ser quanto em seu saber." (MARX, 2004, p. 128).

Sendo assim, o que distingue o homem dos animais em geral é sua atividade vital consciente, que significa a produção livre e consciente[41] de sua existência material e espiritual. Esse é o caráter humano da atividade produtiva, uma atividade livre e universal, visto que o homem produz livre das necessidades imediatas. Sua atividade vital faz dele um "ser genérico", ou seja, um ser existente para si mesmo, condição de sua humanidade. Esta atividade que constitui o homem como ser natural-humano e genérico é o trabalho tal qual apreendido e elaborado por Marx no conjunto de sua obra que trata da gênese e do desenvolvimento da sociedade capitalista.

Com base no caráter universal do processo de trabalho Saviani (1992) chega à conclusão de que o homem é trabalho, pois é nessa atividade vital que o mesmo se descobre como um ser distinto da natureza. O trabalho se apresenta, pois, como uma atividade intencional e adequada a fins previamente definido pelo Homem. Neste processo de adequação entre fim e atividade material a Educação se põe como práxis[42] *atividade teórico-prática* que permite ao Homem representar ou antecipar em ideias os objetivos de sua ação prática. Nesse sentido, para Saviani (1992, p.19) a educação se constitui como exigência do trabalho e, ao mesmo tempo, ela é uma condição para o processo de trabalho. Pela mediação da prática educativa o homem faz do trabalho um objeto da sua vontade e consciência. Daí que Saviani chega à conclusão de que a educação é trabalho.

Entretanto, esse caráter genérico do trabalho, sob determinadas condições sociais de produção, como é o capitalismo, assume outra feição. No capitalismo o processo de trabalho como objetivação humana transforma-se em mercadoria, força de trabalho, e, portanto, em trabalho assalariado. Nessa configuração social o trabalho deixa de ser essência e condição de realização humana para ser apenas meio, instrumento para adquirir outras mercadorias de que necessita o Homem para sobreviver.

Nesse processo de trabalho opera-se uma relação de estranhamento[43] do Trabalhador em relação a sua própria atividade, aos produtos dela e em relação aos outros trabalhadores, que constitui a sua espécie. O trabalho converte-se em trabalho alienado. Ao perder o controle sobre o processo e o produto do trabalho opera-se uma deformação da autoimagem do trabalhador. Dessa forma, institui-se a divisão do trabalho, da propriedade privada, entre o trabalho material e trabalho intelectual.

Nesse contexto, estão dadas as condições, limites e possibilidades do trabalho educativo como prática social de valorização do capital. Mas como o trabalho educativo se configura na sociedade capitalista? Qual é a sua natureza e especificicade?

---

41   Para Marx (2004), "a produção humana caracteriza-se por ser uma atividade universal, ou seja, o homem "produz mesmo livre da carência física, e só produz, primeira e verdadeiramente, na sua liberdade com relação a ela" (p. 85).

42   Atividade teórico-prática que transforma a natureza e a sociedade; prática, na medida em que a teoria, como guia da ação, orienta a atividade humana; teórica, na medida em que esta ação é consciente. (VÁZQUEZ, 2007). Para aprofundar esse conceito de práxis em Marx vê FREIRE, José Carlos da Silveira. O conceito de práxis em Marx e suas implicações para educação" *In:* OLIVEIRA, Antônio Miranda; FREIRE, Juciley Silva Evangelista. **Educação, participação política e identidade cultural:** uma contribuição multidisciplinar para a formação docente no Tocantins. Palmas – TO: Universidade Federal do Tocantins / EDUFT, 2016.

43   Trata-se do fenômeno da alienação. Ver esse conceito em Marx.

Segundo Hypolito (1991), a literatura especializada do tema registrou duas formas de explicação da especificidade do trabalho educativo: a primeira considera que a escola é um local de trabalho diferente, com características muito próprias, no qual as relações capitalistas não conseguem penetrar plenamente; outra que, apesar de identificar diferenças, considera que a lógica capitalista presente na fábrica e na escola é, essencialmente, a mesma.

Para o autor a distinção entre essas análises têm por referência o caráter do trabalho na sociedade capitalista. A natureza do trabalho se revela a partir da diferença entre trabalho *produtivo e improdutivo*. Segundo essa perspectiva de análise o processo simples de trabalho resulta na produção de valores de uso para satisfação de necessidades humanas. Já o processo de produção capitalista – que pressupõe o processo de trabalho – tem como finalidade a produção de mais-valia, que valoriza o capital. Como dirá Marx (1984, p. 105-106):

> [...] a produção capitalista não é apenas produção de mercadoria, é essencialmente produção de mais-valia. O trabalhador produz não para si, mas para o capital. Não basta, portanto, que produza em geral. Ele tem de produzir mais-valia. Apenas é produtivo o trabalhador que produz mais-valia para o capitalista ou serve à autovalorização do capital.

Com base nesse referencial analítico, Tumolo e Fontana (2008) elucidam as diferenças entre processo de trabalho e processo de produção de capital no âmbito do trabalho educativo. Tomando à docência como objeto de estudo, os autores distinguem quatro situações ilustrativas de docência[44] que existem no capitalismo.

Segundo Hypolito (1991) determinar a natureza do trabalho pela distinção entre trabalho *produtivo e improdutivo,* ou seja, se seu resultado engendra ou não uma produção material ou não material não resolve a questão central. É preciso saber de que forma o trabalho docente está submetido à forma capitalista de organização do trabalho. A despeito de que "o trabalho do professor de escola pública não deva

---

44   A primeira situação refere-se ao exercício da docência como um processo simples de trabalho. É o caso emblemático do professor que ensina seu filho a ler. Aqui não há produção de valor nem de mais-valia, pois é uma produção de simples valor de uso, e não de uma mercadoria. Como o professor produziu apenas um valor de uso para si, ele não se realiza como trabalhador produtivo.
Na segunda situação, verifica-se a intenção explícita de se praticar à docência como um meio de subsistência, produzindo o ensino como um valor de troca, ou seja, como uma mercadoria que se vende. Trata-se de um caso que se aplica ao professor que ensina aulas particulares. Por apresentar-se como proprietário de meios de produção e não necessitar vender sua força de trabalho, não estabeleceu, portanto, uma relação assalariada. E, por tudo isso, não se constituiu um trabalhador produtivo.
Na terceira, numa posição totalmente diferenciada, tem-se o exercício da docência, cuja origem está na necessidade de venda de força de trabalho a um proprietário de escola privada. Dessa relação se produz uma mercadoria – o ensino – que pertence ao empresário e, ao fazê-lo, produz mais-valia e, consequentemente, capital. Tais características são atributos do professor como trabalhador produtivo, cujo contrato se realiza por meio da existência de uma relação assalariada.
Por último, os autores destacam a condição do professor da escola pública que, embora tenha que vender sua força de trabalho ao Estado em troca de um salário, produz apenas valor de uso, e não valor de troca. Logo, não existe a produção de valor, de mais-valia e de capital. Portanto, não pode ser nomeado trabalhador produtivo. (TUMOLO; FONTANA, 2008, p. 167-168.).

ser considerado como produtivo, mas enquanto partícipe da acumulação mediata do capital seu trabalho pode ser considerado como produtivo". E complementa o argumento: sabe-se que o Estado, no atual estágio de desenvolvimento capitalista, age diretamente para a acumulação do capital, ou seja, o trabalho desenvolvido pelo professor da escola pública contribui para a valorização do capital.

Visando a superar a leitura reiterativa e polêmica que opõe trabalho produtivo/ improdutivo, Saviani (1987) e Paro (1986) realizam densa discussão sobre a natureza do trabalho educativo, para tanto, utilizam-se dos conceitos marxistas de produção material e não material[45]. Com base nesse aporte teórico os autores situam a educação como uma espécie de *trabalho não material*, especificamente no conjunto de atividades em que "o produto não se separa do ato de produção, pois o ato de produção e o ato de consumir se imbricam". Nesse sentido Saviani (1992, p. 21) conclui que "o trabalho educativo é ato de produzir, direta e intencionalmente, em cada indivíduo singular, a humanidade que é produzida histórica e coletivamente pelo conjunto dos homens", ou seja, a educação tem a ver com a formação de "ideias, conceitos, valores, símbolos, hábitos, atitudes e habilidades", que tornam possível, pela mediação do trabalho pedagógico, a constituição da natureza humana (SAVIANI, 192, p. 21).

Essa concepção de trabalho educativo permite concluir que o processo de trabalho se realiza na escola através de mediações cultural e pedagógica. Isto quer dizer que o trabalho educativo tem uma lógica própria de estruturação e funcionamento. Mantém relações com o trabalho como valor, mas não é mero reflexo desse na prática educativa escolar.

Numa perspectiva diferenciada Kuenzer (2002) discute o processo educativo a partir da organização do trabalho pedagógico na sociedade. Para ela o trabalho

---

45 Saviani discute a problemática da natureza do trabalho educativo a partir da passagem do Capítulo VI, Inédito, de O Capital de Marx, sobre a produção imaterial. Nesse texto Marx explicita o caráter da produção não-material: Eis a passagem de Marx sobre essa questão: "A produção imaterial, mesmo quando se dedica apenas à troca, isto é, produz mercadorias, pode ser de duas espécies: 1. Resulta em mercadorias, valores de uso, que possuem uma forma autônoma, distinta dos produtores e consumidores, quer dizer, podem existir e circular no intervalo entre produção e consumo como mercadorias vendáveis, tais como livros, quadros, em suma, todos os produtos artísticos que se distinguem do desempenho do artista executante. A produção aí só é aplicável de maneira muito restrita, por exemplo, quando um escritor numa obra coletiva – enciclopédia, digamos – explora exaustivamente um bom número de outros. Nessa esfera, em regra, fica-se na forma de transição para a produção capitalista, e desse modo os diferentes produtores científicos ou artísticos, artesãos ou profissionais, trabalham para um capital mercantil comum dos livreiros, uma relação que nada tem a ver com o autêntico modo de produção capitalista e não lhe está ainda subsumida, nem mesmo formalmente. E a coisa em nada se altera com o fato de a exploração do trabalho ser máxima justamente nessas formas de transição. 2. A produção é inseparável do ato de produzir, como sucede com todos os artistas executantes, oradores, atores, professores, médicos, padres etc. Também aí o modo de produção capitalista só se verifica em extensão reduzida e, em virtude da natureza dessa atividade, só pode estender-se a algumas esferas. Nos estabelecimentos de ensino, por exemplo, os professores, para o empresário do estabelecimento, podem ser meros assalariados; há um grande número de tais fábricas de ensino na Inglaterra. Embora eles não sejam trabalhadores produtivos em relação aos alunos, assumem essa qualidade perante o empresário. Este permuta seu capital pela força de trabalho deles e se enriquece por meio desse processo. O mesmo se aplica às empresas de teatro, estabelecimentos de diversão etc. O ator se relaciona com o público na qualidade de artista, mas perante o empresário é trabalhador produtivo. Todas essas manifestações da produção capitalista nesse domínio, comparadas com o conjunto dessa produção, são tão insignificantes que podem ficar de todo despercebidas (MARX, 1980:403-4).

pedagógico ultrapassa o significado usual de processo ou técnica de ensino ou instrução, definição difundida pela didática instrumental, para significar a forma ou prática intencional do processo educativo em geral que visa à formação humana. Para Kuenzer (2002, p.55), esse expressa:

> O conjunto das práticas sociais intencionais e sistematizadas de formação humana que ocorrem nas relações produtivas e sociais, embora expresse em parte a concepção de trabalho em geral porquanto se constitui em uma das formas de construção material da existência através da reprodução do conhecimento, não deixa de se constituir, no capitalismo, em uma das suas formas de expressão.

Para esclarecer essa questão, vejamos agora como se deu a relação entre divisão do trabalho pedagógico e valorização do capital no processo histórico de constituição do capital. Na gênese do capitalismo, em sua fase concorrencial, que se deu entre o século XVIII e início do século XIX, gestou-se uma organização taylorista-fordista[46] de produção e uma pedagogia adequada à formação de especialistas para atuar no sistema de produção rígido, padronizado e centralizado. Essa lógica de produção era caracterizada pela divisão do trabalho, hierarquização, especialização de tarefas e controle dos tempos e movimentos dos trabalhadores na linha de montagem (LIBANÊO, 2003, p. 61-62).

Para Kuenzer (2002) a pedagogia correspondente ao trabalho pedagógico de inspiração taylorista-fordista fundamenta-se numa concepção de conhecimento positivista, formalizada e fragmentada. Nesse sentido, cada objeto de conhecimento obedece a uma especialidade, que constitui um campo próprio, sem vínculo com as demais áreas e relações sociais e produtivas, isto é (KUENZER, 2002, p. 57):

> Os diversos ramos da ciência deram origem a propostas curriculares que organizavam rigidamente os conteúdos, em termos de sequenciamento intra e extradisciplinares, os quais eram repetidos ano após ano, através do método expositivo combinado com cópias e questionários, uma vez que a habilidade cognitiva a ser desenvolvida era a memorização, articulada ao disciplinamento, ambos fundamentais para a participação no trabalho e na vida social organizados sob a hegemonia do taylorismo/fordismo.

No âmbito da reforma educativa configurou-se uma fragmentação curricular. O conhecimento foi dividido em áreas e disciplinas, com tratamento didático isolado. Cada componente curricular era visto como sendo autônomo e sem relação com a prática social concreta do aluno. Em geral os currículos eram expressos na forma

---

46   **Taylorismo**, também conhecido como Administração Científica, é um **modo de organização do processo produtivo** criado por Frederick Winslow Taylor no final do século XIX, em meio aos acontecimentos da Revolução Industrial. Com o objetivo de maximizar a produção, Taylor segmentou o processo produtivo, dando origem a uma forma de administração científica nas empresas, com uma nova organização do trabalho, focada na **especialização dos trabalhadores** e na **função da gerência**, criando então a chamada gerência científica. Já o Fordismo é um modo de produção em massa baseado na linha de produção idealizada por Henry Ford. Esse foi fundamental para a racionalização do processo produtivo e na fabricação de baixo custo e na acumulação de capital (ANTUNES, 2000).

de *grade curricular*, na qual se distribui as diferentes disciplinas com suas cargas horárias por séries e turmas, considerando que a teoria se supõe separada da prática (KUENZER, 2002, p. 58).

Essa organização curricular, centrada nos conteúdos disciplinares, bem como na distribuição rígida do tempo e espaço pedagógico, foi funcional às demandas de disciplinamento do mundo do trabalho capitalista, em conformidade às orientações do paradigma taylorista/fordista que predominou até o final do século XX. Por isso, atendeu adequadamente as exigências de qualificação do trabalho com foco no desenvolvimento de habilidades psicofísicas e comportamentos necessários ao exercício da profissão.

Entretanto, a crise de acumulação, proporcionada pela exaustão do paradigma taylorista-fordista no final dos anos 70, produziu um duplo movimento de reação do capital que ficou conhecido como reestruturação produtiva e globalização da economia. Tais eventos são responsáveis pelas mudanças que impactaram radicalmente a base dos processos produtivos[47] bem como, as relações sociais no final do século XX e início do XXI. O uso crescente e intenso de conhecimentos científicos e tecnológicos nos processos produtivos e sociais reforçou a ideia de que a ciência e tecnologia estariam assumindo o papel de força produtiva no lugar dos trabalhadores. Nesse contexto, surge a organização toytista de produção, também conhecida por Toyotismo ou Acumulação Flexível[48].

Na organização toytista de produção o conhecimento simples e fragmentado não atende mais as demandas laborais, pois um conhecimento mais complexo e orgânico emerge do trabalho unificado nas novas funções. Conforme Kuenzer (2002) o trabalho mediado pela força física, ou seja, pelas mãos ou por habilidades específicas do trabalhador passa a ser orientado pelo conhecimento cientifico e tecnológico, entendido enquanto domínio de conteúdos e de habilidades cognitivas superiores para atuar na incerteza e em situações de imprevisibilidade. Para Kuenzer (2002, p.59) novas competências laborais devem ser desenvolvidas pelo trabalhador, tais como:

> Análise, síntese, estabelecimento de relações, rapidez de respostas e criatividade em face de situações desconhecidas, comunicação clara e precisa, interpretação e uso de diferentes formas de linguagem, capacidade para trabalhar em grupo, gerenciar processos, eleger prioridades, criticar respostas, avaliar procedimentos, resistir a pressões, enfrentar mudanças permanentes, aliar raciocínio lógico-formal à intuição criadora, estudar continuamente, e assim por diante.

---

47   Para alguns analistas, como Lojkine, (1995) estas transformações caracterizariam uma nova revolução no seio do capitalismo. A mudança da base eletrônica para a base microeletrônica, passa a exigir o desenvolvimento de habilidades cognitivas e comportamentais, o que exige uma formação de um trabalhador mais flexível, eficiente e polivalente. Neste contexto estariam dadas as condições e possibilidade da autonomia. (FREIRE, 2013).

48   Forma de organização do trabalho e da produção desenvolvido na fábrica japonesa de automóveis da Toyota. Suas principais características são, conforme Antunes (2000): produção vinculada à demanda, variada e heterogênea, trabalho operário em equipe, processo produtivo flexível, máximo aproveitamento do tempo de produção (sistema just in time) assentado no sistema Kanban (sistema simbólico de controle dos estoques mínimos de peças), transferência de mais da metade da produção para terceiros (terceirização), organização dos trabalhadores multifuncionais) em equipes para discutir a organização e qualidade da produção (Círculos de Controle de Qualidade – CCQ) etc.

As competências acima requeridas exigem outra forma de organização e gestão do trabalho pedagógico na perspectiva da formação *flexível e polivalente*. Para Kuenzer (2016, p.3) a Pedagogia das Competências, sob a lógica do Regime da Acumulação Flexível, produziu um discurso pedagógico funcional ao capitalismo que busca garantir a valorização do capital. Nesse sentido a "aprendizagem flexível surge como uma das expressões do projeto pedagógico da acumulação flexível, cuja lógica continua sendo a distribuição desigual da educação, porém de uma forma diferenciada".

Para a autora as razões aventadas para o discurso da aprendizagem flexível assentam nas mesmas razões que justificam a flexibilização curricular: as críticas ao modelo único para alunos com diferentes trajetórias e interesses, ao conteudismo, à disciplinarização, a centralidade no professor e ao pouco ou nenhum protagonismo do aluno. No lugar dessa concepção de currículo rígido propõe uma "organização curricular mais flexível, baseada na pesquisa e no diálogo, a partir da valorização do aluno como sujeito crítico e não como receptor de conteúdo, viabilizada pela construção colaborativa e solidária do conhecimento" (KUENZER, 2016, p. 1).

Entretanto a emergência da aprendizagem flexível na organização dos currículos criou uma aparente contradição na relação capital e trabalho: "quanto mais se simplificam as tarefas, mais se exige conhecimento do trabalhador, e em decorrência, ampliação de sua escolaridade, a par de processos permanentes de educação continuada" (KUENZER, 2002).

A despeito de que o novo regime de acumulação flexível revele o trabalho como uma atividade mais complexa e instigante, uma vez que exige maior investimento psíquico e cognitivo do trabalhador, o trabalho sob o capitalismo continua uma forma social subordinada à valorização do capital. Na verdade, está se diante de uma estratégia de acumulação do capital, que busca, na recomposição do processo de trabalho, garantir sua hegemonia, liberando parcialmente o controle do trabalho pela outorga da autonomia, mantendo a alienação do produto e do reconhecimento do homem como espécie.

A demanda por autonomia nos processos de trabalho pode significar, à primeira vista, uma desalienação destes, mas isto, não implica a superação do capital como sistema de dominação e expropriação da força humana, cujo pressuposto é a produção da mais valia na forma de propriedade privada. A exigência de maior participação e envolvimento no processo de trabalho não implica autorreconhecimento, visto que o trabalho é uma atividade que se constitui como totalidade social que define o homem como ser social (FREIRE, 2013).

Para tanto, faremos rápida caracterização da reforma do Novo Ensino Médio, consubstanciado na Base Nacional Comum Curricular – BNCC-EM.

A reforma do Novo Ensino Médio e a noção de autonomia na Base Nacional Comum Curricular – BNCC

Desde os anos de 1990, do século XX, que a educação escolar adquiriu centralidade nas reformas educacionais[49]. Prova disso são os vários dispositivos da LDB, Lei n. 9.394/96, que configuram o papel social da escola estabelecendo direitos e obrigações tais como: "elaborar e executar sua proposta pedagógica", "zelar pela aprendizagem dos alunos" e exercer com "autonomia pedagógica e administrativa e de gestão financeira" a governança da escola. Entretanto a consecução da função social escola vincula-se às determinações do mundo do trabalho que requerem a formação de trabalhadores com subjetividades flexíveis capaz de se adaptarem a um mercado volátil e flexível.

Na Lei n. 9.394/96 o ensino médio configura-se como etapa final da educação básica, a qual é obrigatória e gratuita dos 4 (quatro) aos 17 (dezessete) anos de idade. A oferta compulsória do ensino médio deve ser garantida pelos Estados. Assim, cabem às escolas de ensino médio prover as condições para o aluno possa "consolidar e aprofundar os conhecimentos obtidos no ensino fundamental, preparar-se para o trabalho e a cidadania, continuar aprendendo, bem como aprimorar-se como pessoa humana e assim adquirir a compreensão dos fundamentos científico-tecnológicos dos processos produtivos, sendo capaz de relacionar a teoria com a prática, no ensino de cada disciplina (Incisos I ao IV do Artigo 35 da LDB).

Desde a promulgação da LDB, em 1996, e da edição de suas diretrizes curriculares que o ensino médio tem sido objeto de reformas curriculares. O foco dessas reformas tem sido o processo de autonomização da escola em termos de *diversificação e flexibilização* curricular, considerando as características dos alunos e as demandas de cada contexto social, bem como à adequação curricular disciplinar dos sistemas de ensino e das escolas, as princípios pedagógicos da interdisciplinaridade e contextualização, compreendidos como eixos organizadores do novo currículo, mediante interação entre as diferentes áreas de conhecimento, (DOMINGUES, 2000, p. 66).

O documento BNCC-EM convertido em diretriz curricular através da Resolução n. 04 de 17/12/2018 explicita o caráter que deve ser impresso à nova escola de ensino médio: "*a escola que acolhe as juventudes*[50] tem de estar comprometida com a educação integral dos estudantes e com a construção de seu projeto de vida". Ademais tal escola deve ser organizada para a fim de *acolher as diversidades*, promover o

---

49 Shiroma, Moraes e Evangelista (2000) localizam a participação do Brasil na Conferência Mundial de Educação para Todos, realizada em Jontiem – Tailândia, em 1990, como o início do processo de reforma da educação no Brasil. Para Mello (2004) a aprovação da LDB marca o final da primeira geração de reformas educacionais. As diretrizes curriculares e os Parâmetros Curriculares Nacionais inauguraram a segunda geração de reformas educacionais. As Diretrizes Curriculares Nacionais – DCN's inserem-se nesse segundo movimento que deverão mudar radicalmente a educação.

50 O conceito de juventude é bastante explorado na BNCC-EM: não se trata um grupo homogêneo, nem conceber a "juventude" como mero rito de passagem da infância à maturidade. Ao contrário, defendem ser fundamental reconhecer a juventude como "condição sócio-histórico-cultural de uma categoria de sujeitos que necessita ser considerada em suas múltiplas dimensões, com especificidades próprias que não estão restritas às dimensões biológica e etária, mas que se encontram articuladas com uma multiplicidade de atravessamentos sociais e culturais, produzindo múltiplas culturas juvenis ou muitas juventudes" – Parecer CNE/CEB n. 5/2011 (BRASIL, BNCC-EM, p. 462-463).

respeito à pessoa humana e aos seus direitos, bem como garantir aos estudantes que assumam o *protagonismo* de seu próprio processo de escolarização, reconhecendo-os como produtores legítimos de currículo, ensino e aprendizagem. Dessa forma, sua formação seja feita em sintonia com seus percursos e histórias, que lhes permita definir seu projeto de vida, tanto no estudo quanto no trabalho. Assim, as finalidades do Novo Ensino Médio precisam ser recontextualizadas, repensando sua organização curricular disciplinar rígida por um modelo diversificado e flexível, por áreas do conhecimento articulado a "oferta de variados itinerários formativos[51]." (BRASIL, BNCC-EM, p. 463-464).

Por conseguinte, os currículos e propostas pedagógicas, adequados ao Novo Ensino Médio, serão compostos por uma *Base Comum Curricular* e por *itinerários formativos*, os quais deverão ser organizados por meio da oferta de diferentes arranjos curriculares (Brasil, At. 36, LDB). Os currículos do ensino médio serão compostos pela *formação geral básica*[52], articulada aos *itinerários formativos* como um todo indissociável. É no âmbito dos Itinerários formativos que a BNCC-EM ousa concretizar os princípios da *diversidade e flexibilização curricular*. Eles são estratégicos para a BNCC-EM porque possibilitam *opções de escolha aos estudantes* – sendo estruturados com foco em uma área do conhecimento, na formação técnica e profissional ou, também, na mobilização de competências e habilidades de diferentes áreas, compondo itinerários integrados (Grifos nossos, BNCC-EM, p. 477).

Ao assumir que a BNCC tem compromisso com a educação integral[53] o documento elege o Projeto de Vida como eixo em torno do qual a escola pode organizar

---

51 Trata-se de cada conjunto de unidades curriculares ofertadas pelas instituições e redes de ensino que possibilitam ao estudante aprofundar seus conhecimentos e se preparar para o prosseguimento de estudos ou para o mundo do trabalho de forma a contribuir para a construção de soluções de problemas específicos da sociedade.

52 Segundo a BNCC-EM devem contemplar, sem prejuízo da integração e articulação das diferentes áreas do conhecimento, estudos e práticas de: I – língua portuguesa, assegurada às comunidades indígenas, também, a utilização das respectivas línguas maternas; II – matemática; III – conhecimento do mundo físico e natural e da realidade social e política, especialmente do Brasil; IV – arte, especialmente em suas expressões regionais, desenvolvendo as linguagens das artes visuais, da dança, da música e do teatro; V – educação física, com prática facultativa ao estudante nos casos previstos em Lei; VI – história do Brasil e do mundo, levando em conta as contribuições das diferentes culturas e etnias para a formação do povo brasileiro, especialmente das matrizes indígena, africana e europeia; VII – história e cultura afro-brasileira e indígena, em especial nos estudos de arte e de literatura e história brasileiras; VIII – sociologia e filosofia; IX – língua inglesa, podendo ser oferecidas outras línguas estrangeiras, em caráter optativo, preferencialmente o espanhol, de acordo com a disponibilidade da instituição ou rede de ensino (RESOLUÇÃO CNE/CEB n. 3/2018, art. 11, § 4º).

53 Concepção de educação que visa garantir o desenvolvimento dos sujeitos em todas as suas dimensões – intelectual, física, emocional, social e cultural e se constituir como projeto coletivo, compartilhado por crianças, jovens, famílias, educadores, gestores e comunidades locais. Para a BNCC-EM a Educação Básica deve visar à formação e ao desenvolvimento humano global, o que implica compreender a complexidade e a não linearidade desse desenvolvimento, rompendo com visões reducionistas que privilegiam ou a dimensão intelectual (cognitiva) ou a dimensão afetiva. Significa, ainda, **assumir uma visão plural, singular e integral da criança, do adolescente, do jovem e do adulto** – considerando-os como sujeitos de aprendizagem – e promover uma educação voltada ao seu acolhimento, reconhecimento e desenvolvimento pleno, nas suas singularidades e diversidades. Além disso, a escola, como espaço de aprendizagem e de democracia inclusiva, deve se fortalecer na prática coercitiva de não discriminação, não preconceito e respeito às diferenças e diversidades (BRASIL, BNCC, p. 14).

suas práticas curriculares. Diante disso, considera-se que os três grandes desafios *da escola que acolhe as juventudes* são: *o desenvolvimento do protagonismo dos estudantes e de seu projeto de vida*, por meio da escolha orientada do que querem estudar; *a valorização da aprendizagem*, com a ampliação da carga horária de estudos; e *a garantia de direitos de aprendizagem* comuns a todos os jovens. Nesta perspectiva, o protagonismo e a autoria juvenil aparecem como *suporte* para a construção e viabilização desse projeto de vida dos estudantes. Os termos protagonismo e autoria juvenil destacam-se, na BNCC-EB, ao lado do termo autonomia, objeto de estudo desse trabalho. Consideramos que essas noções constituem elementos de inovação curricular na BNCC-EM, daí nosso interesse em interpretar seus sentidos e significados.

O termo autonomia, na BNCC-EM, é citado 31 (trinta e uma) vezes, trata-se de um conceito complexo que precisa ser situado no contexto lógico e histórico em que é produzido e utilizado. A palavra autonomia provém do grego autós, que significa "por si mesmo," e de nómos, que significa "lei, regra, modelo", mas também de nomós, que significa uma "região delimitada, denotando a ideia de distrito, comarca, território". No contexto da democracia grega, refere-se às formas de governo autárquicas, isto é, à capacidade das cidades-estados realizarem suas próprias leis (CURY, 1989).

No âmbito da literatura acadêmica autonomia remete à ideia de participação política e social, ligado à ideia de autodeterminação e autogoverno da sociedade. Nesse sentido ampliado como autodeterminação pode ser aplicado tanto ao autogoverno da sociedade, como instituição social, até, como por exemplo, a uma escola ou a um partido ou sindicato. Todavia, autogoverno também pode ser entendido no aspecto moral e subjetivo, aplicado ao indivíduo concreto, daí a expressão "autonomia do sujeito". Autodeterminação do sujeito é o conceito moderno de autonomia, sistematizado por Kant (2008) como autonomia da vontade ou autonomia da razão no contexto de consolidação do Iluminismo.

Nesse trabalho autonomia é entendido como práxis sócio-histórica que visa a emancipação humana, ou seja, autonomia é condição de possibilidade de o homem ser livre e consciente em e por meio de seu trabalho. Trabalho aqui expressa a atividade vital, atividade que produz a essência e efetividade humanas. Logo entendemos que a natureza humana se constrói por meio do trabalho. E ser autônomo é produzir a própria existência, de forma livre e consciente como ser social. Entretanto, a essência e efetividade humana constroem-se nas práticas sociais dos homens, e não como práxis moral, individualista e liberal desligada das determinações sócio históricas que constituem a humanidade do homem. (FREIRE, 2013, p. 161).

No documento da BNCC-EM o termo autonomia é usado, na maioria das vezes, para definir uma das competências gerais da educação básica, autonomia dos entes federados, dos sistemas ou das redes de ensino e das instituições escolares, como também do contexto e as características dos alunos. Entretanto seu uso é mais frequente e relevante na definição do protagonismo e autoria na vida pessoal e coletiva, das finalidades do ensino médio, das áreas, das competências específicas. Vejamos agora como a noção de autonomia se expressa no currículo do Novo Ensino Médio, particularmente no componente curricular, da parte diversificada do currículo, denominado "Projeto de Vida e Protagonismo Juvenil" da Secretaria Estadual de Educação do Tocantins.

A noção de autonomia no Currículo do Novo Ensino Médio: problematização crítica do componente curricular, da parte diversificada do currículo "Projeto de Vida e Protagonismo Juvenil" da Secretaria Estadual de Educação do Tocantins

O termo protagonismo, na BNCC-EM, é referido 21 (vinte e uma) vezes no documento. Seu significado revela-se associado ao termo autoria que remete a ideia de autor, criação e ser sujeito de algo ou de alguma coisa, portanto adquirem status de sinônimos. Nesta perspectiva, expressam determinada concepção de autonomia que o documento não explicita. Na atualidade, o conceito de autonomia ressurge no imaginário social e político como "autossuficiência", "cuidado de si", "eu empreendedor", "responsabilidade individual" e "autodeterminação obrigatória". Tais formas de ver a autonomia refletem a busca de individualização do homem na sociedade. Para Barbosa (2012), é preciso questionar se esses novos sentidos atribuídos à noção de autonomia devem ser promovidos pela educação e se isto fortalece seu sentido como "capacitação emancipatória do ser humano ao longo da vida", cuja história tem sido construída como imaginário individual e social na cultura ocidental (p. 251).

No contexto da acumulação flexível, em que se preconiza a autonomia do aluno como sujeito de sua própria aprendizagem, a ideia de *protagonismo e autoria juvenil* é atraente do ponto de vista pedagógico. Entretanto a BNCC-EM não caracteriza adequadamente o perfil socioeconômico e cultural dos jovens na sociedade em que vivemos, as condições e possibilidades efetivas de ensino e aprendizagem das unidades escolares, bem como as medidas de atualização e formação dos professores para compreender o novo projeto pedagógico. Sem essas condições autonomia não passa de um discurso abstrato significando apenas "responsabilidade individual", próxima da acepção liberal moderna de liberdade individual, ou seja, como ausência de coerção externa e independência frente a algo que limita ou constrange a liberdade. Nesse sentido, autonomia é sinônimo de liberdade, "ausência de constrangimento e restrição" externa, ou seja, que os outros não impeçam o curso de ação escolhida pelos indivíduos. Compreendemos que autonomia como liberdade não é fazer o que quer, isto é livre-arbítrio. Autonomia é condição de possibilidade de se autoproduzir como sujeito social e histórico. (MERQUIOR, 1991, p. 22).

Na BNCC-EM *protagonismo e autoria juvenil* desponta como princípio e componente curricular no âmbito da concepção de "escola que acolhe as juventudes". Como princípio orienta os *itinerários formativos* que visam garantir a apropriação de procedimentos cognitivos e o uso de metodologias organizados em eixos estruturantes do currículo. Na condição de componente curricular aborda temas que diz respeito aos seus interesses e necessidades de formação.

Nessa perspectiva e, visando a implementação da BNCC-EM, a Secretaria Estadual da Educação, Juventude e Esportes – SEDUC – TO aderiu, em 2018, ao Programa de Apoio ao Novo Ensino Médio – ProBNCC. Nesta nova organização curricular prevê-se a oferta de diferentes itinerários formativos, com foco em áreas de conhecimento[54] e na formação técnica e profissional na perspectiva do desenvolvimento da autonomia juvenil e da escolha de seu percurso de aprendizagem bem como da construção dos projetos de vida dos estudantes.

Pensar o currículo no ponto de vista das necessidades de formação humana dos jovens implica compreender as mudanças e determinações do mundo do trabalho, da vida social e produtiva. Como aponta Frigotto (2005, p. 21), uma formação "que articule trabalho, ciência, e cultura na perspectiva da emancipação humana dos múltiplos grilhões que tolhem a cidadania plena e a conquista de uma vida digna para tanto". Nesse sentido, é preciso que o ensino médio se reconfigure do ponto de institucional e pedagógico para garantir a apropriação crítica da cultura em suas diversas formas de manifestação.

A relevância do protagonismo juvenil associado à construção da autonomia permeia a BNCC-EM em vários momentos. Para Regattieri e Castro (2018) o ensino médio deve estar fundado em objetivos ligados a função social da escola, qual seja a de construir uma sociedade livre, justa e solidária; promover o desenvolvimento social e econômico; erradicar a pobreza; reduzir as desigualdades sociais e regionais; promover o bem de todos sem nenhum preconceito; defender a paz, a autodeterminação dos povos e os direitos humanos; repudiar a violência e o terrorismo; preservar o meio ambiente. Para isso é necessário (BNCC, 2018, p. 465):

> garantir o protagonismo dos estudantes em sua aprendizagem e o desenvolvimento de suas capacidades de abstração, reflexão, interpretação, proposição e ação, essenciais à sua autonomia pessoal, profissional, intelectual e política.

Dessa forma, o ensino médio deve propiciar a reconstrução crítica do conhecimento e da experiência acumulados historicamente pela humanidade. Por isso deve proporcionar sólida formação teórica e pratica a respeito dos processos produtivos e de sua inserção social como ator político nas sociedades democráticas.

No entanto, os gestores e profissionais do ensino devem criar as condições institucionais e pedagógicas para que as finalidades do ensino médio sejam atingidas. Devem superar, em suas práticas educativas, a pedagogia do fracasso expressa nos altos índices de repetência e evasão. Numa perspectiva do direito a educação o currículo precisa ser desenvolvido como o conjunto de práticas sociais de disciplinamento para a vida produtiva e social, criando as condições e oportunidades de aprendizagem. Conforme preceitua a LDB n. 9.394/1996, em seu art. 1º: "A educação escolar deverá vincular-se ao mundo do trabalho e à prática social".

Dentre as finalidades do ensino médio estabelecidas pela BNCC-EM destaca-se a formação ética e o desenvolvimento da autonomia intelectual e do pensamento crítico dos jovens. Tal fim depende da consolidação e o aprofundamento dos conhecimentos científicos e tecnológicos. Logo a apropriação do saber científico é condição básica para a construção do sujeito autônomo e para a continuidade dos

---

54 Na BNCC-EM o currículo se estrutura por meio de Linguagens e suas tecnologias, Matemática e suas tecnologias, Ciências Humanas e Aplicadas, e Ciência da Natureza e suas tecnologias.

estudos, bem como para o alcance dos demais objetivos. Desse modo, autonomia e protagonismo juvenil se articulam para garantir as aprendizagens essenciais e comuns a todos os estudantes, bem como a efetivação dos itinerários formativos. Com isso o jovem poderá escolher, entre diferentes percursos, a formação mais adequada às suas aspirações e aptidões e ao seu projeto de vida. O documento corrobora com essa afirmação ao enfatizar que (BNCC-EM 2018, p. 472):

> O protagonismo e a autoria estimulados no Ensino Fundamental traduzem-se, no ensino médio, como suporte para a construção e viabilização do projeto de vida dos estudantes, eixo central em torno do qual a escola pode organizar suas práticas.

Autonomia supõe condições de decisão e escolha. Para tanto, o menu ou currículo precisa ser diversificado com previsão de atividades teórico e práticas. Se as opções do currículo, do ensino médio, são limitadas as áreas ou atividades estabelecidas com caráter meramente instrumental de treinamento de competências e habilidades laborais certamente a experiência formativa será fraca. O trabalho e a vida precisam aparecer para o jovem como objetos de estudo que tenham sentido. Do contrário será a repetição do sempre mesmo que não estimula a curiosidade, a criatividade e a imaginação.

Entretanto para que a autonomia ou o protagonismo juvenil se efetive no Novo Ensino Médio é necessária capacitação teórica e prática do professor. A literatura do campo da formação de professores tem afirmado que sem qualificação docente nenhuma reforma educacional logra ter êxito. Por isso é necessário que haja investimento no professor por meio de políticas de valorização e formação docente. A escola e suas práticas precisam ser assumidas como lócus de formação contínua do professor. A formação centrada nas práticas educativas constitui um desafio nas escolas públicas, uma vez que elas ainda não contemplam as dimensões pessoal e social em seus eventos formativos. Em geral os cursos priorizam apenas os elementos técnicos e pedagógicos da formação humana, conforme aponta Carrano (2010, p. 54):

> As escolas públicas, em sua maioria, são poucos atraentes, não estimula a imaginação criadora e oferece pouco espaço para novas experiências, sociabilidades, solidariedades, debates públicos, atividades culturais e informativas ou passeios que ampliem os territórios de conhecimentos.

É urgente adequar os programas de formação na perspectiva de atender as necessidades de formação profissional dos professores o que remete o estudo e o aprofundamento de temas relacionados à função social da escola, o papel do currículo no projeto pedagógico, dentre outras questões como materializar o currículo prescrito nas práticas educativas. Nesse âmbito, é preciso repensar a questão do espaço e do tempo pedagógico destinado às aprendizagens que o protagonismo juvenil.

Superar o histórico de uma escola seletiva e propedêutica constitui um desafio da escola que se diz ser inclusiva e socialmente referenciada. A separação entre formação geral e técnica não contribui para a emancipação humana. O trabalho como princípio educativo advém da indissolubilidade entre trabalho e vida. No dizer de Gramsci (1982, p. 30), o trabalho como a atividade teórico-prática é o princípio educativo imanente à escola elementar, já que a ordem social e estatal (direitos e deveres) é introduzida e identificada na ordem natural pelo trabalho.

O desafio de pensar o currículo do ensino médio para além dos conteúdos cognitivos das áreas implica ler a realidade numa perspectiva dialética. O Projeto de Vida, eixo das atividades curriculares, não pode se restringir as demandas imediatas da garantia da sobrevivência. A unidade entre o pensar e o fazer no processo de trabalho precisa se reconstituir para devolver ao trabalhador a autonomia perdida no processo de produção. A respeito dessa contradição trabalho e capital Ciavatta problematiza (2005, p. 35):

> [...] sugere superar o ser humano dividido historicamente pela divisão social do trabalho entre a ação de executar e a ação de pensar, dirigir ou planejar. Trata-se de superar a redução da preparação para o trabalho ao seu aspecto operacional, simplificado, escoimado dos conhecimentos que estão na gênese científico-tecnológica e na sua apropriação histórico-social. Como formação humana, o que se busca é garantir ao adolescente, ao jovem e ao adulto trabalhador o direito a uma formação completa para a leitura do mundo e para atuação como cidadão pertencente a um país, integrado dignamente à sua sociedade política.

A formação não pode centrar-se exclusivamente nos conteúdos cognitivos exigidos para o acesso ao ensino superior, bem como também não deve se restringir mera instrumental para o mercado de trabalho. A formação deve qualificar para o mundo do trabalho, visando à formação integral de sujeitos autônomos e emancipados.

Entretanto, a reforma curricular do ensino médio, em curso nos estados da federação, parece não caminhar nesta direção. A preocupação tem sido adequação aos parâmetros estabelecidos pela BNCC. No Estado do Tocantins, a Secretaria Estadual de Educação enviou as seguintes iniciativas: em 2019 houve o encaminhamento de mensagem, via e-mail, e material pedagógico para escolas da rede com o intuito de subsidiar as aulas dos professores. O acervo bibliográfico veio do Instituto de Corresponsabilidade pela Educação-ICE. Nele consta 56 (cinquenta e seis) aulas prontas para o educador, trazendo conjunto de inovações que se estruturam a partir de três eixos orientadores: da garantia da excelência no desempenho acadêmico; da solidez na formação em valores e do desenvolvimento de um conjunto de competências fundamentais para transitar e atuar diante dos desafios e das exigências do mundo contemporâneo.

No âmbito desse programa observou-se ainda que as aulas elaboradas simulem situações didáticas visando apoiar o estudante na elaboração e execução dos Projetos de Vida. Para isso, tratou-se de temas que estimulam um conjunto amplo de habilidades como o autoconhecimento e aquelas relativas às competências sociais e produtivas para apoiar o estudante na capacidade de continuar a aprender ao longo de sua vida. No Estado do Tocantins o esfrolo tem sido de promover a adaptação desses referenciais à estrutura curricular preconizada na legislação federal. Assim, a SEDUC –TO normatizou uma estrutura curricular para atender o novo ensino médio – curso médio básico – diurno e noturno/2019 das escolas-piloto que consta o novo componente curricular.

Entretanto e a título de considerações finais percebemos que as inciativas de implementação do componente curricular "Projeto de Vida e Protagonismo Juvenil" ainda são muito desafiadoras, pois os professores carecem de fundamentos teórico-metodológicos sobre a reforma curricular do Novo Ensino Médio. Realizar curso em forma de treinamento não contribui para que o novo currículo tenha uma boa concretização. Além disso, compromete a realização dos objetivos do referido componente curricular, que carece de esclarecimento quanto ao seu fim e efetividade. Posto isso, requer pensar em formação de professores, avaliação, à (re) elaboração de conteúdos educacionais e aos critérios para a oferta, de infraestrutura adequada para o pleno desenvolvimento do currículo, tanto em aparatos tecnológicos e de práxis pedagógica. E, sobretudo, dar condições de autonomia aos profissionais da educação e estudantes para que os mesmos possam exercer com liberdade e (auto) responsabilidade a suas escolhas pessoais, comunitárias e profissionais na perspectiva libertadora, emancipatória, autônoma e humanitária.

REFERÊNCIAS

ANTUNES, Ricardo. **Adeus ao trabalho?** Ensaio sobre as metamorfoses e a centralidade do mundo do trabalho. 7. ed. São Paulo: Cortez. Campinas, SP, 2000.

BARBOSA. Manuel Gonçalves. Sob o signo da luz e das sombras: o imaginário da autonomia em educação. **Linhas Críticas**. Brasília, DF, n. 36, p. 249-264, 2012

BRASIL. Constituição. **Constituição da República Federativa do Brasil**. Brasília, DF: Senado Federal: Centro Gráfico, 1988.

BRASIL. Conselho nacional de educação. Câmara de educação básica. Resolução n. 2, que define as **Diretrizes Curriculares Nacionais para o Ensino Médio**. Brasília, 2014.

BRASIL. Ministério da educação. Secretaria de educação básica. **Base Nacional Comum Curricular.** Brasília. 2017.

BRASIL, Lei n. 9.394, de 20 de dezembro de 1996. **Estabelece as Diretrizes e Bases da Educação Nacional**. Brasília. 2019.

CARRANO, P.C.R. **O Ensino Médio na transição da juventude para a vida adulta**. Rio de Janeiro: UFRJ, 2010.

CIAVATTA, Maria. A formação integrada: a escola e o trabalho como lugares de memória e de identidade. *In:* FRIGOTTO, Gaudêncio, CIAVATTA, Maria; RAMOS, Marise (org.). **O ensino médio integrado.** Concepção e contradições. São Paulo: Cortez, 2005.

CURY, Carlos Roberto Jamil. A questão da autonomia universitária. **Educação em revista**. Belo Horizonte-MG: Faculdade de Educação, 1989.

DOMINGUES, José Juiz.; TOSCHI. Mirza Seabra.; OLIVEIRA. João Ferreira de. A reforma do Ensino Médio: A nova formulação curricular e a realidade da escola pública. **Educação & Sociedade**, ano XXI, n. 70, abr. 2000.

FREIRE, José Carlos da Silveira. **Autonomia da práxis docente na universidade: condições e possibilidades.** Tese de Doutorado em Educação – Programa de Pós--Graduação em Educação. Faculdade de Educação, Universidade Federal de Goiás, Goiânia, 2013.

FREIRE, José Carlos da Silveira. O conceito de práxis em Marx e suas implicações para educação *In:* OLIVEIRA. Antônio Miranda; FREIRE. Juciley Silva Evangelista. **Educação, participação política e identidade cultural: uma contribuição multidisciplinar para a formação docente no Tocantins**. Palmas – TO: Universidade Federal do Tocantins / EDUFT, 2016.

FRIGOTTO, Gaudêncio. **Ensino Médio: ciência, cultura e trabalho**. Brasília: MEC, SEMTEC, 2004. Natal: Mimeo, 2013.

FRIGOTTO, Gaudêncio. **Ensino Médio Integrado:** concepções e contradições. São Paulo: Cortez. 2005.

GRAMSCI, Antonio. **Os intelectuais e a organização da cultura**. 4. ed. Civilização Brasileira. 1992.

HYPOLITO, Álvaro Moreira. **Processo de trabalho na escola: algumas categorias para análise**. Revista Teoria e Educação, Porto Alegre. p. 3-21. n. 4, 1991.

KANT. Immanuel. **A metafísica dos costumes**. 2. ed. Bauru, SP: Edipro, 2008.

KUENZER, Acacia Zeneida. Trabalho Pedagógico: da fragmentação à unitariedade possível. *In:* AGUIAR, Marcia Angela da S.; FERREIRA, Naura Syria Carapeto. **Para onde vão a orientação e a supervisão educacional?** Campinas; SP: Papirus: 2002.

KUENZER, **Trabalho e escola:** a aprendizagem flexibilizada. Reunião Cientifica Regional a ANPED. UFPR. Curitiba, Paraná. 2016.

LIBANEO, José Carlos (org.). **Educação Escolar:** políticas, estrutura e organização. 1. ed. São Paulo: Cortez, 2003.

LOJKINE, Jean. **A revolução informacional**. São Paulo: Cortez, 1995.

MARISE, (org.). **O ensino médio integrado**. Concepção e contradições. São Paulo: Cortez, 2005.

MARX, K.; ENGELS, F. **A ideologia alemã**: I – Feuerbach. 4. ed. São Paulo: Hucitec, 1984.

MARX, Karl. **Manuscritos econômico-filosóficos**. São Paulo: Boitempo, 2004

MARX, Karl. **Teorias da Mais-valia:** história crítica do pensamento econômico (Livro 4 de "O capital"). Rio de Janeiro: Civilização Brasileira, 1980. v. 1.

MERQUIOR, José Guilherme. **O liberalismo** – antigo e moderno. Rio de Janeiro: Nova Fronteira, 1991.

PARO, Vitor Henrique. **Administração Escolar: uma introdução crítica**. São Paulo: Cortez/Autores Associados, 1986.

REGATTIERI, Jane Castro (org.). **Currículo do ensino médio:** textos de apoio. Brasília: UNESCO, 2018. 142 p.

SACRISTAN, J. Gimeno; PEREZ GOMES, A.I. **Compreender e transformar o ensino**. 4. ed. Porto Alegre: Artmed, 2000.

SAVIANI, Dermeval. **Ensino Público e algumas falas sobre a Universidade**. 4. ed., São Paulo: Cortez/Autores Associados, 1987.

SAVIANI, Dermeval. **Pedagogia histórico-crítica:** primeiras aproximações. 3. ed. São Paulo: Autores Associados, 1992.

SHIROMA, Eneida Oto; MORAES, Maria Cecília Marcondes de; EVANGELISTA, Olinda. **Política educacional**. Rio de janeiro: DP&A, 2000.

TUMOLO, Paulo Sérgio; FONTANA, Klalter Benz. **Trabalho Docente e Capitalismo:** um estudo crítico da produção acadêmica da década de 1990. Educação & Sociedade. Campinas, v. 29, n. 102, p. 159-180, jan./abr, 2008.

VÁZQUEZ, Adolfo Sanches. **Filosofia da Práxis**. Buenos Aires: Consejo Latino americano de Ciências Sociais – CLACSO; São Paulo: Expressão Popular, 2007.

EDUCAÇÃO INTEGRAL *VERSUS* EDUCAÇÃO DE TEMPO INTEGRAL: um olhar na rede estadual de ensino do estado do Tocantins

Adriana dos Reis Martins
Solange Aparecida Machado

Introdução

Este artigo propõe uma reflexão sobre a Educação Integral (EI) e a Educação de Tempo Integral (ETI). Para tanto, decorremos o percurso da História da Educação, através de uma investigação bibliográfica, fazendo um recorte com início no século XIX, quando surgiu o conceito de EI de origem libertária. Também foram apresentadas algumas definições de EI segundo as ideias pedagógicas desse período. De acordo com Saviani (2007),

> Em termos gerais, cabe observar que o desenvolvimento do movimento operário nesse período se deu sob a égide das ideias socialistas, na década de 1890, anarquistas (libertárias), nas duas primeiras décadas do século XX, e comunistas, na década de 1920. (SAVIANI, 2007, p. 181).

Portanto, apresentamos o percurso que a EI desenvolveu no ensino brasileiro, desde o final do século XIX, chegando ao início do século XX, com os apontamentos de Anísio Spínola Teixeira (1959). Enfim, aportamos ao século XXI, período em que se percebeu a ETI com uma proposta de ensino desafiadora, iniciada em 2004, por meio dos documentos oficiais e com os estudos de Moll (2012). Buscamos compreender a proposta de ETI para o Estado do Tocantins, analisando se foi essa foi realmente adotada como como política pública para suas escolas.

A seguir, são apresentados aspectos históricos, conceituais e legais da EI e da ETI, além de fatores relevantes, como: saberes, currículo e aprendizagem; a relação escola/comunidade; tempos e espaços na EI; poder público; e formação dos educadores. Buscamos fundamentar esses temas em teóricos como Cavaliere (2010), Coelho (2009), Guará (2006), Moll (2012) e as normativas apresentadas pelo governo federal.

Percurso da educação integral no Brasil

A Educação Integral é vista por alguns autores como a busca por uma formação total do homem, respeitando seu aprendizado e o contexto em que vive. Maurício (2009) define esse termo da seguinte maneira:

A Educação Integral reconhece a pessoa como um todo e não como um ser fragmentado, por exemplo, entre corpo e intelecto. Que esta integralidade se constrói através de linguagens diversas, em variadas atividades e circunstâncias. O desenvolvimento dos aspectos afetivo, cognitivo, físico, social e outros se dá conjuntamente. (MAURÍCIO, 2009, p. 54-55).

Assim, ao longo da história da educação, a EI perpassa vários momentos. Inicialmente, ela se refere ao desenvolvimento do processo educativo, no qual o ser humano é pensado em todas as suas dimensões (cognitiva, estética, ética, física, social, afetiva), ou seja, apresenta uma educação que possibilite a formação integral do ser humano.

Coelho (2009) aponta que, historicamente, foi constatada que a EI se refere a uma formação mais completa, quando surgiu o conceito de Paideia grega, perpassando propostas revolucionárias de franceses e de teóricos americanos, como o filósofo John Dewey, que influenciou fortemente o pensamento liberal de Teixeira, no Brasil. Além disso, Coelho (2009) defende que, ao voltarmos o olhar para a antiguidade, a educação grega, objetivada por meio da Paideia, refere-se à formação humana mais completa. Ela já continha o germe do que mais tarde se denominou de Educação Integral – formação do corpo e do espírito. Segundo o autor,

> [...] na concepção grega de formação humana, uma espécie de igualdade entre as reflexões e as ações que constituem essa formação, sejam elas intelectuais, físicas, metafísicas, estéticas ou éticas. Em outras palavras, há um sentido de completude que forma, de modo integral, o Ser do que é humano e que não se descola de uma visão social de mundo [...].

Acreditamos que esse modo de ver e perceber a formação do homem corresponde à natureza do que denominamos de Educação Integral: uma perspectiva que não hierarquiza experiências, saberes, conhecimentos. Ao contrário, coloca-os como complementares e fundados radicalmente no social: "o espírito não é considerado através do ponto de vista puramente intelectual, formal ou de conteúdo, mas sim em relação com as suas condições sociais. (COELHO, 2009, p. 86).

A discussão da formação integral do ser humano reaparece no final do século XVIII, sendo que as primeiras defesas da EI surgiram na Revolução Francesa, feita pelos jacobinos. Coelho (2009) assevera que:

> Nesse sentido foi no século 18, mais precisamente com a Revolução Francesa e a constituição da escola pública, que a Educação Integral voltou à cena, desta vez concretizada sob a perspectiva jacobina de formação do homem completo – o que "significava abarcar o ser físico, o ser moral e o ser intelectual de cada aluno" (BOTO, 1996, p. 159). Nesta conjuntura, há dois pontos que precisam ser ressaltados: o primeiro, de que o período constitui a instituição pública de ensino – a escola – como lócus privilegiado desse trabalho educativo; o segundo, de que é evidente que essa completude contém elementos propostos anteriormente, desde a Paideia, mas também descarta, ou pelo menos olvida outros que o pensamento anarquista, construído ao longo dos séculos 18, 19 e 20, vai trazer à tona e tornar relevantes como, por exemplo, a dimensão estética dessa formação completa. (COELHO, 2009, p. 86).

O Movimento Anarquista, que também defendeu a EI, com autores como Bakunin (1989) e Proudhon (1927), que desenvolveram as bases conceituais dessa perspectiva educacional. Outros educadores, como Paul Robin (1981), Ferrér e Guardia (1912) e Sebastien Faure (1904), experenciaram essa nova perspectiva no final do século XIX e nos primeiros anos do século XX.

Com base nos estudos de Coelho (2009), constatamos que a EI, no âmbito do pensamento educacional anarquista, consistia na formação intelectual, física, profissional e moral, tendo em vista a transformação social. A integralidade estava nas dimensões da formação do indivíduo.

De acordo com Saviani (2007), na segunda metade do século XIX, as ideias socialistas começam a se movimentar no Brasil, embora o país ainda vivesse sob o regime monárquico e escravocrata. Os jornais e livros com uma visão de mundo socialista passaram a surgir pouco a pouco. Essas ideias se difundiram, em grande parte, devido à vinda de operários europeus para o Brasil. Quando o regime republicano e o trabalho escravo foram abolidos, surgiu a classe proletária, que favoreceu o início de organizações operárias, com participação popular em Assembleia Constituinte de 1891, dando espaço para a criação de partidos operários.

Nesse contexto, há o surgimento de ideias pedagógicas que são pensadas por grupos não dominantes e elaboradas na perspectiva dos trabalhadores. Segundo Saviani (2007), emergiram em 1890 os seguintes movimentos: operário, com ideias socialistas; o anarquista (libertários) nas duas primeiras décadas do século XX; e o comunista, na década de 1920, com a criação do Partido Comunista do Brasil, que defendia um ensino voltado aos interesses dos setores populares da sociedade, gratuito, laico e técnico-profissional. Os partidos operários e os partidos socialistas assumiram uma posição de defesa do ensino público e fomentando. Posteriormente, houve o surgimento de escolas operárias e de bibliotecas populares.

Os ideais libertários difundiram-se no Brasil na forma de correntes anarquistas e anarcossindicalistas. Saviani (2007) afirma:

> No aspecto propositivo os anarquistas no Brasil estudavam os autores libertários extraindo deles os principais conceitos educacionais como o de "Educação Integral", oriundo da concepção de Robin, e "ensino racionalista", proveniente de Ferrer (GALLO; MORAES, 2005, p. 89-91), e os traduzia na imprensa operária. (SAVIANI, 2007, p. 183).

De acordo com Moraes (2009), os ideais libertários traziam discussões que se centravam na educação no meio operário, fortalecendo a defesa por uma educação para todos como direito que deveria ser garantido pela sociedade. Para Paul Robin (1901), pedagogo francês, era importante definir o que seria uma EI. Ele mesmo acreditava que, a partir da conceituação, seria criado o alicerce para a experimentação.

Na década de 1920, iniciam crescentes mudanças da educação brasileira. Com a pretensão de sanar o analfabetismo, surgiu a Reforma Paulista, de 1920, direcionada por Sampaio Dória. Essa reforma, de acordo com Saviani (2007, p. 175) "instituiu uma escola primária cuja primeira etapa, com a duração de dois anos, seria gratuita e obrigatória para todos, tendo como objetivo garantir a universalização das primeiras letras, isto é, a alfabetização de todas as crianças em idade escolar."

Em consequência dessa proposta, algumas medidas foram tomadas, tais como: a redução do ensino primário e sua carga horária, e a obrigatoriedade e gratuidade da educação pública. Entendemos que, dessa forma, a proposta foi a de diminuir o tempo e o espaço do ensino para que houvesse mais turnos escolares, resultando em um processo de alfabetização em massa.

É importante destacar que, no Brasil, nas décadas de 1920 e 1930, determinados grupos, tais como os anarquistas, integralistas e liberais, defenderam a EI a partir de diferentes propostas teórico-metodológicas. De acordo com Paiva, Azevedo e Coelho (2014), para os anarquistas, a EI possui um caráter crítico emancipador. Para os integralistas, ancorados na ideologia conservadora, a educação era entendida como aquela que se propõe a educar o homem físico, o homem intelectual, o homem cívico e o homem espiritual, sendo que a EI se caracteriza em Deus, Pátria e Família.

Na concepção liberal, a EI foi representada pelo movimento da Escola Nova, que tinha, como propósito, superar a escola tradicional. Dentre os defensores dessa proposta, destaca-se a figura de Anísio Teixeira, que defendia a implantação de instituições públicas escolares, o que foi feito entre as décadas de 30 e 50. Ainda no período de 1920, ocorreu a crescente industrialização brasileira, o que propiciou a necessidade de preparar a população para essa nova realidade econômica, que demandava profissionais preparados para o trabalho. Surgiu, então, o escolanovismo, que se originou na Europa e nos Estados Unidos, no final do século XIX, com uma filosofia que pregava a universalização da escola pública, laica e gratuita. No Brasil, esse movimento alcançou o ápice na década de 1930, principalmente após a divulgação, em 1932, do Manifesto da Escola Nova[55].

Cabe ressaltar que essas estruturas já haviam sido rompidas no cenário internacional. No campo educacional, é o período em que florescem as ideias de educação de importantes educadores brasileiros como Fernando de Azevedo.

Essa fase de mudanças e transformações na sociedade ensejou a publicação do Manifesto dos Pioneiros da Educação Nova, em 1932, que foi assinado por 27 intelectuais e que explicita sua relevância para a renovação da educação brasileira. Nesse Manifesto, já encontramos a defesa da EI, ou seja, aquela que articula as atividades manuais com as de natureza intelectual. A leitura cuidadosa do texto do Manifesto indica a busca por um modelo de educação que não fosse excludente e que realizasse a formação integral do sujeito por meio da vinculação do trabalho escolar com o meio social.

Entre os intelectuais da educação que se destacam nessa época, estão Lourenço Filho, Afrânio Peixoto, Carneiro Leão, e Anísio Teixeira, representantes de uma forma de pensar a educação diferenciada e, a partir de suas ideias, trouxeram o tema da escola pública para a discussão no âmbito político governamental. Eles contribuíram

---

55 "Na era Republicana, o Brasil, mantinha suas bases administrativas voltadas para a Teoria Geral da Administração. Foi neste período que as reformas organizacionais aconteceram com mais força nos Estados e também na educação. Junto deste movimento os reformistas da educação (Anísio Teixeira, Lourenço Filho, Fernando de Azevedo e outros) instituíram o Manifesto dos Pioneiros da Educação Nova (1932). A renovação educacional no início da Segunda República estava alicerçada nas teorias psicológicas de Lourenço Filho, na contribuição sociológica de Fernando de Azevedo e no pensamento filosófico e político de Anísio Teixeira." (SANDER, 2007, p. 28).

para muitas ideias do Manifesto de 1932, redigido por Fernando de Azevedo, algumas das quais são citadas abaixo:

> [...] Assentado o princípio do direito biológico de cada indivíduo à sua Educação Integral, cabe evidentemente ao Estado a organização dos meios de o tornar efetivo, por um plano geral de educação, de estrutura orgânica, que torne a escola acessível, em todos os seus graus, aos cidadãos a quem a estrutura social do país mantém em condições de inferioridade econômica para obter o máximo de desenvolvimento de acordo com as suas aptidões vitais. Chega-se, por esta forma, ao princípio da escola para todos, "escola comum ou única", que, tomado a rigor, só não ficará na contingência de sofrer quaisquer restrições, em países em que as reformas pedagógicas estão intimamente ligadas com a reconstrução fundamental das relações sociais. Em nosso regime político, o Estado não poderá, de certo, impedir que, graças à organização de escolas privadas de tipos diferentes, as classes mais privilegiadas assegurem a seus filhos uma educação de classe determinada; mas está no dever indeclinável de não admitir, dentro do sistema escolar do Estado, quaisquer classes ou escolas, a que só tenha acesso uma minoria, por um privilégio exclusivamente econômico. Afastada a ideia do monopólio da educação pelo Estado num país em que o Estado, pela sua situação financeira, não está ainda em condições de assumir a sua responsabilidade exclusiva, e em que, portanto, se torna necessário estimular sob sua vigilância as instituições privadas idôneas, a "escola única" se entenderá, entre nós, não como "uma conscrição precoce", arrolando, da escola infantil à universidade, todos os brasileiros, e submetendo-os durante o maior tempo possível a uma formação idêntica, para ramificações posteriores em vista de destinos diversos, mas antes como a escola oficial, única, em que todas as crianças, de 7 a 15, todas ao menos que, nessa idade, sejam confiadas pelos pais à escola pública, tenham uma educação comum, igual para todos. (AZEVEDO *et al.*, 2006, p. 193).

Falando especificamente das contribuições de Teixeira, Cavaliere (2010) assevera que a ideia da EI é encontrada no pensamento e em algumas ações desse educador em diferentes momentos de sua atuação política e administrativa, tais como no Manifesto dos Pioneiros da Educação Nova, na criação do Centro Educacional Carneiro Ribeiro (Escola-Parque) e em sua atuação na aprovação da primeira Lei de Diretrizes e Base (LDB, 1961).

Na obra de Teixeira há referência ao termo "Educação Integral". Para ele, é na educação onde se encontra a possibilidade de uma formação integral do sujeito, o que acarretaria condições completas para a vida. Isso seria uma forma de reconhecer o sujeito como um todo e não como um ser fragmentado, como, por exemplo, entre corpo e intelecto. Para essa integralidade acontecer, é necessária uma construção através de linguagens diversas, em variadas atividades e circunstâncias. Assim, para o educador, a função da escola extrapola o ensino e a transmissão de conteúdos que garantam o aprender a ler, a escrever e a contar.

De acordo com Teixeira (1959), a função da escola avança para o campo da educação total do sujeito, significando pensar em uma construção de currículo em que se desenvolvam atividades de cunho cognitivo, físico e estético, alicerçada em um horário que contemple, também, uma alimentação saudável. Para a efetivação dessa proposta, nota-se que é necessário que o currículo contenha mais do que apenas os conteúdos clássicos científicos, como leitura, escrita e ciências exatas. O currículo deve oportunizar o acesso a valores éticos e morais, ao ensino das artes e da cultura, aos hábitos de higiene, à disciplina e à preparação para um ofício. Vejamos o que diz Teixeira (1959) acerca disso:

> A organização da escola, pela forma desejada, daria ao aluno a oportunidade de participar, como membro da comunidade escolar, de um conjunto rico e diversificado de experiências, em que se sentiria, o estudante na escola-classe, o trabalhador, nas oficinas de atividades industriais, o cidadão, nas atividades sociais, o esportista, no ginásio, o artista no teatro e nas demais atividades de arte, pois todas essas atividades podiam e deviam ser desenvolvidas partindo da experiência atual das crianças, para os planejamentos elaborados com sua plena participação e depois executados por elas próprias. Seriam experiências educativas, pelas quais as crianças iriam adquirir hábitos de observação, desenvolver a capacidade de imaginar e ter ideias, examinar como poderiam ser executadas e executar o projeto, ganhando, assim, habilitação para a ação inteligente e eficiente em sua vida atual, a projetar-se para o futuro. Se a escola-classe se mantinha, em essência, a antiga escola convencional, as condições de trabalho na escola-parque iriam facilitar sobremodo a aplicação dos melhores princípios da educação moderna. Nem tudo isto se pôde logo fazer. Em 1947, ficaram apenas concluídas três das quatro escolas-classe. Posteriormente, com auxílio do INEP, se construiu o pavilhão de trabalho e só muito lentamente, a seguir, se construíram os demais prédios. (TEIXEIRA, 1959, p. 74).

Na citação anterior, Teixeira apresenta uma escola rica em experiências e sustenta que todas as atividades deveriam partir da experiência atual da criança. É na obra de Dewey que Teixeira se fundamenta para a proposta de uma educação total do sujeito. Conforme Cavaliere (2010),

> Quando ainda iniciante no campo da educação, como diretor da Instrução Pública do Estado da Bahia, Anísio Teixeira realizou, em 1927, sua primeira viagem aos EUA. Nessa viagem, assistiu a cursos na Universidade de Columbia e visitou instituições de ensino, lá permanecendo por sete meses. No ano seguinte, 1928, voltou aos EUA para aprofundar seus estudos, com vistas ao diploma de Master of Arts da Universidade de Columbia. Durante o curso, Anísio Teixeira tomou contato com as obras de John Dewey e W. H. Kilpatrick, as quais marcaram fortemente sua formação e lhe deram as bases teórico-filosóficas para a construção de um projeto de reforma para a educação brasileira. (CAVALIERE, 2010, p. 250).

Destacamos aqui alguns aspectos da Teoria de Dewey (1859-1952)[56] que foram apreciados por Teixeira e que se relacionam com sua proposta de EI. Essa Teoria está

---

56   De acordo com Joy A. Palmer, em sua obra: "50 Grandes Educadores – de Confúcio a Dewey", John Dewey é considerado um dos maiores educadores do século XX. No Brasil, Anísio Teixeira foi um dos seus tradutores. A seguinte inserção traduz o pensamento educacional de Dewey: "Nós precisamos fazer de cada uma de nossas escolas o embrião de uma vida comunitária, ativa, com tipos de ocupações que reflitam a vida de uma sociedade maior, e permeada com o espírito da arte, da história e da ciência. Quando a escola

embasada na educação progressista, que tem como objetivo educar a criança como um todo, sendo uma proposta do "aprender fazendo". O princípio básico dessa forma de educação é estimular os alunos a experimentar e a pensar por si mesmos. Para a praticidade dessa proposta, a escola deveria estar totalmente ligada à comunidade local, aos seus problemas, mostrando-se envolvida com o dia a dia do educando e, dessa forma, respeitando a diversidade dos alunos, como sua origem social, idade e experiências.

Todos esses aspectos apresentados aqui a respeito da obra de Dewey fortalecem a EI mencionada por Teixeira, uma educação que pretende trabalhar de forma integral com o aluno. Portanto, a EI se caracteriza pela busca de uma formação que seja a mais completa possível para o ser humano. Coelho (2009) declara o seguinte:

> Por esse motivo, ao refletirmos sobre Educação Integral, não é possível simplesmente realizar um transplante de ideias, pertençam elas ao universo anarquista, integralista, ou partam de educador renomado, como Anísio Teixeira. Antes de tudo, é preciso conhecer tais proposições, refletir sobre as visões sociais que engendram e, como dizia Oswald de Andrade, "em uma atitude antropofágica", construir concepções próprias de Educação Integral para as instituições públicas de ensino com essas características, alicerçadas na sociedade em que se inserem e no horizonte de continuidades ou descontinuidades que se pretende construir. (COELHO, 2009, p. 90).

Dessa forma, compreende-se que a democratização do ensino pode acontecer somente a partir da elaboração de políticas voltadas para a implantação de um sistema orgânico de escolas, com definição dos conteúdos obrigatórios (currículos) e o desenvolvimento de critérios de seleção e formação de professores. Não é possível simplesmente escolher uma proposta de EI já realizada em outros tempos e implantá-la nas escolas atuais. Devemos partir de estudos para realizar adequações e fazer uma proposta que atenda à comunidade escolar da região.

Na década de 60, no governo do presidente Juscelino Kubitschek de Oliveira, Teixeira esteve à frente da presidência do Instituto Nacional de Estudos e Pesquisas Educacionais Anísio Teixeira (INEP), quando foi convocado para coordenar a comissão encarregada de criar o "Plano Humano" de Brasília, juntamente com Darcy Ribeiro, Cyro dos Anjos e outros expoentes da educação brasileira. Essa comissão organizou o sistema educacional da futura capital. Kubitschek pretendia que esse sistema viesse a ser o modelo educacional para todo o país. Posteriormente, com o sistema educacional elaborado, foi criada a Universidade de Brasília e o Plano para a Educação Básica. Para a EI foi concebido um modelo inspirado no que se fazia em Salvador,[57] porém mais evoluído. "Em Brasília, as primeiras quatro superquadras,

---

introduz e treina cada criança da sociedade como um membro dessa pequena comunidade, impregnando-o com o espírito de servir e fornecendo-lhe instrumentos para autodirecionar-se, teremos o melhor fiador de uma sociedade digna, encantadora e harmoniosa." (PALMER, p. 217). As principais obras de John Dewey, publicadas em português são: A criança e o currículo; Democracia e educação; Como pensamos; Experiência e educação. Sobre Dewey e o Ensino de Arte no Brasil, conf. Barbosa (1989).

57   Escola-Parque ou Centro Educacional Carneiro Ribeiro, em Salvador (BA), idealizada por Anísio Teixeira e inaugurada em 1950, foi um marco muito importante na vida educacional brasileira, não somente por haver

onde hoje está situado o centro histórico da cidade, receberam cada uma, uma "Escola-Classe" e Jardins de Infância." (BRASIL, 2009).

> Na superquadra 308 Sul foi construída a "Escola-Parque" destinada a receber os alunos das "Escolas-Classe", no turno complementar, para o desenvolvimento de atividades físicas, esportivas, artísticas e culturais. Todas as escolas citadas foram projetadas por Niemeyer e tinham a capacidade de atender os cerca de 30.000 habitantes residentes nas quatro superquadras iniciais. (BRASIL, 2009, p. 16)

Na série "Mais Educação – Educação Integral", publicada pelo Ministério da Educação e Cultura (MEC – BRASIL, 2009), encontra-se o "Texto referência para o debate nacional", que apresenta aspectos do desenvolvimento da EI e que relata que, na década de 1980, surgiu a experiência dos Centros Integrados de Educação Pública (CIEPs), sendo uma das ações mais polêmicas que tinham em vista a implantação da EI no país. Os CIEPs foram criados por Darcy Ribeiro, surgiram a partir da experiência de Teixeira. "[Os CIEPs], arquitetados por Oscar Niemeyer, foram construídos aproximadamente quinhentos prédios escolares durante os dois governos de Leonel Brizola, no Rio de Janeiro, cuja estrutura permitia abrigar o que se denominava como 'Escola Integral em horário integral'." (BRASIL, 2009, p. 16).

Em 1996, com a aprovação da Lei de Diretrizes e Bases da Educação Nacional (LDBEN), Lei Federal de n. 9.394, de 20 de dezembro de 1996, percebe-se a existência de um acesso mais amplo ao Ensino Fundamental (EF), e os sistemas de ensino nos âmbitos federal, estadual e municipal buscaram se organizar para ofertar o tempo integral na escola e cumprir o que determina a legislação nacional, nos art. 34 e 872. Cavaliere (2007) constatou que alguns Estados possuíam aparatos legais que objetivavam a ampliação do tempo escolar diário no EF, procurando desenvolver a ETI.

Já na cidade de São Paulo, houve a experiência dos Centros Educacionais Unificados (CEUs), instituídos por decreto municipal (2000-2004) no governo de Marta Suplicy. É interessante que, mesmo que essa proposta não pretendesse o tempo integral, ela buscava articular o atendimento de creche, da Educação Infantil e Fundamental, o desenvolvimento de atividades educacionais, recreativas e culturais, em um mesmo espaço físico, com a perspectiva de que os centros se constituíssem em experiências de convivência comunitária.

Com todas essas experiências e concepções aqui apresentadas, é possível perceber que a EI tem como característica a ideia de uma formação que seja a mais completa possível para o ser humano, considerando-o como um ser multidimensional.[58] Ao caminhar pela história da educação, notamos que as concepções de

---

sido instalada em 1949, mas também por ser ainda um exemplo sempre invocado, especialmente quando, em nossos dias, ainda se procura estabelecer novos rumos para a nossa escola. Na sua concepção pedagógica, o Centro Educacional Carneiro Ribeiro – com a Escola-Parque e as Escolas-Classe – significou a mais avançada resposta quanto ao tipo de instituição escolar capaz de realmente preparar a criança para a vida moderna, para uma sociedade em mudança. Disponível em: http://www.bvanisioteixeira.ufba.br/livro11/pagina33.htm. Acesso em: 31 jan. 2019.

58   Entende-se por educação multidimensional aquela que leva em conta todas as possibilidades de desenvolvimento do ser humano, em uma perspectiva cognitiva, cultural, estética, física, artística, dentre outras.

EI fundamentam-se em princípios político-ideológicos diversos, porém mantêm naturezas semelhantes em termos de atividades educativas.

No século XXI, no Brasil, iniciou um significativo movimento político e pedagógico, coordenado pelo governo federal, com vistas à ampliação da jornada escolar nas redes públicas. Esse movimento trouxe um significado novo, visibilidade e qualificação de projetos educativos já existentes, resultantes de iniciativas locais, especialmente de municípios. Em 9 de janeiro de 2001, foi criado o Plano Nacional de Educação (PNE), proposto pelo governo como sendo um conjunto de metas que tem como objetivo melhorar a qualidade do ensino, com uma proposta desafiadora tanto para a gestão educacional como para a área pedagógica, pois, dentre as prioridades, consta a oferta de ETI, visando preencher, no mínimo, 50% das escolas públicas em todo o país até 2024, atendendo pelo menos 25% dos alunos matriculados na Educação Básica (EB).

Como a justificativa para a ampliação do tempo de permanência na escola, os documentos apresentam a meta de melhorar a média escolar da EB e o nível de aprendizagem, alcançando um novo Índice de Desenvolvimento da Educação Básica (IDEB), com médias escolares iguais ou acima de 6,0 nos anos iniciais do EF; 5,5 nos anos finais; e 5,2 no Ensino Médio (EM).

Conforme apresentado aqui, a EI, ao longo do tempo, é pensada e realizada de formas diferentes, seja por propostas governamentais de ampliação de tempo escolar, seja pelas reflexões de teóricos. Coelho (2009) e Cavaliere (2207) consideram que a EI apresenta caracterizações que podem ser expressas de, pelo menos, três maneiras: na perspectiva de promover proteção integral a crianças e adolescentes; a partir da oferta de um currículo escolar integrado; e associada ao TI, ou seja, à ampliação das horas diárias em que o aluno permanece na escola.

A seguir, apresentaremos alguns desafios atuais da EI em TI no Brasil. Foram analisados documentos oficiais com o objetivo de identificar e discutir os termos apresentados anteriormente.

Desafios da educação integral em tempo integral

Neste tópico, a Educação Integral é estudada a partir dos documentos oficiais e, para tanto, será feito um estudo nas propostas elaboradas pelo governo para a implantação da Educação de Tempo Integral no ensino brasileiro. A LDB n. 9.394, de 1996, afirma o seguinte:

> Art. 34. A jornada escolar no ensino fundamental incluirá pelo menos quatro horas de trabalho efetivo em sala de aula, sendo progressivamente ampliado o período de permanência na escola.
> § 2º O ensino fundamental será ministrado progressivamente em tempo integral, a critério dos sistemas de ensino.
> [...]
>
> Art. 87. É instituída a Década da Educação, a iniciar-se um ano a partir da publicação desta Lei.

§ 5º Serão conjugados todos os esforços objetivando a progressão das redes escolares públicas urbanas de ensino fundamental para o regime de escolas de tempo integral. (BRASIL, 1996, p. 12 e 29-30).

O art. 34, § segundo, da LDB, trata do tempo de permanência dos alunos na escola e prevê que o EF seja ministrado em tempo integral. Aqui encontramos a primeira referência ao termo "integral", referindo-se não à Educação Integral, mas ao tempo integral de permanência na escola. Inicia-se, assim, a reflexão já mencionada por Teixeira sobre a EI na escola de TI.

No ano de 2004, o MEC criou a Secretaria de Educação Continuada, Alfabetização e Diversidade (SECAD), com a perspectiva de discutir e elaborar ações que visassem recuperar as injustiças encontradas na educação. A reflexão a respeito da EI iniciou com a seguinte proposta: "universalizar o acesso, a permanência e a aprendizagem na escola pública, a construção participativa de uma proposta de Educação Integral – por meio da ação articulada entre os entes federados." (BRASIL, 2009, p. 9).

Para a realização da referida proposta, no final de 2007, e no primeiro semestre de 2008, foi criado um grupo de trabalho dirigido por Jaqueline Moll, que era formado por gestores municipais e estaduais, representantes da União Nacional dos Dirigentes Municipais de Educação (UNDIME), do Conselho Nacional de Secretários de Educação (CONSED), da Confederação Nacional dos Trabalhadores em Educação (CNTE), da Associação Nacional pela Formação de Profissionais da Educação (ANFOPE), de organizações não governamentais comprometidas com a educação pública e de professores universitários. O grupo passou a se reunir periodicamente, sob a coordenação da SECAD, por intermédio da Diretoria de Educação Integral, Direitos Humanos e Cidadania (BRASIL, 2009).

Os encontros para a realização de estudos e debates fomentaram o texto que foi apresentado com o propósito de contribuir para o debate nacional acerca da intenção de formular uma política de EI. Um dos pontos a se destacar é que essa proposta apresentava a intersetorialidade como possibilidade de envolvimento de outros setores das gestões públicas, criando a ideia de que a EI não é obra apenas da escola. Segue trecho do texto publicado no caderno "Gestão Intersetorial no Território" (BRASIL, 2009b):

> A intersetorialidade supõe trocas sustentadas na horizontalidade das relações políticas, gerenciais e técnicas. Não se trata de equivalências, mas, sobretudo, do reconhecimento da capacidade que cada política setorial tem a aportar ao propósito comum: garantir Educação Integral às crianças, adolescentes e jovens. (BRASIL, 2009b, p. 25).

Para a realização desse programa, o MEC publicou um conjunto de documentos por meio dos quais vêm sendo disseminados os princípios e fundamentos para a elaboração do Projeto Político-Pedagógico, da proposta curricular e do modelo de gestão. Esses documentos incluem: a Portaria Interministerial n. 17/2007, com o Programa Mais Educação: gestão intersetorial no território (BRASIL, 2009b); Educação Integral: texto referência para o debate nacional (BRASIL, 2009a); Rede de Saberes Mais Educação: pressupostos para projetos pedagógicos de Educação Integral (BRASIL, 2009c).

No texto inicial desse programa, são apresentadas as situações de vulnerabilidade e risco social, baixo rendimento escolar, defasagem idade/série, reprovação e evasão escolar, além demostrar estudos que identificam a forte correlação entre situação de pobreza, distorção idade/série e dificuldades para a permanência na escola (BRASIL, 2009).

Com a análise dos documentos, foi possível verificar que a retomada da proposta de EI foi ao encontro das políticas de combate à pobreza, fazendo com que o governo federal elaborasse diversos programas e projetos com o objetivo de ampliar os direitos e garantir os investimentos para a melhoria da educação pública. Alguns desses projetos são: Plano de Desenvolvimento da Educação (2007); Fundo de Manutenção e Desenvolvimento da Educação Básica e de Valorização dos Profissionais da Educação (2006); e Índice de Desenvolvimento da Educação Básica (2007).

Não podemos esquecer que outro fator importante para o desenvolvimento da EI em TI é o seu financiamento:

> Em 1996, foi criado o Fundo de Manutenção e Desenvolvimento do Ensino Fundamental e de Valorização do Magistério (FUNDEF) e, em substituição a este, em 2007, o Fundo de Manutenção e Desenvolvimento da Educação Básica e de Valorização dos Profissionais da Educação (FUNDEB), este último instituído no âmbito do Plano de Desenvolvimento da Educação. (BRASIL, 2009, p. 22-23)

Nota-se que a criação das referidas ações surgiu com o propósito de ampliar as possibilidades de oferta de EI, possibilitando uma diferença nos repasses de remuneração das matrículas, não apenas por modalidade e etapa da Educação Básica, mas também pela ampliação da jornada escolar. Apesar de esses valores *per capita* evidenciarem avanços significativos, eles "ainda encontram-se defasados em relação às reais necessidades da Educação Básica pública, e aqui se destaca, em tempo integral." (MENEZES, 2012, p. 143). Portanto, mais do que aprimorar o mecanismo de fundos e a intervenção dos entes federados, é urgente o aumento de aporte financeiro para a garantia do direito à educação de qualidade.

Percebemos, também, a existência de uma política de indução de ampliação da jornada por meio do Programa Mais Educação, tanto para os municípios como para os Estados, o que leva as instituições educacionais a repensarem suas práticas e procedimentos. Ampliando as funções da escola, ampliam-se também as tarefas dos educadores: "Esse conjunto de elementos desafia uma nova postura profissional que deve ser construída por meio de processos formativos permanentes." (BRASIL, 2009c, p. 17).

Os documentos destacam que a ideia central do currículo é que ele parta das diferentes realidades, possibilitando o diálogo entre as diversas culturas, relacionando os saberes comunitários com os escolares. É somente a partir do Projeto Político-Pedagógico, construído coletivamente, que a escola poderá orientar e articular as ações e atividades propostas na perspectiva da consecução da EI, baseada em princípios legais e valores sociais, referenciados nos desafios concretos da comunidade onde está inserida a escola (BRASIL, 2009). O decreto n. 7.083, de 27 de janeiro de 2010, dispõe o seguinte sobre o Programa Mais Educação (BRASIL, 2010):

O currículo da escola de tempo integral, concebido como um projeto educativo integrado, deve prever uma jornada escolar de, no mínimo, 7 (sete) horas diárias. A ampliação da jornada poderá ser feita mediante o desenvolvimento de atividades como as de acompanhamento e apoio pedagógico, reforço e aprofundamento da aprendizagem, experimentação e pesquisa científica, cultura e artes, esporte e lazer, tecnologias da comunicação e informação, afirmação da cultura dos direitos humanos, preservação do meio ambiente, promoção da saúde, entre outras, articuladas aos componentes curriculares e áreas de conhecimento, bem como as vivências e práticas socioculturais. (BRASIL, 2010, p. 25).

De acordo com essa referência, o currículo é concebido como um projeto integrado, em que todas as áreas estão em sintonia para o desenvolvimento pedagógico. Assim, para que a escola seja de qualidade, é necessário que o conjunto de conhecimentos sistematizados e organizados no currículo escolar também inclua práticas, habilidades, costumes, crenças e valores que estão na base da vida cotidiana e que, articulados ao saber acadêmico, constituem o currículo necessário à vida em sociedade (BRASIL, 2009).

Ao analisar os documentos no âmbito do Programa Mais Educação, notamos que a EI foi influenciada por algumas ideias de Teixeira e Ribeiro, seguindo como referência as experiências da Escola-Parque e dos CIEPs. As normativas elaboradas partem do combate às desigualdades sociais, buscando tirar os alunos do contexto da vulnerabilidade. Para isso, foram implantadas ações como "Apoio Financeiro", por meio do Programa Dinheiro Direto na Escola.

Com todas essas orientações, nota-se que a proposta aqui estudada foi elaborada com o objetivo da implantação da EI em TI, tornando-a uma política pública das escolas brasileiras nos municípios e Estados. A seguir, apontamos alguns procedimentos realizados pelo governo do Tocantins por meio da Secretaria de Educação.

Educação de tempo integral no estado do Tocantins

De acordo com Martins (2011), o estado do Tocantins (TO) iniciou sua história com a divisão do estado de Goiás. Ao analisar documentos, vemos o contraste entre o sul e o norte de Goiás, o que contribuiu para essa divisão. Siqueira Campos apresentou a proposta de emancipação do TO durante a elaboração da Constituição. Sendo assim, com a promulgação da Constituição Federal (CF, 1988), o Estado do Goiás foi dividido, sendo instituído, ao Norte, o Estado do TO.

Como a região norte era isolada, muitas vezes, o acesso à educação não acontecia de forma igualitária a todos, deixando de ser um "direito de todos e dever do Estado e da família." De acordo com Danilo de Melo (2011):

> Essa região tinha um dos maiores índices de analfabetismo e de baixa cobertura escolar. Em regiões como no Bico do Papagaio o analfabetismo passava de 50%. Havia poucas escolas, principalmente públicas, e por isto o acesso dos jovens e crianças era muito difícil. Antes de ser emancipado o Estado havia algo em torno de 70 municípios nessa região. Os municípios eram grandes e havia grandes

extensões territoriais. As pessoas tinham que mandar seus filhos para regiões muito distantes, para continuar seus estudos e muitas famílias da região de Miracema mandavam seus filhos para Tocantínia e Pedro Afonso. As famílias que tinham mais posses iam para Goiânia ou Maranhão. (MELO, 2011, [s./p.]).

Ao longo do tempo, o Estado buscou ampliar o seu sistema de ensino e, muitas vezes, essa ampliação veio em concordância com as propostas elaboradas pelo ente federativo. O Plano Nacional de Educação, conforme consta na Meta 6, do PNE (2014), Lei n. 13.005, de 25 de junho de 2014, "oferecer educação em tempo integral em, no mínimo, cinquenta por cento das escolas públicas, de forma a atender, pelo menos, vinte e cinco por cento dos (as) alunos (as) da educação básica." Em consequência, o Estado do Tocantins contempla a Meta 5 no Plano Estadual de Educação (2015), de "oferecer educação em tempo integral em, no mínimo, 50% (cinquenta por cento) das escolas públicas, de forma a atender, pelo menos, 25% (vinte e cinco por cento) dos (as) alunos (as) da educação básica." (BRASIL, 2015).

Em 2005 foram implantadas as primeiras ETIs na Rede Estadual de Educação, sendo estas: Centro Estadual de Educação La Salle no município de Augustinópolis; Escola Estadual XV de Novembro em Tocantinópolis; Escola Estadual Irmã Aspasia em Porto Nacional e o Colégio Estadual Centro de Atenção Integral a Criança em Palmas, sendo que o CAIC de Palmas foi a primeira escola a oferecer ETI no Estado.

A política educacional de ETI proposta pelo Governo Federal, por meio da implantação do Programa Mais Educação, em 2007, veio como incentivo para os Estados e municípios para a ampliação da jornada escolar do aluno. Essa proposta apresentava atividades, como trabalhos manuais e reforço escolar. Porém, somente em junho de 2011 é que foi publicada a Instrução Normativa n. 10, de 28 de junho de 2011, que dispõe sobre o funcionamento das Unidades Escolares de Tempo Integral da Rede Estadual de Ensino.

Ao longo dos anos, TO se destacou com um crescente número de ETIs. Atualmente, há 22 unidades de EF, 3 de EF e Médio e 9 de Escolas do Campo, conforme Figura 1, abaixo:

Figura 1 – Quantidade de ETIs

QUANTIDADE DE ETIs														
	2005	2006	2007	2008	2009	2010	2011	2012	2013	2014	2015	2016	2017	2018	2019
ETIs	4	11	13	14	17	17	35	42	50	51	52	47	46	44	34

Fonte: Sistema de Gerenciamento Escolar (2019) – SEDUC.

Apesar de ter apresentado um crescimento significativo por alguns anos, observa-se que a demanda de matrículas, nas ETIs, tem diminuído gradativamente. As unidades escolares apontam alguns fatores para justificar tal situação: estrutura física inadequada; municipalização dos anos iniciais; fator socioeconômico (necessidade de ajudar em casa); e reordenamento das Unidades Escolares. A Figura 2 nos mostra que, de 2005 a 2015, houve um aumento significativo das matrículas de estudantes nas escolas de TI:

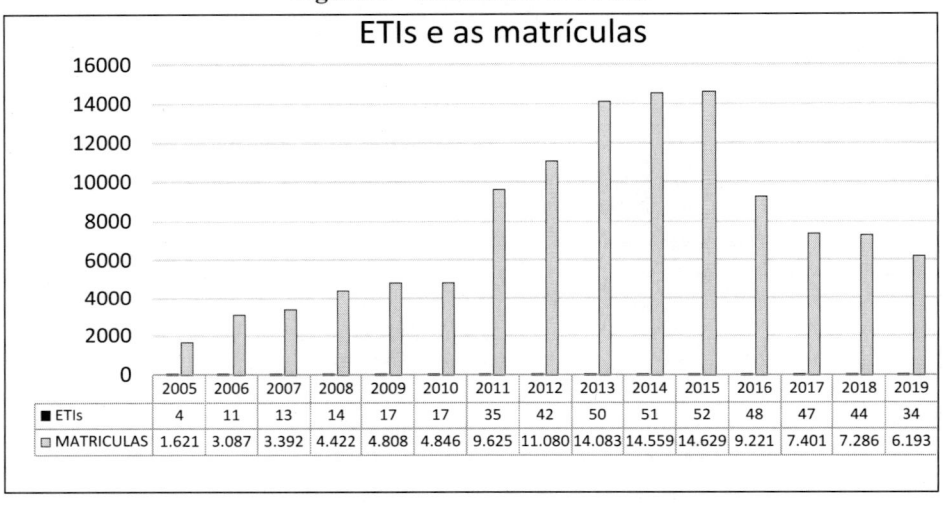

Figura 2 – Matrículas nas ETIs

ETIs e as matrículas

Ano	2005	2006	2007	2008	2009	2010	2011	2012	2013	2014	2015	2016	2017	2018	2019
ETIs	4	11	13	14	17	17	35	42	50	51	52	48	47	44	34
MATRÍCULAS	1.621	3.087	3.392	4.422	4.808	4.846	9.625	11.080	14.083	14.559	14.629	9.221	7.401	7.286	6.193

Fonte: Sistema de Gerenciamento Escolar do Estado do Tocantins (2019) – SEDUC.

O Programa Novo Mais Educação é instituído por meio da Portaria do MEC n. 1.144, de 10 de outubro de 2016, e regulamentado pela Resolução CD/FNDE n. 17, de 22 de dezembro de 2017, e que tem como objetivo melhorar a aprendizagem em Língua Portuguesa e Matemática no EF, por meio da ampliação da jornada escolar de crianças e adolescentes, mediante a complementação da carga horária de 5 ou 15 horas semanais no noturno e contra-turno escolar. Conforme os documentos que orientam à adesão, execução, acompanhamento e monitoramento do Programa, a seleção deve priorizar os seguintes grupos de estudantes:

I. em situação de risco e vulnerabilidade social;
II. em distorção idade-ano;
III. com alfabetização incompleta;
IV. repetentes;
V. com lacunas de aprendizagem em Língua Portuguesa e Matemática;
VI. em situação provisória de dificuldade de aprendizagem em Língua Portuguesa e Matemática; e,
VII. em situação de risco nutricional. (BRASIL, 2016).

Segue a Tabela 1, abaixo, com os dados quantitativos das escolas e alunos atendidos no Programa Novo Mais Educação, na Rede Pública de Ensino de TO (Municipal e Estadual):

Tabela 1 – Quantidade de escolas e de alunos atendidos no
Programa Novo Mais Educação nos anos 2016/2017

Número de escolas	Número de alunos
622	98.666

Fonte: Relatório do Centro de Políticas e Avaliação da Educação n. 153759 /2017.

Conforme Tabela 2, abaixo, o total de alunos atendidos pelo Programa Mais Educação e Novo Mais Educação, na Rede Estadual de Ensino, durante os anos de 2011 a 2019, tem apresentado oscilação em relação ao quantitativo de alunos que frequentaram os referidos programas.

Tabela 2

2011/2012	2012/2013	2013/2014	2014/2015	2016/2017	2018/2019
14.185	43.166	61.114	65.131	41.620	32.224

Fonte: Programa Dinheiro Direto na Escola MEC e Sistema de Gerenciamento Escolar – 2019.

O número total de escolas que atendiam ao Programa Mais Educação e Novo Mais Educação, na Rede Estadual de Ensino do TO, apresentaram, durante os de 2011 a 2014, um crescimento no número de alunos, porém, nos anos subsequentes, observa-se um decréscimo em relação aos anos posteriores, conforme Tabela 3, baixo:

Tabela 3

2011/2012	2012/2013	2013/2014	2014/2015	2016/2017	2018/2019
93	306	386	366	326	265

Fonte: Programa Dinheiro Direto na Escola e Sistema de Gerenciamento Escolar – 2019.

O Governo do Estado do TO, por meio da Secretaria de Educação, Juventude e Esportes, com o propósito de garantir a todos o acesso, a permanência e o desempenho escolar do estudante, aderiu, junto ao MEC, ao Programa de Fomento à Implementação de Escolas de Ensino Médio de Tempo Integral. Conforme esse Programa, a proposta vem para colaborar com a Secretaria de Educação do Estado, na busca pela melhoria da qualidade do ensino, ofertado aos alunos uma proposta que venha proporcionar uma formação acadêmica com valores para a vida e para as potencialidades para o século XXI.

Com a regulamentação do MEC (Portaria n. 727, de 13 de junho de 2017), foram favorecidos 3.650 estudantes das cidades de Araguaína, Arraias, Colinas, Dianópolis, Guaraí, Gurupi, Miracema, Palmas, Tocantinópolis e, em seguida, com a Portaria n. 1.023, de 4 de outubro de 2018, mais estudantes também foram beneficiados.

O currículo nas escolas de tempo integral é organizado por componentes curriculares do Núcleo Comum e da Parte Diversificada que interagem entre si. Essa Parte Diversificada proporciona, como componentes, o seguinte:

> **Projeto de vida**: Apoio à construção da identidade do adolescente, como ponto de partida para a construção do seu Projeto de Vida;
> **Disciplinas eletivas**: São disciplinas interdisciplinares oferecidas, semestralmente, com temáticas propostas pelos professores e estudantes com o objetivo de diversificar, aprofundar e enriquecer os conteúdos e temas trabalhados nos componentes do núcleo comum, permitindo que o jovem diversifique e amplie o seu repertório de conhecimento;
> **Práticas experimentais**: são atividades práticas desenvolvidas nos laboratórios ou espaços escolares para desenvolvimento das disciplinas de matemática, física, biologia e química;
> **Estudo orientado**: objetiva oferecer um tempo destinado à realização de atividades pertinentes às técnicas de estudo e planejamento da rotina de estudos do estudante com orientação e acompanhamento dos professores;
> **Preparação pós-médio**: direcionado aos alunos da 3ª série, tem foco no ingresso ao nível Superior de Ensino e formação de competências para o século XXI.
> **Avaliação semanal**: avaliações periódicas com o objetivo de monitorar constantemente o desempenho de ensino e aprendizagem e manter rotina de estudos dos estudantes. (MÓDULO PEDAGÓGICO DO INSTITUTO DE CORRESPONSABILIDADE PELA EDUCAÇÃO, 2014).

Segundo a proposta da escola Jovem em Ação, uma das estratégias que tem se destacado é o Acolhimento a toda equipe escolar. Essa metodologia de êxito, conforme é denominada, é o marco inicial da Implementação do Programa, que é realizada pelos estudantes que já vivenciam o modelo da Escola Jovem em Ação, com vistas ao Protagonismo Juvenil.

A partir de 2020, a implementação do Ensino Médio se estendeu para 29 escolas do TO. Foram três anos de parceria que contou com o Instituto de Corresponsabilidade pela Educação (ICE), Instituto Sonho Grandes e Instituto Natura, que cooperaram para a formação e o apoio à implantação do referido modelo. A proposta desse Programa é a de formar alunos autônomos, solidários e competentes para atuarem na realidade em que vivem. Segundo o modelo apresentado pela escola, os jovens devem aprender a escolher o futuro que almejam para a construção do seu Projeto de Vida, a partir dos seus ideais.

As unidades escolares que ofertam esse Programa, conforme a Portaria n. 1.023, de 2018, que trata dos Critérios de Avaliação do Impacto das Escolas de Fomento no Ensino Médio, devem apresentar resultados efetivos como a redução da média de abandono e reprovação, cumulativamente, da seguinte forma:

a) no primeiro ano do programa, reduzir 3.5 p.p;
b) no segundo ano do programa, reduzir 3.5 p.p;
c) no terceiro ano do programa em diante, alcançar e manter o patamar de até 5%; deverão também, conforme dados oficiais do Censo Escolar,

atingir taxa de participação na Prova do Enem, de no mínimo 75% dos alunos do ensino médio matriculados, dentre outros. (BRASIL, 2018).

Portanto, o que se propõe nesse modelo de Escola Jovem em Ação, nas escolas de Ensino Médio é desenvolver um Modelo Pedagógico, com Tecnologia de Gestão e infraestrutura, que deve proporcionar o desenvolvimento de estudantes autônomos, solidários e competentes para atuarem na sociedade atual. No entanto, o que se observou, no decorrer desse estudo, tanto nas escolas de Ensino Médio de Tempo Integral, quanto nas escolas de EF, é que muitos estudantes deixaram de frequentar as ETI, por motivo socioeconômico (necessidade de auxiliar a família). Outro motivo observado foi o fato de algumas escolas não possuírem uma estrutura adequada para atender os alunos em tempo integral.

Considerações finais

No decorrer deste estudo, foi possível constatar que, ao longo da história da educação brasileira, a Educação Integral (EI) aparece de forma diferente tanto em concepções como em práticas. No contexto desta pesquisa, a EI aparece na Escola de Tempo Integral (ETI), que corresponde a uma das formas de manifestação da EI.

Com o cenário de ETI, buscamos compreender as abordagens de EI e de ETI, destacando que essas não são sinônimas. Coelho (2014) nos chama a atenção para o fato de que ofertar uma ETI não implica no oferecimento de uma EI. Com a falta de clareza sobre o(s) sentido(s) dessa temática, foi realizado um estudo mais direcionado, com o objetivo de compreender a EI *versus* ETI no decorrer da História da Educação, o que possibilitou perceber que não há uma supremacia quanto às definições.

Guará (2006) apresenta a EI como formação integral do sujeito. "A concepção de Educação Integral que se associa à formação integral traz o sujeito para o centro das indagações e preocupações da educação." (GUARÁ, 2006, p. 16). Ainda, nessa linha de raciocínio, a autora afirma:

> Na implantação de projetos de Educação Integral, não há modelos prontos nem concepções exclusivas. Há um arco de opções e conjugações possíveis para diferentes contextos que permitem tanto a realização de projetos e programas pelo próprio sistema escolar, quanto por diversas áreas públicas atuando no espaço escolar ou, ainda, por diversas agências e organizações locais agindo complementarmente, em cooperação. Podem ter horários e agendas de aprendizagem peculiares, desde que baseadas nos parâmetros legais e em projetos pedagógicos adequados à sua realidade e às necessidades de suas crianças e jovens. Em todos os tipos e concepções de Educação Integral, há desafios a enfrentar e zelos que devem ser adotados nos planos e processos de ação. (GUARÁ, 2006, p. 18-19).

De acordo com Guará (2006), a EI é um desafio que está além do tempo de permanência do aluno na escola, pois a escola não é um lugar para deixar as crianças enquanto os pais trabalham. Para os autores apresentados anteriormente, elaborar uma proposta de EI implica em ressignificar a experiência de aprendizagem do modo mais abrangente possível, com projetos pedagógicos e adequados à realidade dos alunos.

Constatamos que a EI, ao longo da História da Educação, teve suas concepções e práticas construídas a partir de matrizes político-ideológicas, pois as três ideologias políticas, ou seja, o conservadorismo, o socialismo e o liberalismo, mesmo sendo divergentes enquanto visões de mundo, conceberam e defenderam a EI.

Entretanto, embora apresentando alguns aspectos em comum, os conceitos de EI, defendidos por essas diferentes ideologias políticas diferem. Para os anarquistas, a educação era completa, ou seja, a EI possuía caráter crítico-emancipador. Para os conservadores, esse tipo de educação era entendido como aquela que se propõe a educar o homem como um todo. E, para os integralistas, a EI se caracterizava por "Deus, Pátria e Família"sendo, portanto, de uma concepção doutrinária.

Diante do exposto, no Brasil, ao longo dos anos, tanto os conservadores, quanto os socialistas e liberais propuseram a EI, embora nem sempre defendendo as mesmas ideias e práticas. É imprescindível refletir sobre as concepções de EI existentes na educação, para fundamentar propostas a serem implantadas nos Estados e municípios; não para realizar cópias, mas para fazer uma análise crítica e procurar realizar uma educação que atenda à comunidade de forma significativa, conforme suas necessidades.

Em suma, nos anos de 1950, Teixeira tentou efetivar uma formação humana mais completa, que implicava na implantação de um sistema público com jornada escolar de tempo integral, tentativa essa que não avançou. Nas décadas de 1980 e 1990, foram criados os CIEPs, no Estado do Rio de Janeiro, e os Centros de Atenção Integral à Criança – CAIACs. A partir do ano de 2004, o governo federal iniciou a elaboração de documentos como referência para a implantação da EI, sendo criado o Programa Mais Educação. Assim, é notável que houve muitos os momentos de inconstâncias políticas ao longo desse período.

Por fim, entendendo a EI como uma proposta de formação completa do ser humano, que surgiu no início do século XX, ocorreram desdobramentos de propostas de uma educação vinculada ao tempo de permanência na escola. No entanto, entende-se que a efetivação de uma ETI não se relaciona apenas com o tempo de permanência do aluno na escola ou com um currículo repleto de matérias a serem estudadas. É necessário que se compreenda o tipo de aluno que se pretende formar. E isso estaria de acordo com uma perspectiva de formação multidimensional, em que a criança desenvolve seus aspectos afetivo, cognitivo, físico, social, entre outros, conjuntamente e não de modo fragmentado. (MAURÍCIO, 2009).

A ETI se tornou uma política pública de gestores de Estados e municípios. No entanto, é importante ressaltar que, para que realmente tenha êxito, é necessário que haja escolas com espaços físicos adequados, com material escolar de acordo com as especificidades dos alunos, com material pedagógico significativo, com corpo docente qualificado e valorizado, dentre outros. Uma escola, nesse contexto, poderia levar à busca por equidade e qualidade da Educação Básica para além da ampliação da jornada escolar, em uma perspectiva de Educação Integral em Tempo Integral.

REFERÊNCIAS

ACADEMIA BRASILEIRA DE LETRAS. **Julio Afrânio Peixoto.** Disponível em: http://www.fgv.br/cpdoc/acervo/dicionarios/verbete-biografico/julio-afranio-peixoto. Acesso em: 6 jan. 2018.

AZEVEDO, F. *et al.* Manifestos dos Pioneiros da Educação Nova (1932) e dos Educadores (1959). **Revista HISTEDBR On-line,** Campinas, especial, p. 188-204, ago. 2006. Disponível em: http://www.histedbr.fe.unicamp.br/revista/edicoes/22e/doc1_22e.pdf. Acesso em: 29 jan. 2019.

BARBOSA, Ana Mae. **John Dewey e o Ensino de Arte no Brasil**. São Paulo: Cortez, 2002.

BRASIL. **Projeto de Lei n. 8.035,** que aprova o Plano Nacional de Educação (PNE 2011-2020) – em tramitação. 2010. Disponível em: http://www.camara.gov.br/sileg/integras/831421.pdf. Acesso em: 15 abr. 2017.

BRASIL. Decreto n. 6.094, de 24 de abril de 2007. Dispõe sobre a implementação do Plano de Metas Compromisso Todos pela Educação, pela União Federal, em regime de colaboração com Municípios, Distrito Federal e Estados, e a participação das famílias e da comunidade, mediante programas e ações de assistência técnica e financeira, visando a mobilização social pela melhoria da qualidade da Educação Básica. **Diário Oficial da União.** Brasília, 25 abr. 2007.

BRASIL. Portaria Normativa Interministerial n. 17, de 24 de abril de 2007. Institui o Programa Mais Educação, que visa fomentar a Educação Integral de crianças, adolescentes e jovens, por meio do apoio a atividades sócio-educativas no contraturno escolar. **Diário Oficial da União.** Brasília, 2007.

BRASIL. Decreto n. 6.253, de 13 de novembro de 2007. Dispõe sobre o Fundo de Manutenção e Desenvolvimento da Educação Básica e de Valorização dos Profissionais da Educação – FUNDEB, regulamenta a Lei n. 11.494, de 20 de junho de 2007, e dá outras providências. **Diário Oficial da União.** Brasília, DF, 2007.

BRASIL. MEC. **Plano de Desenvolvimento da Educação (PDE):** razões, princípios e programas. Brasília, 2007. Disponível em: http://portal.mec.gov.br/arquivos/livro/. Acesso em: 11 nov. 2017.

BRASIL. MEC. Secretaria de Educação Continuada, Alfabetização e Diversidade (Secad). **Programa Mais Educação:** gestão intersetorial no município. Brasília, 2008.

BRASIL. MEC. **Cadernos Pedagógicos Mais Educação:** Macrocampo Cultura e Artes. Brasília: SECAD/MEC. 2009. Disponível em: http://portal.mec.gov.br/

index.php?option=com_docman&view=download&alias=12329-culturaartes-pdf&Itemid=3019. Acesso em: 15 jan. 2018.

BRASIL. MEC. Secretaria de Educação Continuada, Alfabetização e Diversidade (Secad). **Educação Integral:** texto de referência para o debate nacional. Brasília, 2009a.

BRASIL. MEC. Secretaria de Educação Continuada, Alfabetização e Diversidade (Secad). **Programa Mais Educação:** gestão intersetorial no território. Brasília, 2009b.

BRASIL. MEC. Secretaria de Educação Continuada, Alfabetização e Diversidade (Secad). **Rede de Saberes Mais Educação:** pressupostos para Projetos Pedagógicos de Educação Integral. Brasília, 2009c. Disponível em: http://portal.mec.gov.br/dmdocuments/cad_mais_educacao_2.pdf. Acesso em: 11 nov. 2017.

BRASIL. Decreto n. 7.083, de 27 de janeiro de 2010.Dispõe sobre o Programa Mais Educação. **Diário Oficial da União**. Brasília, 27 jan. 2010.

BRASIL. **Lei n. 12.287,** de 13 de julho de 2010. Brasília, 2010. Disponível em: http://www.planalto.gov.br/ccivil_03/Ato20072010/2010/Lei/L12287.htm#art. Acesso em: 25 nov. 2017.

BRASIL. Projeto de Lei n. 8.035, de 20 de dezembro de 2010. **Aprova o Plano Nacional de Educação para o decênio 2011-2020 e dá outras providências.** Brasília, DF: Câmara dos Deputados, 2010.

BRASIL. **Educação Integral/educação integrada e(m) tempo integral:** concepções e práticas na educação brasileira. Dois estudos. Mapeamento das experiências de jornada escolar ampliada no Brasil – estudo quantitativo. Mapeamento das experiências de jornada escolar ampliada – estudo qualitativo. Brasília, DF: MEC, 2010c. Disponível em: http://portal.mec.gov.br/index.php?option=com_content&view=artic&id=16727&Itemid=1119. Acesso em: 12 jan. 2018.

BRASIL. Lei n. 12.711, de 29 de agosto de 2012. Dispõe sobre o ingresso nas universidades federais e nas instituições federais de ensino técnico de nível médio e dá outras providências. **Diário Oficial da União**. Brasília, DF, 30 ago. 2012.

BRASIL. MEC. Secretaria de Educação Básica. Secretaria de Educação Continuada, Alfabetização, Diversidade e Inclusão. Secretaria de Educação Profissional e Tecnológica. Conselho Nacional da Educação. Câmara Nacional de Educação Básica. **Diretrizes Curriculares Nacionais Gerais da Educação Básica**. Ministério da Educação. Secretaria de Educação Básica. Diretoria de Currículos e Educação Integral. Brasília: MEC, SEB, DICEI, 2013. Disponível em: http://portal.mec.gov.br/index.php?option=com_docman&view=download&alias=15548-d-c-n-educacao--basica-nova-pdf&Itemid=30192. Acesso em: 15 maio 2017.

BRASIL. **Lei n. 13.278,** de 2 de maio de 2016. Disponível em: www.planalto.gov. br/ccivil_03/_ato2015-2018/2016/lei/l13278.htm. Acesso em: 19 mar. 2017.

BRASIL. **Lei n. 13.415,** de 16 de fevereiro de 2017. Disponível em: http://www. planalto.gov.br/ccivil_03/_Ato2015-2018/2017/Lei/L13415.htm#art2. Acesso em: 17 out. 2017.

BIBLIOTECA VIRTUAL DE ANÍSIO TEIXEIRA. **A Escola Parque da Bahia:** Experiência pedagógica pioneira no Brasil. Obra de projeção internacional. Disponível em: http://www.bvanisioteixeira.ufba.br/livro11/pagina33.htm. Acesso em: 20 jun. 2020.

CAVALIERE, A. M. Tempo de escola e qualidade na educação pública. **Educ. Soc.,** Campinas, v. 28, n. 100, p. 1015-1035, out. 2007. Disponível em: http://www.cedes. unicamp.br. Acesso em: 20 fev. 2018.

CAVALIERE, A. M. Anísio Teixeira e a Educação Integral. **Paideia,** v. 20, n. 46, p. 249-265, maio-ago. 2010. Disponível em: www.scielo.br/paideia. Acesso em: 25 jan. 2018.

CIAVATTA, M.; RAMOS, M. A "era das diretrizes": a disputa pelo projeto de educação dos mais pobres. **Revista Brasileira de Educação,** v. 17, n. 49, p. 11-37. jan./ abr. 2012. Disponível em: http://www.scielo.br/pdf/rbedu/v17n49/a01v17n49.pdf. Acesso em: 15 mar. 2019.

COELHO, L. M. C. da C. História(s) da Educação Integral. **Em Aberto,** Brasília, v. 22, n. 80, p. 83-96, abr. 2009. Disponível em: http://emaberto.inep.gov.br/index. php/emaberto/article/viewFile/2222/2189. Acesso em: 31 jan. 2019.

DEWEY, J. **Arte como experiência.** São Paulo: Martins Fontes, 2010.

GABRIEL, C. T.; CAVALIERE, A. M. Educação Integral e currículo integrado: quando dois conceitos se articulam em um programa. *In:* MOLL, J. *et al.* **Caminhos da Educação Integral no Brasil:** direito a outros tempos e espaços educativos. Porto Alegre: Penso, 2012.

GUARÁ, I. M. F. R. É imprescindível educar integralmente. **Cadernos Cenpec,** [s./l.], v. 1, n. 2, p. 17, ago. 2006. Disponível em: http://cadernos.cenpec.org.br/cadernos/ index.php/cadernos/article/view/168. Acesso em: 20 jan. 2018.

MARTINS, A. R. **O ensino de música na cidade de Palmas – TO após o advento da Lei 11.769/08.** Dissertação (Mestrado em Música) – Escola de Música e Artes Cênicas, Universidade Federal de Goiás: Goiânia, 2011.

MAURÍCIO, L. V. Políticas públicas, tempo, escola. *In:* COELHO, L. M. C. C. (org.). **Educação Integral em Tempo Integral:** estudos e experiências em processo. Petrópolis: Editora FAPERJ, 2009, p. 53-68.

MENEZES, J. S. S. Educação em Tempo Integral: direito e financiamento. **Educar em Revista**, Curitiba, n. 43, p.137-152, jul./set. 2012.

MOLL, J. **Caminhos da Educação Integral no Brasil:** direito a outros tempos e espaços educacionais. Porto Alegre: Penso, 2012.

MOLL, J. Reformar para retardar: a lógica da mudança no EM. **Revista Retratos da Escola**, Brasília, v. 11, n. 20, p. 61-74, jan./jun. 2017. Disponível em: http//www.esforce.org.br. Acesso em: 25 fev. 2019.

MORAES, J. D. Educação Integral: uma recuperação do conceito libertário. *In:* COELHO, L. M. C. C. (org.). **Educação Integral em Tempo Integral:** estudos e experiências em processo. Petrópolis: Editora FAPERJ, 2009, p. 53-68.

PALMER, J. A. **50 Grandes educadores:** de Confúcio a Dewey. São Paulo: Contexto, p. 217.

SANDER, B. Administração da Educação no Brasil: genealogia do conhecimento. Brasília: Liber Livro, 2007.

SAVIANI, D. **Educação:** do senso comum à consciência filosófica. São Paulo: Cortez; Autores Associados, 1983.

SAVIANI, D. **Pedagogia Histórico-crítica:** primeiras aproximações. 6. ed. Campinas: Autores Associados, 1997.

SAVIANI, D. **História das ideias pedagógicas no Brasil.** Campinas, SP: Autores Associados, 2007.

SOUZA, D. de M. **Educação no Tocantins:** uma história de desafios em intensa transformação. Casa Civil Tocantins Governo do Estado. Disponível em: https://casacivil.to.gov.br/noticia/2011/10/3/educacao-no-tocantins-uma-historia-de-desafios-em-intensa-transformacao/ Acesso em: 20 jun. 2020.

TEIXEIRA, A. Dewey e a Filosofia da Educação. **Boletim Informativo CAPES.** Rio de Janeiro, n. 85, p.1-2, dez. 1959. Disponível em: http://www.bvanisioteixeira.ufba.br/produde.htm. Acesso em: 20 out. 2017.

O CURRÍCULO INTERCULTURAL DA ESCOLA INDÍGENA AKWẼ DO TOCANTINS-BR EM UMA PERSPECTIVA DECOLONIAL[59]

Raquel Castilho Souza
Karylleila Andrade
Tânia Ferreira Rezende

Introdução

A educação indígena no Brasil, inicialmente foi parte do projeto colonial, um projeto de civilização do indígena (DIRETÓRIO DOS ÍNDIOS, 1757). Depois, foi parte dos projetos de construção da nação – do Estado-Nação e do Estado nacional –, que concebiam a integração do indígena à sociedade nacional unificada. Todos esses projetos contaram com a escola, sob a concepção de educação civilizatória unificadora, monolíngue, monocultural e monoepistêmica, pensada pelo dominador.

Já avançado o século XX e a república, nos anos 1970, por meio da Portaria 75/N, de 72 (BRASIL, 1972), da Fundação Nacional do Índio–FUNAI, e do Estatuto do Índio – Lei 6.001/1973 – (BRASIL, 1973), começa a ser construída uma política de educação indígena bilíngue e intercultural, pelo convênio entre a FUNAI e o Summer Institute of Linguistic–SIL. De acordo com Pimentel da Silva (2008, p. 108), com essa política de educação indígena, concebido como "ensino bilíngue de civilização", esse ensino é uma estratégia de transição para a aquisição do português. Em resumo, da mesma forma que nas escolas missionárias anteriores, as línguas indígenas continuam sendo usadas como suporte para o ensino do português. Trata-se, portanto, da colonialidade do poder na educação, pela manutenção da colonialidade do currículo escolar para a escola indígena.

Com este capítulo, de uma perspectiva decolonial, objetivamos refletir sobre a construção de uma proposta curricular intercultural crítica para a educação indígena, em especial, a da que ocorre na escola Wakõmẽkwa[60] da comunidade Riozinho Kakumhu, Povo Xerente do Tocantins, estado da região Norte do Brasil. Partimos dos marcos legais que regulamentam a educação escolar indígena nos âmbitos federal e estadual, e adotamos, como suporte teórico-metodológico, autores que pensam o currículo escolar indígena na perspectiva intercultural crítica, tais como: Albuquerque

---

59 Este texto é parte da tese de doutorado, intitulada *A educação escolar indígena intercultural e o ensino das artes: um olhar sobre as práticas da escola Wakõmẽkwa na comunidade Riozinho Kakumhu – Povo Xerente – Tocantins,* defendida por Raquel Castilho Souza em 2019.

60 A Escola Indígena Wakõmẽkwa, da Comunidade Riozinho Kakumhu, localizada no estado do Tocantins, foi o lócus da pesquisa de campo.

(2014), Diniz; Costa; Diniz (2011), Grupioni (2001); Muniz, (2017); Penteado; Cardoso Junior, (2014), Santomé (1995) e Santos (2010).

A Educação Escolar Indígena no Tocantins

Segundo o Censo Demográfico de 2010 (BRASIL/IBGE, 2010), o Tocantins tem um total de 13.131 indígenas (BRASIL, 2012), o que o situa em 19º lugar no Brasil em população autodeclarante indígena. Entretanto, Muniz (2017), com dados mais atuais sobre essa população, apresenta um total de 14.500 indígenas, apontando um aumento demográfico no estado.

Segundo Silva (2020, p.7), antropóloga e professora pesquisadora da Universidade Federal do Tocantins, no estado do Tocantins, vivem nove povos indígenas: os Akwẽ-Xerente, Mehin-Krahô, Pahin-Apinajé, Iny-Javaé-Karajá-Xambioá[61], os Krahó-Kanela[62], os Ãwa-Avá Canoeiro[63] e os Apyãwa-Tapírapé[64]. A autora afirma ainda que "todos eles, a despeito das representações dominantes, se constituem como fundamentalmente singulares. Suas perspectivas cosmológicas e sua organização social diferem significativamente." Os povos referenciados nos documentos da Secretaria de Educação, Juventude e Esportes do estado SEDUC[65] são: Krahô, Khahô Canela, Xerente, Apinajé, Karajá, Javaé e Xambioá.

Atualmente, podem-se encontrar centenas de comunidades desses grupos indígenas distribuídas nas seis regiões do Estado, com terras demarcadas oficialmente (vide Fig. 1), sendo Tocantínia a cidade com maior número de concentração indígena. Segundo informações do Distrito Sanitário Especial Indígena DSEI-TO, atualmente a população da reserva Xerente, na região contabiliza 3.842 indígenas.

Cada comunidade tem uma organização social e política própria (MUNIZ, 2017). No que diz respeito às línguas, os resultados do censo IBGE 2010 mostram que todas as comunidades conservam e fazem uso da língua materna. A língua portuguesa é utilizada somente no contato com não indígenas, membros representativos do governo, pesquisadores e visitantes esporádicos (BRASIL, 2012).

> A continuidade do uso de suas línguas maternas é um dos aspectos que representa e singulariza a diversidade dos povos indígenas do Tocantins. Nos eventos culturais há exuberante beleza de artesanato, pinturas corporais e adornos que enfeitam suas festas e rituais realizados. (SEDUC, 2016, s./p.)

As atitudes e posturas sociolinguísticas, documentadas no Censo IBGE 2010, mostram a vitalidade e força da decolonialidade dos povos indígenas do Tocantins. Essa postura decolonial, entretanto, nem sempre é reconhecida ou respeitada na

---

61 De acordo com Silva (2020, p. 12), não há consenso entre os estudiosos do grupo Karajá que Karajá, Xambioá e Javaé sejam povos distintos. Segundo Giraldin (2002, p. 127), a atribuição nativa está definida pela posição de cada grupo em relação ao Rio Araguaia. Os que ocupam a região mais ao sul são denominados o "povo de cima" (Os Karajá), sendo que o "povo do meio" são os Javaé e o "povo de baixo" são os Xambioá.
62 Fonte: https://pib.socioambiental.org/pt/Povo/Krah%C3%B4-Kanela. Acesso em: 10 jun 2020.
63 Fonte https://pib.socioambiental.org/pt/Povo/Av%C3%A1-Canoeiro Acesso em: 15 jun 2020.
64 Fonte: https://pib.socioambiental.org/pt/Povo:Tapirap%C3%A9 Acesso em: 15 jun 2020.
65 Fonte: BARBOSA, Cleide Araújo. Povo indígenas do estado do Tocantins. https://central3.to.gov.br/arquivo/274586/. Acesso em: 15 jun 2020.

educação escolar indígena, pois o currículo escolar, desde sua concepção nas instâncias federais, representa a manutenção da matriz de poder colonial, isto é, sustenta a colonialidade do poder.

A seguir, a Figura 1, de autoria de Daniel Rêj Krahô, apresenta o mapa etnológico dos povos indígenas no Tocantins.

Figura 1 – Mapa etnológico dos povos indígenas no Tocantins

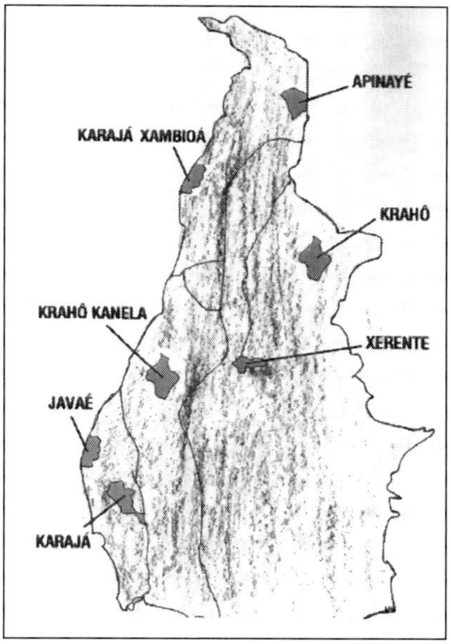

Fonte: Albuquerque (2014, p. 40).

Interpretando os dados sobre a educação nas comunidades indígenas do Tocantins, com base nos documentos apresentados pela Gerência de Desenvolvimento da Educação Indígena da SEDUC, foi detectado que nas etnorregiões indígenas (vide Fig. 1), há 98 unidades escolares, distribuídas em 111 comunidades. Em algumas comunidades, as escolas contam com extensões, anexos da escola mãe, que são repartições da escola para facilitar o acesso dos alunos. Ao todo, são 18 (dezoito) extensões educativas interligadas a escolas indígenas. A extensão é regida pela mesma gestão e quadro de professores da escola vinculada. São turmas de extensão das escolas mães que estão em funcionamento. A Secretaria da Educação, Juventude e Esportes-SEDUC[66] pensou essa estrutura por causa da inviabilidade do atendimento com o transporte escolar a todas as comunidades.

Em 2018, a média de professores contratados foi de 372, dos quais 288 eram indígenas e 84 eram não indígenas. As unidades escolares atendem a uma média anual de 5.605 alunos e são supervisionadas pela Gerência de Desenvolvimento da Educação Indígena GDEI, vinculada à SEDUC. Interligadas a essa Gerência, estão

---

66   Fonte: SEDUC Disponível em: https://seduc.to.gov.br/site. Acesso em: 26 mai. 2020.

seis Diretorias Regionais de Educação que também supervisionam as escolas em todo o Estado. Oferecem, ainda, atendimentos aos alunos com deficiências, em 13 salas de recursos especiais, distribuídas nas comunidades, conforme a demanda.

Segundo informação coletada na GDEI, as escolas indígenas atualmente são estruturadas pela Instrução Normativa n. 003, de 30 de novembro de 2018. Esse documento institui as normas quanto à matrícula dos alunos da Rede Estadual de Ensino para o ano letivo de 2019. De modo específico, o Art.16 trata da composição das turmas, de acordo com a modalidade escolar e com o tipo e localização da escola. O documento prevê:

> V – escolas indígenas.
> a) ensino fundamental anos iniciais e finais e ensino médio – curso médio básico.
> 1 – 1° ao 5° ano – mínimo de 10 e máximo de 30 alunos.
> 2 – 6° ao 9° ano – mínimo de 10 e máximo de 35 alunos.
> 3 – ensino médio – curso médio básico – mínimo de 15 e máximo de 35 alunos.
> 4 – educação profissional técnica de nível médio: cursos técnicos integrados ao ensino médio, concomitantes ou subsequentes. 1 – mínimo de 15 e máximo de 35 alunos.
> b) educação de jovens e adultos – EJA.
> 1 – 1° Segmento – mínimo de 15 e máximo de 30 alunos.
> 2 – 2° Segmento – mínimo de 15 e máximo de 35 alunos.
> 3 – 3° segmento – mínimo de 15 e máximo de 35 alunos.
> §2° Se o número de alunos for inferior ao que dispõe os itens anteriores, deverão ser constituídas turmas multisseriadas, com o mínimo de 15 e o máximo de 20 alunos. (SEDUC, 2018, p. 7).

No Tocantins, as discussões para implementação de políticas para oferta de educação escolar indígena iniciaram-se em 1998, pela Lei n. 1.038, de 22 de dezembro de 1998. O documento trata principalmente do Sistema Estadual de Educação e da organização escolar. No Art. 18, § 3°, assegura-se às comunidades indígenas, o Ensino Fundamental regular com a utilização de suas línguas maternas e processos próprios de aprendizagem. O Art. 42 destaca a prioridade do Estado em oferecer educação escolar para as sociedades indígenas, cujos programas deverão ser desenvolvidos com a participação das comunidades, organizações e entidades representativas. O Art. 43 garante, ainda, o bilinguismo, primando pela diversidade sociocultural, assegurando:

> I – afirmação das culturas e línguas indígenas, de acordo com o modelo pluralista em que as sociedades indígenas são parte da nação brasileira, multiétnica e plurilíngue;
> II – preparação não só para a compreensão e reflexão crítica sobre sua realidade sócio-histórica e da sociedade envolvente, mas também como condição para sua autodeterminação;
> III – possibilitar a condução pedagógica da educação escolar pelas próprias comunidades indígenas, através da formação de professores índios;
> IV – viabilizar a elaboração de materiais escritos pelos próprios índios que retratem seu universo sócio histórico e cultural. (TOCANTINS, 1998, p. 13).

A Lei prevê nos Arts. 44 e 45 recursos financeiros específicos para desenvolver as atividades conforme previsto no documento, perante as propostas pedagógicas do projeto escolar, além da formação permanente dos professores indígenas (TOCANTINS, 1998). Essa Lei foi revogada pela Lei n. 1.360, de 31 de dezembro 2002, porém os textos se mantêm, mudando apenas os números dos artigos. O Sistema Estadual de Educação destina recursos específicos, previstos nas dotações orçamentárias da SEDUC[67] e conta com a contrapartida do Governo Federal, por meio de recursos provenientes do Programa de Orçamento destinados aos Estados.

Segundo Muniz (2017), nos estudos desenvolvidos por Albuquerque (2007) e Braggio (1997), existem registros de que projetos para a educação indígena iniciaram antes do Convênio entre a Universidade Federal do Tocantins, a UFG, SEDUC e a Fundação Nacional do Índio FUNAI, em abril de 1991. Em 1989, a UFG, em parceria com outros órgãos do estado de Goiás, desenvolveu pesquisas para mapear a situação sociolinguística dos povos indígenas do Tocantins. Muniz (2017) afirma que esses dados contribuíram com o projeto educacional para os povos indígenas do Tocantins, servindo de referência para os projetos atuais.

O projeto, continua Muniz, abrange uma concepção pluralista intercultural, assegurando o uso da língua mãe como primária, devendo ser ensinada às crianças em sua forma escrita; o processo de alfabetização deverá ocorrer de modo progressivo, não se limitando apenas à primeira série escolar do ensino fundamental e por um período de tempo maior e, desse modo, considerar as particularidades de cada aluno; o incentivo para que o ensino não fique limitado ao espaço físico da sala de aula; a inserção do português como segunda língua e não a estrangeira; a efetivação do ensino por professores indígenas; a produção de material didático confeccionado por professores indígenas, descrevendo a realidade sociocultural e histórica de cada grupo (MUNIZ, 2017).

O primeiro curso de capacitação para professores indígenas, vinculado ao projeto, iniciou-se em 20 de agosto de 1991. Participaram 38 professores das 37 comunidades dos Povos Karajá, Javaé, Xambioá, Xerente, Krahô e Apinajé (MUNIZ, 2017). Assim, a SEDUC procurou estabelecer as diretrizes e normas para regimentar a Educação indígena para o estado do Tocantins, como, por exemplo, a criação do CEEI-TO,[68] no ano de 2005, pelo decreto n. 2.367, de 14 de março. A CEEI-TO designou-se a deliberar, discutir políticas, programas, implantação e supervisão de ações referentes à oferta de educação escolar indígena (TOCANTINS, 2005).

A resolução n. 78, de 20 de junho de 2007, dispõe sobre a instrução de processos para criação e regulamentação das escolas indígenas do Estado do Tocantins, de preferência em terras indígenas, para oferta de Educação Básica, sendo elas

---

67 A Gerência de Desenvolvimento da Educação Indígena da SEDUC nos informou, durante entrevista, que a verba recebida do Governo Federal é destinada para formação continuada, aquisição de material, construção e ampliação das escolas.

68 O Conselho, órgão consultivo e deliberativo, vinculado à SEDUC, é composto por 23 membros, sendo dois de cada povo indígena do estado; três representantes da SEDUC, dois do Conselho Estadual da Educação, uma da Associação dos professores indígenas; um representante da FUNAI; um da FUNASA; um da UFT; um do MEC e um do Conselho Indigenista Missionário CIMI. Nenhum membro recebe remuneração por participar do conselho. A SEDUC custeia as despesas dos conselheiros ao se deslocarem das comunidades para irem nas reuniões.

autorizadas, credenciadas e reconhecidas pelo sistema estadual de educação. Atendendo à Lei 9.394/96, as escolas deverão ser específicas, bilíngues e interculturais (TOCANTINS, 2007).

Em 3 de setembro de 2009, com a Lei n. 2.139 que dispõe sobre o sistema estadual de ensino, garantiu-se, no Art. 17, que o Ensino Fundamental deve ocorrer com a duração mínima de 9 anos, devendo sua oferta ser obrigatória e gratuita, assegurando às comunidades indígenas a utilização da língua materna e seus próprios processos de aprendizagem. No Art. 47, assegura a oferta das modalidades educacionais, incluindo a educação escolar indígena. Confere, ainda, na seção III, Da Educação Escolar Indígena, dentro das possibilidades, um Ensino Fundamental e Médio bilíngue e intercultural, respeitando a diversidade sociocultural.

A noção de bilinguismo e de interculturalidade na política de educação indígena, construída a partir da Constituição de 1988 e da LDB (Lei 9.394), de 1996, rompe com as concepções colonialistas vigentes até então. As línguas indígenas são concebidas e ensinadas como línguas de conhecimentos e de forma equitativa à língua portuguesa. Trata-se de um programa de insurgência sociolinguística e epistêmica dos povos indígenas, isto é, de um projeto epistêmico para os povos indígenas do Tocantins, iniciado ainda no final da década de 1980.

Pela Lei municipal n. 411/2012, de Tocantínia-TO, publicada em abril de 2012 e sancionada em agosto de 2012, a Língua Akwê-Xerente foi cooficializada na comunidade. Para Baalbak e Andrade (2016), tal ação pode contribuir na manutenção, desenvolvimento e revitalização das línguas indígenas. Com a aprovação e publicação oficial da lei, ocorre a legalização da cooficialização das línguas indígenas, o que possibilita a formalização e a circulação de outros saberes linguísticos na região. Isso traz um impacto positivo para a educação escolar da região, uma vez que o município terá de rever a política educacional, devido ao uso obrigatório da língua no sistema educacional, bem como nos meios midiáticos de comunicação e atendimento ao público.

Silvino destaca que com a aprovação dessa lei em Tocantínia, o município se torna o quarto do Brasil a adotar essa iniciativa. Desse modo, as instituições que oferecem serviços públicos básicos, principalmente, aqueles que envolvem a área de saúde, como: campanhas de prevenção de doenças e tratamentos, terão que realizá-los também na língua Akwê. Além disso, na área educacional, os gestores municipais deverão apoiar e incentivar o ensino da língua akwê nas escolas e nos meios de comunicação do município. Essa iniciativa possibilita na região o reconhecimento oficial e o respeito à cultura e a língua Akwê-Xerente (SILVINO, 2012).

Revendo o Currículo da Escola Indígena Wakõmẽkwa

A escola indígena Wakõmẽkwa, localizada na comunidade Kahumku-Riozinho, adota o currículo da SEDUC por não possuir ainda um específico da comunidade. Os alunos do ensino fundamental anos iniciais, até 2018, tinham cinco (5) aulas de português por semana e cinco (5) de língua indígena; duas (2) aulas de saberes indígenas e uma (1) de Artes. Nos anos finais (6ª e 7º anos), pelo horário das aulas, verificou-se que acontece, no decorrer da semana, cinco (5) aulas de Português, três (3) de Língua Indígena, duas (2) de Saberes Indígenas e uma (1) de Arte. Para o 8º e 9º ano, são quatro (4) aulas de Português, três (3) de Língua Indígena, uma (1) de Saberes Indígenas e uma (1) de Artes. Na EJA, são quatro (4) aulas de Português, três (3) de Língua Indígena, duas (2) de Saberes Indígenas e uma (1) de Artes. Já no ensino médio são três (3) aulas de Português, duas (2) de Língua Indígena, duas (2) de Saberes Indígenas e uma (1) de Artes.

Existe o Regimento Escolar da Rede Estadual de Ensino, que regula normas e procedimentos para o funcionamento organizacional da rede de ensino. Em relação à Educação Escolar Indígena, o regulamento cita, de modo específico, no Título I – Caracterização – Capítulo III – Das etapas da Educação Básica, no art. 6º, § 1º que "[...] o Ensino Fundamental e Ensino Médio poderão ser ofertados" além das outras modalidades à educação escolar indígena. Logo, no Título IV – Da organização didática – Capítulo II – Currículo, art. 47, que trata sobre o Ensino Fundamental, no § 2º, em relação aos povos indígenas, encontra-se,

> I – garantir, como primeira língua, o estudo da língua materna indígena das suas respectivas etnias e a língua portuguesa como a segunda;
> II – **o ensino da arte e da educação física deverá contemplar as especificidades de cada etnia**. (SEDUC, 2018, p. 35, grifo nosso).

Na estrutura curricular apresentada pela Gerência de Desenvolvimento da Educação Indígena do Estado, em vigência desde o início desse ano, há a inclusão de mais uma aula de Língua Indígena por semana, equiparando à quantidade de aulas da Língua Portuguesa. Com a alteração realizada, as turmas do Ensino Fundamental ficaram com uma aula a mais de Língua Indígena, em relação à Língua Portuguesa. Para essas turmas, a carga horária da disciplina de Língua Indígena apresenta-se igual à da Matemática: 1200 horas no total.

Os professores indígenas que trabalham com a língua portuguesa relatam que a quantidade de aula de Português não é suficiente para preparar os alunos para ingressarem na universidade, nem para garantir seus direitos e sobreviver junto à sociedade não indígena, diante das circunstâncias atuais, em que se relacionam a todo tempo com outros povos e línguas. Consequentemente, além de ser uma barreira epistêmica, a segunda língua se torna um obstáculo para esses alunos na continuidade de seus estudos. Os professores relatam que o índice de reprovação e desistência dos alunos que vão para a cidade estudar é grande e um dos motivos é a dificuldade com o português.

Por falta de políticas públicas nas comunidades indígenas, geralmente, os indígenas resolvem mudar e/ou trabalhar fora da comunidade. Quando isso ocorre, eles se percebem (quase) "obrigados" a saírem de seus territórios em busca de outras oportunidades para manter a sua própria subsistência e a de seus parentes.

Figura 2 – Sede atual da Escola Estadual Indígena Wakõmẽkwa

Fonte: Souza (2019, p. 24).

O Projeto Político Pedagógico – PPP produzido pela equipe da escola, ainda em construção, mostra que as ações escolares devem ser desenvolvidas de acordo com a cosmovisão Akwẽ, fundamentadas em seus valores, que são: respeito e preservação da cultura Akwẽ, cidadania, parceria, ação coletiva, respeito pelo indivíduo e ética Akwẽ. Esse é o ponto de partida para a educação intercultural indígena Akwẽ. Consta no PPP que as ações pedagógicas da escola devem ser realizadas com o intuito de desenvolver

> [...] um trabalho de forma coletiva buscando realizar reuniões periódicas de planejamento coletivo, com o intuito de minimizar ou sanar problemáticas que vêm provocando entraves no processo de ensino e aprendizagem. Buscando novas possibilidades de atuação dentro da escola que possam respeitar as especificidades da Educação Indígena Xerente, seus costumes, suas festas, tradições, seus momentos culturais, sua vida cotidiana. Procurando levar em consideração o respeito a estes costumes, mas possibilitando apoiar-se em paradigmas que levem em consideração o ensino de conteúdos institucionalizados, para que o povo Xerente possa concorrer com o não índio no mercado de trabalho e no acesso a cursos superiores públicos e gratuitos em instituições oficiais de ensino. (TOCANTINS, 2014, p. 9).

Desse modo, verifica-se que o PPP da comunidade escolar Wakõmẽkwa, procura assegurar o desenvolvimento de atividades que podem contribuir para a formação integral do educando, baseando-se na cosmovisão e epistemologia Akwẽ (TOCANTINS, 2014). Os registros apontam ainda para a construção de uma escola, cujo ensino seja voltado à comunidade, com ações baseadas na interculturalidade, sendo bilíngue/multilíngue; específica e diferenciada.

O Conselho de Educação Escolar Indígena do Tocantins (CEEI-TO) vem aos poucos provocando alterações na educação escolar indígena do Estado, a fim de manterem preservados os direitos dos indígenas. Outra luta dessa instância, deliberativa e consultiva junto à SEDUC, é em relação às turmas multisseriadas. Eles estão solicitando que sejam reorganizadas suas formações, pois, no ponto de vista dos Conselheiros, deveriam ficar alunos do 1º ao 3º ano e 4º e 5º ano do Ensino Fundamental, e o ensino médio não multisseriado. Entretanto, no que concerne especificamente à Escola Indígena Estadual Wakõmẽkwa, um dos maiores entraves enfrentados diz respeito à estrutura física, que não é suficiente para tal organização.

Como pensar um currículo decolonial para uma escola indígena?

O currículo contém e performa uma política curricular. Nesse sentido, um currículo é sempre prenhe de poder e produz variados efeitos na sociedade, no mercado editorial, na escola e no meio profissional, pois exige atualização da formação e modifica posturas e atitudes. Assim, "a política curricular, metamorfoseada em currículo, efetua, enfim, um processo de inclusão de certos saberes e de certos indivíduos, excluindo outros." É por isso que o currículo é, antes, uma política, porque ele também [...] "produz os sujeitos aos quais fala, os indivíduos que interpela. O currículo estabelece diferenças, constrói hierarquias, produz identidades" (SILVA, 2010, p. 11-12).

Numa perspectiva decolonial, o currículo na escola indígena reconfigura as culturas que circulam nas realidades escolares das comunidades. Na escola pesquisada, devido aos desafios impostos aos professores, as ações pedagógicas ainda estão vinculadas a atividades como representação cultural no espaço escolar. Entendemos que se as culturas provocam fluidez nos olhares e nos conceitos em interação e em confronto, é porque elas têm fluidez de sentidos sobre a produção humana.

Na Escola Indígena Wakõmẽkwa, a maioria dos poucos materiais didáticos disponíveis na escola está em português. Alguns dos poucos materiais existentes na língua materna foram elaborados por missionários religiosos. Eles encontram dificuldades em produzir, escrever em Akwẽ e em português o "que está na memória", fala um professor. Para a efetivação de uma educação bilíngue e intercultural, há urgência de material didático na língua materna. Para isso, precisam de contribuição para escrever, principalmente os materiais para alfabetização.

Os documentos legais asseguram o direito de as crianças indígenas serem alfabetizadas na língua materna e de o ensino do 5º ao 9º anos acontecer nas duas línguas. Com a pesquisa, constatamos que o ensino na escola acontece em português, desde o 2º ano, com tradução para a língua Akwẽ, justamente porque não existe livro didático na língua indígena. É o mesmo procedimento adotado nos anos 1970, que se tenta abolir depois da Lei 9.394, porque inferioriza as línguas e os falantes indígenas perante a língua portuguesa.

Figura 3 – Capas dos materiais didáticos em Akwẽ Escola Indígena Wakõmẽkwa

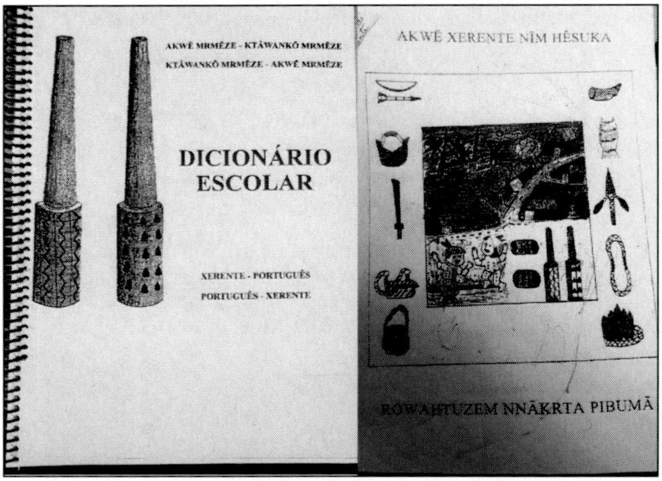

Fonte: Souza (2019, p. 26).[69]

Os professores da escola indígena Wakõmẽkwa afirmam a importância de preservar a cultura indígena. Porém, constatamos que nas atividades da escola, as culturas indígenas estão simbolizadas como uma representação ou como demonstração. Não foi percebida uma vivência cotidiana das culturas indígenas no ambiente escolar. E ao refletir sobre isso, durante as rodas de conversa, um dos professores afirmou que:

> *A cultura Akwẽ é a organização social de um povo importante, que é específica e diferenciada. O que caracteriza são os clãs, o costume, a dança, o canto, o corte de cabelo que hoje não está quase existindo – Moicano. Nós vamos dar aula sem a pintura corporal, usamos o português, falamos cinco palavras na nossa língua e dez em português. É preciso manter a cultura. Nós professores dentro da sala de aula lembramos mais da cultura e fora dela esquecemos. Na estrutura da matriz curricular a língua materna nos ajuda mais na educação física por exemplo não faz. Por exemplo, chamamos o colega pelo nome dos brancos e não dos indígenas. Temos que valorizar nossa cultura, incentivar os alunos por meio do ensinamento.*

A escola indígena é o espaço para a proteção, o incentivo e a disseminação do conhecimento das tradições culturais do povo, principalmente pelo efeito que pode provocar na sociedade. Nesse sentido, inserir temáticas sobre as culturas e suas tradições pode possibilitar a construção de uma nova história da educação brasileira, em que as diferentes linguagens e modos de ser possam produzir um novo sujeito e, assim, revolucionar o sistema educacional.

Consequentemente, a doutrinação educacional com uma forte estrutura fordista, o controle regulador, a linguagem universal, como a única e válida, poderia, assim,

---

[69] Imagem apresentada para fins de ilustração.

sair de cena. As relações poderiam se transformar em experiências com sentido e significado para todos os envolvidos, buscando superar o etnocentrismo e uma educação extremamente técnica e produtivista. Propõe-se, portanto, uma relação recíproca entre os diferentes conhecimentos, num processo dialético: "*Os professores precisam trabalhar a cultura para preservar e manter. A escola é o lugar. Os professores ensinam, mais não praticam*", disse um dos professores da escola.

As criações, o imaginário e a sabedoria dos povos estariam no ensino escolar por meio da descoberta das artes e de seus saberes, de modo a serem redescobertos e valorizados. Por um lado, tem-se também, além do currículo fragmentado e padronizado, o desafio das instituições e dos professores para lidar com as diferenças e práticas culturais. A SEDUC tem procurado desenvolver meios e projetos que atendam as especificidades da educação escolar indígena, mas isso ainda não se concretizou de fato, apesar de suas tentativas recorrentes.

O currículo daria espaço para formação de cidadãos que encontrariam, no seu espaço escolar, abertura para uma identidade libertadora, por estimular a criação de oportunidade de uma revolução para que haja criatividade e vínculo. O currículo seria, então, plural, diversificado e flexível, aberto ao diálogo e a uma integração epistemológica. Nessa perspectiva, haveria discussões entre os diferentes saberes e distintas fronteiras, buscando a superação do que os separam. Um professor relatou que:

> *Akwe mba hã rowahtuze tô ikwãi mba kãtô dure romkwa ne za tsi kmã waz~er are dure waipi wat kewasku mnõ pibumã kãtô wanipi nã krwasi waihku mnõ pibumã wasittê nã hã romkmãdâ.*[70]

Outro professor enfatizou o seguinte:

> *Portanto, eu como professor dessa unidade de ensino quero só complementar esse contexto que é tão importante esse histórico da nossa escola. Porque é um processo que venho favorecendo o ensino e aprendizagem do povo Akwẽ dessa região Riozinho. Principalmente o desenvolvimento de suas potencialidades dos alunos que estão adquirindo os conhecimentos dos ensinamentos culturais transmitidos de geração a geração e o prosseguimento dos estudos e a preparação para a cidadania com o foco de aprender seus direitos e deveres em dois mundos, do nosso mundo indígena e no mundo dos não indígenas. Pois essa escola Wakõmẽkwa se tornou centro de ensino para essa região, onde nossas crianças, nossas adolescências e nossos jovens podem adquiri mais conhecimentos. Então a Escola Estadual Indígena Wakõmẽkwa é a única porta para adquiri mais conhecimentos no sistema de não indígenas e a única porta para Universidade.*

Quando se questiona o rigor e a dureza do currículo escolar oficial, abrindo a discussão para a inserção de novas práticas, teorias e conhecimentos sobre diversos locais que compõem o global, a ciência e o cotidiano, a dureza e a leveza das disciplinas curriculares, novas possibilidades de fazer educação são constituídas, principalmente

---

70 Para o povo akwẽ, a educação escolar indígena torna-se uma ferramenta importante na defesa dos seus direitos e no reconhecimento dos seus deveres – tradução feita pelo professor.

quando se pensa nos processos que envolvem o território, a desterritorialização[71] e a reterritorialização. Uma perspectiva rizomática de currículo permite uma aliança com as disciplinas oficiais, abrindo-se ao novo, ao porvir, ao processo educativo, ao novo território que desterritorializa a ciência de Estado e o currículo duro da escola oficial (DINIZ; COSTA; DINIZ, 2011, p. 325).

A noção e a consecutiva construção de um currículo acontecem em meio às experiências do dia a dia das pessoas, comunidades ou sociedades. Para que essa conversão aconteça, torna-se necessária a ocorrência de alguns fenômenos no âmbito da teleologia que o currículo pode proporcionar em relação ao contexto da reterritorialização de uma cultura. Então, parte-se dos processos históricos da cultura territorializada ou desterritorializada.

Consequentemente, a escola, por ser um espaço institucional regulamentado, deve valorizar a territorialidade, dentro da qual as experiências e as identidades dos povos de constroem, se fortalecem, se reconfiguram e permanecem. Isso exige uma percepção ética e sensível do contexto, a fim de se produzir conceitos que vão além da reflexão para responder a uma dada circunstância, o que pressupõe um novo modo de pensar, a partir das multiplicidades, sem se apegar à categorização e à *expertise* como uma única estratégia de produzir conhecimento.

É fundamental, portanto, por um lado, a desconstrução dos processos considerados naturais e universais, cheios de estigmas preconceitos e discriminações; e, por outro lado, criar processos de desnaturalização dos estereótipos e preconceitos que estruturam o imaginário dos atores educacionais, tanto individual quanto coletivamente, questionar as ideologias monoculturais e etnocêntricas que estruturam os espaços escolares pelas políticas públicas e os currículos. Grupioni (2001) afirma que:

> Para que isto possa ocorrer, a LDB determina a articulação dos sistemas de ensino para a elaboração de programas integrados de ensino e pesquisa, que contem com a participação das comunidades indígenas em sua formulação e que tenham como objetivo desenvolver currículos específicos, neles incluindo os conteúdos culturais correspondentes às respectivas comunidades. A LDB ainda prevê a formação de pessoal especializado para atuar nessa área e a elaboração e publicação de materiais didáticos específicos e diferenciados. Com tais determinações, a LDB deixa claro que a educação escolar indígena deverá ter um tratamento diferenciado das demais escolas dos sistemas de ensino, o que é enfatizado pela prática do bilinguismo e da interculturalidade. (GRUPIONI, 2001, p. 21)

Em 1998, com o Referencial Curricular Nacional para as Escolas Indígenas (RCNE/Indígena),[72] foi iniciada uma discussão sobre a necessidade de um currículo

---

71 No processo de desterritorialização "O novo meio ambiente opera como uma espécie de detonador. Sua relação com o novo morador se manifesta dialeticamente como territorialidade nova e cultura nova, que interferem reciprocamente, mudando-se paralelamente territorialidade e cultura; e mudando o homem". (SANTOS, 2010, p. 598)

72 Referencial Curricular Nacional para as Escolas Indígenas. Disponível em: https://docs.google.com/viewer?a=v&pid=sites&srcid=ZGVmYXVsdGRvbWFpbnxwZWRhZ29naWE2cGVyaW9kbzIwMTF8Z3g6MWU0YTA1YWY1ZGY2MGIwOQ. Acesso em: 21 abr. 2019.

para uma educação intercultural, para se aproximar da realidade de seus povos, buscando fortalecer o previsto e estabelecido na LDB, quanto ao respeito aos processos próprios de aprendizagem. Envolve discussões sobre a importância do reconhecimento da multietnicidade, pluralidade e linguística. No documento está descrito que sua finalidade é "[...] contribuir para diminuir a distância entre o discurso legal e as ações efetivamente postas em práticas nas salas de aula das escolas indígenas." (BRASIL, 1998, p. 11)

Nesse sentido, o RCNE/Indígena de 1998 é um avanço nos dispositivos legais para a educação indígena. O documento provoca reflexões que apresentam diferenças da educação não indígena para a indígena, além de apontar sobre os princípios necessários para elaboração de um currículo considerando cada área de estudo, pensando, inclusive, sobre a formação de educadores para tal público.

Os currículos, ao serem elaborados, precisam assegurar as flexibilidades na organização dos tempos e espaços, atendendo ao apontado na Base Nacional Comum, quanto à parte diversificada; o calendário das escolas indígenas deve ser revisto para atender às atividades produtivas e socioculturais das comunidades indígenas, que é diferente de um povo para outro.

Para atender a essas demandas e às outras destacadas é imprescindível uma gestão democrática, participativa e diferenciada, com membros da comunidade indígena e com projetos de formação inicial e continuada. Na Escola Indígena Wakõmẽkwa, eles seguem o calendário escolar pedagógico indígena, que é elaborado pela SEDUC, porém é flexível. A gestão da escola indígena pode readequá-lo às necessidades locais, considerando os aspectos culturais e a rotina da comunidade. Por exemplo, em caso de falecimento de um integrante da comunidade indígena, a escola pode suspender as aulas devido ao ritual do luto e cerimônias pós-funeral, e quando retornam às atividades na escola podem fazer as readequações necessárias.

De acordo com os relatos de alguns professores, constatamos que os obstáculos, em relação ao ensino para a comunidade indígena, vão além das questões estruturais e organizacionais da escola. A Escola oferta o ensino indígena do 1º ao 5º anos do Ensino Fundamental; 6º ao 9º anos, segunda fase, com turmas multisseriadas e EJA, 2º e 3º segmentos, noturno, Ensino Médio com turmas multisseriadas. Porém, a primeira urgência refere-se à promoção de materiais didáticos nas línguas indígenas para a educação infantil e para as primeiras séries do Ensino Fundamental. Além disso, é imprescindível a promoção de material didático bilíngue, inter e transcultural, uma vez que para os professores existe dificuldade em lidar com os dois conhecimentos.

Pensando nisso, propomos, dentre os membros da comunidade escolar, aos participantes da pesquisa, oficinas e rodas de conversa e, paralelamente, o desenvolvimento de atividades para o registro das impressões coletadas inicialmente. Também havia o intuito de estimular a criação, a partir da revisitação da memória e da história de cada um, com o seu povo e tradição. Essas atividades foram importantes para a organização dos dados e reflexão de cada um, a partir das experiências comuns e individuais.

Em cada encontro temático, os participantes desenvolveram as seguintes atividades, considerando os seguintes conteúdos:

1) Escola – os participantes fizeram um texto sobre o sentido da escola e do ensino na cultura Xerente;
2) Importância da escola – os participantes fizeram desenhos que representassem a escola a partir de uma perspectiva individual, descrevendo a importância, da escola em um texto tanto em português quanto em Akwẽ;
3) *Ensino das Artes na escola indígenas* – logo após as discussões e o compartilhamento das impressões sobre o que é Arte, para que serve e o porquê da Arte na escola, foi solicitada ao grupo o registro a Arte indígena-Akwẽ, seus sentidos e para que serve a Arte na escola. Em seguida, os participantes fizeram um desenho livre que representasse a Arte indígena-Akwẽ.

Os textos e os desenhos dessas atividades se tornaram propostas de projetos para a elaboração e a produção de dois materiais didáticos bilíngues para a escola. E os projetos foram concretizados. O primeiro deles teve como título: KRI ROWAHTUZE – A ESCOLA (ver figura 2), publicado em 2019. Já o segundo, WDÊ NNÂKRTA HAWIMHÃ ROKMÃDKÃ MNÔ – CULTURA E ARTE AKWẼ-XERENTE (ver figura 3), publicado em 2020[73].

Figura 4 – Capa do livro didático – A Escola

Fonte: Xerente *et al.* (2019, capa).

---

73 Esse material ainda não foi entregue a escola, devido a atual circunstância da Pandemia COVID-19 no mundo assim como, no estado do Tocantins.

Figura 5 – Capa do livro didático – Cultura e Arte Akwẽ-Xerente

Fonte: Xerente et al. (2020, capa).

Esse material passou por revisão e construção com a equipe escolar. Um processo de reescrita desses textos foi imprescindível. Todos os professores fizeram parte da elaboração, reescrita, revisão dos textos e das traduções. Os participantes escolheram a ordem das informações a serem dispostas nos materiais, e foram eles os responsáveis pela aprovação, finalização e diagramação do material didático, antes da edição e impressão, juntamente com os caciques e anciãos das comunidades pertencentes à escola[74]. A concretização desse material representa um grande passo para a construção de uma prática pedagógica intercultural decolonial na escola e na comunidade, assim como para o desenvolvimento de uma curricularização também na perspectiva intercultural decolonial. Trata-se do início de uma educação escolar indígena Akwẽ pelo Akwẽ.

Considerações Finais

Percebe-se que durante anos, leis, tratados e normativas nacionais foram surgindo, favorecendo e provocando a criação de uma regulamentação para a Educação Escolar Indígena no país. A discussão acerca da interculturalidade vem sendo tratada no âmbito legal, mas a educação escolar indígena tem sido pensada e proposta por não indígenas, que não conhecem, de fato, a realidade dos povos indígenas. Por isso, consideram-se essas leis como políticas indigenistas, diferentes de políticas indígenas

---

74 A formatação do material didático e a sua impressão foi possível porque estava prevista a utilização de recursos financeiros da Coordenação de Aperfeiçoamento de Pessoal de Nível Superior (CAPES) disponibilizados ao Programa de Doutorado Dinter em Artes UNESP/UFT para essa finalidade: produção de produtos, resultados da tese: responsabilidade e inserção social.

de indígenas para indígenas. Essas ações estão sendo refletidas e definidas para a criação de um currículo indígena na perspectiva da interculturalidade decolonial.

Há uma boa intenção do governo do estado do Tocantins em desenvolver uma educação com a concepção intercultural, porém, a própria legislação é construída na perspectiva da colonialidade, por pessoas não indígenas. Isso tem mantido os valores coloniais na gestão, no currículo e na escola. Uma evidência da colonialidade do estado está na disponibilização, por parte da SEDUC, de diversos materiais didáticos em português e quase nada na língua Akwẽ na Escola Wakõmẽkwa.

Segundo Muniz (2017), é importante pensar na oferta de um ensino Transdisciplinar que estimule o conhecimento do aluno, unificando escola, família e comunidade. Para isso, é necessário a implementação de um currículo diferenciado que considere a diversidade sociocultural dos povos indígenas do Tocantins, conforme deseja a SEDUC/TO.

As disciplinas Língua Indígena, Arte e Cultura e História e Cultura Indígenas são elaboradas para manterem presentes a cultura dos indígenas no ambiente escolar, servindo de instrumento para a preservação cultural das tradições indígenas. Elas são as disciplinas que mais contribuíram para o desenvolvimento da perspectiva intercultural no currículo indígena, mas ainda não se percebe um avanço de ações e projetos efetivos na perspectiva decolonial.

Nesse sentido, um dos caminhos seria a criação de programa de produção de material didático e de desenvolvimento de currículos e programas específicos. Isso a partir de atividades desenvolvidas por uma equipe conteudista no âmbito da Secretaria do Estado da Educação, em parceria com diretorias regionais de educação, instituições de ensino superior e unidades escolares, assegurando a definição e elaboração de conteúdo específico de cada povo, com finalidade de fortalecer a língua materna e as práticas sócio-histórico/sociocultural (PEE/TO, 2015).

Nesse mesmo sentido, estimular os agentes da escola a pensar na perspectiva decolonial, que possa romper com o conhecimento colonizado, a partir de uma reorientação crítica do que seja cidadania, democracia, direitos humanos, humanidades, relações econômicas e suas práticas na sociedade. Dessa maneira, estaríamos desenvolvendo uma postura não mais colonial e eurocêntrica, indicando condições para se falar e praticar ações educativas fundamentadas na epistemologia fronteiriça.

REFERÊNCIAS

ALBUQUERQUE, F. E. (org.) **Geografia Krahô**. Campinas/SP: Pontes Editores, 2014, 108 p.

BAALBAK; A. C. F.; ANDRADE, T. de S. Plurilinguismo em cena: processos de institucionalização e de legitimação de línguas indígenas. *In*. **Policromias**. Junho/2016, ano I, p. 69-87.

BARBOSA, A. M. (org.). **Arte-educação**: leitura no subsolo. 9. ed. São Paulo: Cortez, 2013.

BRASIL. **Lei n. 6.001, de 19 de dezembro de 1973**. Dispõe sobre o Estatuto do Índio. Brasília: Diário Oficial da União, de 21 dez. 1973, p. 13.177, seção 1.

BRASIL. Fundação Nacional do Índio. **Portaria n. 75/N, de 6 de julho de 1972**. Estabelece normas para a educação dos grupos indígenas. Brasília, 1972.

BRASIL. **Referencial curricular nacional para as escolas indígenas**. Ministério da Educação e do Desporto, Secretaria de Educação Fundamental. Brasília: MEC/SEF/DPEF, 1998.

BRASIL. Ministério do Planejamento, Orçamento e Gestão. Instituto Brasileiro de Geografia e Estatística (IBGE). **Os indígenas no Censo Demográfico 2010**: primeiras considerações com base no quesito cor ou raça. Rio de Janeiro, 2012. Disponível em: http://www.ibge.gov.br/indigenas/indigena_censo2010.pdf. Acesso em: 10 set. 2016.

DA SILVA, T. T. **O currículo como fetiche**: a poética e a política do texto curricular. Belo Horizonte: Autêntica, 2010.

DINIZ, F. P. S.; COSTA, A. C. L. da; DINIZ, R. E. S. Territórios, Rizomas e o Currículo na Escola. **Revista Educação**, v. 12, n. 2, p. 313-328, jul./dez. 2011.

DIRETÓRIO DOS ÍNDIOS. **Nação Mestiça**. Disponível em: https://www.nacaomestica.org/diretorio_dos_indios.htm. Acesso em: 9 jun. 2020.

GIRALDIN, O. (org.). **A (trans) formação histórica do Tocantins**. Goiânia: Ed. UFG, 2002.

GRUPIONI, L. D. B. Do nacional ao local, do Federal ao Estadual: as leis e a educação escolar indígena. *In:* MARFAN, Marilda Almeida (org.). **Congresso Brasileiro de Qualidade na Educação**: formação de professores: educação escolar indígena. Brasília: MEC/SEF, 2001, p. 130-136. Disponível em: http://portal.mec.gov.br/seb/arquivos/pdf/vol4c.pdf. Acesso em: 8 abr. 2018.

MUNIZ, S. de S. **Educação Escolar Indígena no Estado do Tocantins**: uma trajetória histórica do curso de capacitação ao curso de formação do Magistério Indígena. Dissertação – Programa De Pós-Graduação Em Letras – PPGL: Ensino De Língua e Literatura da Universidade Federal Do Tocantins, UFT, 2017, 144 p.

PEE/TO. **Plano Estadual de Educação do Tocantins – PEE/TO (2015-2025)** Lei n. 2.977, de 8 de julho de 2015. Disponível em: https://central3.to.gov.br/arquivo/412370/ Acesso em: 8 jun. 2017.

PENTEADO, A.; CARDOSO JUNIOR, W. C. Arte, cultura e sujeitos nas escolas: os lugares de poder. *In:* MOREIRA, A. F.; CANDAU, V. M. (org.). **Currículos, disciplinares escolares e culturas**. Petrópolis: Vozes, 2014, p. 215-254.

PIMENTEL DA SILVA, M. do S. Fronteiras etnoculturais: educação bilíngue intercultural e suas implicações. *In:* ROCHA, Leandro Mendes; BAINES, Stephen Grant. (org.). **Fronteiras e espaços interculturais**: transnacionalidade, etnicidade e identidade em regiões de fronteira. Goiânia-GO: PUC-GO, 2008, p. 107-117.

SANTOMÉ. J. T. As Culturas Negadas e Silenciadas no Currículo. *In:* SILVA, T. T. da. **Alienígenas na sala de aula**. Petrópolis: Vozes, 1995.

SANTOS, B. de S. **A gramática do tempo**: para uma nova cultura política. 3. ed. São Paulo: Cortez, 2010.

SEDUC. **Resolução n. 160, de 19 de dezembro de 2016**, Estrutura Curricular da Rede Estadual de Ensino. Palmas: SEDUC, 2016.

SEDUC. **Regimento Escolar da Rede Estadual de Ensino**. Secretaria de Estado da Educação e Cultura, 2018, 52 p.

SILVA, R. P. da. **Povos Indígenas do Tocantins:** desafios contemporâneos. 1. reimp. Palmas: Nagô Editora, 2020.

SILVINO, M. **Educação e cultura**: Akwê Xerente passa a ser 2ª língua de Tocantínia. Portal CNN do interior do Tocantins para o Mundo. 25/04/2012. Disponível em: https://www.centronortenoticias.com.br/noticia-4905-akwe-xerente-passa-a-ser-2-lingua-de-tocantinia. Acesso em: 09 jun. 2020.

SOUZA, R.C. **A educação escolar indígena intercultural e o ensino das artes**: um olhar sobre as práticas da escola Wakõmẽkwa na comunidade Riozinho Kakumhu – povo Xerente – Tocantins. 2019. 258 f. Tese (Doutorado em Artes). Universidade Estadual Paulista "Júlio de Mesquita Filho", São Paulo, 2019.

TOCANTINS. **Lei n. 1.038, de 22 de dezembro de 1998**. Publicado no Diário Oficial n. 753. Governador do Estado do Tocantins – Assembleia Legislativa do Estado do

Tocantins. Disponível em: www.al.to.leg.br/legislacaoEstadual?pagPaginaAtual=97 Acesso em: 10 abr. 2018.

TOCANTINS. **Decreto n. 2.367, de 14 de março de 2005**. Conselho de Educação Escolar Indígena do Estado do Tocantins. Governador do Estado do Tocantins. Disponível em: https://www.jusbrasil.com.br/diarios/5839211/pg-2-diario-oficial-do-estado-do-tocantins-doeto-de-15-03-2005?ref=previous_button. Acesso em: 25 abr. 2018.

TOCANTINS. **Lei n. 78, de 20 de junho de 2007**. Governador do Estado do Tocantins – Secretaria da Educação e Cultura, Conselho Estadual de Educação.

TOCANTINS. **Projeto Político Pedagógico Escola Indígena Wakwamekwa Aldeia Riozinho Kakumhu**. Reserva Xerente, Comunidade Riozinho Kakumhu, 2014.

XERENTE, E. S. C. *et al.* **Kri rowahtuze:** a escola. 1. ed. Goiânia: Editora Espaço Acadêmico, 2019.

XERENTE, E. S. C. *et al.* **Wdê nnâkrta hawimhã rokmãdkã mnô:** cultura e arte akwẽ-xerente. Goiânia: Editora Espaço Acadêmico, 2020.

PARTE III
PRÁTICAS EDUCATIVAS NO AMBIENTE ESCOLAR: PLANEJAMENTO, PROCESSOS PEDAGÓGICOS E AVALIAÇÃO

A DIMENSÃO CULTURAL NO CURRÍCULO DO ENSINO DE ARTE EM PALMAS/TO: ausências e possibilidades formativas abrangendo os saberes populares

Roní Lopes Nascimento

Introdução

Este texto traz como ponto de reflexão o olhar sobre o currículo da educação básica no Estado do Tocantins, no que tange aos saberes populares no ensino de Arte. É importante frisar o quanto essa temática possui relevância em nosso meio, como pessoas que vivem de sua cultura, transmitem-na e são receptores de outra cultura, e a partir de então, modificam-se, recriando-se, sem perder sua identidade cultural. Para nos permitir uma abordagem de modo singelo sobre a identidade cultural, Gabriel menciona:

> A identidade cultural se relaciona a aspectos de nossas identidades que surgem do "pertencimento" a culturas étnicas, raciais, linguísticas, religiosas e, sobretudo, nacionais. Alguns estudiosos afirmam que, de alguma maneira, pensamos nessa identidade como parte de nossa natureza essencial, que nos faz sentir indivíduos de uma sociedade, grupo, estado ou nação. As pessoas sentem-se identificadas umas com as outras e, ao mesmo tempo, distintas das demais. Assim, a identidade e a alteridade (referente ao que é do outro), a similaridade e a diversidade marcam o sentimento de pertencer ao todo. (GABRIEL, 2008, p. 76).

Ao se olhar atentamente para essas diversas identidades que as pessoas vão identificando como parte do seu "eu", verifica-se que tais identidades podem se perder ao longo dos tempos, à medida que as novas gerações vão se distanciando da cultura antiga e se apropriando de uma nova. No intuito de preservar as tradições que foram passadas de gerações a gerações, vemos a escola como espaço disseminador desses saberes populares. Dentro dessa perspectiva, de olharmos a escola como espaço frutífero e seguro para a manutenção das tradições, e reconhecendo-me como profissional da educação que guarda as suas reminiscências, apresento parte da minha pesquisa voltada para os saberes populares e para a busca pelo ser professor-pesquisador.

A pesquisa, por parte do professor-pesquisador, no contexto do ensino das Artes, na escola de Educação Infantil (EI) Matheus Henrique de Castro dos Santos, surgiu a partir de inquietações referentes ao tema "folclore" e aos conteúdos correlacionados a essa temática. A partir de um olhar mais investigativo, com relação a algumas situações costumeiras do cotidiano da escola em questão, percebeu-se que o folclore fazia parte do dia a dia da EI, mas apenas quando se referia às datas comemorativas, que constam no calendário escolar, como é o caso da Festa Junina e do Dia do Folclore.

Nesse sentido, a intenção, ou objetivo geral, é propor, por meio de processos pedagógicos, reflexões acerca dos saberes populares no ensino de [75]Arte, no Centro Municipal de Educação Infantil Matheus Henrique de Castro dos Santos, em Palmas/TO. Além disso, há de compreender a importância do folclore no ensino de Arte, integrado a um fazer interdisciplinar com os demais eixos e conteúdos que formam o Referencial Pedagógico de Palmas. Objetiva-se também contribuir para o processo educativo de forma que o tema "folclore" não seja visto isoladamente e engessado nas barreiras das datas comemorativas.

Assim, podemos dizer que a parte da pesquisa que nos interessa como reflexão para este capítulo foi dedicada à análise dos documentos oficiais que amparam a Educação Infantil nos sistemas federal, estadual e municipal, vinculados ao ensino de Arte, quais sejam: o Referencial Curricular Nacional para Educação Infantil (1998), o Referencial Curricular do Ensino Fundamental das Escolas Públicas do Tocantins do 1º ao 9º Ano (2009), o Referencial Pedagógico para Educação Infantil de Palmas (2009 a 2012), e o Projeto Político Pedagógico do CMEI Matheus Henrique de Castro dos Santos (2016/2017). O estudo desses documentos tem por objetivo mostrar ao leitor como a temática "folclore" vem sendo discutida no ensino de Arte e como os conteúdos estão distribuídos, de acordo com as faixas etárias: 4 a 6 anos, quando se tratar da Educação Infantil, e do 1º ao 9º ano, Ensino Fundamental, por meio de eixos norteadores.

Para melhor análise dos dados, estes foram apresentados por meio de tabelas, nas quais é possível observar como e quando tais conteúdos são introduzidos, trabalhados e consolidados no decorrer das fases da educação básica. Assim, podemos ter uma visão panorâmica de como o ensino de Arte vem acontecendo nas escolas de Palmas, no que diz respeito ao tema "folclore", e se o que consta nos documentos é suficiente para propiciar aos alunos uma aprendizagem de qualidade, como também o direito do pertencimento desses saberes.

A proposta que trazemos talvez não seja nova para os profissionais da educação, quando nos referimos ao estudo desses documentos. Mas acreditamos que há uma "[...] necessidade de observar, sob um novo prisma, este instigante e, muitas vezes, misterioso mundo da relação professor/aluno, escola/comunidade, cultura/arte e educação" (GABRIEL, 2008, p. 75). Em se tratando de cultura, o universo de cada relação apresentada pela autora está carregado de sua singularidade. Portanto, fez-se necessário um estudo minucioso dos documentos oficiais, para que tenhamos a certeza que estes não ocupem na escola apenas o lugar de componente curricular, mas sim a função social de inserção dessas pessoas no mundo.

No presente texto, para abarcar a discussão sobre os saberes populares no currículo do Ensino de Arte em Palmas/TO, abordaremos em diferentes tópicos o Referencial Curricular Nacional para a Educação Infantil; o Referencial Curricular do Ensino Fundamental das Escolas Públicas do Tocantins: 1º ao 9º ano; o Referencial Pedagógico para Educação Infantil de Palmas; e a cultura no PPP do Centro Municipal de Educação Infantil Matheus Henrique de Castro dos Santos.

---

75   Quando se trata da área curricular, grafa-se Arte; nos demais casos, arte.

Referencial Curricular Nacional para a Educação Infantil

A discussão aqui abordada parte do documento oficial de Educação Infantil chamado Referencial Curricular Nacional para a Educação Infantil (BRASIL, 1998). Esse documento foi criado a partir de determinações da Lei de Diretrizes e Bases da Educação Nacional, Lei 9.394/96 (BRASIL, 1996), com o intuito de atender aos anseios da EI, considerada a primeira etapa da educação básica. O objetivo do referencial é direcionar o trabalho pedagógico dos professores, no que se refere aos objetivos, aos conteúdos e às orientações didáticas, no dia a dia de sala de aula, junto às crianças. Esse documento é dividido em três volumes, sendo que o primeiro se caracteriza por introduzir reflexões no entorno de creches e de pré-escolas; os outros dois se caracterizam no âmbito da experiência: formação pessoal e social e conhecimento de mundo.

Nosso objetivo é discutir as perspectivas da temática "folclore" diante da experiência de "Conhecimento de Mundo", pelo fato de ser a esfera que permite trazer um contexto mais preciso do ensino de Arte nessa primeira etapa da educação básica. O primeiro volume procura nortear o trabalho dos professores, nas diversas linguagens, contendo seis eixos de trabalhos, que são: Movimento; Música; Artes Visuais; Linguagem Oral e Escrita; Natureza e Sociedade; e Matemática. Com relação à contribuição de cada volume dada ao trabalho pedagógico dos professores, aponta-se no referido documento:

> Estes volumes pretendem contribuir para o planejamento, desenvolvimento e avaliação de práticas educativas que considerem a pluralidade e diversidade étnica, religiosa, de gênero, social e cultural das crianças brasileiras, favorecendo a construção de propostas educativas que respondam às demandas das crianças e seus familiares nas diferentes regiões do país (BRASIL, 1998).

Enfatizamos que as práticas educativas precisam realmente dialogar com o contexto da pluralidade, da diversidade étnica e religiosa, de gênero, social e cultural. Identificamos que os dois últimos contextos, social e cultural, nos permitirão ter uma reflexão mais crítica em relação aos conteúdos de cultura popular e das tradições existentes no Referencial. Penso que nossa responsabilidade, nesse diálogo, é a de esclarecer como tal documento trata a temática "folclore" nos eixos que permeiam as Artes: Movimento, Música e Artes Visuais. Não é nosso interesse adentrar nos detalhes a que cada eixo se refere, mas no que o referencial apresenta como folclore dentro de cada eixo. É válido observar que, nos eixos, há uma preocupação de orientar o leitor, ou melhor, o professor, na busca do que ele deseja para sua sala de aula.

Nessa perspectiva, cada eixo contém as seguintes partes: introdução, objetivos, conteúdos, orientações didáticas, orientações gerais para o professor, organização do tempo e observação, registro e avaliação formativa. Dentre as partes citadas, aparecem várias situações que estabelecem relação com as tradições folclóricas. O eixo Movimento faz referência à cultura regional no que diz respeito às brincadeiras, aos jogos e às danças. Tais tradições são vistas como possibilidades corporais existentes nas diferentes culturas, especificamente na cultura regional, por fazer parte do cotidiano da criança, uma realidade que permite explorar e criar seus próprios repertórios. De acordo com os elementos identificados no subeixo "Movimento", serão apresentadas referências com relação ao folclore, na faixa etária de quatro a seis anos. Os dados são apresentados no Quadro 1:

Quadro 1 – Eixo Movimento (para crianças de quatro a seis anos)

Objetivos
• Ampliar as possibilidades expressivas do próprio movimento, utilizando gestos diversos e o ritmo corporal nas suas brincadeiras, danças, jogos e demais situações de interação; • Controlar gradualmente o próprio movimento, aperfeiçoando seus recursos de deslocamento e ajustando suas habilidades motoras para utilização em jogos, brincadeiras, danças e demais.

Conteúdos	
Expressividade	Equilíbrio e coordenação
• Utilização expressiva intencional do movimento nas situações cotidianas e em suas brincadeiras; • Percepção de estruturas rítmicas para expressar-se corporalmente por meio da dança, brincadeiras e de outros movimentos; • Valorização e ampliação das possibilidades estéticas do movimento pelo conhecimento e utilização de diferentes modalidades de dança.	• Utilização dos recursos de deslocamento e das habilidades de força, velocidade, resistência e flexibilidade nos jogos e brincadeiras dos quais participa; • Manipulação de materiais, objetos e brinquedos diversos para aperfeiçoamento de suas habilidades manuais.

Orientações Didáticas	
Expressividade	Equilíbrio e coordenação
• Jogos e brincadeiras: "Siga o Mestre" e "Seu Lobo"; • Danças, folguedos, brincadeiras de roda e cirandas: o coco de roda alagoano, o bumba-meu-boi maranhense, a catira paulista, o maracatu e o frevo pernambucanos, a chula rio-grandense, as cirandas, as quadrilhas.	Brincadeira: rodar bambolê, pular corda.

Organização do tempo
• Pesquisar diferentes danças tradicionais brasileiras para selecionar aquela que mais interessar às crianças; • Informar-se sobre a origem e história da dança selecionada; • Desenvolver recursos expressivos e aprender os passos para a dança; • Confeccionar as roupas necessárias para a apresentação; • Planejar a apresentação, confeccionando cartazes, convites etc.

Fonte: Referencial Curricular Nacional para a Educação Infantil (BRASIL, 1998).

Diante dos dados apresentados no eixo "Movimento", no que diz respeito aos objetivos, conteúdos, orientações didáticas e organização do tempo, foram poucos os apontamentos que estão relacionados às tradições folclóricas. Tais apontamentos aparecem de forma bastante ampla, permitindo que o professor recorra a outras atividades de movimento, como brincadeiras, jogos e danças, fazendo com que essas possam não ter qualquer relação com as tradições folclóricas.

Diante do que foi observado no documento, espera-se que os professores compreendam tais atividades como possibilidades para ampliar sua prática em sala de aula, já que, no próprio documento, afirma-se que "são muitos os jogos existentes nas regiões do Brasil que podem ser utilizados para esse fim: cabe o professor levantar junto com as crianças, famílias e comunidade aqueles mais significativos" (BRASIL, 1998, p 37).

No documento, ao se referir ao eixo "Música", inicialmente percebe-se que as tradições folclóricas estão mais presentes. São descritas como as músicas podem servir para adormecer, dançar, chorar os mortos, conclamar o povo a lutar, brincar de roda, realizar brinquedos rítmicos, jogos de mãos etc., ou ainda, quando os adultos cantam melodias curtas, cantigas de ninar, brincadeiras cantadas com rimas e parlendas. Para melhor análise, os dados que fazem referência às tradições folclóricas serão apresentadas nos quadros a seguir, de acordo com a faixa etária entre quatro e seis anos:

Quadro 2 – Dados referentes ao folclore

Objetivos	
• Não consta menção ao folclore de forma específica.	
Conteúdos (estarão organizados em dois blocos)	
• A vivência da organização dos sons e silêncios em linguagem musical pelo fazer e pelo contato com obras diversas.	
O fazer musical	**Apreciação musical**
• Participação em jogos e brincadeiras que envolvam a dança e/ou a improvisação musical; • Repertório de canções para desenvolver memória musical.	• Escuta de obras musicais de diversos gêneros, estilos, épocas e culturas, da produção musical brasileira e de outros povos e países.
Jogos e brincadeiras	
• Jogos e brincadeiras: brincar de roda, ciranda, pular corda, amarelinha, jogos de adivinhação, brincadeira da cadeira e estátuas.	
• Acalentos: cantigas de ninar.	
• Parlendas: os brincos, as mnemônicas e as parlendas propriamente ditas.	
• As rondas: canções de roda, poesia, música e dança.	
• As adivinhas.	
• Os contos.	
• Os romances.	
• Trava-línguas.	
• As fontes sonoras.	
• Brinquedos: a matraca, o rói-rói ou "berra-boi".	

Fonte: Referencial Curricular Nacional para a Educação Infantil (BRASIL, 1998).

Conforme as perspectivas relacionadas à temática folclore, é possível perceber que, dentre os aspectos que compõem o eixo "Música", existe uma predominância muito grande de atividades que o professor pode trabalhar em sala de aula com seus alunos. No conteúdo "Apreciação Musical", o documento cita os ritmos regionais e a produção musical de cada região do país, como atividades ricas que podem ser encontradas em muitos materiais para o trabalho com as crianças. Na organização do tempo, propõe-se a elaboração de projetos que possam ser desenvolvidos na escola, incluindo jogos e brincadeiras de roda.

Com relação ao eixo "Artes Visuais", dentre o que foi encontrado referente ao folclore, há referências mínimas que podem ser identificadas nos objetivos, na faixa etária das crianças de quatro a seis anos, no que diz respeito às crianças se interessarem pelas suas próprias produções e pelas de seus colegas, nas diversas obras artísticas. Nos conteúdos que se vinculam a "O fazer artístico" e a "Apreciação em Artes Visuais", apareceram algumas orientações, como o uso e a exploração de materiais, podendo-se utilizar materiais típicos das diferentes regiões. Outra orientação são as criações tridimensionais, em que os brinquedos são mencionados, mas não há especificação do tipo de brinquedo.

Ao se comparar os eixos "Movimento", "Música" e "Artes Visuais", apenas o eixo "Música" apresenta mais possiblidades de trabalho com a temática "folclore". Já os demais eixos apenas descrevem atividades, mas não de forma suficiente para que aconteça uma prática pedagógica de qualidade na escola. Verifica-se que, se o professor se atentar apenas aos objetivos e conteúdos, não encontrará menção direta às tradições, o que dificultará a introdução desses trabalhos em sala e na escola como todo.

Referencial Curricular do Ensino Fundamental das Escolas Públicas do Tocantins: 1º ao 9º ano

Na análise feita, no documento norteador das práticas pedagógicas dos professores da Rede Estadual de Palmas, com relação às disciplinas focadas no ensino de Arte, identificamos as seguintes: Arte Visual, Dança, Música e Teatro. O Referencial Curricular de Arte tem por finalidade "apresentar ao professor uma visão global dos objetivos, critérios de seleção e organização dos conteúdos, orientações didáticas e de avaliação da aprendizagem de arte para todo o Ensino Fundamental" (TOCANTINS, 2009, p. 49).

A forma como o Referencial Curricular é apresentado ao professor pode trazer uma visão mais clara de como os conteúdos relacionados à cultura popular e às tradições folclóricas aparecem distribuídas nas disciplinas focadas na pesquisa. Quanto aos conteúdos, eles estão organizados no documento dentro de uma proposta triangular, dividida em três eixos norteadores, que são: Fazer Artístico, Contextualização e Leitura da Imagem. Inicialmente os três eixos não fazem qualquer apontamento com relação às tradições folclóricas. Já a proposta curricular de arte para o Ensino Fundamental apresenta alguns objetivos gerais que apontam relação com a cultura regional, como podemos ver no seguinte excerto:

1) Conhecer a arte, expressar ideias, sentimentos, e proporcionar vivências nas diversas linguagens articulando: *os saberes artísticos locais e da região*; as manifestações artísticas nacionais e internacionais; conectando-os com outras áreas do conhecimento.
2) Valorizar a diversidade cultural respeitando *as expressões artísticas locais e regionais*. Através do conhecimento das diferentes linguagens artísticas os alunos podem compreender a prática artística como direito e como participação social dos cidadãos repudiando os diversos tipos de preconceito e discriminação.
3) Observar e *relacionar a arte e as realidades sociais e ambientais de sua região*, desenvolvendo a percepção e sensibilidade para com os ciclos naturais e o meio ambiente, refletindo sobre a necessidade de valorizar, respeitar e conservar os diferentes bens patrimoniais da natureza e da cultura (TOCANTINS, 2009, p. 51-52, grifo nosso).

Entende-se que, nesse primeiro momento, os objetivos gerais não fazem menção direta às características próprias de tradições folclóricas. Entretanto, entre as descrições encontradas nos objetivos estão: "os saberes artísticos e da região", "a diversidade cultural respeitando as expressões artísticas locais e regionais" e "relação da arte e as realidades sociais e ambientais de sua região". É notório que, diante das disciplinas específicas do Ensino de Arte, os seus eixos podem e devem apresentar tal relação.

No que diz respeito aos objetivos gerais de cada disciplina do ensino de Arte, apenas a disciplina de "Música" apresenta, dentre seus objetivos gerais, uma referência ligada à cultura popular. Os dados estarão descritos no Quadro 3, a seguir, contemplando até mesmo as disciplinas em que não consta qualquer referência.

Quadro 3 – Objetivos Gerais do ensino de Arte que fazem referência à cultura popular

	Objetivos Gerais
Artes Visuais	Não consta
Dança	Não consta
Música	Valorizar as diversas culturas musicais, especialmente as brasileiras, estabelecendo relações entre as músicas produzidas na escola, as veiculadas pelas mídias e as que são produzidas individualmente e/ou por grupos musicais da localidade ou região, bem como procurar participação em eventos musicais de cultura popular, shows, concertos, festivais, buscando enriquecer suas criações, interpretações musicais e momentos de apresentação musical.
Teatro	Não consta

Fonte: Referencial Curricular – Ensino Fundamental – do 1º ao 9º Ano (TOCANTINS, 2009).

Diante dos resultados, acreditamos que o trabalho com a cultura popular, dentro do ensino básico, precisa se firmar enquanto conteúdo. De acordo com o que foi analisado, são poucas as evidências encontradas com relação à cultura popular e suas tradições folclóricas nos objetivos gerais das disciplinas de Arte. Porém, os eixos norteadores do ensino de Arte, no que se refere aos anos do Ensino Fundamental (EF), apresentam uma proposta que, em parte, dialoga com a temática em questão. Para melhor compreensão, apresentamos tais dados no Quadro 4.

Quadro 4 – Referências ao folclore nos Eixos Norteadores do Ensino da Arte no EF

ARTE – 2º ANO		
Eixos: Apreciação (Análise de Obra), Contextualização (História da Arte) e Fazer Artístico.		
Competências	**Habilidades**	**Conteúdos Mínimos**
• Ser capaz de ampliar o pensamento artístico, a sensibilidade, a percepção, a reflexão e a imaginação sobre as produções artísticas individuais e coletivas de distintas culturas e época.	• Experienciar o contato com a riqueza e profusão de ritmos do Brasil e valorizar a sua cultura regional; • Desenvolver a sensibilidade para os valores estéticos de cada período artístico, analisando-o enquanto estética.	• Folclore (lenda, parlendas, danças, cantigas de roda, brinquedos, ditos populares); • Análise de obras de arte.
ARTE – 3º ANO		
• Ser capaz de ampliar o pensamento artístico, a sensibilidade, a percepção, a reflexão e a imaginação sobre as produções artísticas individuais e coletivas de distintas culturas e época.	• Experienciar o contato com a riqueza e profusão de ritmos do Brasil e valorizar a sua cultura regional; • Desenvolver a sensibilidade para os valores estéticos de cada período artístico, analisando-o enquanto estética.	• Folclore (lenda, parlendas, danças, cantigas de roda, brinquedos, ditos populares); • Análise de obras de arte.
ARTE – 4º ANO		
• Ser capaz de ampliar o pensamento artístico, a sensibilidade, a percepção, a reflexão e a imaginação sobre as produções artísticas. individuais e coletivas de distintas culturas e época	• Experienciar o contato com a riqueza e profusão de ritmos do Brasil e valorizar a sua cultura regional; • Desenvolver a sensibilidade para os valores estéticos de cada período artístico, analisando-o enquanto estética.	• Folclore (lenda, parlendas, danças, cantigas de roda, brinquedos, ditos populares); • Análise de obras de arte.

continua...

continuação

ARTE – 5º ANO		
Competências	Habilidades	Conteúdos Mínimos
• Ser capaz de ampliar o pensamento artístico, a sensibilidade, a percepção, a reflexão e a imaginação sobre as produções artísticas individuais e coletivas de distintas culturas e época.	• Experienciar o contato com a riqueza e profusão de ritmos do Brasil e valorizar a sua cultura regional; • Desenvolver a sensibilidade para os valores estéticos de cada período artístico, analisando-o enquanto estética.	• Folclore (lenca, parlendas, danças, cantigas de roda, brinquedos, ditos populares); • Análise de obras de arte.
ARTE – 6º ANO		
• Ser capaz de ampliar o pensamento artístico, a sensibilidade, a percepção, a reflexão e a imaginação sobre as produções artísticas individuais e coletivas de distintas culturas e época.	• Experienciar o contato com a riqueza e profusão de ritmos do Brasil e valorizar a sua cultura regional; • Desenvolver a sensibilidade para os valores estéticos de cada período artístico, analisando-o enquanto estética.	• Folclore (lenda, parlendas, danças, cantigas de roda, brinquedos, ditos populares); • Modernismo (Tarsila do Amaral e Candido Portinari).
ARTE – 7º ANO		
• Ser capaz de ampliar o pensamento artístico, a sensibilidade, a percepção, a reflexão e a imaginação sobre as produções artísticas individuais e coletivas de distintas culturas e época.	• Experienciar o contato com a riqueza e profusão de ritmos do Brasil e valorizar a sua cultura regional; • Desenvolver a sensibilidade para os valores estéticos de cada período artístico, analisando-o enquanto estética.	• Carnaval: Influência africana e europeia; • Folclore (lenda, parlendas, danças, cantigas de roda, brinquedos, ditos populares); • Abstracionismo – Paul Klee; Wassily Kandinsky • Surrealismo – Salvador Dalí; Magritte.
ARTE – 8º ANO		
• Ser capaz de ampliar o pensamento artístico, a sensibilidade, a percepção, a reflexão e a imaginação sobre as produções artísticas individuais e coletivas de distintas culturas e época.	• Experienciar o contato com a riqueza e profusão de ritmos do Brasil e valorizar a sua cultura regional; • Desenvolver a sensibilidade para os valores estéticos de cada período artístico, analisando-o enquanto estética.	• Manifestações populares: Folclore; • Modernismo (Tarsila do Amaral); • Expressionismo (Vicent Van Gogh); • Cubismo (Pablo Picasso).

continua...

continuação

ARTE – 9º ANO		
Competências	Habilidades	Conteúdos Mínimos
• Ser capaz de ampliar o pensamento artístico, a sensibilidade, a percepção, a reflexão e a imaginação sobre as produções artísticas individuais e coletivas de distintas culturas e época.	• Experienciar o contato com a riqueza e profusão de ritmos do Brasil e valorizar a sua cultura regional; • Desenvolver a sensibilidade para os valores estéticos de cada período artístico, analisando-o enquanto estética.	• Folclore no Brasil e no mundo; • Renascimento (Michelangelo e Leonardo Da Vinci).

Fonte: Elaborado pela autora com base no Referencial Curricular – Ensino Fundamental – do 1º ao 9º Ano (TOCANTINS, 2009).

Conforme o levantamento, podemos observar que as competências e habilidades são as mesmas para todos os anos do EF. No que se refere aos conteúdos mínimos, temos algumas pequenas mudanças quando apontam perspectivas referentes ao folclore, visto que, do 2º a 7º ano, os conteúdos são os mesmos para todas as turmas. Já no 8º e 9º ano, os conteúdos aparecem de forma mais ampla, sem especificar quais conteúdos são viáveis para tais turmas, ficando a cargo do professor selecionar o que cabe em relação a sua sala. Outra observação importante é sobre a organização dos conteúdos, em que nos eixos norteadores de arte a turma do 1º ano não aparece. Ainda é perceptível que, nas turmas do 2º ao 7º ano, não são citados, de forma integral, todos os conteúdos que se referem às tradições folclóricas, como as poesias, as adivinhas, as superstições, os trava-línguas etc., o que é lamentável, visto que tais conteúdos podem contribuir significativamente para o aprendizado.

Referencial Pedagógico para Educação Infantil de Palmas

O documento que referencia o trabalho pedagógico dos professores da Rede Municipal de Palmas foi elaborado entre os anos 2009 e 2012, a partir do RCNEI e de obras voltadas para a EI (PALMAS, 2009/2012). Utilizaram-se sugestões contidas também nas Propostas Pedagógicas dos Centros Municipais de Educação Infantil de Palmas.

O documento é dividido em três partes: Fundamentação Teórica, Eixos Norteadores – Formação Pessoal e Social e Conhecimento de Mundo, e Eixos de Trabalho (que contemplam habilidades por faixa etária e sugestões de atividades diversificadas). Os eixos norteadores são divididos em dois: o primeiro é o eixo de Formação Pessoal e Social, cujo destaque é dado ao eixo de trabalho "Identidade e Autonomia"; o segundo eixo norteador é o "Conhecimento de Mundo", que tem os seguintes subeixos de trabalho: Movimento, Música, Artes Visuais, Natureza e Sociedade, Conhecimento Lógico Matemático e Linguagem Oral e Escrita. A discussão será pautada apenas no segundo eixo norteador, dentre as linguagens voltadas à Arte e faixa etária de quatro a seis anos.

Na descrição das "Características Gerais por faixa etária", é mencionada a palavra "cultura", no que se refere à faixa etária de quatro a cinco anos (I período), quando cita que a "criança tem um vocabulário amplo e faz uso de expressões próprias de sua cultura". Já na faixa etária de cinco a seis anos, aparece apenas uma breve referência ao brincar de "pular corda", quando o documento aborda sobre consolidação das habilidades motoras.

No eixo norteador "Conhecimento de Mundo", especificamente no subeixo "Movimento", na parte introdutória, a palavra "cultura" aparece quando se refere às habilidades motoras, por meio das quais as crianças interagem com a cultura, seja pelo uso de diferentes objetos ou para usufruir da ludicidade e lazer. Com relação ao lazer, aparecem os jogos, as brincadeiras e as danças, mas é preciso ressaltar que tais atividades podem não estar ligadas ao folclore.

Com relação às sugestões de atividades que foram organizadas dentro do documento, para facilitar o trabalho pedagógico do professor, selecionamos algumas habilidades e atividades que compõem o subeixo "Movimento", que parecem ter relação com a temática "folclore". Para melhor compreensão, o Quadro 5 nos mostra esses dados.

Quadro 5 – Sugestões de atividades no subeixo "Movimento"

I Período (4 a 5 anos)	
Habilidades	**Atividades**
• Desenvolver a coordenação motora ampla, a orientação temporal-rítmica e espacial e o equilíbrio	• Promover danças, brincadeiras de roda e cirandas, movimentos e expressões rítmicas de diferentes manifestações culturais
	• Propor brincadeiras de amarelinha, de correr empurrando pneus e caça ao tesouro
	• Disponibilizar cordas para pularem e brincarem de cabo de guerra
	• Utilizar bambolês para rodarem na cintura, jogar para o colega e passar por dentro
II Período (5 a 6 anos)	
Habilidades	**Atividades**
• Conhecer as possibilidades de movimento das diferentes partes do corpo	• Dividir a sala em grupos, realizar a brincadeira do cabo de guerra, variando com uma mão só e/ou com as duas mãos

Fonte: Referencial Pedagógico para Educação Infantil de Palmas (PALMAS, 2009/2012).

Por meio desse quadro, notamos que as atividades apresentadas para as duas faixas etárias são mínimas com relação ao estudo sobre folclore. O RCNEI dispõe de outras atividades de cunho popular para crianças de zero a três anos, como brincadeira de estátua, empinar pipa, cantigas e brincadeiras de cunho afetivo,[76] canções de ninar, os brincos[77] e brincadeiras de roda ou danças circulares[78]. Tais atividades poderiam ter sido citadas no documento, nas orientações didáticas para crianças de quatro a seis anos, visto que são viáveis de se trabalhar em sala de aula.

Já no subeixo "Música", são descritas algumas situações em que as tradições aparecem como fundamentais para a linguagem musical na EI. Foram citadas tradições folclóricas, cantigas e brincadeiras, como: "Os acalantos, as rodas cantadas, os brincos e parlendas" (BRASIL, 1998). No que diz respeito às sugestões de atividades nesse subeixo, os dados apresentados a seguir estão de acordo com a faixa etária, conforme se observa no Quadro 6, a seguir.

Quadro 6 – Sugestões de atividades no subeixo "Música"

I Período (4 a 5 anos)	
Habilidades	**Atividades**
• Conhecer diferentes sons e estilos musicais	• Brincar com cantigas de ninar, perguntando às crianças se conhecem alguma cantiga de ninar, e cantar com elas
• Relacionar gestos e movimentos corporais ao trabalho musical	• Proporcionar momentos de brincadeiras cantadas e jogos • Propor momentos de danças como dança da laranja, dança da cadeira, estátua
• Ampliar o repertório musical	• Produzir com as crianças paródias, *rap*, cantigas de roda, entre outros
II Período (5 a 6 anos)	
Habilidades	**Atividades**
• Desenvolver a expressão corporal e a oralidade	• Propor momentos de danças como dança da laranja, dança da cadeira, estátua, entre outras
• Diferenciar sons e estilos musicais	• Oferecer diversos estilos musicais para as crianças brincarem de advinhas • Oferecer músicas regionais e de vários estilos para as crianças apreciarem, cantarem e dançarem
• Ampliar o repertório e desenvolver a memória musical	• Realizar brincadeiras rítmicas como brincar de roda, canções com gestos, entre outros • Produzir com as crianças paródias, *raps*, cantigas de roda
• Desenvolver a criatividade, a percepção espacial e rítmica	• Promover momentos de jogos e diferentes brincadeiras como "coelhinho sai da toca", "morto e vivo", "boca de forno", "trem maluco", brincando de "telefone sem fio"; entre outros

continua...

---

76 Conheço um jacaré.
77 Serra, Serra, Serrador (variante brasileira de um brinco com origem portuguesa).
78 A Galinha do Vizinho, ou Ciranda Cirandinha.

continuação

II Período (5 a 6 anos)	
Habilidades	Atividades
• Aprimorar a capacidade de observação e concentração	• Organizar diferentes brincadeiras como "a cobra-cega", para que a criança descubra a direção do som

Fonte: Referencial Pedagógico para Educação Infantil de Palmas (PALMAS, 2009/2012).

Comparando-se esse quadro com os anteriores, percebemos uma evolução significativa no subeixo "Música" quanto às tradições folclóricas entre as faixas etárias, especificamente as do II período. No subeixo "Artes Visuais", na parte introdutória, não se faz nenhuma referência sobre cultura popular ou tradições, mas é citada, de forma geral, a palavra "cultura", quando se mencionam as influências que a arte tem sobre a criança, desde cedo, por meio de sua cultura. Sugestões de atividades estão apresentadas no Quadro 7, a seguir.

Quadro 7 – Sugestões de atividades no subeixo "Artes Visuais"

I Período (4 a 5 anos)	
Habilidades	Atividades
• Conhecer as diversidades culturais	• Apresentar artistas locais, proporcionando momentos de criação na frente das crianças
	• Incentivar as crianças a recriar a arte regional aproveitando recursos naturais, como capim dourado, coco babaçu, urucum, sementes, folhas, flores, buchas e raízes diversas. Perceber seu corpo como produtor de marcas
II Período (5 a 6 anos)	
Habilidades	Atividades
• Conhecer e apreciar as diversas manifestações artísticas	• Disponibilizar momentos de elaboração de releituras de obras, através de esculturas (massa de modelar), pinturas (com diversos tipos de tintas e superfícies), modelo vivo, composição de textos coletivos (poesias, parlendas), entre outros
• Desenvolver o senso estético e a capacidade de observação	• Decorar festas (juninas, natalinas, aniversários, entre outras) utilizando as produções das crianças

Fonte: Referencial Pedagógico para Educação Infantil de Palmas (PALMAS, 2009/2012).

Conforme os subeixos, não há muitas atividades que se referem às tradições. No subeixo "Artes Visuais", é possível notar que, na última habilidade, existe uma incoerência ao mencionar a palavra "decoração" com relação às festas citadas, em especial às festas juninas e natalinas, já que são as tradições folclóricas que nos interessam como senso estético. A proposta, neste momento, não é questionar tais atividades, mas nos colocar diante do problema, de como esses conteúdos estão sendo trabalhados no ensino de Artes no contexto da EI.

Observamos que apenas o subeixo "Música" contém um maior número de atividades que possibilitam um trabalho em sala de aula com relação à temática "folclore". Diante do que foi analisado, constata-se uma deficiência quanto às atividades de cunho folclórico e ao modo como tais atividades podem estar sendo tratadas em sala de aula.

A cultura no PPP do Centro Municipal de Educação Infantil Matheus Henrique de Castro dos Santos

Ao analisar o Projeto Político Pedagógico (PPP) do CMEI Matheus Henrique de Castro dos Santos, percebe-se que não há qualquer referência aos termos "cultura popular" ou "folclore". Apenas constam, em sua estrutura textual, algumas alusões que remetem à palavra "cultura", mas que não se referem à diversidade cultural.

Na introdução do documento, no que diz respeito à palavra "cultura", menciona-se o eixo "uma cultura de justiça, esperança e solidariedade" (PALMAS, 2016/2017), dentre os quatro eixos de formação do CMEI. Contudo, constatamos que a única preocupação quanto ao uso da palavra "cultura" nessa citação está ligada à consolidação dos valores na sociedade.

Em relação aos objetivos, o documento apresenta um objetivo que especifica, na sua descrição, as palavras "jogos" e "brincadeiras". Essas palavras são mencionadas novamente nos fundamentos didático-pedagógicos, no que se refere à ação pedagógica, em dois dos cinco eixos de trabalho. Ao analisar ambos os tópicos, verifica-se que as palavras não fazem menção direta aos conteúdos folclóricos, podendo ou não estar direcionadas à temática.

No tópico "Cultura a ser desenvolvida", identificamos a palavra "cultura", mas sem nenhuma relação direta com o que buscamos. Apenas é citada como uma cultura da "Colaboração e da Humanidade", que visa, *a priori,* às relações interpessoais, incentivando o grupo escolar a buscar, em suas ações, o fortalecimento desses valores.

Na descrição do perfil docente, cita-se no documento analisado que "o docente da educação infantil, com a formação prioritária na área, estará em constante busca por conhecimentos que garantam uma prática inclusiva, considerando a diversidade, a multiculturalidade das crianças, as diversas realidades sociais [...]" (PALMAS, 2016/2017). As palavras "diversidade" e "multiculturalidade" aparecem no documento e podem levantar perspectivas com relação à temática "folclore".

No que diz respeito às ações coletivas no documento, percebeu-se que, nas descrições referentes aos seus objetivos, metas e ações, o PPP não apresenta qualquer direcionamento voltado à temática. Em relação aos projetos de 2017, ano recorrente da pesquisa, o documento apresenta os projetos[79] e as datas comemorativas[80] que constam no calendário escolar, o que parece se aproximar da temática da cultura popular.

---

79 Festa junina, Semana da Diversidade, Dia da Consciência Negra e Natal.
80 Carnaval.

De acordo com a supervisora[81] e orientadora[82] do CMEI, o documento foi reformulado dentro do prazo de dois anos, conforme é previsto para sua revisão, desde a lei de sua criação: Lei n. 1559, de 10 de julho de 2008. Apesar de o documento ter sido reformulado recentemente, não foi possível encontrar quaisquer perspectivas específicas em relação às atividades voltadas ao folclore ou à cultura popular, regional ou local.

Considerações finais

Em virtude do que foi analisado nos documentos aqui mencionados, é imprescindível que ampliemos nosso olhar para a escola no sentido de se discutir um currículo contextualizado com as necessidades humanas, de forma que se alcance o todo. Dentro do que se buscou mostrar na pesquisa, os eixos/disciplinas relacionados ao ensino de Arte no currículo da Educação Básica do Tocantins esvaziou os conteúdos que abrangem os saberes populares.

Para tanto, observa-se que os documentos norteadores devem ser revistos, de modo que "um dos passos nesta direção seria o de reintegrar e fazer interagirem as diferentes criações culturais do espírito humano, com um mesmo valor [...]. Um outro passo estaria na redescoberta do valor humano e artístico das criações populares" (BRANDÃO, 2008, p. 37), para que tais conteúdos possam ser inseridos de forma consciente, na escola, não sendo vistos apenas como algo superficial.

É notável que as questões trazidas pela pesquisa precisam ser cuidadosamente visualizadas com maior exatidão, pois falta um olhar criterioso sobre a cultura popular. A ausência da cultura popular pode influenciar na identidade do aluno que está em processo de formação pessoal e social. Observa-se uma desarticulação entre o saber formal e o informal, expressando dúvidas em relação ao papel da escola quanto à manutenção da cultura viva da sociedade em que o estudante está inserido.

A falta de conteúdos relacionados à cultura popular nos eixos/disciplinas do ensino de Arte é vista nos documentos oficiais como um problema que pode ser sanado por meio da elaboração do currículo escolar. Sobre os apontamentos centro de cada eixo/disciplinas com relação às tradições, nota-se que, na Educação Infantil, o eixo Música é o que possibilita um maior envolvimento com a cultura não erudita. Já no Ensino Fundamental, dependendo do ciclo, a temática não se apresenta de forma clara e prioritária.

De modo geral, os documentos nos mostraram que o currículo da Educação Básica do Tocantins precisa ser repensando politicamente, dentro de um planejamento que busque uma discussão sobre a temática "folclore" nas escolas. Tal preocupação pode contribuir para se encontrar mecanismos que ajudem a melhorar a atuação dos profissionais da Educação como propagadores da cultura, perpassando as datas comemorativas e o folclore, em geral.

Dentre os conteúdos encontrados nos eixos/disciplinas sobre as tradições, pontuamos as possibilidades de um trabalho interdisciplinar com os demais eixos. Tal

---

81 Maria Júlia Vieira.
82 Tatiana Costa Martins.

trabalho pôde ser suscitado pelo fato de que, durante a pesquisa, observou-se que, nas demais áreas, os aspectos formativos relacionados à linguagem oral, às práticas de leitura, escrita e matemática, apresentam inúmeros conteúdos voltados para a temática da cultura. Isso indica que que existem conteúdos que possibilitam um fazer pedagógico de qualidade, que favoreça o resgate dos saberes populares no espaço escolar.

Como chave para possíveis novos estudos, indicamos a necessidade de comparar a existência da cultura popular discutida neste texto em relação à Base Nacional Comum Curricular (BNCC). O documento da BNCC (BRASIL, 2017) parece apresentar a promessa de unificar o saber no território brasileiro, o que, por sua vez, *traz, enquanto vertente,* um caráter normativo que define o conjunto orgânico e progressivo de aprendizagens essenciais. Devido à criação desse novo documento, cabe aos professores e leitores fazer o paralelo entre os documentos aqui analisados e a BNCC e considerar quais contribuições são perceptíveis no ensino de Arte, no que diz respeito ao tema "folclore".

Desse modo, o estudo sobre o folclore no currículo precisa ser minucioso, pois a obscuridade de como este é tratado no espaço escolar pode nos revelar outras facetas, que vão além da inexistência dos conteúdos. É preciso, sobretudo, analisar como o profissional da educação se enxerga enquanto um ser cultural, multiplicador de cultura. A esse respeito, o estudo sobre a cultura popular precisa ser reafirmado no âmbito educacional, para que os alunos e a sociedade, de modo geral, venham a assegurar suas raízes de forma significativa. O folclore é um conteúdo primordial para a primeira fase da educação básica, na EI, assim como para as demais etapas da educação.

Esperamos ter contribuído, com esta reflexão, para o entendimento de que a cultura afeta as nossas vidas e de como ela se processa, especificamente, em relação à constituição dos saberes populares e as diferentes maneiras de utilizá-la na escola. Talvez, com esse entendimento, possa ser forjado um espaço de encontros e reencontros para um certo futuro em que a cultura escorra para dentro da escola e a escola para fora dos muros de si mesma.

REFERÊNCIAS

BRANDÃO, Carlos Rodrigues. Viver de Criar Cultura, Cultura Popular, Arte e Educação. *In:* SILVA, René Marc da Costa. (org.). **Cultura popular e educação.** Salto para o Futuro. Brasília: TV Escola/ SEED/MEC, 2008.

BRASIL. **Base Nacional Comum Curricular (BNCC).** Brasília: MEC, 2017. Disponível em: http://basenacionalcomum.mec.gov.br/images/BNCC_20dez_site pdf. Acesso em: 04 jun. 2020.

BRASIL. **Lei de Diretrizes e Bases da Educação Nacional.** Lei n. 9.394, de 20 de dezembro de 1996. Brasília: MEC/SEF, 1996.

BRASIL. **Referencial Curricular Nacional para a Educação Infantil.** v. 3. Brasília: MEC/SEF, 1998.

GABRIEL, Eleonora. Linguagens Artísticas da Cultura Popular. *In:* SILVA, René Marc da Costa. (org.). **Cultura popular e educação.** Salto para o Futuro. Brasília: TV Escola/ SEED/MEC, 2008.

PALMAS. **Projeto Político Pedagógico do CMEI Matheus Henrique de Castro dos Santos.** Lei de Criação: n. 1559 de 10 de julho de 2008. Palmas, 2016/2017.

PALMAS. Secretaria de Educação. **Referencial Pedagógico para Educação Infantil do Município de Palmas-TO**: Educação Infantil. Palmas, TO, 2009/2012.

TOCANTINS. Secretaria de Estado da Educação e Cultura. **Referencial Curricular do Ensino Fundamental das escolas públicas do Estado do Tocantins:** Ensino Fundamental do 1º ao 9º ano. 2. ed. Palmas, TO: Secretaria de Estado da Educação e Cultura, 2008. 281 p.

ASPECTOS TEÓRICOS, METODOLÓGICOS E PRÁTICOS DA PRODUÇÃO DE VÍDEOS-MINUTO EM TURMAS DO ENSINO MÉDIO

Catherinne Melo Alves
João Paulo Simões Vilas Bôas

I

A proposta da pesquisa que originou o presente texto, intitulada "*Uma reflexão a partir de Nietzsche sobre a intolerância de gênero no espaço escolar*", foi a de empregar as ideias deste pensador como base teórica para uma proposta de trabalho sobre a LGBTfobia no ensino médio. A despeito de Nietzsche ser um notório crítico da democracia e dos valores democráticos, suas teorizações sobre o ressentimento e a valorização da pluralidade (agonismo) guardam um valioso potencial de contribuição, ainda pouco explorado, para as reflexões sobre questões sociais e políticas da atualidade.

O caráter pioneiro e experimental da pesquisa não se restringiu apenas ao emprego das ideias de Nietzsche com o objetivo de pensar para além do espectro de problemas e preocupações originalmente abordados pelo próprio filósofo. Na busca por uma metodologia de abordagem mais dinâmica e produtiva do tema – que se distanciasse da sequência tradicional de aulas teóricas seguidas por avaliações verbais ou escritas –, buscou-se investigar também o potencial pedagógico do emprego de Tecnologias de Informação e Comunicação (TICs) no ensino de filosofia, em especial a produção de vídeo por parte dos estudantes.

Os resultados deste trabalho teórico-conceitual com Nietzsche e da pesquisa metodológica com as TICs foram concretizados em sala de aula por meio de aulas teóricas seguidas por oficinas de produção de vídeo, nas quais as equipes de estudantes de turmas do ensino médio foram solicitadas a produzirem vídeos com duração de 1 minuto sobre o tema.

Nas páginas que se seguem, buscaremos apresentar os princípios teóricos que nortearam o planejamento e a execução desta intervenção pedagógica, ressaltando os pontos positivos e os principais problemas ligados ao emprego das TICs em sala de aula.

* * *

A tecnologia faz parte do cotidiano e evolui de geração a geração através das sociedades e da cultura que a produzem, reinventam e utilizam. Essa visão é defendida por Pierre Lévy no livro *Cibercultura*, obra que apresenta um conjunto de reflexões sobre a tecnologia e também desmistifica alguns preconceitos com relação ao papel representado por elas para a humanidade.

Escolhemos Lévy como base teórica porque, em seus escritos, ele se contrapõe a uma perspectiva teórica pessimista acerca da influência das tecnologias sobre a sociedade, a qual ele denomina de metáfora do "impacto".

Conforme a descrição oferecida pelo autor, esta perspectiva consideraria que o impacto que as novas tecnologias da informação provocariam sobre a cultura e a sociedade, "seria algo comparável a um projétil (pedra, obus, míssel?) e a cultura ou a sociedade a um alvo vivo...". (LÉVY, 1999, p. 21). Para Lévy, essa seria uma metáfora inadequada e a chave de leitura para essa questão equivale a "esclarecer o esquema de leitura dos fenômenos" (Idem). A tecnologia, conforme Lévy, não veio de outra esfera planetária, não é fria ou sem emoção como sugere a metáfora. Ela constitui a humanidade juntamente com a linguagem. É imaginada e reinterpretada enquanto é utilizada pela sociedade.

Ao contrário de considerar que a tecnologia faria parte de um mundo independente da sociedade e da cultura que vivemos, como um corpo autônomo da sociedade, Lévy argumenta que ela está intrinsecamente ligada ao conhecimento e a técnica, não podendo ser algo isolado. Assim, livrando-se da metáfora do impacto, podemos entender que a tecnologia seria parte integrante da sociedade e da cultura.

> [...] a técnica é um ângulo de análise dos sistemas sócio-técnicos globais, um ponto de vista que enfatiza a parte material e artificial dos fenômenos humanos, e não uma entidade real, que existiria independentemente do resto, que teria efeitos distintos e agiria por vontade própria. As atividades humanas abrangem, de maneira indissolúvel, interações entre:
> – pessoas vivas e pensantes,
> – entidades materiais naturais e artificiais,
> – ideias e representações.
> É impossível separar o humano de seu ambiente material, assim como dos signos e das imagens por meio dos quais ele atribui sentido à vida e ao mundo. Da mesma forma, não podemos separar o mundo material – e menos ainda sua parte artificial – das ideias por meio das quais os objetos técnicos são concebidos e utilizados, nem dos humanos que os inventam, produzem e utilizam. (LÉVY, 1999, p. 22).

A partir do que foi dito, pode-se entender que, para Lévy, a tecnologia é um processo inseparável do humano, portanto, um produto da cultura e da sociedade. Sendo assim, distinguir entre técnica, sociedade e cultura seria possível apenas de forma conceitual, pois considerar essas esferas isoladamente camuflaria os atores dessa relação. Isso significa que, em última instância, os verdadeiros atores na relação entre a tecnologia e a cultura surgem das tendências intelectuais estabelecidas de maneira uniforme, sendo o humano seu principal criador e usufrutuário, como apresenta Lévy:

> Encaramos as tendências intelectuais como atores porque há grupos bastante reais que se organizam ao redor destes recortes verbais (ministérios, disciplinas científicas, departamentos de universidades, laboratórios de pesquisa) ou então porque certas forças estão interessadas em nos fazer crer que determinado problema é

'puramente técnico' ou 'puramente cultural' ou ainda 'puramente econômico'. As verdadeiras relações, portanto, não são criadas entre 'a' tecnologia (que seria da ordem da causa) e 'a' cultura (que sofreria os efeitos), mas sim entre um grande número de atores humanos que inventam, produzem, utilizam e interpretam de diferentes formas *as* técnicas. (LÉVY, 1999, p. 22-23).

Assim, a tecnologia – considerada como produto humano, portanto, da cultura e da sociedade –, gera interesses particulares desses grupos, os quais nem sempre são perceptíveis. "Por trás das técnicas agem e reagem ideias, projetos sociais, utopias, interesses econômicos, estratégias de poder, toda a gama dos jogos dos homens em sociedade." (*Ibidem*, p. 24) não havendo sentido único para técnica, assim:

> Projetos que envolvem as técnicas são particularmente evidentes no caso do digital. O desenvolvimento das cibertecnologias é encorajado por Estados que perseguem a potência, em geral e a supremacia militar em particular. É também uma das grandes questões da competição econômica mundial entre as firmas gigantes da eletrônica e do software, entre os grandes conjuntos geopolíticos. Mas também responde aos propósitos de desenvolvedores e usuários que procuram aumentar a autonomia dos indivíduos e multiplicar suas faculdades cognitivas. Encarna, por fim, o ideal de cientistas, de artistas, de gerentes ou de ativistas da rede que desejam melhorar a colaboração entre as pessoas, que exploram e dão vida a diferentes formas de inteligência coletiva e distribuída" (*Ibidem*)

Tendo em vista que a amplitude desta temática é bastante grande, buscaremos restringir nosso desenvolvimento teórico sobre a tecnologia neste capítulo apenas às implicações educacionais das tecnologias, isto é: aos benefícios e impactos gerados pelo emprego de tecnologias digitais voltadas não apenas aos propósitos dos desenvolvedores e usuários que trabalham com educação, mas também às novas linguagens digitais que as tecnologias da comunicação e informação oferecem.

"Quando o computador se aliou às redes de telecomunicações" (FILENO, 2007, p. 15) ocorreu o ápice da revolução digital. Essa revolução ampliou a comunicação digital e as pessoas passaram a se relacionar e conectar a qualquer lugar do mundo. Essa ampliação da comunicação digital se realizou de forma acelerada, influenciando também no surgimento do ambiente virtual de aprendizagem. As pessoas encontraram no ambiente virtual uma nova forma não apenas de se comunicar em tempo real, mas também de aprender e obter informações de forma rápida. O mundo está a um *click*. Esse avanço tecnológico da informação e comunicação apresenta pontos positivos, mas também pontos negativos, conforme será discutido no próximo tópico.

II

Podemos observar que a utilização da tecnologia da informação e comunicação vem mudando o cenário da educação formal do mundo, que se torna cada vez mais digital. A opção de olharmos os recursos tecnológicos como aliados de um processo educacional e de circulação rápida de informações surge em paralelo à necessidade de criar um cuidado com a veracidade da informação e suas consequências sobre os receptores, ensinando os seus usuários a identificarem notícias falsas.

A educação, diante dessas novas ferramentas, pode ir "buscando seu uso efetivo como mediadora na construção de uma nova forma de ensinar e aprender, proporcionando ao ser humano o acesso a essas mudanças tecnológicas e tornando possível o (re)conhecimento de uma nova realidade" (NASCIMENTO, 2004, p. 3). Diante disso, a proposta de intervenção pedagógica baseada na produção de vídeos tem por finalidade estimular o agir filosófico no ensino de filosofia, proporcionando ao aluno uma atividade reflexiva diferenciada perante o tema trabalhado.

A educação pautada pela utilização desses recursos tecnológicos (informação e comunicação) voltados ao ensino de Filosofia tem o potencial de estimular um aprendizado mais ativo, em que o aluno tem a autonomia de expressar-se na sua linguagem tecnológica ao mesmo tempo em que sai do âmbito da mera troca de opiniões para trabalhar os conceitos de forma crítica e refletida.

Buscaremos então refletir sobre o uso do recurso de produção de vídeo acreditando que o audiovisual possui características que facilitam a compreensão de assuntos que aparentemente parecem difíceis, como os textos filosóficos.

> Enquanto na leitura cada palavra tem sua importância e, lendo, é possível progredir de maneira linear até a compreensão final no término da frase ou parágrafo, na mensagem audiovisual há um fluxo contínuo de signos. A rapidez com que o som e as imagens são decodificadas pelo cérebro somada às inúmeras sensações perceptivas estimuladas por elas, fazem do audiovisual um recurso proficiente no processo de ensino-aprendizagem. (MIRANDA, 2008, p.9)

Todo emprego da tecnologia da informação e comunicação apresenta pontos positivos e negativos. Tudo depende da forma que o usuário utiliza esse recurso. Para Lévy, "uma técnica não é nem boa, nem má (isto depende dos contextos, dos usos e dos pontos de vista)" (OYAMA, 2011, p. 18-23) Os pontos que serão analisados a seguir dizem respeito às relações que o indivíduo estabelece com as tecnologias digitais, as quais podem funcionar como ferramentas de apoio tanto para o processo de ensino-aprendizagem como também para o próprio filosofar.

É importante ressaltar que os pontos positivos estão relacionados às características técnicas operacionais da ferramenta, tais como velocidade, inovação, entre outros. O oposto ocorre nos pontos negativos, que estão relacionados com a forma como os humanos se relacionam com os recursos técnicos disponíveis. Nessa análise, tomaremos por base os pontos apresentados numa pesquisa realizada por Daniel Dantas Oyama que elenca os aspectos positivos e negativos do uso das novas tecnologias nos processos educativos. Iniciaremos pelos pontos positivos:

Velocidade e abrangência – Este ponto positivo refere-se à velocidade com que a informação é transmitida apesar do seu formato complexo de análise de dados e é exposta em *ranking*, "onde a informação mais relevante tende a aparecer em primeiro lugar." (*Idem*, p. 18) Considerando, também, que "a busca rápida associada à grande capacidade de armazenamento de dados dos servidores de internet, disponibiliza maior abrangência de conteúdo." (*Idem*) Isso faz com que a internet acabe sobrepondo-se a outros meios de comunicação.

Do ponto de vista filosófico, a internet se constitui num amplo espaço para promover a participação ativa, onde o aluno poderá partir da reflexão realizada em sala e estimular a criticidade através dos comentários feitos no mundo virtual, ajudando outras pessoas a saírem da mera opinião rumo a uma reflexão. No caso específico da temática da LGBTfobia, a internet é uma nova janela que se abre para a desmistificação do preconceito e para a diminuição da violência contra essas populações.

Inovação – O ponto positivo da inovação é destacado por provocar "melhorias para a sociedade e oportunidades comerciais." (*Idem*, p. 19) O incentivo a inovação é estimulado também pela educação que oferece novas ferramentas de criação. "O professor pode incentivar o gosto pela escrita em seus alunos por sugerir a criação de um jornal digital de divulgação interna na escola, um blog da sala contando as experiências vivenciadas no ano letivo [...]" (Idem). A inovação é acelerada pela tecnologia, facilitando assim "a comunicação dos pares com os mesmos objetivos e a divulgação dos resultados em âmbito global." (*Idem*, p. 18)

Do ponto de vista filosófico, em se tratando da LGBTfobia, a inovação impulsiona o pensar para uma nova plataforma de comunicação, estimulando o desenvolvimento de novas linguagens e formas de abordagem deste tema, ampliando, assim, as possibilidades de discussão mais amadurecidas sobre ele.

Interação – O aluno é impulsionado pelos *Softwares* educativos a interagir com o conhecimento. "Tecnologias como enciclopédias digitais, jogos educacionais, realidade aumentada e simulação bidimensional ou tridimensional podem facilitar essa interação virtual, aproximando o aluno da realidade do problema apresentado e de suas possíveis soluções." (*Idem*)

Do ponto de vista filosófico, a interação é necessária para a constituição de um ambiente de disputa saudável, de livre expressão e debate das diferentes posições. Interagir é condição necessária para produzir um embate de opiniões e, consequentemente, para que se possa refletir filosoficamente sobre elas.

Autonomia – O próprio uso individual do computador já implica um certo grau de autonomia, pois o aluno se encontra "executando tarefas sozinho e buscando auxílio na própria ferramenta tecnológica por meio de arquivos de ajuda, tutoriais e busca na internet." (*Idem*, p. 20) Desta forma, pode se entender que o estímulo ao uso de computadores por parte dos alunos contribui para estimular um auto aprendizado e independência do estudante.

Do ponto de vista filosófico, o desenvolvimento da autonomia é fundamental no que tange ao respeito às particularidades do outro. Em todo tipo de debate, é necessário que se mantenha, antes e acima de tudo, o respeito ao oponente ou adversário, ouvindo suas ideias, compartilhando experiências, analisando cada ponto debatido na busca de estabelecer uma discussão saudável e que promova um consenso, pautado no respeito ao próximo.

Lúdico – Este ponto refere-se ao fato de que as novas tecnologias possibilitam o emprego dos jogos educacionais. De acordo com Oyama, (*Idem*, p. 24) "Os jogos com função educativa podem ser utilizados na informática de modo mais atrativo ao estudante desenvolvendo a coordenação motora, o raciocínio lógico e a memória." Estimulando uma forma de aprendizado mais divertida, os jogos devem ser escolhidos corretamente e coerentemente com a faixa etária.

Do ponto de vista filosófico, o aspecto lúdico se insere como uma característica fundamental na produção do vídeo e na promoção de um ambiente pautado na pluralidade de ideias, pois a competição entre os melhores vídeos traz, em si, a ludicidade da disputa. Se considerarmos a importância desempenhada pelos jogos olímpicos e pelas disputas dialógicas na Ágora para a constituição do embate grego, é seguro concluir que o aspecto lúdico é o componente mais interessante na promoção de um ambiente de disputa saudável e plural em sala de aula.

* * *

Os pontos negativos do emprego das tecnologias estão relacionados não à ordem técnica, mas à comportamental. São considerados prejudiciais "pois afetam o bem-estar individual e coletivo influenciando as interações sociais." (*Idem*, p. 32) O que poderemos verificar a seguir com os pontos negativos, que são:

Identidade – Este ponto está relacionado com as redes sociais e redes de compartilhamento e de informações. A princípio, o usuário assume uma identidade que não é sua, gerando um perfil fantasioso (*fake*), assumindo até mesmo várias identidades distintas. Considerando-se que "A criação de um perfil em uma rede social define suas características pessoais, seus atributos e interesses." (*Idem*, p. 20), pode-se afirmar que criar um perfil falso seria, portanto, um modo de fantasiar-se de características desejadas, mas não alcançadas na realidade, criando uma nova identidade, ou várias identidades para relacionar-se com outras pessoas. O problema relacionado a perfis falsos, conforme Oyama, está "nos estágios intermediários de desenvolvimento da criança, pois é nessa fase, a adolescência, que o indivíduo desenvolve sua identidade e personalidade como ser humano adulto." (*Idem*)

Privacidade – Com a transmissão em massa e em escala global de informações, a intern*et al.*terou o modo como lidamos com a privacidade. "A informação passa a ser disponível a qualquer pessoa conectada à rede e em qualquer parte do mundo. Essa informação pode ser distorcida e novamente encaminhada trazendo danos irreversíveis." (PALFREY; GASSER *apud* OYAMA, 2011, p. 21) Problemas com informações falsas e roubo de imagens íntimas, por exemplo, causam danos irreversíveis na vida social e na reputação de jovens e adultos. É imprescindível que o professor conscientize seus alunos dos riscos de violação da privacidade por atitudes inconsequentes.[83]

Imediatismo – O imediatismo é uma característica negativa ligada à expectativa de que as informações buscadas na internet deveriam estar disponíveis imediatamente. No vício da busca acompanhada por resultados imediatos, os internautas "apressadamente fazem uso da primeira informação que aparece" (OYAMA, 2011, p. 21), nem sempre sendo uma informação válida, mas a mais visitada.

Superficialidade – A consulta sem a devida preocupação, no aprofundamento do conhecimento, torna as pessoas acríticas, ou seja, "rasas", pois não procuram a

---

[83] Ao incentivar o uso das tecnologias o professor deve ser cauteloso para conscientizar seus alunos sobre o risco na exposição de informações na internet. Divulgar informações proprietárias pode ferir direitos autorais acarretando em problemas judiciais. Adicionalmente a exposição de dados pessoais do aluno traz o risco potencial de contato com criminosos como pedófilos, ladrões e sequestradores. É papel do professor alertar seus alunos sobre esses riscos e suas consequências. (OYAMA, p.21)

internet com a intenção de entendimento nem tampouco de análise crítica dos fatos. Entendendo-se que há uma disputa constante entre as páginas da internet por audiência com a intenção de chamar a atenção do leitor, e não de oferecer um tratamento aprofundado do assunto, observam-se muitas vezes textos jornalísticos curtos, manchetes atraentes e de leitura superficial.

Dependência – Atualmente várias pessoas desenvolveram um tipo de dependência relacionada aos recursos tecnológicos, conforme Oyama cita Lévy na obra *As tecnologias da inteligência* sobre a dependência gerada pela tecnologia. "Existem hoje clínicas especializadas no tratamento da dependência tecnológica. Assim como no vício das drogas, alguns ficam dependentes da navegação ou em jogos em mundos virtuais e passam dar pouco valor as suas responsabilidades no mundo real." (*Idem*, p. 22)

Isolamento – Este ponto negativo frequentemente surge como uma consequência do anterior, da dependência. Geralmente a criança ou o jovem passa muito tempo interagindo com o mundo virtual e começa a romper os laços sociais e com as pessoas de seu convívio. "Pode ser um dos fatores coadjuvantes no aparecimento de doenças psiquiátricas como a depressão e a ansiedade." (*Idem*)

Sobrecarga cognitiva – O último ponto negativo refere-se à sobrecarga cognitiva. Existe na internet uma disponibilidade alta de informações e variados modos de comunicação, o que tem gerado um alto nível de estresse. Com o uso constante e o acesso livre, os jovens,

> [...] passam grande parte da vida *on-line* sem distinguir entre on-line e *offline*. Essa cultura é global em um escopo e natureza. Porém há limites para quantas informações as pessoas conseguem processar em termos cognitivos. O vício da internet, a síndrome da fadiga de informações e a sobrecarga de informações estão entre os termos que estão sendo criados com o propósito de descrever as novas doenças psicológicas que surgem na era digital (PALFREY; GASSER *apud* OYAMA, 2011, p. 23).

Como podemos perceber, o mau uso das tecnologias acarreta os problemas apresentados pelos pontos negativos, que são mais complexos e difíceis de resolver, pois são do âmbito comportamental.

A utilização desses recursos tecnológicos para a aprendizagem, portanto, requer uma orientação, tanto da ordem técnica como da comportamental para que se obtenha êxito no processo ensino-aprendizagem. A figura para essa orientação na escola é o professor que deve controlar e orientar o uso da internet durante as pesquisas. Por este motivo, o papel do professor é fundamental para esse processo, indicando ao aluno a forma de utilização, o que deve ser pesquisado, quais os sites seguros com fontes de informação confiável e o tempo gasto para a pesquisa. Entendemos essa orientação é necessária para a segurança do aluno, lembrando que, no ensino de filosofia a forma de expressão desse aluno se dará de modo livre, buscando sempre ter em vista os preceitos éticos existentes na nossa sociedade, para que os mesmos não venham a desenvolver problemas comportamentais como os citados nessa pesquisa.

III

A produção de vídeo como ferramenta de aprendizagem está relacionada com o estímulo a que os próprios estudantes desenvolvam sua criatividade, tornando-se protagonistas na exposição de suas ideias.

Tendo em vista que a utilização das redes sociais no processo de aprendizagem criou uma cultura em que os jovens participam mais do compartilhamento de conteúdo, mudando a forma com que os alunos se comunicam, aprendem e interagem, é notável que os alunos passam às vezes mais tempo *on-line* em uma aprendizagem informal do que com professores em uma sala de aula. Conforme Brennand "A forma de difusão da tecnologia está reconfigurando as experiências de uso e consequentemente novas formas de aplicações, o que tem ocasionado mudanças substantivas nas formas de aprendizagem dos sujeitos [...]". (BRENNAND *apud* NASCIMENTO 2004, p. 4). Assim, muitos professores hoje utilizam as redes sociais e as ferramentas tecnológicas em prol da aprendizagem, visando dinamizar o ensino mediante novas formas de conhecimento que se apresentam com as tecnologias, não como substitutas do processo ensino-aprendizagem, mas como complementos deste processo.

> Uma das funções da escola, por meio de seus educadores, quando dispõem dos mecanismos de informática (computadores), é estimular os alunos a interagir com essa tecnologia que, em pleno século XXI, se torna fundamental, pois todas as esferas da cadeia produtiva da sociedade utilizam esse sistema. (ANJOS, 2008, p. 5)

Neste contexto, o papel do professor se apresenta da seguinte forma:

> O professor torna-se um animador da *inteligência coletiva* dos grupos que estarão a seu encargo. Sua atividade será centrada no acompanhamento e na gestão das aprendizagens: o incitamento à troca dos valores dos saberes, a mediação relacional e simbólica, a pilotagem personalizada dos percursos de aprendizagem etc. (LÉVY, *apud* ANJOS; ANDRADE 2008, p. 9).

Dessa forma, a inteligência coletiva[84] será incentivada pelo professor que promoverá essa troca de valores e determinará o percurso a ser desenvolvido com a utilização da tecnologia. Inserindo o educando nesse novo contexto tecnológico, inovando o aprendizado e contribuindo para a construção de um pensamento crítico de forma mais criativa.

Em se tratando especificamente da atividade de produção de vídeo com estudantes da educação básica, entendemos que ela permite ao aluno ser o sujeito ativo da busca pelo conhecimento. A introdução dessa ferramenta no ensino de filosofia

---

[84] "[...] a inteligência coletiva, a saber, a valorização, a utilização otimizada e a criação de sinergia entre as competências, as imaginações e as energias intelectuais, qualquer que seja sua diversidade qualitativa e onde quer que esta se situe." (LÉVY, 1999: p. 167, *apud* ANJOS; ANDRADE, p. 9)

estimula o aluno a pesquisar e trabalhar temas filosóficos e apresentá-los de forma lúdica, fazendo com que professor/aluno de filosofia encontre nesta atividade outra forma de levantar questionamentos e discussões, excitando sua criatividade e senso crítico, haja vista o estímulo a uma busca pelo conhecimento de forma autônoma, que descentraliza o professor como única fonte de conhecimento.

> [...] trabalhar com produção de vídeo promove a melhor percepção do indivíduo sobre o mundo, uma vez que com criatividade, com criticidade e espírito investigativo propõe a interpretação do conhecimento e não apenas a sua aceitação. Possibilita-se que o aluno deixe de ser objeto e torne-se sujeito do próprio conhecimento. (MIRANDA, 2008, p.11)

Entendemos que a produção de vídeos em sala de aula tem não apenas um potencial pedagógico, mas também filosófico que se coaduna com os objetivos dessa pesquisa, visto que:

1. Descentraliza a figura do professor como único centro de emissão do discurso, do "saber";
2. Desperta o interesse dos alunos pelo estímulo gerado por uma tecnologia ligada ao seu cotidiano;
3. Dinamiza o dia-a-dia da sala de aula, pois o discurso produzido pelos alunos será objeto de reflexão e discussão por toda a turma;
4. Respeita e dá visibilidade aos saberes oriundos do próprio pano de fundo cultural do aluno, tais como, sua formação histórica, seus valores particulares, seu contexto cultural etc.;
5. Estimula uma prática agonística, no sentido de fomentar o desenvolvimento de uma perspectiva baseada no respeito aos posicionamentos diferentes e/ou opostos aos seus;
6. Utiliza os benefícios da tecnologia para interagir com o mundo, expondo novas perspectivas, pensadas e refletidas;
7. Favorece uma vivência lúdica em sala de aula.

Os autores Vargas, Rocha e Freire (2007), citados por Spanhol e Spanhol, afirmam que:

> [...] a produção de vídeos digitais voltados para a aprendizagem apontam para diversos benefícios educacionais, sendo estes: Desenvolvimento do pensamento crítico; Promoção da expressão e da comunicação; Favorecimento de uma visão interdisciplinar; Integração de diferentes capacidades e inteligências; e Valorização do trabalho em grupo. (VARGAS, ROCHA; FREIRE apud SPANHOL; SPANHOL, 2009, p. 1).

A disponibilização dos vídeos em redes sociais e nos veículos de informação estimula os alunos a produzirem um material de qualidade, lembrando que o vídeo visa alcançar objetivos específicos de aprendizagem.

IV

O projeto original que visou a produção de vídeos-minuto em turmas de filosofia no ensino médio surgiu durante uma experiência no PIBID do curso de licenciatura em filosofia da UFT. Devido ao sucesso da experiência com essa atividade, o projeto foi reformulado para ser aplicado novamente no âmbito de uma intervenção, integrante do projeto de pesquisa desenvolvido no mestrado profissional em filosofia (PROF-FILO), núcleo UFT. O projeto teve duração total de quatro encontros, de 11/04/2018 a 02/05/2018. A necessidade de trazer para a sala de aula um tema tão importante como a LGBTfobia no espaço escolar surgiu diante vários episódios observados no cotidiano das escolas, os quais se associavam com outros problemas já naturalizados no ambiente escolar, tais como a subjugação e a negação do modo de ser do outro no mundo. Nesse sentido, o objetivo principal desta intervenção foi o de desmistificar deturpações e preconceitos ligados ao tema.

Diversas feridas vistas nesses espaços eram encaradas pelos próprios estudantes e funcionários das escolas de modo natural, como algo cristalizado e passam despercebidas devido a essa naturalização, a qual é resultante da continuidade da violência num ambiente onde a diversidade é encontrada em todas as suas manifestações. A escola é o nosso primeiro espaço político de manifestações democráticas, ela tem cor(es), credo(s) e etnia(s) diversas.

Esses fatores foram os principais motivadores para a implantação da atividade de produção de vídeos-minuto na Escola Estadual Frederico José Pedreira Neto, de Palmas-TO, como uma alternativa inovadora para a produção e divulgação do conhecimento, daquilo que é vivenciado no universo do estudante e do posicionamento político ativo dos alunos nesse mundo chamado escola.

A bibliografia selecionada para trabalhar com os alunos em sala foi baseada na obra *Genealogia da Moral*, do filósofo alemão Friedrich Nietzsche, em diálogo com as questões atuais que envolvem a violência gerada pelo preconceito, especificamente a homofobia, tais como dados estatísticos sobre violência contra populações LGBT, reportagens impressas e audiovisuais, filmes e esclarecimentos conceituais sobre gênero, sexo e sexualidade.

A metodologia aplicada principiou com um trabalho conceitual em sala de aula, uma apresentação da realidade no Brasil seguida de debate e reflexão, abrindo oportunidades para a livre manifestação das ideias entre os estudantes, visando estimulá-los a pensarem criticamente sobre o tema em questão e, posteriormente, produzirem os vídeos-minuto.

Durante o trabalho teórico em sala de aula, foi possível perceber que um pequeno grupo de três a quatro alunos em uma das turmas apresentou simpatia diante das manifestações de violência contra populações LGBT apresentadas nas reportagens, afirmando que esses indivíduos realmente haviam de ser exterminados. Outros alunos estranharam o conteúdo, julgando a violência gratuita e sem sentido. Foi aberto o espaço para uma exposição inicial das vivencias e sentimentos de cada um.

Durante as discussões seguintes à apresentação das reportagens e dados estatísticos, foi dado espaço para que todos manifestassem seu ponto de vista de forma livre e sem julgamentos, para que se pudesse entender as diversas perspectivas sobre as populações LGBT. Após a manifestação inicial das opiniões, foi realizada uma problematização das mesmas, questionando algumas e mostrando outras perspectivas para que os estudantes pudessem repensar e avaliar criticamente seus posicionamentos.

Durante o debate com os alunos, eles comentaram que a violência contra homossexuais na escola é muito presente, relatando inclusive que alguns alunos marcam horários na saída para agredirem fisicamente outros colegas gays. Foi relatado ainda que alunos homossexuais sofrem perseguição dentro da própria escola com agressões verbais, humilhações e situações vexatórias ao entrarem ao banheiro, ou até mesmo ao sair da sala para outro cômodo da escola.

Além disso, os estudantes também relataram que a própria diretora da escola respondia, na época, a um processo administrativo por homofobia e que a abordagem do tema era muito válida dentro da escola. A informação do processo da diretora procede. Quando indagada, ela respondeu: "Aqui nessa escola está um caso sério, tem muito gay e precisamos acabar com isso". Antes da execução do projeto, ao ser informada que o tema a ser trabalhado seria o da LGBTfobia no espaço escolar, a diretora consentiu com a realização, contanto que o tema da intolerância fosse trabalhado de forma ampla, assim feito.

Os objetivos complementares do projeto foram: possibilitar uma efetiva contribuição da filosofia à formação dos estudantes do Ensino Médio; introduzir a tecnologia de produção de vídeos digitais no espaço escolar; estimular o desenvolvimento do espírito crítico, o diálogo entre os estudantes e também desenvolver nos jovens o interesse pela leitura de textos filosóficos.

O primeiro passo para a execução do projeto foi verificar quais os recursos disponíveis na escola para produção dos vídeos. Observando que a escola tinha um laboratório de informática (*labin*) que acomodava todos os alunos e equipamentos suficientes (computadores e máquinas fotográficas) para a produção e edição dos vídeos, analisamos quais os programas que os computadores incluíam para edição de vídeo (todos tinham o programa de edição chamado *Windows Movie Maker*). Visto isso, foi estabelecido que a produção dos vídeos seria feita através de máquinas fotográficas, celulares, *tablets* ou câmeras digitais. E para isso, seriam oferecidas duas oficinas para o treinamento dos alunos na operação dos equipamentos e programas de produção de vídeo.

O conteúdo foi ministrado nos dois primeiros encontros, onde desenvolvemos o senso crítico por meio de uma pesquisa aprofundada sobre o tema da intolerância. Na sequência, deu-se início às oficinas.

A primeira oficina ocupou-se de explicar o projeto e orientar os estudantes quanto às técnicas de produção de imagens a partir dos equipamentos citados. Uma segunda oficina foi voltada para a edição dos vídeos. Fizemos um curso rápido de produção e edição de vídeo do *Windows Movie Maker*, facilmente encontrado na internet.

Em seguida, os alunos foram orientados quanto à estrutura e elementos integrantes dos vídeos. Ficou estabelecido o tempo mínimo de 60s. (sessenta segundos) e máximo de 2min 30s. (dois minutos e trinta segundos) e também quais seriam os elementos a serem avaliados: qualidade de som e imagem; construção da mensagem e criatividade. Os estudantes foram divididos em grupos de 4 a 6 alunos e então deixados inteiramente livres para exporem suas ideias de acordo com o tema, já trabalhado em aulas anteriores. Uma observação importantíssima foi realizada quanto à escolha das imagens, para que não fosse feito uso de imagens de cunho ofensivo, racista, discriminatório nem depreciativo.

Nestas primeiras etapas, os alunos ficaram bastante motivados e já começaram a idealizar como os vídeos seriam produzidos, o que pode ser comprovado pelo surgimento de perguntas sobre a possibilidade de usar outros aplicativos para a criação dos vídeos, sobre qual tipo de imagem poderia ser utilizada, sobre a possibilidade deles mesmos produzirem as poesias etc.

Contrastando com o entusiasmo da maioria, dois grupos de quatro a cinco alunos em cada sala pediram para não participar da atividade. Eles alegaram que o posicionamento deles seria considerado ofensivo e discriminatório pelos colegas, visto que, durante as atividades teóricas, eles puderam identificar que a forma de pensar deles poderia ser caracterizada como criminosa. Por isso, eles prefeririam se resguardar de manifestarem suas posições particulares. Mesmo após a reafirmação de que a sala de aula é um espaço democrático e de que a manifestação de posicionamentos contrários era possível, desde que realizada de uma forma não ofensiva, os referidos estudantes insistiram em não participar, limitando-se a manifestarem-se apenas no momento do debate sobre os vídeos.

Uma vez selecionadas ou confeccionadas as imagens, músicas e poemas, foi iniciada a segunda oficina para edição dos vídeos. Os vídeos que foram gravados com uso de celulares foram produzidos em horário extraclasse, sendo que os alunos buscaram gravá-los no ambiente escolar, em praças públicas e também em suas próprias casas. Vale ressaltar que, apesar das oficinas terem como objetivo ensinar a usar o programa de edição *Windows Movie Maker*, os estudantes preferiram usar outros editores de vídeo que já tinham instalados no celular. Os alunos que não tinham aplicativos de edição de vídeo usaram o disponível no *labin*. Esse momento foi importante e fortaleceu a interação dos alunos em grupo, os quais tiveram que ajustar o pensamento em comum para produzir os vídeos.

A última etapa foi a apresentação dos vídeos em sala de aula. Antes das apresentações os alunos relataram as experiências de produção dos vídeos, alegando que foi muito boa e que não encontraram dificuldade quanto ao tempo estabelecido.

Foi perceptível que os alunos aprenderam mais sobre o tema com isso, pois tiveram que aprofundar a pesquisa além do trabalhado em sala de aula, obtendo conhecimento da luta dos grupos LGBT pelo reconhecimento legal de seus direitos no espaço democrático e pelo fim do preconceito e da violência.

A disputa pela escolha do melhor vídeo foi encarada pelos alunos como uma espécie de olimpíada, num espírito de competição festiva. Seguiram-se as apresentações e, ao final, eles próprios elegeram o melhor vídeo a partir dos critérios elencados. O clima foi de festa e a disputa deixou tudo bastante animado.

V

A título de conclusão deste trabalho e de avaliação final do projeto de produção de vídeo entre alunos do ensino médio, pode-se afirmar que, à luz das reflexões de Lévy, dos pontos elencados por Oyama e do objetivo da disciplina de filosofia, tal como consta na legislação, de contribuir para o exercício da cidadania, a iniciativa foi muito bem sucedida. A natureza polêmica do tema acarretou alguns conflitos de opinião já previstos. Enquanto alguns estudantes manifestavam posições ortodoxas apoiadas num discurso religioso tradicionalista – enunciando frases como "Deus fez o homem e a mulher", "A família é pai e mãe", "Isso é pecado" – outros trataram do tema com bastante tranquilidade, afirmando que tinham familiares LGBTs e que não viam qualquer problema nisso. Além disso, como já mencionado, houve alunos que concordavam que pessoas LGBTs eram um mal para a humanidade e deveriam ser eliminadas. Apesar disso, houve bastante empolgação e boa aceitação da proposta entre os estudantes.

Durante o processo de produção, os alunos demonstraram grande interesse e vontade de fazer o melhor vídeo possível. O projeto incentivou a pesquisa por outros elementos musicais, textuais, poéticos, jornalísticos etc. Isso nos deu a compreensão da dimensão que o projeto conseguiu alcançar. No final, dois grupos não conseguiram terminar a tempo de expor no dia determinado, alegando falta de tempo, apresentando em momento posterior, ficando de fora da eleição do melhor vídeo.

O projeto foi realizado com êxito e atingiu plenamente seus objetivos. Concluímos que os alunos vivenciaram uma nova modalidade de ensino/aprendizagem para as questões filosóficas, aproveitando-se das tecnologias e da *internet* para pesquisa de seus trabalhos, resgatando, com isso, de forma dinâmica e atrativa, a importância da filosofia para a vida e formação de cidadãos.

REFERÊNCIAS

ANJOS, Mateus Ubiratan dos; ANDRADE, Cláudio César de. "A relação entre educação e cibercultura na perspectiva de Pierre Lévy". **Revista Eletrônica Lato Sensu** – UNICENTRO. Ed. 5, 2008. Disponível em: https://pt.calameo.com/books/0001035477dc6a3b14d70. Acesso em: 13 maio 2020.

FILENO, Érico Fernandes. **O professor como autor de material para um ambiente virtual de aprendizagem.** UNIVERSIDADE FEDERAL DO PARANÁ PROGRAMA DE PÓS-GRADUAÇÃO EM EDUCAÇÃO. CURITIBA 2007. P.130. Disponível em: Curitiba – PR, 2007. Disponível em: http://www.ppge.ufpr.br/teses/M07_fileno.pdf. Acesso em: 13 maio 2020.

LÉVY, Pierre. **Cibercultura.** Tradução: Carlos Irineu Costa. Editora 34. São Paulo – SP, 1999. Disponível em: https://mundonativodigital.files.wordpress.com/2016/03/cibercultura-pierre-levy.pdf. Acesso em: 13 maio 2020.

MIRANDA, Fabianna Maria Wohnrath. **Audiovisual na sala de aula: Estudo de trabalhos de produção de vídeo como instrumento pedagógico no processo de ensino aprendizagem.** Campinas, SP: [s.n.], 2008. P.145. Disponível em: http://repositorio.unicamp.br/jspui/bitstream/REPOSIP/284679/1/Miranda_FabiannaMariaWhonrath_M.pdf. Acesso em: 13 maio 2020.

NASCIMENTO, Genoveva Batista do; Pelas veredas de Paulo Freire e Pierre Lévy: compilando pensamentos na (re) construção de uma educação popular. **Revista Eletrônica em Ciências Humanas**: Conhecimento e Sociedade, v. 3, n. 5, 2004. Disponível em: http://www.seer.unirio.br/index.php/morpheus/article/view/4115. Acesso em: 13 maio 2020.

OYAMA, Daniel Dantas. **Educação e Cibercultura:** Pontos positivos e negativos. Faculdade de Tecnologia de São Paulo. São Paulo, 2011. Trabalho monográfico. Disponível em: http://www.fatecsp.br/dti/tcc/tcc0020.pdf. Acesso em: 13 maio 2020.

SPANHOL, Greicy Kelli; SPANHOL, Fernando José. Processos de produção de vídeo-aula. **Revista Novas Tecnologias na Educação.** CINTED-UFRGS, V. 7 N. 1, julho, 2009. Disponível em: https://seer.ufrgs.br/renote/article/view/13903. Acesso em: 13 maio 2020.

ENSINO DE FILOSOFIA PARA CRIANÇAS SOB A PERSPECTIVA DE MATTHEW LIPMAN

Terezinha de Jesus Rocha Bezerra
Raquel Castilho Souza

Introdução

Este capítulo apresenta uma reflexão sobre a importância e os benefícios do Ensino da Filosofia para as crianças, no aprimoramento e no desenvolvimento do raciocínio. Buscou-se conhecer as perspectivas e as possibilidades em relação à temática, para se pensar uma educação filosófica voltada para crianças no contexto atual sob a perspectiva de Matthew Lipman.[85] É importante destacar que quando se fala em ensino de filosofia para crianças, remete-se ao ensino da filosofia na etapa da educação escolar do Ensino Fundamental (EF), ou seja, correspondente ao primeiro segmento que vai do 1º a 5º anos e ao segundo segmento, do 6º ao 9º anos.

A legislação brasileira ainda não assegura a presença da Filosofia como disciplina obrigatória na grade curricular do EF. Entretanto, com a criação da Lei de Diretrizes e Bases da Educação Nacional (LDBEN, 1996), de n. 9.394/96 e com a criação dos Parâmetros Curriculares Nacionais (PCNs, 1996), a Filosofia passou a fazer parte dos currículos da EF ao ser incluída como parte integrante dos Temas Transversais.

Os Temas Transversais não são novas disciplinas, mas trata-se de temáticas a serem incorporadas nas áreas já existentes no trabalho educativo da escola. Dentre o conjunto de Temas Transversais propostos pelos PCNs (1996), estão: Ética, Meio Ambiente, Pluralidade Cultural, Saúde, Orientação Sexual e Trabalho. Pode-se perceber que as temáticas filosóficas podem ser incluídas principalmente no conjunto da Ética. Portanto, as discussões acerca dessa temática têm um espaço privilegiado no espaço curricular dos Temas Transversais.

No currículo do EF, a Filosofia é aplicada no conjunto integrado de questões temáticas, voltadas principalmente para a discussão de conceitos básicos e fundamentais para a criação de atitudes e valores sociais essenciais para o exercício da cidadania e da boa convivência social.

Em 2010, o Conselho Nacional de Educação (CNE) aprovou as Diretrizes Curriculares Nacionais Gerais (DCNs) para a Educação Básica (EB), por meio da Resolução n. 4, de 13 de julho. Essas diretrizes fazem referência aos Temas Transversais, enfatizando ainda mais sua importância para o currículo da EF (BRASIL, 2010a). Esse marco, segundo Almeida (2007), ressalta a responsabilidade da educação em formar

---

85 Texto resultado de uma pesquisa realizada como Trabalho de Conclusão de Curso para a obtenção do título de Especialista pelo Curso de Pós-Graduação *Lato Sensu* em Ética e Ensino de Filosofia na Universidade Federal do Tocantins, sob orientação da Profa. Dra. Raquel Castilho Souza.

> [...] indivíduos para o exercício da cidadania plena, da democracia, da aquisição dos conteúdos clássicos, bem como dos conteúdos sociais de interesse da população que possibilitem a formação de um cidadão crítico, consciente de sua realidade e que busca melhorias. (ALMEIDA, 2007, p. 70).

No mesmo ano foi aprovada a Resolução n. 7, de 14 de dezembro, que especifica as DCNs para o EF de nove anos e orienta a respeito das abordagens dos Temas Transversais nos currículos. Nesse sentido, o art. 16 da referida resolução reitera que:

> Os componentes curriculares e as áreas de conhecimento devem articular em seus conteúdos, a partir das possibilidades abertas pelos seus referenciais, a abordagem de temas abrangentes e contemporâneos que afetam a vida humana em escala global, regional e local, bem como na esfera individual [...] que devem permear o desenvolvimento dos conteúdos da base nacional comum e da parte diversificada do currículo. (BRASIL, 2010b, p. 5).

Entretanto, recentemente foi implementada a Base Nacional Comum Curricular (BNCC), Lei n. 13.415, de 16 de fevereiro de 2017, que altera as Leis n. 9.394, de 20 de dezembro de 1996, estabelecendo as diretrizes e bases da educação nacional. A BNCC institui conhecimentos, competências e habilidades que se espera que todos os estudantes de todo o território nacional desenvolvam ao longo da escolaridade básica e está orientada pelos princípios éticos, políticos e estéticos traçados pelas DCNs da Educação Básica (BRASIL, 2017). Tal documento reconhece que a EB deve proporcionar a formação e o desenvolvimento humano global "a partir de um currículo que explicita aprendizagens essenciais e expresse a igualdade educacional sobre a qual as singularidades devem ser consideradas e atendidas." (BRASIL, 2017, p. 15).

A BNCC ainda não garante a obrigatoriedade da disciplina de Filosofia na etapa da Educação Infantil e Fundamental, entretanto, afirma a obrigatoriedade dos Temas Transversais que passam a ser uma referência nacional obrigatória para a elaboração ou adequação dos currículos e propostas pedagógicas, considerados como um conjunto de aprendizagens essenciais e obrigatórias de direito de todos os educandos (crianças, jovens e adultos) (BRASIL, 2017).

Nos PCNs, havia certa flexibilidade e os Temas Transversais não eram tidos como obrigatórios. A partir da BNCC, além da obrigatoriedade dos Temas Transversais, houve também a ampliação desses temas que agora passam a ser denominados como Temas Contemporâneos Transversais (TCTs) (BRASIL, 2017). Nos PCNs, apontavam-se apenas seis temáticas, de abordagens dos Temas Transversais, enquanto que a BNCC engloba 15 Temas Contemporâneos "que afetam a vida humana em escala local, regional e global" a serem abordados em seis macroáreas (Cidadania e Civismo, Ciência e Tecnologia, Economia, Meio Ambiente, Multiculturalismo e Saúde) (BRASIL, 2017, p. 19).

O ideal seria que a disciplina de Filosofia fosse efetivamente incluída nos currículos do EF como disciplina obrigatória. No entanto, os Temas Transversais já constituem uma iniciativa importante ao possibilitar que a Filosofia esteja presente na educação das crianças. Compreende-se que, ainda na infância, a natureza filosófica já se manifeste. Nessa fase, a criança está mais propícia ao desenvolvimento do pensamento e, portanto, deve ser estimulada. Parte-se da compreensão de que o conhecimento filosófico tem um papel de suma importância para o desenvolvimento do raciocínio crítico e criativo. Assim, é necessário refletir sobre o Ensino da Filosofia na fase inicial da educação formal.

Foi realizada uma investigação de cunho bibliográfico e de reflexão teórica. Para a fundamentação deste estudo, buscaram-se abordagens que demonstrassem a importância e os benefícios do estudo da Filosofia a partir de um ensino que poderia favorecer a linguagem filosófica das crianças e, ao mesmo tempo, possibilitar o desenvolvimento do raciocínio crítico e criativo, assim como o estímulo da natureza filosófica presente na infância. Assim sendo, esta pesquisa foi pautada, fundamentalmente, no pensamento do teórico professor de filosofia Matthew Lipman (1990; 1995).

Inicialmente, discorreu-se sobre o Ensino de Filosofia na infância, demonstrando sua importância e seus possíveis benefícios para o aprimoramento e desenvolvimento do pensamento. Em seguida, com o intuito de apresentar uma possibilidade didática de como ensinar Filosofia na infância, buscou-se compreender a perspectiva de Matthew Lipman, com a descrição breve de sua proposta pedagógica, também conhecida como Programa de Filosofia para Crianças.

Importância e benefícios do ensino de filosofia na infância

Compreende-se que o Ensino da Filosofia na educação das crianças possui inúmeros benefícios e pode contribuir para o aprimoramento e desenvolvimento do pensar. Segundo Kohan (2004, p. 53), a infância é entendida, em primeira instância, como potencialidade, ou seja, "ela é a etapa da vida, a primeira, o começo, que adquire sentido em função de sua projeção no tempo: o ser está pensando como um ser em desenvolvimento, numa relação de continuidade entre o passado, o presente e o futuro." O autor afirma que as crianças são potencialidades e possibilidades, pois elas não possuem um ser definido, já que, na infância, a elas estão em constante desenvolvimento.

Entre a infância e a Filosofia, a relação que se estabelece tem a ver com o recomeço, isto é, a "infância do pensamento", o contínuo desenvolver de um pensamento. É na infância que surgem as primeiras questões. As perguntas possibilitam ao pensamento manter-se sempre em potência (KOHAN, 2004). A infância é a fase da vida que se caracteriza pela curiosidade de um saber que deseja adquirir e descobrir o mundo. Na Filosofia, a curiosidade expressa o desejo de querer saber sempre mais. Portanto, a infância é, sem dúvidas, a fase mais propícia e rica para o desenvolvimento do raciocínio e da natureza filosófica presente nas crianças.

Teles (2007) compreende que as crianças e os adolescentes possuem uma natureza filosófica. No entanto, essa natureza pode estar sendo mutilada pelas próprias instituições educativas que, de certo modo, ao valorizar uma forma de ensino que se preocupa sobretudo em transmitir informações e que nos fornecem respostas prontas, podem contribuir para uma limitação da capacidade criativa do desenvolvimento do raciocínio e das linguagens dos seus alunos.

Matthew Lipman (1995) considera que o contato da criança com a Filosofia pode contribuir para aguçar ainda mais a natureza investigativa e criativa das crianças e para que, desde cedo, elas aprendam a pensar de maneira rigorosa e autônoma a partir de um sentido lógico e ético.

Já Lipman (1995) considera o raciocínio como uma habilidade fundamental do homem e, como todas as outras habilidades humanas, ele pode ser aprimorado. Dessa forma, a questão não é se é possível ensinar às crianças a pensar, mas que é possível e necessário ensiná-las a pensar melhor por meio de estímulos técnicas e habilidades de pensamento.

O papel da educação, em conformidade com Lipman (1995), é fundamental na tarefa de estimular as crianças a pensar melhor, desde que o processo educativo não se preocupe apenas com a aquisição e com a transmissão de informações. É crucial que se atente a ações que possibilitem o desenvolvimento de um pensamento crítico, criativo e reflexivo, capaz de criar, entender, julgar, questionar e compreender a realidade a partir do que lhes é ensinado em sala de aula e de suas vivências próprias.

É importante ressaltar que Lipman (1995) não considera que o raciocínio não possa ser estimulado em outras disciplinas. No entanto, para ele, "as habilidades do pensamento devem também ser ensinadas em um contexto de uma disciplina humanística para evitar que as habilidades sejam mal-empregadas." (LIPMAN,1995, p. 51). Neste caso, a disciplina mais adequada para tanto é a Filosofia, por estar comprometida com a investigação humanística de conceitos problemáticos e significativos.

Assim, Lipman (1995, p. 51) enaltece a importância da Filosofia como disciplina essencial para o aprimoramento do raciocínio quando diz que "a filosofia representa para o ensino do pensamento o que a literatura representa para o ensino da leitura e da escrita. [...] o fortalecimento do pensar da criança deveria ser a principal atividade das escolas e não somente uma consequência casual."

Nesse sentido, Santos (2002) assevera que a Filosofia ou o processo de filosofar pode contribuir para o aprimoramento do pensar das crianças por três razões:

> a) Porque nos desafia a pensar sobre temas complexos e controversos. b) Porque nos faz refletir sobre o pensar de uma maneira rígida, profunda, e abrangente e nos permite descobrir várias informações já produzidas pelos filósofos sobre o que é o pensar, sobre características do pensar melhor, sobre critérios para avaliar nossos pensamentos, sobre como raciocinamos, sobre possíveis enganos (falácias) de nossos raciocínios etc. c) Porque nos indica uma maneira excelente de aprimorar nossos pensamentos e nossa maneira de pensar, que é o pensar dialógico, isto é, o que realizamos quando trocamos nossas ideias com os outros com a intenção e a disposição de nos esclarecermos mutuamente e de irmos aprendendo, uns com os outros, melhores maneiras de investigar, isto é, de produzir (construir) nossos pensamentos a respeito do que quer que seja. (SANTOS, 2002, p. 8-9).

Conforme descreve Santos (2002), pode-se entender que a Filosofia desafia o pensamento diante de temas complexos, possibilitando pensar criteriosamente, de forma que possamos julgar, corrigir e analisar o próprio pensamento. Além disso, ajuda-nos a pensar de maneira dialógica, permitindo que se aprenda uns com os outros.

A proposta de Lipman busca propiciar o desenvolvimento do raciocínio, privilegiando a investigação dialógica. Sobre isso, Loriere (2004, p. 157) destaca o seguinte: "tal proposta tem a ver com o entendimento de Lipman de que o diálogo é inerente ao "fazer filosofia" e de que 'ir aprendendo a fazer filosofia' deveria ser inerente a todo processo educativo." Lipman, Oscanyan e Sharp (1994) refletem que a investigação filosófica é feita a partir do diálogo, pois a aula de Filosofia deve ser um espaço em que todos os envolvidos compartilhem ideias, criem a partir delas, reflitam e interpretem conceitos filosóficos, exponham seus argumentos e coloquem em discussão seus pontos de vista. Principalmente, os autores consideram que "a educação filosófica tem mais êxito quando incentiva e capacita as pessoas a se envolverem no questionamento crítico e na reflexão inventiva." (LIPMAN; OSCANYAN; SHARP, 1994, p. 143).

Loriere (2004), ao destacar a importância da Filosofia para as crianças e jovens, esclarece o seguinte:

> Penso ser mais apropriado dizer iniciação, pois, na verdade, o que se busca, como dito anteriormente, é manter vivas as questões filosóficas e favorecer, no ambiente escolar, que tais questões sejam postas mais claramente e que sobre elas as crianças e jovens se debrucem, progressivamente, de maneira reflexiva, crítica, metódica, profunda e contextualizada. Não só ao fazerem isso, sintam-se convidadas a analisar, da mesma maneira, respostas que são dadas a essas questões por elas mesmas e pelos adultos com os quais convivem. Penso que, se isto for feito, desde ao menos os sete ou oito anos de idade, uma ou duas vezes por semana, teremos jovens no ensino médio, dispostos e com algum preparo, para se iniciarem na leitura filosófica dos textos dos grandes filósofos, bem como para continuarem o bom trabalho de reflexão filosófica. (LORIERE, 2004, p. 163-164).

Loriere (2004) sopesa que tanto as crianças quantos os jovens colocam, para si mesmos, questões que são tratadas em temáticas específicas da Filosofia e que necessitam ser iniciados minimamente na investigação filosófica. Isso pode ajudar a manter viva, nas crianças, questões, como a origem do universo, a existência do ser e perguntas relacionadas à conduta ética e vida em sociedade. Isso contribui para um desenvolvimento progressivo das mesmas, aprimorando a reflexão filosófica por parte delas. A investigação filosófica "é estar, a vida toda, buscando aprimorar, corrigir, e mesmo substituir respostas a estas questões, sem nós perdermos em ceticismos que nada indicam ou em relativismos que indicam pobremente porque são particularistas." (LORIERE, 2004, p. 171-172).

Nesse sentido, Lipman (1990) afirma que um dos propósitos educacionais da Filosofia é o de fazer com que o estudante se torne um investigador. Nas palavras dele,

> Todo estudante deve tornar-se (ou continuar a ser) um investigador. Para a realização dessa meta, não há melhor preparo do que o que é dado pela filosofia. A filosofia é investigação conceitual, que é a investigação na sua forma mais pura e essencial. (LIPMAN, 1990, p. 58).

De acordo Brocanelli (2010), para Lipman, a Filosofia, além de ter esse caráter investigativo, sendo também uma disciplina interdisciplinar. Esse aspecto é importante para a sua inserção no currículo escolar desde as primeiras fases. Brocanelli (2010) ressaltar ainda que, para Lipman, o currículo escolar deve promover e proporcionar a interdisciplinaridade. Para ele

O papel da Filosofia na escola é o de estabelecer ligações entre as disciplinas para que os assuntos de cada uma delas não continuem fragmentados como estão nos livros didáticos, mas que as crianças aprendam a fazer a conexão entre os vários assuntos que discutem na aula. Pensando um currículo que favoreça a conexão e a continuidade entre as disciplinas, é bem provável que os professores e as crianças façam a outra parte sem muito esforço, ou seja, aprendam a fazer as ligações entre os assuntos discutidos nas disciplinas possibilitando maior discussão, criticidade e criatividade. (BROCANELLI, 2010, p. 34).

Conforme Brocanelli (2010), as crianças se interessam por argumentos éticos, assuntos do conhecimento e contextos da natureza e, portanto, devem ser estimuladas a fazerem perguntas sobre os assuntos discutidos em todas as disciplinas. De acordo o teórico, a Filosofia é a disciplina central que poderá permear todas as demais disciplinas. "A peculiaridade da filosofia é que as questões que ela levanta se referem à natureza do conhecimento humano de uma maneira, por assim dizer, diretamente relacionada com a distribuição dos assuntos não filosóficos." (LIPMAN; OSCANYAN; SHARP, 1994, p. 51). Referindo-se à proposta de Lipman, Brocanelli (2010) aclara que

> A intenção de Lipman não é que as crianças saibam tudo de filosofia para apresentar seminários aos seus colegas. Seus interesses é formar indivíduos que pensem melhor e se engajem em um comportamento filosófico, ou seja, que as crianças desde de as primeiras séries escolares, tenham contato com temas da Filosofia e iniciem discussões acerca desses temas. [..] no currículo para crianças estariam presentes temas filosóficos centrais da história da filosofia, traduzidos em linguagem mais simples; os temas são disponíveis numa série de níveis sequencialmente ordenados de acordo as idades e as séries escolares, todos embutidos nas novelas filosóficas. (BROCANELLI, 2010, p. 72).

O Ensino da Filosofia na infância, ao possibilitar que as crianças tornem-se mais críticas, criativas e sensíveis a questões sociais, e lembrando que esse não é o único papel da Filosofia, pode também beneficiar na formação para a cidadania, tendo em vista que irá possibilitar a reflexão acercar de conceitos e valores humanos essenciais para a vida em sociedade. Nesse sentido, Lipman (1995) compreende que

> As filosofias contêm, além de muitas outras coisas, um núcleo de conceitos. Estes conceitos são incorporados ou ilustrados em todas as áreas humanas, mas é na filosofia que são analisados, discutidos, interpretados e esclarecidos. Muitos destes conceitos representam valores humanos profundamente importantes, como a verdade, o significado, e a comunidade. (LIPMAN, 1995, p. 240).

Teles (2007, p. 12) acredita que o principal objetivo do processo educativo "deve ser o de oferecer a oportunidade para que o novo ser possa se tornar uma consciência autônoma, frente a si próprio, aos outros, ao mundo em que vive. Nesse aspecto, considera-se o papel da filosofia." A Filosofia para crianças, além de propiciar o desenvolvimento das habilidades de raciocínio por meio da discussão dos temas filosóficos, pode ajuda-las a desenvolver valores positivos que lhes ajudarão a se posicionarem diante da vida em sociedade.

Sob tal perspectiva, para Santos (2002), pensar de maneira crítica é essencial não somente no ambiente escolar, mas também na vida em sociedade. "Não é possível conceber uma sociedade e uma escola em que as pessoas sejam inertes, façam somente aquilo que lhes é mandado. A ideia de uma democracia desprovida de criticidade parece pouco provável." (SANTOS, 2002, p. 36).

Entende-se que uma sociedade em que os indivíduos não participam ativamente e não possuem a capacidade de questionar seus sistemas políticos e os modelos de comportamentos impostos, bem como todas as questões que envolvem a vida coletiva, está distante de alcançar o objetivo de uma verdadeira democracia. Assim, se queremos uma sociedade democrática, é preciso ensinas as crianças a pensarem, desde cedo, e uma alternativa para que isso possa ser desenvolvido é através da Filosofia.

A Filosofia para crianças segundo Matthew Lipman

O filósofo Matthew Lipman é considerado um pioneiro no que diz respeito aos estudos que refletem sobre a importância do Ensino da Filosofia no ambiente escolar. Ele analisou as instituições escolares de sua época, identificou a necessidade de refletir sobre a prática educativa que seguia rigorosamente o modelo tradicional de educação, baseado sobretudo na transmissão de conhecimento. Nas palavras dele,

> O que é certo é que as escolas em toda parte são acusadas porque os conhecimentos dos alunos têm se mostrado muito deficientes, e o que é pior é que o pouco que os alunos sabem é sustentado de maneira quase que totalmente acrítica, e o pouco sobre o qual refletem é feito de maneira destituída de imaginação. Estudantes como estes não se transformarão nos cidadãos reflexivos que uma democracia forte exige, como tampouco poderão almejar a produtividade e o respeito a si mesmos de que eles próprios necessitam enquanto indivíduos. (LIPMAN, 1995, p. 44).

Lipman (1995) avaliou negativamente as escolas que analisou, pois considerou haver certa deficiência nos conhecimentos dos alunos e, mormente, passividade e acriticidade com relação aos conhecimentos aprendidos. Para ele, o processo educativo deve oferecer possibilidades para que os estudantes se tornem críticos, criativos e reflexivos, e, somente assim, poderão se tornar cidadãos aptos para viverem e atuarem em uma sociedade democrática.

Com base nas ideias e concepções pedagógicas do teórico John Dewey,[86] Lipman (1995, p. 31) considera que o processo educativo deve tomar como modelo o processo de investigação científica, quando diz que: "Do mesmo modo que os cientistas empregam o método científico para a exploração de situações problemáticas, assim deveriam fazer os alunos caso quisessem aprender a pensar sozinhos." Nesse sentido,

---

86 John Dewey foi um importante filósofo, sendo considerado um dos maiores pedagogos norte-americanos. Foi um dos pioneiros em Psicologia Funcional e principal nome de uma corrente filosófica que ficou conhecida como Pragmatismo ou Instrumentalismo. O filósofo também defendia a educação progressiva, cujo objetivo é o de educar a criança como um todo, visando a seu crescimento físico, emocional e intelectual. "O pensamento de John Dewey marcou fortemente os estudos de Lipman e a elaboração de sua proposta em trabalhar o pensamento crítico criativo com crianças e jovens nas escolas." (BROCANELLI, 2010, p. 42).

Lipman (1995) entende que o processo educativo deve fazer como que os alunos sejam estimulados a desenvolver o raciocínio, tendo em vista que este

> [..] é o aspecto do pensamento que pode ser formulado discursivamente, submetido a critérios de avaliação. Ele envolve, por exemplo, a utilização de inferências bem fundamentadas, a apresentação de razões convincentes, a revelação de suposições latentes, a determinação de classificações e definições defensáveis e a organização de explicações, descrições e argumentos. (LIPMAN, 1995, p. 46-47).

Para Lipman (1995), a escola deve ensinar os educandos a desenvolverem seu raciocínio de forma criativa e autônoma. Assim, ao invés de os alunos aprenderem apenas as soluções dos problemas, deveriam passar a questionar, a investigar e a explorar as situações problemáticas. A sala de aula deveria se tornar uma comunidade de investigação e, sobre isso, esclarece que

> A comunidade de Investigação é uma sociedade deliberativa envolvida com o pensar de ordem superior. Isto significa que suas deliberações não são simples bate-papos ou conversações; são diálogos logicamente disciplinados. O fato de serem logicamente estruturados, toda via, não os impossibilita de atuarem como um estágio para o desempenho criativo. (LIPMAN, 1995, p. 302).

Desse modo, a comunidade de investigação, segundo o entendimento de Lipman (1995), é um espaço onde as crianças podem: explorar melhor as possibilidades de investigação; dividir opiniões em relação aos assuntos discutidos em aula; desenvolver questões a partir das ideias dos outros; e desafiarem-se ao apresentarem argumentos e razões a opiniões até então não apoiadas.

Lipman (1995) compreende que converter a sala de aula em uma comunidade de investigação é uma forma de estimular as crianças a pensarem criteriosamente, aprimorando as suas "habilidades de raciocínio"[87] por meio da discussão dialógica. Ele considera que o raciocínio começa a se desenvolver no período inicial da aquisição da linguagem e esclarece que,

> A criança quando aprende a falar coloca sujeitos na frente de predicados; fornece objetos para verbos transitivos; infere que a negação da consequência de uma condicional implica na negação do antecedente; descreve, narra, explica e até funciona metacognitivamente, fazendo julgamentos quanto à verdade ou falsidades das afirmações. (LIPMAN, 1995, p. 47).

Tendo como base a citação anterior, pode-se arrazoar que Lipman (1995) entende que as primeiras habilidades de raciocínio já se desenvolvem nos primeiros anos de vida da criança, na fase em que ela começa a desenvolver a fala, isto é, ainda no ambiente familiar, sendo que a lógica e a sintaxe estão contidas na linguagem cotidiana. Essas habilidades lógicas de raciocínio, que podem ser aprendidas antes

---

87 "São competências em áreas como classificar, definir, formular questões, dar exemplos e contraexemplos, identificar similaridades e diferenças, construir e criticar analogias, comparar, contrastar e tirar inferências validadas." (LIPMAN, 1990, p. 99).

do primeiro contado da criança com a escola, serão a base para a vida toda. O autor acredita que, se as habilidades cognitivas das crianças forem desenvolvidas de forma correta, ela poderá percorrer com êxito toda sua trajetória escolar, desde a escola primária ao ambiente universitário.

Silveira (2003, p. 16) afirma que Lipman (1995) compreende que é necessário ensinar a crianças a pensar de maneira correta, ou seja, "A distinguir um argumento bom de outro ruim, a exigir, dos outros e de si mesmas, coerência na argumentação e a se autocorrigir [...]," com a finalidade de que possam desenvolver um pensamento autônomo, excelente ou de ordem superior. Tais atitudes possibilitam o alcance do que Lipman (1995) denomina de pensamento excelente, que é complexo e de ordem elevada. Para ele,

> O pensamento complexo é, portanto, o pensamento que está ciente das suas próprias suposições e implicações, assim como está consciente das razões e provas que sustentam esta ou aquela conclusão. O pensamento complexo leva em consideração a sua própria metodologia, seus próprios procedimentos, sua própria perspectiva e o ponto de vista. O pensamento complexo está preparado para reconhecer os fatores que são responsáveis pelas tendências, preconceitos e auto ilusões. Ele inclui pensar sobre seus procedimentos ao mesmo tempo que pensa sobre seu tema principal. (LIPMAN, 1995, p. 43).

Esse tipo de pensamento envolve, ao mesmo tempo, uma reflexão sobre a metodologia, ou seja, os procedimentos de investigação e o exame do tema principal. Pensar de maneira complexa significa raciocinar criteriosamente e de forma mais elaborada, criativa e de modo que saibamos aplicar corretamente as regras lógicas. Conforme Lipman (1995), um pensamento de ordem superior ou excelente consiste na junção do "pensamento crítico" e do "pensamento criativo". De acordo com o autor

> Isto é particularmente evidente quando os aspectos críticos e criativos sustentam e reforçam um ao outro, como no caso onde o pensador crítico inventa novas premissas ou novos critérios, ou quando o pensador criativo dá uma nova orientação a um costume ou tradição artística. E o pensamento de ordem superior inclui o pensamento flexível e rico em recursos. Rico em recursos no sentido de que ele tem ideia de onde procurar os recursos de que necessita, e flexível no sentido de que é capaz de movimentar-se livremente dispondo destes recursos a fim de que sejam totalmente eficazes. (LIPMAN, 1995, p. 38-39).

Entende-se que o pensamento crítico, orientado por critérios, e criativo, se complementam. Os critérios são razões confiáveis para que se possa fazer um julgamento racional. Lipman (1995) explica que:

> A utilização competente de tais razões receitadas é uma maneira de estabelecer a objetividade de nossos julgamentos prescritivos, descritivos e avaliativos. Deste modo, os arquitetos julgarão um edifício empregando critérios como utilidade, segurança e beleza; os juízes fazem julgamentos com o auxílio de tais critérios como legalidade e ilegalidade; e, presumivelmente, os pensadores críticos contam com critérios aprovados pelo tempo como validade, garantia evidencial e consistência. (LIPMAN, 1995, p. 173-174).

Já o pensamento criativo é sensível ao critério da verdade e orientado pelo contexto da investigação, em que o pensar é visto como um processo de descobrir, criar e imaginar novas relações, ou seja, "pensar é fazer associações e pensar criativamente é fazer associações novas e diferentes." (LIPMAN, 1995, p. 140). Em outras palavras, o pensamento criativo é impulsionado pelo desejo de ir além do aparente e tem por finalidade a invenção, a criação de novas situações que possibilitem solucionar situações problemáticas.

Lipman (1995) considera que acrescentar a Filosofia nos currículos da educação primária e secundária é um primeiro passo para tornar a educação mais crítica, criativa e avaliativa dos seus próprios procedimentos. As crianças possuem uma natureza filosófica. "Se a principal contribuição da criança ao processo educacional é seu caráter questionador, e se a filosofia é caracteristicamente uma disciplina que levanta questões, então a filosofia e as crianças parecem ser aliadas naturais." (LIPMAN; OSCANYAN; SHARP, 1994, p. 50).

A Filosofia para crianças é uma tentativa de colocá-las em contato com as reflexões filosóficas, possibilitando o aprimoramento do pensar. Lipman (1995) reconhece a importância e a capacidade que as crianças têm de refletir acerca de questões filosóficas que também fazem parte do seu universo e do seu cotidiano. As crianças devem ser estimuladas a pensar rigorosamente sobre temas como a existência, a política, a moral, a ética, a verdade, a justiça etc. "Deve reconhecer-se o esforço pioneiro de Matthew Lipman e do seu programa Filosofia para Crianças. A partir dele, pela primeira vez, as crianças tiveram acesso franco e aberto à prática da filosofia." (KOHAN, 1999, p. 69).

De acordo Brocanelli (2010), o intuito de Lipman com o programa de Filosofia para as Crianças foi o de iniciá-las na educação, incentivando a investigação filosófica, contribuindo, desse modo, para formar indivíduos com melhor capacidade de pensar, preservando a natureza investigativa própria da Filosofia, e que se acredita estar presente sobretudo na infância.

Proposta pedagógica de Matthew Lipman para o ensino de Filosofia na infância

Ciente da importância e da necessidade da presença da Filosofia no currículo escolar das crianças, Lipman (1995) desenvolveu uma proposta pedagógica conhecida como Programa de Filosofia para Crianças, que privilegia o desenvolvimento de sua racionalidade, ao compreender que as habilidades lógicas são essenciais para a aprendizagem de um "pensar excelente". De acordo com Silveira (2003), essas habilidades lógicas são classificadas em quatro tipos, quais sejam:

1) habilidades de raciocínio: com elas, torna-se possível estabelecer conclusões ou inferências a partir de conhecimentos prévios, dando coerência lógica ao discurso, ou seja, permite o desenvolvimento de capacidades, como "inferir", "detectar premissas ou pressuposições subjacentes", "formular questões e exemplificar" etc.;

2) habilidades de formação de conceitos: podem possibilitar a análise de conceitos, isto é, identificar como se compõem e que relações se estabelecem com outros conceitos. Isso pode dar sentindo ao discurso e permitir que se compreenda coisas, fatos e situações. Envolve capacidades como "fazer distinções", "fazer conexões", "argumentar", "classificar" etc.;
3) habilidades de investigação: estão ligadas aos procedimentos científicos, ao processo de busca das respostas para solucionar os problemas postos pela realidade. Envolve as capacidades de observar, identificar problemas/questões, formular questões, hipóteses, estimar, prever etc.;
4) habilidades de tradução: possibilitam compreender os discursos escritos ou falados e a reprodução desses discursos pelos sujeitos em uma linguagem própria, mas sem atribuir outro significado ao discurso original. Dentre as capacidades que irão se desenvolver estão as de prestar atenção, interpretar, perceber implicações e suposições, bem como parafrasear.

De acordo Silveira (2003), o programa de Lipman tem como prioridade o desenvolvimento da capacidade de pensar dos alunos, estimulando cada vez mais o uso da razão. "O objetivo mais explícito do programa é, portanto, desenvolver nas crianças essa racionalidade, mediante o cultivo e o fortalecimento de habilidades lógicas que, por serem consideradas pré-requisitos para o "pensar bem", devem estar presentes nas crianças." (SILVEIRA, 2003, p. 6).

O Programa de Filosofia para Crianças tem também um objetivo de natureza política, uma vez que "a educação envolve mais que apenas o desenvolvimento de habilidades. Podemos adquirir uma habilidade, mas podemos empregá-la mal. Podemos, por exemplo, aprender a usar uma faca habilidosamente e, então, passarmos a utilizá-la antissocialmente." (LIPMAN, 1995, p. 50). A intenção mais importante do seu programa é o de prevenir a irracionalidade e evitar que crianças e jovens desenvolvam comportamentos antissociais, objetivando que elas cresçam de modo que saibam viver em sociedade. Isso justifica o porquê desse programa ser trabalhado pela disciplina de Filosofia, já que se trata de uma disciplina humanística que está comprometida com a investigação de assuntos problemáticos (LIPMAN, 1995).

Principalmente no contexto atual, é importante ressaltar que, por mais que a Filosofia contribua para o desenvolvimento do pensar das crianças, é ingênuo pensar que ela poderá evitar com que as crianças e jovens desenvolvam comportamentos antissociais. Acredita-se, sobretudo, que a escola tem um importante papel no processo formativo dos cidadãos, e isso deve ser buscado a partir de todas as disciplinas, por meio de atividades interdisciplinares.

Entretanto, essa é uma tarefa que não deve ser atribuída somente a escola ou a uma disciplina específica. A escola é uma parte da sociedade que deve estar integrada a todas as esferas sociais. Não é somente no ambiente escolar que jovens e crianças estão em processo de aprendizagem e de formação de caráter e personalidade.

O programa de Lipman no contexto escolar

Dentro do contexto escolar, o programa de Lipman (1990) consiste basicamente de três elementos: um material didático específico, composto por livros de leitura destinados aos alunos e os manuais de instrução para se trabalhar com professores; uma metodologia adaptada ao emprego desse material e um treinamento para professores, visando capacitá-los para o trabalho com os elementos anteriores. De modo específico, seguem apontamentos breves de cada um desses elementos.

Material didático

O material didático utilizado no programa de Lipman (1990) para o estudo da Filosofia com crianças são os livros de leitura denominados de romances ou novelas filosóficas, além dos manuais de instrução para os professores. De acordo Silveira (2003), os romances ou novelas filosóficas são histórias fictícias que retratam situações problemáticas em que as personagens, normalmente crianças, estão envolvidas. Tais situações exigem a utilização de habilidades cognitivas por parte delas para solucionar os problemas.

Com relação a esse material, Silveira (2003, p. 11) explica que "O conteúdo dos romances inclui, além dos procedimentos cognitivos a serem imitados pelos alunos, temas dos mais diversos, abrangendo as áreas clássicas da filosofia como a lógica, a ética e a metafísica." Os romances devem aguçar a curiosidade das crianças, pois, para Lipman (1990), não é o professor que deve determinar o tema a ser debatido. É importante que as crianças escolham os temas de seus interesses, com questões que lhes provoquem perplexidade durante a leitura, para que possam ser colocadas em discussão. Portanto, os diversos temas são apresentados nos romances não de maneira sistemática, mas aleatoriamente, para que as próprias crianças possam encontrá-los.

Segundo Silveira (2003), Lipman não ignora a importância de se trabalhar os conteúdos em sala de aula. No entanto, ele acredita que é preciso romper com uma educação voltada para a transmissão de conteúdo. Em suas próprias palavras:

> Não estou afirmando que o ensino de conteúdo é inútil e que corremos o risco de transformar as crianças em sábias idiotas. Mas gostaria de colocar que a ênfase sobre sua aquisição foi exagerada e deve passar para o segundo plano, assumindo a dianteira, o aperfeiçoamento dos seus pensamentos e julgamentos. (LIPMAN, 1995, p. 252).

Com relação aos manuais direcionados aos professores, Silveira (2003), explica que Lipman, ao entender que os professores que aplicariam esse programa não tinham formação específica em Filosofia, o que poderia comprometer o objetivo do seu programa, preocupou-se em capacitar os docentes, elaborando um material didático que pudesse auxiliar esses professores no trabalho com seus alunos. Para cada romance, foi elaborado um manual, com um texto introdutório, apresentando, de forma detalhada, as bases teóricas da proposta e, nos demais capítulos, encontram-se diversas sugestões de atividades didáticas, especialmente os planos de discussão e exercícios envolvendo habilidades cognitivas. O próprio manual indica ao professor o conteúdo que deverá ser objeto da discussão.

Metodologia

Conforme destacado anteriormente, a metodologia empregada no programa de Lipman é a comunidade de investigação que pode ser adotada por qualquer disciplina, promovendo o debate e a reflexão. Por meio da comunidade de investigação, os alunos aprendem a pensar melhor e são estimulados a avaliar os argumentos, exigindo, de tal modo, coerência argumentativa de si mesmos e dos outros; eles aprendem, sobretudo, a corrigir seus próprios erros. Assim, poderão se aperfeiçoar constantemente.

O diálogo é o eixo central do Programa de Filosofia para Crianças. "A comunidade de investigação caracteriza-se pelo diálogo que é disciplinado pela lógica." (LIPMAN, 1995, p. 342). Para Silveira (2003), não se trata de um diálogo desorganizado, pois não consiste em um simples bate-papo. O diálogo deve ser, acima de tudo, criterioso e disciplinado pela lógica, já que, para Lipman (1995), a comunidade de investigação objetiva que os educandos desenvolvam um pensar lógico.

> Quando a sala de aula é transformada em uma comunidade de investigação, as ações que são feitas a fim de que possa seguir o argumento para onde este conduz são atos lógicos, e por este motivo que Dewey identifica corretamente a lógica com a metodologia de investigação. (LIPMAN, 1995, p. 342).

No entanto, Silveira (2003, p. 18) esclarece que, "[...] a comunidade de investigação possui também uma dimensão moral e política.", isso porque, segundo Lipman (1995), é fundamental que as crianças sejam estimuladas ao máximo a desenvolver suas habilidades lógicas, de modo que possam aprender a pensar melhor, mas também é preciso que elas saibam empregar essas habilidades adequadamente para uma convivência social satisfatória.

Capacitação de professores

Lipman (1995) defende uma forma de educação que crie condições para que o educando possa desenvolver sua capacidade de pensar e seu senso de autonomia. Logo, um modelo de educação tradicional que se concentra em um processo de ensino centrado na transmissão de conteúdo, no qual os educandos não são estimulados a participar ativamente, não pode alcançar esse objetivo. Sobre isso, o autor explica

> Podemos ter os melhores critérios no mundo para o ensino, mas se os estudantes percebem-nos como pertencendo aos educadores e não a eles, sentirão que foram enganados e manipulados. É preciso mostrar aos estudantes de que maneiras eles podem internalizar padrões adequados se desejamos que conduzam seus pensamentos de uma maneira responsável, se desejamos que pensem por si próprios, devemos, então, criar condições para que se apropriem dos valores do processo educacional como seus, do mesmo modo que devem apropriar-se dos valores do processo democrático se sua intenção é viver de acordo esses processos. (LIPMAN, 1995, p. 15).

Lipman (1995) considera que os educandos devem participar ativamente do processo de ensino e aprendizagem. Assim, o papel do professor é tornar a sala de aula um ambiente propício para que isso ocorra. Portanto, o professor não pode ser visto como aquele que detém a informação e seu papel não é apenas transmitir conhecimento. Nesse sentido, Silveira (2003, p. 24) considera que: "Se o objetivo é romper com a educação como transmissão de conhecimentos, é natural que o professor não seja visto como "autoridade de conhecimento" ou como "fonte de informação."

Conforme Silveira (2003), no programa de Lipman, cabe ao professor o papel de facilitador ou orientador dos debates entre alunos na comunidade de investigação, promovendo as condições necessárias para que a investigação cooperativa aconteça. Lipman (1995) afirma que os professores que irão aplicar o programa em sala de aula precisam necessariamente estar bem preparados a fim de que seu programa atinja o objetivo proposto. Por isso, um dos elementos básicos do seu programa é a capacitação de professores.

Na capacitação ou no treinamento de professores, há dois tipos de cursos preparatórios: um dirigido à formação de monitores, e outro direcionado aos professores que atuarão diretamente com os alunos. Para Brocanelli (2010 p. 74), "Somente poderiam ser monitores de professores os filósofos habilitados e experientes, e também com uma preparação específica, de modo que acompanhem os trabalhos e orientem os professores em algumas dúvidas." Os monitores precisam ter formação específica em Filosofia e um sólido conhecimento filosófico, pois são eles os responsáveis por orientar professores sem formação específica. Com relação à formação dos monitores, Silveira (2003) elucida que

> O processo de sua formação, denominado estágio de preparação de monitores, tem início com uma oficina de dez dias. Durante a qual os candidatos se familiarizam com os materiais didáticos, exercitam-se individualmente na condução de sessões e discutem assuntos considerados relevantes para o bom andamento do trabalho [...]. Em seguida, o futuro monitor torna-se uma espécie de "filósofo em residência", atuando em sala de aula por um período de quatro a seis semanas, a fim de adquirir experiência no trabalho com crianças. Ao término de sua capacitação, o monitor estará apto a ministrar o treinamento dos professores que irão desenvolver o programa diretamente com as crianças, o qual se realizará em três etapas. (SILVEIRA, 2003, p. 25).

O treinamento com os professores que irão desenvolver o programa diretamente com a crianças ocorre em três etapas. A primeira é o estágio de exploração do currículo, que tem a duração de 3 a 14 dias e que, de acordo Silveira (2003, p. 25), "constitui-se de seminários, cursos intensivos ou oficinas, em que os professores, por meio de simulações, vivenciam o programa." Após esse estágio, os professores estarão aptos a desenvolver o trabalho com as crianças.

A segunda etapa é conhecida como estágio modelador, quando: "o monitor entra na sala de aula junto com o professor para mostrar-lhe concretamente como fazer. Essas sessões modeladoras acontecessem esporadicamente, durante as seis semanas de aplicação do programa." (SILVEIRA, 2003, p. 25). Essa etapa visa dar um suporte ao professor caso haja alguma dúvida ou insegurança ao iniciar o trabalho com os alunos.

A última etapa é denominada de estágio de observação. De acordo com Silveira (2003, p. 26), ela "consiste na avaliação, pelo monitor, do trabalho desenvolvido pelos professores com as crianças." O objetivo dessa etapa é identificar e solucionar problemas enfrentados pelos professores durante o trabalho com as crianças. Os professores serão avaliados a partir de questionamentos feitos pelos monitores, que poderão ser feitos de forma oral ou escrita.

De maneira resumida, apresentou-se aqui o Programa de Filosofia para Crianças de Matthew Lipman. Sem dúvidas, Lipman é uma referência importante no que concerne aos estudos da Filosofia para crianças. No Brasil, o Programa de Filosofia com Crianças foi implementado em muitas escolas, tanto da rede pública quanto privada. Sobre isto, Loriere (2004) narra que

> O trabalho com este programa inicia-se em 1985, em uma escola particular e em três escolas públicas de São Paulo. Em 1986, já eram mais de quarenta escolas públicas de São Paulo e algumas escolas particulares. [...] Até 1995 contam-se em torno de mil escolas trabalhando com o mesmo e, hoje, há o registro de quase 20 mil professores que passaram pelos cursos de preparação de docentes para o trabalho com os alunos. (LORIERE, 2004, p. 162-163).

Complementa Loriere (2004) que, a partir de 1999, houve um decréscimo na demanda pelo Programa de Filosofia para Crianças, mas ainda há um grande contingente de escolas fazendo uso desse programa (cerca de 50 escolas) (LORIERE, 2004). O que há de mais relevante é que o trabalho de Lipman, no Brasil, desencadeou o desenvolvimento de estudos e de novas propostas para se pensar o Ensino da Filosofia para Crianças, contribuindo significativamente para ampliar o estudo e a prática da Educação Filosófica na infância, algo que muda significativamente o presente e futuro da sociedade.

Considerações finais

O presente estudo objetivou conjeturar sucintamente sobre o Ensino da Filosofia no Ensino Fundamental, buscando suscitar uma reflexão sobre a importância e os benefícios de uma educação filosófica na infância para o desenvolvimento e o aprimoramento do raciocínio crítico, criativo e reflexivo das crianças.

A partir das exposições feitas neste estudo, pode-se considerar que o Ensino da Filosofia no EF é de grande importância. Compreendeu-se que a infância é a fase mais propícia para o desenvolvimento das habilidades de raciocínio fundamentais para todo processo formativo do ser humano. Considera-se que a Filosofia pode desempenhar um importante papel para o aprimoramento do raciocínio dos alunos, já que seu ensino pode estimular a natureza investigativa, o senso crítico, criativo e reflexivo presente na infância e, desse modo, possibilitar à criança contato com conceitos e questões problemáticas que desafiam o pensamento, algo que deve ser feito de maneira autônoma, rigorosa e criteriosa.

É importante salientar que temos a consciência de que a Filosofia não é a única disciplina que pode possibilitar aos educandos o desenvolvimento do raciocínio, bem como o desenvolvimento da autonomia de pensamento, da criatividade e da criticidade das crianças. Porém, a Filosofia, ao ter esse aspecto especificamente investigativo, reflexivo e problematizador, é favorável para uma educação voltada para o aprimoramento do pensar.

Sobre as possibilidades de uma educação filosófica na infância, foram apresentadas, neste estudo, as ideias e a proposta didática desenvolvida por Matthew Lipman (1995), mais conhecida como Programa de Filosofia para Crianças. O intuito de Lipman com sua proposta foi o de levar a Filosofia para os espaços curriculares da Educação Infantil, possibilitando o desenvolvimento da capacidade de pensar dos educandos, assim como o estímulo e a preservação da natureza filosófica presente na infância. Para Lipman, isso deve ser feito a partir de um processo educativo que seja favorável à participação ativa e criativa de todos os envolvidos no ensino e aprendizagem.

É importante ressaltar que o programa de Filosofia para Crianças foi pensado no contexto da educação americana e em outra época. Entretanto, muitos países utilizam essa proposta. No Brasil, há também importantes defensores da proposta de Lipman. Logicamente, a intenção deste estudo não é o de apontar essa proposta como um modelo ideal para pensarmos metodologicamente a aplicabilidade da Filosofia com crianças, visto que se deve considerar o contexto atual e as realidades locais. O pensamento de Lipman (1995) é apenas um ponto de partida para tal reflexão.

Ao pensar nas perspectivas e nas possibilidades de uma educação filosófica na infância nos espaços curriculares nacionais, os Temas Transversais, ao propor o estudo de temáticas interdisciplinares, possibilita com que a Filosofia esteja presente na matriz curricular do EF. Uma importante referência no Brasil como fonte de informação, discussões e alternativas didáticas para o Ensino de Filosofia com crianças é o portal do Centro Brasileiro de Filosofia para Crianças. Há também uma vasta bibliografia acerca da proposta de Lipman, com importantes defensores e críticos da sua ideia, bem como relevantes estudiosos engajados nas discussões concernente à problemática do Ensino da Filosofia voltado para crianças.

Contudo, percebe-se, no contexto escolar brasileiro, que a Filosofia tem sido, sobretudo, uma disciplina que luta em busca da sua consolidação no currículo da educação. O momento atual parece não ser o mais favorável para a Filosofia nos espaços curriculares. Sabe-se que, em 2008, a disciplina Filosofia tornou-se se obrigatória na grade curricular do Ensino Médio, nas escolas públicas, a partir da Lei n. 11.684/08 (BRASIL, 2008), em alteração ao art. 36, contido na Lei n. 9.394/96. Entretanto, recentemente, a partir da Lei n. 13.415/2017, que alterou a Lei de Diretrizes e Bases da Educação Nacional, se estabeleceu uma reformulação na estrutura do Ensino Médio, ampliando o tempo mínimo do estudante na escola: de 800 para 1.000 horas anuais (até 2022). Além disso, foi definida uma nova organização curricular, mais flexível, que contemple uma Base Nacional Comum Curricular (BRASIL, 2017).

Com essa mudança, a disciplina de Filosofia, que antes tinha sua obrigatoriedade legitimada, apenas permanecerá na matriz curricular como uma disciplina optativa. Isso, com certeza, coloca em discussão a importância e a relevância da disciplina para a formação dos educandos. Entende-se que a educação, nos moldes atuais, está cada vez mais direcionada para uma tendência de ensino que valoriza a racionalidade técnica, a formação e a capacitação para o trabalho, e que põe em xeque os aspectos críticos e reflexivos do ensino e o seu papel para o pleno desenvolvimento do educando. Assim, disciplinas como a Filosofia tendem a encontrar desafios para se inserir e se manter no currículo da educação, principalmente do EF, etapa em que a disciplina não alcançou muitos avanços.

Entraves à parte, tem-se a consciência de que a Filosofia é de grande relevância para a formação humana. Destarte, considera-se necessário o seu incremento como disciplina obrigatória na matriz curricular em todas as etapas da educação. Portanto, torna-se um desafio para os professores de Filosofia e profissionais da área desenvolverem uma conscientização sobre a necessidade das discussões filosóficas na educação e, de modo particular, na primeira fase.

Faz-se necessário buscar reivindicar, junto ás políticas públicas e órgãos federais e estaduais, novas medidas que garantam a permanecia e a efetivação da disciplina da Filosofia na matriz curricular de todas as etapas da educação, não se conformando diante das imposições e leis que colocam em cheque a importância da disciplina no processo de formação das pessoas. Além disso, tendo em vista que, no Brasil, ela ainda não esteja presente de forma efetiva em todas as fases da educação e sendo muitos os obstáculos para que isso ocorra, é imprescindível o desenvolvimento de estudos que reflitam sobre o processo de ensino e aprendizagem da Filosofia nas mais diversas etapas do ensino.

Em suma, esta pesquisa é a demonstração do nosso interesse em desenvolver estudos que possam refletir em torno dessa temática. Esta breve reflexão é o ponto de partida que pode incentivar a realização de novas pesquisas e discussões mais amplas acerca do Ensino de Filosofia para crianças, podendo, assim, despertar o interesse para a busca de possibilidades viáveis a serem aplicadas na realidade da educação brasileira para a importância social da Filosofia no EF no contexto atual.

REFERÊNCIAS

ALMEIDA, Fabiana Cezário de. **Os livros didáticos de matemática para o ensino fundamental e os Temas Contemporâneos Transversais:** realidade ou utopia? Dissertação (Mestrado) – Universidade Estadual Paulista. Faculdade de Ciências, Bauru, 2007.

BRASIL. **Lei de Diretrizes e Bases da Educação**: Lei n. 9.394/96 de 24 dez. 1996.

BRASIL. **Parâmetros Curriculares Nacionais** (PCNS). Terceiro e quarto ciclos do Ensino Fundamental: temas transversais. v. 4: MEC/SEMT, 1999.

BRASIL. **Lei n. 11.684,** de 2 de junho de 2008. Brasília: Planalto Central, 2008.

BRASIL. CNE/CEB – Conselho Nacional de Educação/Câmara de Educação Básica. **Resolução CNE/CEB n. 4,** de 13 de julho de 2010. DOU de 9 de julho de 2010a. Disponível em: http://www.crmariocovas.sp.gov.br/Downloads/ccs/concurso_2013/PDFs/resol_federal_04_14.pdf. Acesso em: 12 maio 2020.

BRASIL. CNE/CEB – Conselho Nacional de Educação/Câmara de Educação Básica). **Resolução n. 7, de 14 de dezembro de 2010**. Diário Oficial da União, Brasília, 15 de dezembro de 2010b, Seção 1, p. 34. Disponível em: http://portal.mec.gov.br/dmdocuments/rceb007_10.pdf. Acesso em: 12 maio 2020.

BRASIL. Ministério da Educação. **Diretrizes Curriculares Nacionais da Educação Básica.** MEC, 2013. Brasília, DF, 2013. Disponível em: http://portal.mec.gov.br/docman/julho-2013-pdf/13677-diretrizes-educacaobasica2013-pdf/file/. Acesso em: 11 maio 2020.

BRASIL. Presidência da República. **Medida Provisória n. 746**, de 22 de setembro de 2016. Disponível em: http://portal.mec.gov.br/. Acesso em: 20 out. 2017.

BRASIL. Ministério da Educação. **Base Nacional Comum Curricular.** MEC, 2017. Brasília, DF, 2017. Disponível em: http://basenacionalcomum.mec.gov.br/download-da-bncc/. Acesso em: 12 maio 2020.

BROCANELLI, Cláudio Roberto. **Matthew Lipman**: Educação para o Pensar Filosoficamente na Infância. Rio de Janeiro: Vozes, 2010.

KOHAN, Walter Omar. **Filosofia para crianças**: a tentativa Pioneira de Matthew Lipman. Petrópolis: Vozes, 1999.

KOHAN, Walter Omar (org.). **Lugares da Infância:** Filosofia. Rio de Janeiro: DP&A, 2004.

LIPMAN, Matthew. **A Filosofia vai à escola**. Trad. de Maria Elice de Brzezinski Prestes e Lucia Maria Silva Kremer. São Paulo: Summus, 1990.

LIPMAN, Matthew. **O pensar na Educação**. Trad. de Ann Mary Fighiera Perpétuo. Petrópolis: Vozes, 1995.

LIPMAN, Matthew; OSCANYAN, Frederick Stone; SHARP, Ann Margaret. **A Filosofia na sala de aula**. Trad. de Ana Luiza Fernandes Falcone. São Paulo: Nova Alexandria, 1994.

LORIERI, Marco Antônio. O trabalho da Filosofia com crianças e jovens nos últimos vinte anos. *In:* KOHAN, Walter Omar. (org.). **Lugares da Infância:** Filosofa. Rio de Janeiro: DP&A, 2004.

SANTOS, Nilson. **Filosofia para crianças**: investigação e democracia na escola. São Paulo: Nova Alexandria, 2002.

SILVEIRA, Renê José Trentin. **Matthew Lipman e a Filosofia para crianças**: três polêmicas. Campinas: Autores Associados, 2003.

TELES, Maria Luiza Silveira. **Filosofia para crianças e adolescentes, de 10 a 14 anos**. 10. ed. Petrópolis: Vozes, 2007.

O ENSINO DA ARTE NO CONTEXTO ESCOLAR: reflexões sobre a primeira fase do ensino fundamental

Brenda Faria Braga de Sousa
Rosemeri Birck

Introdução

O presente texto traz o estudo realizado no Trabalho de Conclusão de Curso (2019) pela Universidade Federal do Tocantins (UFT) que teve por objetivo compreender o Ensino da Arte no contexto escolar na primeira fase do Ensino Fundamental (EF). No esforço de buscar entender o contexto e em que condições ocorre o Ensino da Arte em duas escolas da Rede Municipal de Miracema do Tocantins, objetivou-se conhecer o percurso histórico do Ensino da Arte no Brasil e a inserção dessa disciplina na Educação Básica (EB), além de refletir acerca da formação docente e do Ensino da Arte na escola e identificar os desafios desse ensino para os professores.

No decorrer deste estudo, explicita-se que nem sempre a área da Arte recebeu a devida importância, pois nem mesmo esteve contemplada nos currículos de forma obrigatória "pelo argumento de que, para o redirecionamento da educação brasileira, era necessária a recuperação dos conteúdos e que Arte não era conteúdo." (RODRIGUES, 2013, p. 74-75). Tal modo de perceber a Arte sofreu alterações, como resultado das lutas e das articulações políticas dos arte-educadores nos anos de 1980 e, como área de conhecimento, passou a ser considerada componente curricular obrigatório na Lei de Diretrizes e Bases da Educação (LDB) n. 9.394/96.

Este estudo se refere à pesquisa qualitativa que, segundo Severino (2007, p. 119), "[...] cabe referir-se a conjuntos de metodologias, envolvendo, eventualmente, diversas referências epistemológicas." A investigação foi alicerçada no estudo e na análise das fontes bibliográficas que se constituem em fontes e leituras críticas a respeito da Arte e da formação docente, associada à análise de documentos institucionais. Após a realização dessa etapa da pesquisa, desenvolveu-se a pesquisa de campo que, segundo Severino (2007, p. 123), "o objeto/fonte é abordado em seu meio ambiente próprio." A pesquisa de campo serviu para compreender como o Ensino da Arte estava sendo proposto no ambiente escolar. Para a coleta de dados, foi aplicado um questionário, sendo um "Conjunto de questões, sistematicamente articuladas, que se destinam a levantar informações escritas [...], com vista a conhecer a opinião dos mesmos sobre os assuntos em estudo." (SEVERINO, 2007, p. 125). Contudo, utilizou-se o questionário semiestruturado, por considerar que esse instrumento possibilita aos participantes se manifestarem de forma livre e espontânea.

A etapa da pesquisa de campo foi desenvolvida em duas escolas municipais que atendem alunos da 1ª fase do EF. Uma das escolas atende alunos do 1º e 2º anos, e a outra atende alunos do 3º aos 5º anos. Os participantes da pesquisa são professores que ministram a disciplina de Artes, e a aplicação do questionário possibilitou verificar os desafios dos professores a respeito do Ensino da Arte no contexto escolar.

Legislação em arte e sua inserção na educação básica

Para conhecer o percurso histórico do Ensino da Arte no Brasil e a sua inserção na Educação Básica (EB), é preciso considerar os estudos já realizados no campo da Arte, bem como os documentos que norteiam o seu ensino no contexto escolar.

A importância atribuída ao campo da Arte na atualidade muito se difere de quando foi somente parte integrante de outras áreas do conhecimento. Ferraz e Fusari (2010, p. 40) apontam que, no Parecer 540/77, da Lei 5.692/71 a Arte "[...] não é uma matéria, mas uma área bastante generosa e sem contornos fixos, flutuando ao saber das tendências e dos interesses." (BRASIL, p. 138). Embora tenha caráter interdisciplinar, a Arte tem suas características e conteúdo próprios enquanto ciência. Com as mudanças no quadro educativo, em geral, a Arte também passou por todos os processos: desde o modo tradicional de ensino à tendência atual.

Historicamente a Arte sofreu influência da tendência Idealista-Liberal cuja tendência defende que o aluno desempenhe seu papel social baseado em suas aptidões individuais, perpetuando a cultura individual e fortalecendo as divisões de classe, uma vez que, nessa tendência, a desigualdade social não é levada em consideração e nela estão as diferentes pedagogias, quais sejam: Pedagogia Tradicional, Pedagogia Nova e Pedagogia Tecnicista.

Para Ferraz e Fusari (2010), a Pedagogia Tradicional, que tem suas raízes no século XIX, se intensificou no século XX e suas manifestações são percebidas nos dias atuais. O conhecimento considerado válido adveio dos adultos considerados intelectuais. Na prática educativa, o ensino é mecanizado, de uma prática pela cópia e desvinculado dos acontecimentos do cotidiano.

A Pedagogia Nova (Escolanovismo ou Escola Nova), que surgiu no Brasil em 1930, propôs um ensino da Arte que rompia como a tendência tradicional. Noutra perspectiva, com aporte da Psicologia, possibilitou aos alunos a capacidade de pensar e produzir livremente. Ferraz e Fusari (2010) afirmam que a tendência escolanovista considera menos significativa a estruturação racional e a lógica dos conhecimentos, como acontece na Pedagogia Tradicional. O produto resultante da sua produção não importava, e que esse "aprender fazendo" capacita o indivíduo a atuar cooperativamente na sociedade. O centro do ensino deixa de ser o conteúdo e o professor para ser transferido para a aprendizagem do aluno (FERRAZ; FUSARI, 2010).

A Pedagogia Tecnicista chega às escolas brasileiras nos anos de 1960 e 1970 no momento em que a educação não conseguia suprir as necessidades de formação de profissionais, em níveis médio e superior, para atender ao mundo da tecnologia em expansão. A escola, segundo Ferraz e Fusari (2010), precisava formar os educandos sob o viés tecnicista, e o profissional da educação passou a ser considerado um "técnico" responsável por um competente planejamento dos cursos escolares.

Ainda sob a perspectiva das tendências na educação, surgiu, na década de 1960, a tendência realista-progressista, quando surgem discussões acerca da responsabilidade que a escola desempenhava enquanto formadora social. Essa tendência não atribuía somente à escola o encargo pela conscientização política e social, mas ela representava um dos segmentos. Essa conscientização política ocorreu também na prática social. "A educação escolar [...] deve assumir a responsabilidade de dar ao educando o instrumental necessário para que ele exerça uma *cidadania consciente, crítica e participante.*" (FERRAZ; FUSARI, 2010, p. 44; grifo do autor).

Neste sentido, a Lei de Diretrizes e Bases da Educação Nacional (LDB), de n. 4.024, aprovada em 20 de dezembro de 1961, ao regulamentar a educação nacional, indicou que o ensino das atividades artísticas no Ensino Primário era diferente para meninos e meninas, além de se adequar à idade:

> Art. 26. O ensino primário será ministrado, no mínimo, em quatro séries anuais. Parágrafo único. Os sistemas de ensino poderão estender a sua duração até seis anos, ampliando, nos dois últimos, os conhecimentos do aluno e iniciando-o em técnicas de artes aplicadas, adequadas ao sexo e à idade. (BRASIL, 1961)

Caminhando para mudanças, na reforma da EB, sob n. 5.692, aprovada em 11 de agosto de 1971, constatou-se que o Ensino da Educação Artística (nomenclatura essa que se oficializou nesta reforma) passou a ser obrigatória nos 1º e 2º graus. Em seu art. 7º, segue: "Será obrigatória a inclusão de Educação Moral e Cívica, Educação Física, Educação Artística e Programas de Saúde nos currículos plenos dos estabelecimentos de 1º e 2º graus [...]." (BRASIL, 1971).

Nessa reforma, a Educação Artística foi criada como atividade educativa e não como disciplina, sem a garantia de sua inclusão no currículo. Segundo Duarte Júnior (1991, p. 80), "o seu objetivo último sempre foi [...] a eliminação de qualquer criticidade e criatividade no seio da escola, como a concomitante produção pessoal técnico para as grandes empresas", visto que o objetivo dessa Lei se centrava na formação do desenvolvimento das habilidades dos alunos, na qualificação para o mercado de trabalho e no preparo para o exercício consciente da cidadania. Segundo Correa (2007, p. 104): "[...] os professores que ministravam as aulas de Desenho, Música, Trabalhos Manuais, Canto e Artes aplicadas, sentiram-se ameaçados e despreparados ao perceberem que sua formação e saberes específicos haviam sido transformados em 'atividades artísticas'."

Assim, cabia ao professor o papel de integrar todas as linguagens artísticas, acarretando a exclusão de seus conteúdos específicos. Essa reforma permaneceu em vigência por 25 anos e foi alterada pela LDB n. 9.394, aprovada em 20 de dezembro de 1996. Com a sua implantação, alterações ocorreram no que diz respeito à Arte: "Art. 26, parágrafo § 2º– O ensino da arte constituirá componente curricular obrigatório, nos diversos níveis da educação básica, de forma a promover o desenvolvimento cultural dos alunos." (BRASIL, 1996, p. 16). O parágrafo seguinte aponta a alteração com a Lei 13.415 de 2017, que diz que: "§ 2º O ensino da arte, especialmente em suas expressões regionais, constituirá componente curricular obrigatório da educação básica." (BRASIL, 1996, p. 345).

Observa-se que a Arte, enquanto componente curricular obrigatório da EB deveria envolver as expressões regionais, respeitar as características de cada região e trabalhar as peculiaridades de cada regionalidade. Na atual LDB, que enfatiza o desenvolvimento cultural dos alunos, a Arte se consolidou como área de conhecimento e, portanto, passou a ter maior notoriedade nos currículos escolares, bem como a inserção de propostas de interdisciplinaridade entre as linguagens da Arte e entre outras áreas do conhecimento.

Posterior a essa Lei, foram criados, em 1997, os Parâmetros Curriculares Nacionais (PCNs) com a finalidade de estabelecer uma referência curricular aos professores e apoiar a revisão e/ou elaboração da proposta curricular das escolas. Segundo Iavelberg (2014), os PCNs de Arte foram criados em equivalência com as demais áreas do conhecimento e distribuídos para todas as escolas do país. Nos PCNs, se pretendia trabalhar as quatro linguagens – artes visuais, dança, música e teatro – de modo específico, respeitando as características de cada linguagem artística.

A partir de 1980, houve uma grande mobilização dos arte-educadores na luta pela intensificação do Ensino da Arte, o que resultou em duas grandes conquistas. Uma delas está na aprovação da Lei n. 11.769/2008 que trata da obrigatoriedade da música no currículo da EB. "§ 6º A música deverá ser conteúdo obrigatório, mas não exclusivo, do componente curricular de que trata o § 2º deste artigo. (NR)." (BRASIL, 2008, p. 1). A outra conquista diz respeito à inclusão das artes plásticas e cênicas no currículo escolar. O Projeto de Lei n. 7.032-B instituiu como conteúdo obrigatório a música, as artes plásticas e cênicas. Esse Projeto alterou os §§ 2° e 6° do art. 26 da Lei 9.394/96, como podemos ver a seguir:

> § 2° O ensino de Artes, compreendendo obrigatoriamente a música, as artes plásticas e as artes cênicas, constitui componente curricular de todas as etapas e modalidades da educação básica, de forma a promover o desenvolvimento cultural dos estudantes.
>
> § 6° A música, as artes plásticas e as artes cênicas constituem conteúdo obrigatório, mas não exclusivo, do componente curricular de que trata o § 2°. (BRASIL, 2008, p. 2)

Sobre o prazo para adequação às mudanças, a Lei n. 9.394/96 diz:

> Art. 2° O prazo para que os sistemas de ensino implantem as mudanças decorrentes da aplicação desta Lei, relativamente ao ensino de artes plásticas e artes cênicas, incluída a formação dos respectivos professores em número suficiente para atuar na educação básica, é de 5 (cinco) anos. (BRASIL, 1996)

O Projeto de Lei n. 4, de 2011, nos esclarece sobre a distribuição das disciplinas por níveis da EB. Observa-se:

> I – O conteúdo será distribuído entre as diversas séries e níveis da educação básica pelas escolas, abrangerá obrigatoriamente as áreas de: a) música, teatro e dança; b) artes visuais (artes plásticas, fotografia, cinema e vídeo) e design; c) patrimônio artístico, cultural e arquitetônico. (BRASIL, 2011, p. 4)

Sobre este documento, nota-se que os professores devem ter formação específica para lecionar essas linguagens: "II – As atividades serão sempre ministradas por professores com formação específica, nas diferentes séries." (BRASIL, 2011, p. 4).

A Base Nacional Comum Curricular (BNCC), aprovada em 2017, destaca a importância que o Ensino da Arte exerce na vida social e escolar da criança: "O componente curricular contribui, ainda, para a interação crítica dos alunos com a complexidade do mundo, além de favorecer o respeito às diferenças e o diálogo intercultural, pluriétnico, plurilíngue, importantes para o exercício da cidadania." (BRASIL, 2017).

Nesse sentido, a Constituição do Estado do Tocantins, no que tange ao Ensino de Arte, afirma:

> TÍTULO XIV, CAPÍTULO I, Seção I, Art. 124.
> II – Liberdade de aprender, ensinar, pesquisar e divulgar o pensamento, a arte e o saber; (Constituição do Estado do Tocantins, p.45)

> Art. 125 – V – Acesso aos níveis mais elevados do ensino, da pesquisa e da criação artística, segundo a capacidade de cada um. (TOCANTINS, 1989, p. 46)

O Plano Municipal de Educação de Miracema do Tocantins foi aprovado na Lei n. 409, de 27 de maio de 2015, que tem vigência de 10 anos a partir da data de sua publicação. Comumente, a partir desse documento, temos acesso às propostas de educação, do ensino dos componentes curriculares e, dentre eles, o de Arte. Porém, ao analisá-lo, observou-se que não há nada especificamente que trate do Ensino da Arte na Educação Infantil e no EF.

Também foi consultado o Projeto Político Pedagógico (PPP), o documento institucional que contempla os dados e características de cada escola e que norteia o trabalho de ensino-aprendizagem e, nos projetos das duas escolas constam as ações que realizam. Sabendo da importância do Planejamento Pedagógico para o ensino, o Plano Anual da disciplina de Arte das duas escolas também foi consultado. Para cada ano existem os eixos, conteúdos, competências, habilidades, metodologia e os recursos a serem utilizados.

O ensino da Arte e a formação docente

Ao conhecer o percurso histórico do Ensino da Arte no Brasil e a inserção da Arte como área de conhecimento no currículo escolar da EB, compreendemos ser importante refletir acerca do Ensino da Arte na escola e a formação docente, já que ambos exercem influência na formação humana.

Por muitos anos, a Arte na escola foi proposta com a finalidade de formar artistas, e pouco se pensava sobre a possibilidade do desenvolvimento e formação integral do sujeito com o aporte do ensino da Arte. Iavelberg (2014) aponta que, a partir das mudanças paradigmáticas no Ensino da Arte desde os anos 1980, essa rompeu com sua característica de pura expressão e passou a somar esse aspecto à interação com a produção social e histórica em sua diversidade, integrando saberes acerca do seu sistema.

Neste sentido, a Arte precisa ser pensada como um processo de aprendizagem, que possibilita superar obstáculos presentes no quotidiano de forma criativa e crítica. "Assim, o fazer artístico está pautado na reflexão e nas condições propícias para a expressão e criação de novos códigos de interpretação da realidade." (CANDA; BATISTA, 2009, p. 8). Iavelberg (2014, p. 55) afirma que as diversidades de culturas, as vivências, articuladas ao saber escolar, proporcionam uma ligação entre a escola e a vida social, "dando ao aluno uma visão de si como ser histórico, criador que se reconhece na sociedade em que vive."

Nessa mesma diretriz, Soares e Carvalho (2008, p. 3) apontam que "A arte permite ao sujeito experimentar, por meio dos seus sentidos, situações inusitadas. Coloca-o na condição de autor ou coautor do processo de estruturação da consciência humana." Desse modo, compreende-se que o sujeito está em constante envolvimento com o mundo ao considerar que "a arte é o movimento na dialética da relação homem--mundo" (FERRAZ; FUSARI, 2010, p. 21).

Richter (2011) afirma que, para haver construção de conhecimento, é necessário que a criança estabeleça equilíbrio dinâmico e dialético entre uma ação racional e uma imaginação criadora. Trabalhar a imaginação significa possibilitar a ela reconstruir o mundo à imagem de seu entendimento, para que a criança se constitua enquanto um ser que cria. Logo, a Arte é um campo de aprendizagem que atua na formação integral do ser humano. Segundo Fischer (2002),

> Só a arte pode fazer todas as coisas. A arte pode elevar o homem de um estado de fragmentação a um estado de ser íntegro, total. A arte capacita o homem para compreender a realidade e o ajuda não só a suportá-la como a transformá-la, aumentando-lhe a determinação de torna-la mais humana e mais hospitaleira para a humanidade. (FISCHER, 2002, p. 57).

Para Ferraz e Fusari (2010), a Arte não se resume apenas em conhecimento e nem possui somente uma função reveladora ou cognoscitiva. Ela contempla aspectos de execução e de realização, pois, além de ensinar uma nova maneira de olhar a realidade, contribui para a reconstrução da sua compreensão. "A arte é, portanto, um fazer em que o aspecto realizativo é particularmente intensificado, unido, e um aspecto inventivo." (FERRAZ; FUSARI, 2010, p. 105).

A professora Noêmia Varela (1998), citada por Ferraz e Fusari (2010, p. 19), instiga a refletir sobre como a Arte vai além do que se pode imaginar: "Não é um campo de atividade, conteúdos e pesquisas de pouco significado. Muito menos está voltado apenas para as atividades artísticas. [...] tem sentido profundo, desempenha papel integrador plural e interdisciplinar no processo formal e não formal da educação."

Ao relacionar a Arte com a cultura, Canda e Batista (2009) esclarecem que a Arte, no Brasil, vem sendo pensada nas escolas como um meio que contribui para a formação pessoal e cultural dos alunos, logo, faz parte da cultura. Por outro lado, consideram que essa função vem sendo banalizada por se considerar que qualquer pessoa pode ensinar Arte, pesquisar e produzir obras de arte sem investimento teórico, preparo técnico e investigação prática. Ao colocar a Arte apenas como ações de entretenimento, terapia, liberação emocional ou recreação, questiona-se sua capacidade de formação crítica, e se não houver aprofundamento teórico nestas ações a fruição do intelecto ficará comprometida.

Canda e Batista (2009) enfatizam que o ato criativo presente na Arte possibilita o desenvolvimento da percepção do mundo e do atuar nele, em busca de melhorias. A criação não é somente inerente ao artista, pois, no âmbito escolar, juntamente com sua teorização, os alunos podem ser criativos e atuarem na sociedade com interesse e dedicação. Logo, a Arte na escola precisa transcender o senso comum, que apregoa que Arte se trata apenas de objetos artísticos, retratando uma cultura ou somente um conteúdo presente no currículo.

Formação do professor de arte

Ao considerar a importância da Arte, seu ensino na escola e, consequentemente, fora dela, a formação do professor precisa necessariamente caminhar no mesmo sentido. Desde os anos 1970 e 1980, a polivalência fez parte da formação prática dos professores de Arte que se dava em um período de dois anos. Consistia na apreensão de conteúdo, mesmo sem ter formação para tal, e que colocava o professor como responsável para lecionar todas as linguagens de Arte. Fato esse que dificultava sua atuação e, por consequência, fazia desaparecer as especificidades de cada linguagem.

A formação do professor polivalente, engendrado na proposta da Pedagogia Tecnicista, que tinha como mote o método e a metodologia de ensino, perdeu espaço quando foi aprovada a LDB n. 9.394/96, que apresentou sua preocupação com a formação dos professores. A LDB n. 9.394, de 1996, em seu art. 62, diz que:

> A formação de docentes para atuar na educação básica far-se-á em nível superior, em curso de licenciatura, de graduação plena, em universidades e institutos superiores de educação, admitida, como formação mínima para o exercício do magistério na educação infantil e nas quatro primeiras séries do ensino fundamental, a oferecida em nível médio, na modalidade Normal. (BRASIL, 1996).

O professor, ao ser incentivado, possibilita um trabalho autônomo e criativo, que transcende o ensino verticalizado e a transmissão de conhecimentos. Entretanto, o professor também precisa participar ativamente de sua formação, e Baumer (2009) explica como fazer isso:

> Esse cumprimento consiste em participar de forma extraclasse, de atividades culturais como exposições de arte, apresentações artísticas como artistas ou apreciadores; participar de diversos cursos, seminários, palestras como ouvintes ou ministrantes, desenvolver e publicar produções científicas; participar de grupos de estudo, estágios não-obrigatórios e monitorias, entre outros (BAUMER, 2009, p. 82).

Pensando nessa formação, o Parecer CNE/CP 28/2001 da Lei n. 9.394/96 (p. 12) aponta que "Na formação do ser professor, é imprescindível um saber profissional, crítico e competente e que se vale de conhecimentos e experiências." Segundo a LDB n. 9.394/96, em seu art. 13, incisos I e II, o professor deve participar da elaboração da proposta pedagógica da escola; elaborar e cumprir o plano de trabalho segundo a proposta pedagógica do estabelecimento de ensino. Com isso, essa Lei reafirma a importância da formação do professor, visto que o currículo e o Projeto Pedagógico da escola são as engrenagens para o desenvolvimento do ensino, e o educador precisa estar inteiramente envolvido neste processo.

Cabe ao professor de Arte, em sua prática pedagógica, contribuir com a inserção do aluno no meio social através das linguagens da Arte, oportunizando a humanização dos sujeitos. Nesse sentido, Baumer (2009) faz referência a Baron (2004), para explicar a responsabilidade atribuída ao professor de Arte, e isso se deve pelo fato que

> [...] as artes podem renovar os poderes perceptivos e empáticos das inteligências de nossos sentidos, possibilitando a (re)sensibilização e auto compreensão necessárias ao cultivo da nova solidariedade reflexiva e da comunidade da qual precisamos para arriscar o novo'. (BARON *apud* BAUMER, 2009, p. 85-86).

Visto a importância da Arte no contexto escolar, Barbosa (2012, p. 18) acrescenta que, "Por meio da Arte é possível desenvolver a percepção e a imaginação, apreender a realidade por meio do ambiente, desenvolver a capacidade crítica [...] e desenvolver a criatividade [...]." Essa aprendizagem precisa ser adquirida pelo acadêmico durante o processo de Ensino da Arte na sua formação.

Segundo Miranda (2006), nos cursos de formação para o Ensino da Arte, nota-se a ausência de preocupação com a discussão acerca da cultura e da história da Arte, sendo essa componente da história da humanidade. O que ainda prevalece nesses cursos é a supervalorização das técnicas de recorte, colagem, pintura, dobradura, pautada em uma repetição mecânica que não forma e nem humaniza, a fim de atender a uma sociedade que solicita um professor que se adapte e reproduza o modelo da sociedade capitalista.

Portanto, é necessário que a formação do professor de Arte seja alicerçada na reflexão, na autonomia e na valorização e profissionalização, enquanto sujeito primordial para o desenvolvimento intelectual de si mesmo e do estudante. E esse processo formativo se complementa no trabalho teórico-prático e no espaço educativo.

O espaço escolar e a percepção dos professores de Arte

A pesquisa de campo foi desenvolvida em 2018 em duas escolas municipais de Miracema do Tocantins que atendem alunos da 1ª fase do Ensino Fundamental. Uma escola atende alunos do 1º e 2º ano e a outra do 3º ao 5º ano. Essa pesquisa envolveu 10 professores que ministram a disciplina de Artes. Como medida para manter a privacidade dos participantes da pesquisa, optamos por identificá-los com a letra P., seguido de um número.

Para a coleta de dados, foi utilizado um questionário, elaborado com questões semiestruturadas para verificar os desafios dos professores a respeito do Ensino da Arte no contexto escolar, e os resultados estão apresentados na sequência.

A escola "A" foi criada pela Lei n. 035/2005 e atende a alunos da Educação Infantil e do 1º e 2º anos das séries iniciais do EF. Ela dispõe de sete professores de Arte, sendo que alguns deles lecionam em mais de uma turma, da mesma série ou em séries diferentes. Os alunos têm uma aula de Arte semanal, com a duração de 1 hora. No PPP (2016) consta a "Hora do conto", criado com o intuito de "incentivar o hábito de leitura e escrita e despertar a imaginação." Esse projeto é desenvolvido dentro das salas de aula através de dramatização, com a utilização de fantoches e caracterização, conforme o tema da história a ser contada. Percebemos a preocupação da equipe pedagógica em trabalhar de forma interdisciplinar.

A escola "B" foi criada na Lei n. 004/1997, e atende a alunos das séries finais da primeira fase do EF, nos 3º ao 5º anos e em turmas da Educação de Jovens e Adultos (EJA). A escola conta com quatro professores de Arte, sendo um professor responsável por mais de uma turma. Os alunos têm uma aula de Arte por semana com duração de 1 hora. No PPP (2018) consta "O Brasil de todos", voltado indiretamente para a disciplina de Arte, visto que tem como principal objetivo a realização de um evento cultural, típico das regiões, com a intenção de inserir a comunidade local no contexto escolar. Esse projeto acontece no mês de novembro e conta com a participação da equipe pedagógica da escola.

Considerando as duas escolas, temos o total de 11 professores de Arte, sendo que 10 deles aceitaram participar da pesquisa. Desses, nove concluíram o curso de graduação, sete deles em Pedagogia e um em Educação Física; sete são pós-graduados, um possui o Curso do Magistério e cursa Pedagogia. A carga horária de todos é de 40 horas semanais e trabalham em uma única escola.

No tocante à formação acadêmica, observa-se que um tem formação em Educação Física, o que pode comprometer sua atuação, visto que, a proposta curricular e a preparação acadêmica diferem da Pedagogia, principalmente na formação em Arte. Possivelmente esse professor encontrará maiores dificuldades na práxis pedagógica no ensino do componente curricular Arte.

Diante dos questionamentos específicos da atuação em Artes, ao serem questionados se gostavam de ser professor de Arte, sete responderam que sim, dois não gostam e um não respondeu. Dos que gostam, quatro justificaram da seguinte forma:

> É uma disciplina que os alunos gostam e participam (P. 1);
> A Arte contribui para o ensino e aprendizado dos alunos. (P. 2);
> Por ser uma área de conhecimento e por estar sempre em contato com a evolução do ensino. (P. 3);
> Gosto de trabalhos manuais. (P. 4).

Observamos ao menos que duas respostas as quais os argumentos apresentados pelos professores não se referem à percepção ao seu próprio trabalho, ou a sua satisfação subjetiva, mas transfere para o outro, por conta da satisfação que vê no aluno. Dos professores que não gostam de lecionar Arte, um justificou sua resposta: "Não me identifico muito com essa disciplina". (p. 9)

No que trata da formação do professor, buscamos saber se os respondentes haviam participado de cursos de capacitação voltado ao ensino da Arte. Sete não participaram de nenhum curso de capacitação, e três afirmam ter participado. Os cursos foram os seguintes:

Lamires Companhia no Teatro (P. 3);
Brinquedista. (P. 4);
Formação Continuada. (P. 6).

O P. 3 fez um curso na Companhia de Teatro Lamira Artes Cênicas, porém, ao ser contatado posteriormente, via telefone, informou que sua participação foi somente como apreciador da peça teatral. Quanto ao P. 4, não foi possível contato posterior, logo, não se pode afirmar se participou ativamente do evento mencionado (como integrante da peça) ou passivamente (como ouvinte). Já P. 6 participou de formação continuada, mas não especificou vinculação com a disciplina de Arte. Os professores também foram questionados acerca de como buscam aprimorar sua prática docente. Eis suas respostas:

> Através de pesquisas e livros que falam sobre a disciplina. (P. 1);
> Através de pesquisa em livros e na internet. (P. 2);
> Pesquiso na internet e leio algumas coisas para desenvolver minha aula. (P. 9).

Iavelberg (2014, p. 83) afirma que "a formação continuada dos professores de Arte [...], seguirá sendo importante, pois a atualização permanente diante dos avanços teóricos e práticos em cada uma das linguagens é uma necessidade." A autora esclarece que o aperfeiçoamento acontece por meio de cursos presenciais ou a distância, em cursos de extensão, de especialização ou em outras modalidades, com encontros, palestras, seminários, simpósios, entre outros.

Coutinho (2008, p. 156) ainda acrescenta "Seria aconselhável também que a pesquisa fosse o método de investigação privilegiado. Pois é preciso desenvolver no professor a sua faceta de pesquisador, aquele que sabe buscar, relacionar e elaborar os conhecimentos". Certamente, o espaço de atuação do educador possibilita com que a pesquisa seja realizada, pois comporta os elementos fundamentais para se pensar sobre o processo de ensino e aprendizagem. Porém, não há, no espaço escolar, a prática da pesquisa, seja pela falta de tempo, de recursos financeiros ou pela falta de interesse.

A respeito da quase inexistência de formação continuada dos docentes, visto que três afirmam ter participado de um curso ou espetáculo de arte, Castro; Ferreira e Mano (2011) apontam as consequências sobre a escassa formação cultural dos professores:

> Se professores da educação básica raramente leem ou vão ao cinema, teatro, salas de concerto ou exposição de artes visuais como podemos esperar que sejam capazes de proporcionar aos seus alunos experiências estéticas que nunca passam [...] sem deixar marcas em nosso comportamento? (CASTRO; FERREIRA; MANO, 2011, p. 553).

A partir dos dados coletados, percebemos que as aulas de Arte ficaram comprometidas pela falta de formação cultural. Além do fato de os docentes não participarem de cursos de capacitação, o uso da internet, que é uma ferramenta de uso constante para o aprimoramento da prática, não foi utilizada de forma correta. Padilha (2009) fala sobre isso:

Consideramos necessário um esforço conjunto entre professores e cientistas da informação, ou bibliotecários para procurar as possibilidades da web e suas especificidades relativas às formas de aprender com as TICs e [...] buscar estratégias de ensino que considerem a complexidade das situações de aprendizagem que delas decorrem. (PADILHA, 2009, p. 119-120).

Também procuramos saber se os docentes se sentem capacitados pela formação acadêmica para lecionarem a disciplina de Arte. Dentre as respostas, cinco foram negativas e cinco, positivas. Para o P. 4: *Trabalhar com crianças já é uma arte*. Dessa afirmação, depreende-se que, para esse professor, não há necessidade de uma formação específica, uma vez que desconsidera a necessidade de compreensão teórica a respeito do desenvolvimento infantil e desconsidera a infância como fase fundamental no processo de aprendizado.

Entre as respostas negativas, três professores justificaram o seguinte:

Por mais que busco me aprofundar, ainda vejo que falta muito, devido à escassez de material e ainda não há formação. (P. 1);
Os subsídios no acervo escolar não são suficientes. No entanto, tenho que buscar subsídios em outras fontes. (P. 3);
Não [é] foi um estudo aprofundado com relação ao assunto Arte. (P. 9).

As respostas acima mostram que, no processo de formação, houve insuficiente conhecimento teórico e prático a respeito do Ensino da Arte. Portanto, a falta de material didático/pedagógico é um problema que se soma à defasagem da formação. De modo geral, percebe-se a necessidade de ampliação do conhecimento em Arte.

Apesar do avanço com a aprovação da Lei 9394/96, constata-se que, na prática, os professores que lecionam Arte não possuem formação específica para tal. Iavelberg (2014) aponta que ainda algumas secretarias estaduais e municipais realizam concursos de efetivação de professor de Arte exigindo conhecimentos das quatro linguagens desenvolvidas nos PCNs, o que reforça a visão de polivalência e retrocesso à atual legislação.

Outra pergunta dizia respeito à dificuldade com o planejamento das aulas. Seis responderam que têm dificuldade e quatro não. Entre as dificuldades apontadas, estão:

Falta de material pedagógico, bem como espaço físico. (P. 6);
Às vezes, não encontro conteúdo relacionado ao assunto. (P. 9);
Falta de material de apoio e didático pedagógico. (P. 10).

Iavelberg (2014) aponta também que em alguns casos, os professores de Arte se sentem sozinhos em seus planejamentos, pelo fato de não encontrarem diálogos pertinentes a essa disciplina que possam ser úteis à elaboração de seus planos de aula.

Diante das questões e respostas acima apresentadas, foi perguntado aos docentes se eles acreditam que teriam êxito em suas aulas se tivessem material suficiente, uma vez que a falta de material pode ser um dos problemas que dificultam a execução das aulas de Arte. Eis o que dizem Ferraz e Fusari (2010),

> [...] para desenvolvermos o nosso trabalho com eficiência e qualidade, precisamos praticar ações tais como estudar, participar de cursos, buscar informações, discutir, aprofundar reflexões e práticas com os colegas docentes. É importante ainda participar das associações de professores, de arte-educadores, o que contribui para a atualização e o desenvolvimento profissional e político, em todos os níveis de ensino. (FERRAZ; FUSARI, 2010, p. 52).

Entre os documentos e materiais que os professores mais utilizam para o planejamento de suas aulas estão: consulta à internet (indicada por todos os professores), revistas e livros de pesquisadores da área (apontada por seis deles), e livro didático (mencionado por cinco professores).

Iavelberg (2014) afirma que muitos documentos curriculares possuem, como base, os PCNs e as Diretrizes Curriculares Nacionais da Educação Básica (DCNED), mas muitos currículos seguem teorias específicas das equipes dos elaboradores, que fazem suas próprias escolhas. Muitos documentos utilizados para planejar dão liberdade aos professores para adaptarem os conteúdos propostos à realidade de seus alunos, servindo apenas como base para guiar a prática docente. Percebemos esse exercício na ação de planejamentos dos professores, já que utilizam esses documentos e outros aportes, adaptando-os à realidade da escola e das crianças.

Nas respostas dadas, verificamos que o P. 6 planeja somente com o auxílio da internet, o que pode ser comprometedor ao Ensino da Arte se a pesquisa não ocorrer de forma sistemática e consciente. Segundo Belluzzo (2005),

> Face à complexidade decorrente do volume de dados contraditórios, falsos, fidedignos, incoerentes ou não, incompletos ou não, pertinentes ou sem nenhum significado ou relevância, é preciso ser seletivo, com a capacidade de comparar, categorizar, representar, inferir, transferir e interpretar criticamente a informação disponibilizada em meio tradicional e eletrônico, transformando-a em novo conhecimento. (BELLUZZO, 2005, p. 37).

Buscamos saber ainda se a escola oferece recursos (equipamentos e materiais) para o desenvolvimento das aulas de Arte. Das respostas, nove foram afirmativas e a resposta negativa não teve justificativa. A escola oferece aos professores o material básico, mas nem sempre na quantidade necessária. Para Bacarin (2005),

> [...] as atividades artísticas devem permitir o amplo desenvolvimento de ações diversificadas e simultâneas por parte das crianças jogos, artes, faz-de-conta, leitura etc., chegando até mesmo a ponto de apresentar uma relação de materiais cuja presença deve ser obrigatória nas instituições de educação fundamental: mobiliário; brinquedos; livros; lápis; papel; tintas; pincéis; tesoura; cola; massa de modelar; argila; jogos diversos; blocos para construção; sucata; roupas, panos e adereços para a criatividade do educando. (BACARIN, 2005, p. 175).

No que tange ao grau de importância da disciplina de Arte frente às demais, os professores puderam escolher entre as seguintes opções: "mais importante"; "menos importante"; ou com "mesma importância". Um professor afirmou ser mais importante, porém não justificou a resposta, enquanto que nove afirmaram ter a mesma importância. Eis algumas justificativas:

Os alunos se desenvolvem tanto quanto nas outras disciplinas. (P. 1);
Todas [as disciplinas] desenvolvem o ensino e o aprendizado do aluno. (P. 2);
[...] é através do lúdico que a criança desperta o gosto pela criatividade. (P. 3);
[Em] todas [as disciplinas] você aprende a desenvolver a mente e raciocínio. (P. 4);
Considero uma disciplina capaz de possibilitar o educador a instigar uma gama de conhecimentos do educando. (p. 6).

Já P. 9 indicou ser importante, porém justificou de modo contraditório:

> *Vejo assim: como não é uma disciplina que não tem o mesmo peso das outras, às vezes, o professor pode deixar a desejar, quanto a focar mais no assunto, mas é uma matéria que desenvolve várias habilidades importantes para o desenvolvimento motor, psicológico e vários outros.*

Sabendo da importância da Arte, Rodrigues (2013, p. 78) afirma que "[...] nas tendências contemporâneas de ensino da arte na escola, o foco frequentemente encontra-se no processo de ler, criticar, fruir, interpretar, praticar [...]." Em tese, diante dos diferentes "pesos" das demais disciplinas, a Arte não fica inferiorizada, mas, na prática, a configuração é outra. Nessa perspectiva, Almeida (2012) diz que:

> Ainda que professores especialistas e não especialistas acreditem nas vantagens do ensino em artes e apontem alguns desses benefícios, eles são incapazes de apresentar justificativas para suas crenças e também não têm clareza sobre como trabalhar com artes para que esses benefícios ocorram. (ALMEIDA, 2012, p. 13)

Por fim, os professores foram questionados acerca da realização de atividades de Artes articuladas às demais disciplinas. Todas as respostas foram positivas, e seguem algumas de suas justificativas:

> [Com] a interação com outras disciplinas, o aluno descobre novos horizontes. (P. 3)
> De forma dramatizada, através do lúdico. (P. 4)
> Através de fantoches e músicas, por exemplo, que posso trabalhar higiene, valores para à vida, letramento etc. (P. 6).

No trato da interdisciplinaridade, o PCN (1997, p. 19) de Arte aponta que "Esta área também favorece ao aluno relacionar-se criadoramente com as outras disciplinas do currículo", embora a Arte não esteja a cargo delas. Quando se vincula a Arte à prática interdisciplinar, segundo Tourinho (2008, p. 32), "recriamos uma espécie de dieta dicotômica que, de um lado, tenta amordaçar a mágica e, de outro, tenta escravizar o conhecimento e o Ensino da Arte." Rodrigues (2013) afirma que é possível estabelecer relações de interdisciplinaridade com outros campos do conhecimento, como a psicologia, a tecnologia, a ecologia, a educação física, as ciências sociais e políticas, entre outras. Kramer (2007) ainda acrescenta:

> [...] o conhecimento interdisciplinar se torna fundamental diante do esfacelamento do homem e do saber. É contra um saber em migalhas e contra uma ciência cancerizada que se levanta a exigência interdisciplinar. [...] o interdisciplinar supõe

nova definição de categorias e métodos, fecundando-se as disciplinas umas às outras, desintegrando um saber cristalizado, mofado, pasteurizado, em direção a uma ciência do homem. (KRAMER, 2007, p. 23-24).

Nesse sentido, os autores tomados para o estudo apontam outra perspectiva para Arte, ou seja, da Arte como conhecimento, no seu ensino que tem conteúdo a ser aprendido, e, portanto, rompe com o que foi implantado há dois séculos, que era a Arte como expressão, sem reflexão, ou como contemplação ou reforço para outras disciplinas. Atualmente, temos a Arte que oportuniza a compreensão do mundo, da vida, no sentido da criticidade através de sua consciente articulação. Portanto, embora a Lei não tenha sido cumprida na sua integralidade, há professores que, apesar das dificuldades de atuação, em função da deficiência na formação acadêmica, somado à falta de material pedagógico, tem atuado de forma efetiva na área de Artes.

Enfim, a luta empreendida pelos arte-educadores nos anos de 1980 deve ser constantemente retomada e um dos caminhos está na busca constante e permanente do processo de formação e capacitação continuada do professor. Ao aprimorar sua prática pedagógica no Ensino de Arte, o professor poderá contribuir ainda mais para a formação e humanização dos seus alunos.

Considerações finais

Traçados os objetivos neste estudo, foi possível constatar que a Arte passou por mudanças históricas consideráveis para chegar à configuração atual. Ao perpassar a legislação, constatou-se que a Arte é um componente recente no currículo escolar, sendo que, na primeira LDB de n. 4.024/61, ela não era obrigatória. Somente com a reforma da Lei n. 5.692/71 que o Ensino da Arte passou a ser obrigatório, mas somente como atividade e não como disciplina no 1º e 2º graus. Após 25 anos, com a LDB de n. 9.394/96, a obrigatoriedade desse ensino passou a valer para todos os níveis da Educação Básica, a fim de proporcionar formação cultural para os alunos.

Todas essas conquistas se justificam, principalmente, pela luta dos arte-educadores e demais pessoas engajadas para que a Arte continue fazendo parte do quadro educacional, rompendo com a ideia ultrapassada de que a Arte serve somente como passatempo ou para fabricar enfeites para festinhas na escola. Nota-se que a Arte permanece ainda relacionada ao fazer artístico, secundarizando a criticidade que ela exige e propicia. O Ensino da Arte precisa estar vinculado ao processo de reflexão, "Assim, o fazer artístico está pautado na reflexão e nas condições propícias para a expressão e criação de novos códigos de interpretação da realidade." (CANDA; BATISTA, 2009, p. 8).

Esta pesquisa apresentou dados que revelaram o contexto da realidade educacional em duas escolas municipais de Miracema do Tocantins. Observou-se que a Lei não é cumprida em sua íntegra, pois o Projeto de Lei n. 4, de 2011, é claro quanto à necessidade de formação específica dos professores que lecionam Arte. A maioria dos participantes da pesquisa tem formação em Pedagogia, curso que habilita para atuar na disciplina, porém, revelam deficiência formativa no campo da Arte.

Quanto ao planejamento das aulas de Arte, percebeu-se que o Plano Anual é atendido pelos docentes, pois as atividades previstas para o ano letivo aparecem nos planos de aula dos professores. Apesar de eles seguirem um Plano de Aula, o conteúdo desse documento revela também as deficiências da própria formação do professor e as dificuldades que apontam na prática docente em Arte.

É notório que a educação no Brasil precisa, com urgência, passar por reformas, e os professores precisam buscar mais por sua autoformação, levando em consideração as leituras realizadas, a formação cultural que não é adquirida em cursos de graduação ou de capacitação. Entretanto, o esforço deve partir do próprio profissional, caso contrário, não há motivação para prosseguir com esse ofício que é tão sério e importante para as crianças. Ficou constatada também a pouca importância atribuída pela Secretaria Municipal de Educação ao ensino da Arte nas escolas da rede municipal.

Portanto, do estudo empreendido a partir da pesquisa pode-se afirmar que se faz necessária a formação continuada dos professores que lecionam Arte na escola, por meio de cursos que podem ser ofertados tanto pela Secretaria da Educação do Município, do Estado e pela Universidade. Nesse sentido, os desafios de todos os níveis e espaços educacionais necessitam de um olhar mais acurado sobre a formação artística docente, pela ampla valorização dos espaços de cultura e principalmente pela importante contribuição da Arte no processo de formação e humanização.

REFERÊNCIAS

ALMEIDA, Célia Maria de Castro. Concepções e práticas artísticas na escola. *In:* FERREIRA, Sueli (org.). **O ensino das artes:** construindo caminhos. 10. ed. São Paulo: Papiros, 2012.

BACARIN, Lígia Maria Bueno Pereira. **O movimento de arte-educação e o ensino de arte no Brasil: História e política.** 2005. 216 f. Dissertação (Mestrado em Educação) – Centro de Ciências Humanas, Letras e Artes. Universidade Estadual de Maringá, Paraná.

BAUMER, Édina Regina. **O Ensino da Arte na Educação Básica:** as proposições da LDB 9.394/96. Dissertação (Mestre em Educação). 2009. 94 f. Universidade do Extremo Sul Catarinense, UNESC. Criciúma, SC.

BELLUZZO, Regina Célia Baptista. Competência na era digital: desafios tangíveis para bibliotecários e educadores. **Educação Temática Digital – ETD**, Campinas, v. 6, n. 2, p. 30-50, jun. 2005.

BRASIL. **Lei de Diretrizes e Bases da Educação Nacional n. 4.024/1961**, de 20 de dezembro de 1961. Disponível em: http://wwwp.fc.unesp.br/~lizanata/LDB%20 4024-61.pdf. Acesso em: 13 fev. 2020.

BRASIL. **Lei de Diretrizes e Bases da Educação Nacional n. 5.692/1971**, de 11 de agosto de 1971. Disponível em: http://www2.camara.leg.br/legin/fed/lei/1970-1979/lei-5692-11-agosto-1971-357752-publicacaooriginal-1-pl.html. Acesso em: 16 fev. 2020.

BRASIL. **Lei de Diretrizes e Bases da Educação Nacional n. 9.394**, de 20 de dezembro de 1996. Disponível em: http://www.planalto.gov.br/ccivil_03/leis/L9394.html. Acesso em: 20 fev. 2020.

BRASIL. **Lei de Diretrizes e Bases da Educação Nacional n. 11.769/2008**, de 18 de agosto de 2008. Disponível em: http://www.planalto.gov.br/ccivil_03/_Ato2007-2010/2008/lei/L11769.htm. Acesso em: 3 fev. 2020.

BRASIL. **Legislação Informatizada n. 13.**415, de 16 de fevereiro de 2017. Disponível em: https://www2.camara.leg.br/legin/fed/lei/2017/lei-13415-16-fevereiro--2017-784336-publicacaooriginal-152003-pl.html. Acesso em: 12 dez. 2020.

BRASIL. **Parecer CNE/CP 28/2001**. Conselho Nacional de Educação. Conselho Pleno. Brasília, 2 de outubro de 2001.

BRASIL. **Parecer n. 540/1977**. Sobre o tratamento a ser dado aos componentes curriculares previstos no art. 7 da Lei 5.692/71. Conselho Federal de Educação. Fórum. Rio de Janeiro: jul./set. 1977, p. 131-153. Disponível em: http://bibliotecadigital.fgv.br/ojs/index.php/fe/article/viewFile/60447/58704. Acesso em: 7 dez. 2017

BRASIL. **Projeto de Lei n. 7032-B**. Câmara dos Deputados. Senado Federal. Brasil: 2010.

BRASIL. **Projeto de Lei n. 4**. Câmara dos Deputados. Senado Federal. Brasil: 2011.

BRASIL. **Secretaria de Educação Fundamental**. Parâmetros curriculares nacionais: arte/ Secretaria de Educação Fundamental. Brasília: MEC/SEF, 1997. 130 p. Disponível em: http://portal.mec.gov.br/seb/arquivos/pdf/livro06.pdf. Acesso em: 27 dez. 2020.

CANDA, Cilene Nascimento; BATISTA, Carla Meira Pires. Qual o lugar da Arte no currículo escolar? **R. cient./FAP**, Curitiba, v. 4, n. 2 p. 107-119, jul./dez. 2009.

CASTRO, Célia Maria de; FERREIRA, Sueli; MANO, Marcel. Contribuições da cultura, imaginação e arte para a formação docente. **Revista Educação e Filosofia**, Uberlândia, v. 25, n. 50, p. 539-556, jun./dez. 2011.

CORREA, Cíntia C. M. Atitudes e valores no ensino da arte: após a Lei 4.024/61 até a atual Lei de Diretrizes e Bases da Educação Nacional – Lei n. 9.394/96. **Ecos Revista Científica**, São Paulo, v. 9, n. 1, p. 97-113, jan./jun. 2007.

COUTINHO, Rejane G. A formação do professor de Arte. *In:* BARBOSA, Ana Mae (org.). **Inquietações e mudanças no Ensino da Arte**. 5. ed. São Paulo: Cortez, 2008.

DUARTE JÚNIOR, João Francisco. **Porque Arte-Educação?** 6. ed. Campinas: Papirus,1991.

FERRAZ, Maria Heloísa Corrêa de Toledo; FUSARI, Maria Felisminda de Rezende e. **Arte na educação escolar**. 4. ed. São Paulo: Cortez, 2010.

FISCHER, Ernest. **A necessidade da Arte**. Trad. de Leandro Konder. 9. ed. Rio de Janeiro: Koogan, 2002.

IAVELBERG, Rosa. O Ensino de Arte na Educação. **Revista USP**, São Paulo, n. 100, p. 47-56, dez./jan./fev. 2014.

KRAMER, Sonia. **Por entre as pedras**: arma e sonho na escola. 3. ed. São Paulo: Ática, 2007.

MIRANDA, Maria Fabiana Skeff de Paula. **O professor das séries iniciais e o Ensino de Arte**. 2006. 121 f. Dissertação (Mestrado em Educação). Centro de Educação da Universidade Estadual do Ceará, 2006.

PADILHA, Maria Auxiliadora. A pesquisa de conteúdos na web: co-partilhando ideias entre a ciência da informação e a educação. **Encontros Bibli**: Revista eletrônica de Biblioteconomia e Ciência da informação, Florianópolis, v. 14, n. 28, p. 115-134, 2009.

RICHTER, Sandra. Infância e imaginação: o papel da arte na educação infantil. *In:* PILLAR, Analice Dutra (org.). **A educação do olhar no Ensino das Artes**. 6. ed. Porto Alegre: Mediação, 2011.

RODRIGUES, Carla Cunha. Sobre tempos e lugares no currículo escolar brasileiro. **Espaço do Currículo**, Paraíba, v. 6, n.1, p. 69-80, jan./abr. 2013.

SEVERINO, Antônio Joaquim. **Metodologia do Trabalho Científico**. 23. ed. São Paulo: Cortez, 2007.

SOARES, Maria Luiza Passos; CARVALHO, Carla. A formação estética do professor: conceitos de artes visuais. **Revista do Grupo de Pesquisa Educação**, *Artes e Inclusão,* Santa Catarina, v. 1, n. 1, 2008. Disponível em: http://www.revistas.udesc.br/index.php/arteinclusao/article/view/1628/1317. Acesso em: 19 nov. 2018.

TOCANTINS. **Constituição do Tocantins**. 1989. Disponível em: https://central3.to.gov.br/arquivo/61508/. Acesso em: 13 fev. 2017.

TOCANTINS. **Plano Municipal de Educação**. Secretaria Municipal de Educação. Miracema do Tocantins: TO, 2015.

TOCANTINS. **Projeto Político Pedagógico**. Escola "A". Miracema do Tocantins: TO, 2016.

TOCANTINS. **Projeto Político Pedagógico**. Escola "B". Miracema do Tocantins: TO, 2018.

TOURINHO, Irene. Transformações no Ensino da Arte: algumas questões para uma reflexão conjunta. *In:* BARBOSA, Ana Mae (org.). **Inquietações e mudanças no Ensino da Arte**. 5. ed. São Paulo: Cortez, 2008.

QUEM ESCUTA TRANSFORMA:
concepções das juventudes sobre o ensino médio e reflexões para pensar a educação na contemporaneidade

Marluce Zacariotti
Adriana Aguiar
Amanda Costa

Introdução

O presente capítulo tem por objetivo apresentar resultados da pesquisa realizada na rede de ensino público em Palmas– TO com alunos e alunas das escolas do Programa de Fomento e Implementação de escolas de ensino médio em tempo integral – Jovem em ação. A pesquisa buscou entender o que pensam essas juventudes sobre o projeto e, também, procurou captar os sentidos que dão à escola e à educação. Discutir em que medida a escola valora e entende as juventudes. O interesse pela pesquisa nasceu das discussões da disciplina Juvenilização da educação de Jovens e Adultos, no Mestrado Profissional em educação, da Universidade Federal do Tocantins, tendo como viés a escuta das juventudes, a necessidade de pensar a educação levando em conta as transformações do mundo, o impacto das mídias digitais e do universo virtual, que promovem novos modos de se relacionar, de aprender e de ensinar.

Assim, nossa intenção é promover um debate que possa, em certa medida, propor reflexões acerca dessas juventudes, de suas realidades e de como a escola pública, que oferta o ensino médio, tem se relacionado com esses alunos, inseridos em um universo da pós-modernidade. Será que a escola tem refletido os anseios, desafios, perspectivas das juventudes do século XXI? Esta é uma questão que norteia nossas preocupações e que colocamos em debate.

Para a pesquisa, utilizamos de levantamento bibliográfico e documental, além de aplicação de questionário na rede estadual de ensino da cidade de Palmas – TO, utilizando de formulário do *google forms* (questionários *on-line*) enviado para os celulares de todos os alunos da rede. Destacamos que tivemos anteriormente autorização dos pais e responsáveis para a participação dos alunos, por meio da Secretaria de Educação do Estado do Tocantins.

De que juventudes falamos?

Importante destacar nossa preferência pelo uso do termo juventudes, no plural. Quando pensamos em juventudes, para muitos, o conceito está vinculado à ideia cronológica de categoria. Pode-se entender por juventude como uma fase da vida humana, interstício entre a infância e a fase adulta. Sim, pensar a juventude como uma etapa cronológica de nossa vida é um conceito, porém há outros modos para se compreender o termo. Como nos mostra Dayrell (2007, p. 1), "não existe uma juventude, mas juventudes, no plural, enfatizando, assim, a diversidade de modos de ser jovem na nossa sociedade". Quando falamos em juventudes, o termo no plural, abarcamos mais que uma fase da vida, incluímos a noção de "uma condição social e uma representação." (DAYRELL, *Ibidem*).

O termo juventudes refere-se mais a modos de ser/estar no mundo, contempla, portanto, pessoas das mais variadas faixas etárias, está presente na maneira de falar, de vestir-se, de portar-se diante do mundo. Segundo Zacariotti (2017) tem a ver com a condição juvenil, com aspectos que não restringem à classificação etária. Nessa linha, Maffesolli (2007, p. 99) traz a ideia da "eterna criança", ou seja, tudo o que nos remete a uma representação de uma situação de juvenilização. "O falar jovem, o vestir-se jovem, os cuidados do corpo, as histerias sociais são, largamente, partilhadas (no todo social). Todos, quaisquer que sejam as idades, status, são mais ou menos, contaminados pela figura da 'eterna criança'." (MAFFESOLI, 2007, p. 99).

E por qual motivo, hoje, no mundo pós-moderno, buscamos tanto por essas juventudes? A publicidade pode ser apontada como uma das principais incentivadoras por essa busca, ela explora a imagem juvenil como forma de representar, em seus produtos, a imagem do novo, da atualidade. É o mundo da inovação, da novidade e da celebração do que é juvenil. Embora não vamos nos ater à discussão deste aspecto, vale lembrar que, como, observam Sato e Pompeu (2017, on-line), a sociedade esforça-se para se mostrar jovem, antenada, "compondo uma estética sensível da inovação, num ambiente que valoriza o que é novo e jovem, e rejeita tudo que remeta ao que é velho e à pátina do passar do tempo".

Essa ideia da novidade, de atualidade de certa forma implica uma relação direta com a tecnologia, com o uso diário e cada vez mais presente de equipamentos – como celulares, computadores, tablets, dentre outros – que nos cercam e que, de certa forma, tornam-se imprescindíveis para nossas relações. E esse é um processo em que todos estamos inseridos, em maior ou menor grau. Nossos alunas e alunas praticamente não se imaginam sem acesso a seus smartphones. Podemos dizer que as tecnologias digitais, as experiências sociais na chamada cibercultura (LÉVY, 1999) ajudam a formar esse universo de representação juvenil, muito bem captado pela indústria da publicidade, pela mídia. A imagem de todos conectados (independente de se estamos mesmo e se essa conexão é democrática, inclusiva etc.) torna-se principal produto de exploração para as grandes empresas de publicidade e de produção tecnológica, instituindo uma juvenilização do mundo.

> A incorporação desses valores de juventudes em uma figura reconhecível como jovem – como sempre se pode ver na publicidade, nos filmes e nos programas de televisão – acabou contribuindo para a construção de um jovem mítico, já menos necessariamente vinculado à realidade social. Com a plena supremacia simbólica do jovem sobre o adulto, a juventude passou a ser um valor desejado por todos. Ser jovem deixou de ser simplesmente ter pouca idade. E, se esse valor passou a

estar mais em um produto do que uma faixa etária, mais em uma marca do que em uma atitude, mais em uma roupa do que em uma forma de pensar, o acesso a essa juventude ficou plenamente acessível a qualquer um que possa consumir. (SATO, POMPEU, 2017, p.07).

Para além desse aspecto mais publicitário, há de se pensar em como as juventudes, que chegam hoje em nossas escolas, se articulam, se relacionam e interagem. Isso é fundamental porque ao entender seus modos de ser e de estar no mundo podemos nos aproximar, criar metodologias, enfim, aproximar a escola de nossos alunos e alunas.

Maffesoli (2007) traz a ideia das tribos pós-modernas para entender um pouco o universo ao qual as juventudes estão imersas e um novo paradigma social.

> Alguns de meus críticos consideraram que o tribalismo, que não se pode mais contestar empiricamente, era questão de uma determinada idade, aquela de uma adolescência prolongada. No meu entendimento, colocar as coisas desta forma é, mais uma vez, uma maneira de acobertar a mudança profunda do paradigma que se está operando. [...] Numa palavra, e este é o objeto de minha reflexão atual, parece-me que à estrutura patriarcal e vertical está se sucedendo uma estrutura horizontal e fraternal. A cultura heroica, própria ao modelo judeu-cristão, depois moderno, repousava sobre uma concepção do indivíduo ativo, "senhor de si", dominando a si mesmo e dominando a natureza (MAFFESOLI, 2007, p. 99).

As tribos pós-modernas são uma espécie de comunidades em que seus membros possuem autonomia, eles se reconhecem uns nos outros, compartilham gostos e visão de mundo similares, estão em harmonia e, neste ambiente, constroem suas identificações. Ora, se pensarmos que em locais como no trabalho ou na família as juventudes pouco podem se expressar, nas tribos encontram o local certo para serem o que quiserem. No âmbito desses grupos, que são laços de afinidade (não necessariamente ideológicos), o Eu é constituído no Nós, há o compartilhamento de anseios, desejos, prazeres e não há uma preocupação tão definida de projeto de futuro.

No ensino médio, as tribos são facilmente constatadas, é perceptível como os alunos dividem-se em grupos, aliás, no espaço escolar, o terreno é fértil para a manifestação das tribos pós-modernas.

Então, é a partir da compreensão desse universo múltiplo, diverso, plural, bem representado na metáfora de tribo de Maffesoli (2006) que posicionamos nossa pesquisa. O lugar das juventudes em nosso texto é este. E não nos furtamos às contradições que estão implicadas nesta perspectiva. Chamamos atenção para o embate de dois mundos que, a nosso ver, mais se confrontam do que dialogam: um mundo moderno (o das instituições, da escola, dos documentos norteadores, da família, da igreja que podemos chamar de tradicionais) e o pós-moderno (que é da ordem do fluido, do diverso, do plural, do presenteísmo) (ZACARIOTTI, 2017). É à luz dessa percepção que embasamos nossa pesquisa.

Ensino médio: um universo a desvendar

Ganharia um prêmio Nobel quem descobrisse o modelo ideal para ensinar, para manter a atenção dos nossos alunos e alunas, para envolvê-los, torná-los participativos e garantir ótimos desempenhos. No ensino médio, então, esta é uma tarefa bastante difícil. Temos inúmeras propostas, estudos, teorias, que procuram renovar metodologias e, claro, apostar na melhoria do ensino. Políticas públicas se alternam, boa parte das vezes, decididas em gabinetes, nem sempre ouvindo os especialistas. E menos, ainda, ouvem-se os estudantes.

Quando pensamos no ensino médio público brasileiro, a primeira coisa que nos vêm à cabeça é se o espaço escolar está preparado para receber as juventudes da pós– modernidade, tanto no aspecto das tecnologias quanto das metodologias que envolvam as diferenças, as sociabilidades, as desigualdades dessas pessoas que chegam às nossas escolas.

Sabemos que há um atravessamento do mundo virtual no corpo social. Não podemos falar de democratização de acessos, mas já se pode falar de um aumento da disponibilização de equipamentos e da Internet a um número cada vez maior de brasileiros. Para se ter uma ideia, segundo a pesquisa TIC Domicílios, do Comitê Gestor da Internet, o número de usuários de internet no Brasil em 2019 chegou a 134 milhões, ou seja, 74% da população acima de 10 anos de idade, com 71% dos domicílios com acesso à rede. (VALENTE, 2020, on-line). Ainda conforme Valente (2020, on-line), comentando a pesquisa do CGI "em relação ao dispositivo, os smartphones e outros aparelhos móveis são as ferramentas mais comuns para se conectar (99%), seguidos dos computadores (42%), das TVs (37%) e dos videogames (9%)".

Apesar desses dados, sabemos das desigualdades. E aqui reside uma das contradições porque ao mesmo tempo em que a internet está ai, parece já parte da vida de todos, ainda temos pessoas com acesso restrito ou inexistente, mas que estão imersas nesse mundo que se impõe altamente digital, com dinâmicas nos modos de produção e de consumo cada vez mais virtuais.

Pois bem, as juventudes, ainda que de modos diversos, submetem-se às narrativas das tecnologias digitais e, na medida de suas condições sociais, usam as redes, seus celulares ou smartphones. O smartphone talvez tenha se convertido no bem mais desejado da sociedade.

O ensino médio é forjado nesse cenário de muitas contradições. Além de questões tecnológicas, é preciso levar em conta as muitas diversidades, desigualdades e condições sociais/ambientais das juventudes, o que implica também ampliar nosso olhar sobre a homogeneização de projetos e de metodologias.

> É diante de um público juvenil extremamente diverso, que traz para dentro da escola as contradições de uma sociedade que avança na inclusão educacional sem transformar a estrutura social desigual – mantendo acesso precário à saúde, ao transporte, à cultura e lazer e ao trabalho – que o novo Ensino Médio se forja. As desigualdades sociais passam a tencionar a instituição escolar e a produzir novos conflitos (CORTI, 2009, p. 13-14).

Ou seja, são muitos os aspectos a serem observados quando nos debruçamos sobre juventudes, escola e o ensino médio público brasileiro. O currículo do ensino médio ainda está preso a determinados princípios que precisam ser repensados. Corti (2009, p.15) diz que "o currículo atual ainda carrega os resquícios do ensino propedêutico, na medida em que se manteve organizado a partir dos componentes curriculares exigidos no vestibular", logo, o currículo não acompanha, na mesma velocidade, as constantes mudanças, especialmente após as mídias digitais e redes sociais.

Podemos dizer que apesar de algumas tentativas de avanço, permanecemos com um ensino engessado no modelo tradicional. E como já abordamos nesse texto, as tecnologias digitais fazem parte, hoje, das nossas vidas e os modos de interação se alteraram. O WhatsApp tem se convertido numa das formas mais utilizadas para se comunicar. Ou seja, estamos ligados a aparatos tecnológicos desde quando acordamos até quando vamos dormir. E nossos alunos e alunas também vivem e "respiram" o ambiente virtual. Quem não tem um bom pacote de dados, busca redes Wi-fi gratuitas, sempre se dá um jeitinho de acessar a internet.

> Não há dúvidas de que a internet, se olharmos sob o foco das identidades, converteu-se num 'laboratório' para a realização de experiências com as construções e reconstruções do 'eu' na vida pós-moderna, porque, na realidade virtual de certa forma moldamo-nos e criamo-nos a nós mesmos. Por esse motivo, torna-se um 'ímã' para jovens que a utilizam, inicialmente, como uma máquina de comunicar e instrumento de demarcação de fronteiras, tonando-se um objeto a ser incessantemente louvado, usado, teclado, enfim, acessado (GARBIN, 2009, p. 32).

É óbvio que em relação a juventudes do ensino público os acessos são diferenciados quando comparados a estudantes da rede particular. Mesmo sabendo de toda essa relação íntima das juventudes com a tecnologia/internet, não podemos esquecer que no Brasil a desigualdade social dificulta a inclusão digital de todos e de todas. Ora por falta do equipamento ou em outras situações se tem o equipamento, mas não a conexão com a rede, "cabe destacar que, mesmo com a ampliação do acesso – no caso de redes gratuitas de Estações Digitais – no Brasil, o acesso à internet ainda é restrito às classes sociais de maior poder aquisitivo financeiro" (GARBIN, 2009, p. 32). De qualquer forma, há um novo *sensorium* no modo como vivemos na sociedade das redes. E isso precisa ser pensado pelas políticas de educação e também pelas instituições de ensino.

Então, sabendo da gritante desigualdade social, como podemos elaborar um currículo no ensino médio sintonizado com as novas exigências da pós-modernidade e, ao mesmo tempo, que amenize a desigualdade existente entre os alunos? Esta é uma tarefa que precisa ser debatida amplamente com a sociedade, com os especialistas e, sobretudo, deve ser uma pauta para atualização dos currículos, para uma reforma do ensino pautada em discussões, em fóruns, em escuta de todos os agentes sociais e em investimentos em educação.

A diversidade existente no ensino médio nos leva a pensar na necessidade de um currículo flexível, de modo que contemple toda essa alteridade. Muitos jovens do ensino público, por exemplo, não só estudam como também trabalham, logo, um currículo engessado não dialoga com a realidade do estudante do ensino médio. Por esse motivo, a participação ativa da comunidade na construção deste documento faz-se necessária. Ora, quem melhor que a própria comunidade, que vive o cerne do problema, para pensar, junto com os técnicos da educação, a construção do currículo do ensino médio público?

> A diversidade no Ensino Médio, que se expressa nos sujeitos e também nas várias formas de organização desta etapa de ensino – educação no campo, ensino noturno, EJA (educação de jovens e adultos), educação profissional, escolas indígenas, entre outras – parece exigir um currículo diversificado, mais flexível que possa contemplar realidades locais, e que, principalmente, seja capaz de estar articulado ao mundo do trabalho – esfera de produção da existência humana, da realização, da sobrevivência e da autonomia. Sabemos bem da centralidade que o trabalho ocupa na vida dos jovens que estão no Ensino Médio e, sem confundir isso unicamente com a defesa da educação profissional (as coisas não são sinônimas), parece ser necessário aprofundar as conexões entre a escola e o mundo do trabalho, como um direito essencial para a cidadania juvenil (CORTI, 2009, p. 15).

Além de um currículo mais democrático, que envolve a comunidade, é importante a inclusão das e para as tecnologias digitais. Isso só ocorre com investimento, formação de professores e de alunos, bem como com produção de projetos conjuntos. Tais produções podem ser: blogs para debater o conteúdo da disciplina, grupos de discussão no WhatsApp focado no que está sendo discutido em sala de aula, produção de um jornal *on-line* para divulgar os trabalhos realizados na escola, produção de cine documentários, em que o aluno possa trazer sua realidade para o debate e divulgar no Youtube. Enfim, há inúmeras possibilidades, mas para isso é preciso que a escola esteja equipada, forneça os materiais necessários para a realização deste novo currículo, pois, tais formas de interação são presença constante na realidade das juventudes e investimentos em aparatos tecnológicos em escolas públicas podem também diminuir o fosso da desigualdade.

Nesse cenário de ciberespaço, de sociedade conectada, cenário este que a pandemia do coronavírus (Covid 19), iniciada em 2019, tornou ainda mais dependente das tecnologias digitais, fica difícil falar em educação, currículo, novo ensino médio, sem problematizar a inclusão das tecnologias na escola. E não é só uma questão de uso de aparatos tecnológicos, mas, e, sobretudo, de observação na mudança nos modos de recepção e de processamento das informações. Se hoje já nos inquietamos com um arquivo que demora dois minutos para baixar no computador ou no celular; se nos sentimos impelidos a responder mensagens instantaneamente mesmo não sendo obrigados, como imaginar nossas juventudes sentadas, prestando atenção no professor falando e escrevendo no quadro por 50 minutos? A dinâmica, hoje, é outra com a reconfiguração do tempo e do espaço e por isso na escola do século XXI não cabe mais métodos tão tradicionais de ensino.

Neste sentido, a necessidade de repensar o currículo, a escola e a educação é real e urgente. Numa tentativa de promover alguma mudança foi lançada um projeto para a educação pública: o Programa Jovem em Ação. É sobre ele que trata nossa pesquisa, pois procuramos ouvir os estudantes para identificar como eles percebem essa política. Sabe-se que há controvérsias quanto ao modo como o programa foi criado. Há críticas sobre pouco debate social, sobre contradições que o ensino integral apresenta, principalmente em relação ao tema da desigualdade.

Nosso intuito, no entanto, não é fazer uma análise do projeto, mas ouvir quem é a base dessa proposta de ensino médio: os alunos e alunas. A proposta trabalha com projetos de vida e promete aumentar a autonomia dos estudantes para que sejam cidadãos mais críticos. O modo como isso se operacionaliza em cada escola certamente pode ser diferente e os resultados podem variar.

Portanto, é relevante em qualquer proposta de educação entender, antes, o ambiente, as condições socioculturais dos alunos. Isso influenciará nas formas como se darão os projetos e metodologias nas escolas. Por isso é sempre difícil imaginar um projeto único, uniforme, linear e homogeneizado porque há assimetrias regionais, locais e mesmo internas ao espaço escolar. Como nos lembra Dayrell (2009, p. 23):

> É nesse contexto que temos de situar a experiência escolar desses jovens e buscar compreender a forma como se relacionam com a escola, os seus comportamentos, as suas demandas e necessidades próprias. Como nos lembra a antropologia, se queremos compreender os jovens na sua relação com a escola, devemos, antes de tudo, buscar conhecê-los na sua realidade, para além dos muros da escola. Está posto o desafio.

Diante dessa problematização, apresentamos a seguir alguns dados da pesquisa que realizamos com os quais dialogamos para trazer reflexões sobre a relação juventudes, escola e ensino médio.

Ouvindo as juventudes em palmas

A pesquisa foi realizada na rede estadual de ensino do Tocantins, nas unidades educacionais localizadas no município de Palmas – TO, nas escolas do Programa "Jovem em Ação", em 2019. Fizemos contato com a secretaria de educação do Tocantins para pedir permissão e acesso às unidades escolares, bem como para levantarmos documentos sobre a implantação do projeto no estado. Além do levantamento bibliográfico e documental, fizemos observação nas escolas por dois meses, procurando conhecer a realidade do ambiente escolar. As observações foram anotadas em caderno de campo. Posteriormente, enviamos nos celulares dos alunos o formulário *Google forms*, com questões que abarcavam suas percepções sobre o ensino médio e o programa Jovem em Ação. Nossa intenção era promover uma pesquisa o mais acessível possível e ao identificar que todos os alunos das escolas tinham um aparelho celular, optamos por fazer as questões pelo aparelho e no momento que estivessem na escola, utilizando a rede Wi-Fi da instituição. Também tivemos acesso a uma pesquisa anterior de perfil dos alunos do ensino médio em Palmas, realizada pela secretaria de educação, cujos dados nos ajudaram a compor nosso trabalho.

Primeiramente, queríamos saber o que os leva a frequentarem a escola.

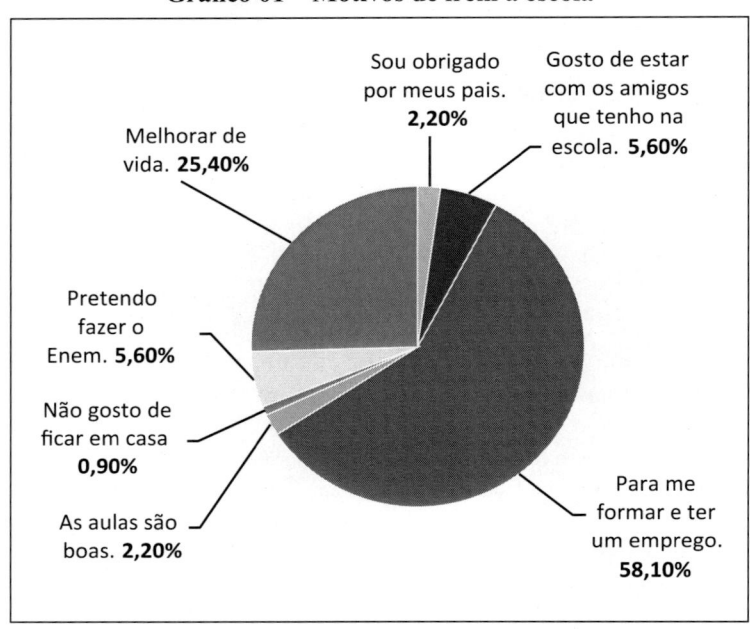

Gráfico 01 – Motivos de irem à escola

- Melhorar de vida. **25,40%**
- Sou obrigado por meus pais. **2,20%**
- Gosto de estar com os amigos que tenho na escola. **5,60%**
- Pretendo fazer o Enem. **5,60%**
- Não gosto de ficar em casa **0,90%**
- As aulas são boas. **2,20%**
- Para me formar e ter um emprego. **58,10%**

Fonte: elaborado pelas autoras (2019).

Observamos que, nos dados obtidos para a pergunta "Por que você vai à escola?", 58,1% dos alunos (582) responderam: "Para me formar e ter um bom emprego"; 25,4% (255) disseram: "para melhorar de vida". Somando as duas alternativas dá um total de 83,5% (837), num universo de 1002 alunos, demonstrando o anseio dessas juventudes em buscar uma ascensão social.

Percebe-se que a escola, para estes alunos, é uma ponte para o mundo do trabalho. O esperado por eles é que a escola possa proporcionar melhor qualidade de vida ou então deixá-los aptos para o mercado de trabalho. A educação é a aposta das classes menos favorecidas para um futuro melhor.

> [...] muitos jovens passaram a ser os primeiros em suas famílias a terem acesso ao Ensino Médio – jovens mais escolarizados que seus pais, mães e familiares – divididos entre a promessa positiva de ascensão social anunciada pela escola, e o confronto dramático com uma situação de desemprego estrutural sem precedentes. (CORTI, 2009, p. 13).

Fizeram parte do corpus da pesquisa estudantes da 1ª à 4ª séries do Ensino Médio. Os participantes são alunos do ensino médio, de faixa etária entre 14 e 20 anos. Embora a 4ª série do Ensino Médio apareça no Gráfico 2, foram poucos os que responderam.

EDUCAÇÃO ESCOLAR NO TOCANTINS: Política, Currículo e Prática   289

Gráfico 02 – Identifica os entrevistados por série

- 4ª série do Ensino Médio: 0,60%
- 3ª série do Ensino Médio: 28%
- 1ª série do Ensino Médio: 39,80%
- 2ª série do Ensino Médio: 31,50%

Fonte: Elaborado pelas autoras (2019).

Constatamos, como podemos ver no Gráfico 2, que a maioria dos alunos que respondeu à pesquisa é da 1ª série do Ensino Médio, portanto a pesquisa centrou nas turmas de 1° a 3° série do ensino médio, visto que apenas 6% de estudantes do 4° série responderam.

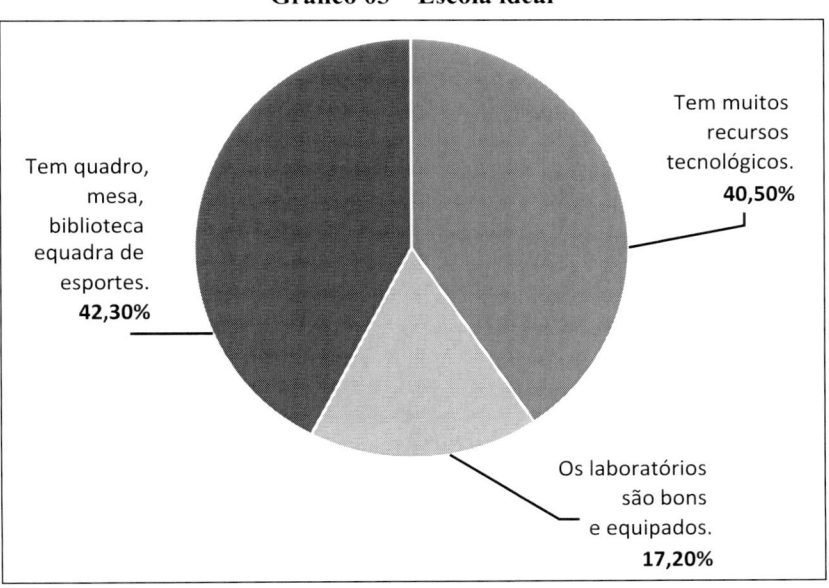

Gráfico 03 – Escola ideal

- Tem quadro, mesa, biblioteca e quadra de esportes. 42,30%
- Tem muitos recursos tecnológicos. 40,50%
- Os laboratórios são bons e equipados. 17,20%

Fonte: Elaborado pelas autoras (2019).

Na questão sobre a escola ideal para eles, embora constatamos que a maioria, 42,30%, tenha escolhido a resposta "tem quadro, mesa, biblioteca e quadra de esportes" e, talvez, essa opção tenha sido a mais selecionada por refletir uma ideia tradicional de ambiente escolar, boa parte, mais de 40% responderam que a escola ideal é aquela que "tem muitos recursos tecnológicos". Isso nos mostra que a tendência, cada vez mais forte, é pensar em uma escola que inclua de modo mais efetivo tecnologias digitais e se mantenha atualizada com as mudanças contemporâneas.

O trabalho está presente no cotidiano das juventudes, principalmente dos jovens de baixa renda. A desigualdade social é um dos elementos a serem levados em conta em qualquer projeto educacional. Especialmente para escola pública. O Gráfico, que segue, refere-se a esse tema. Nos preocupamos em ouvir como os estudantes encaram a dupla jornada de trabalho e estudo.

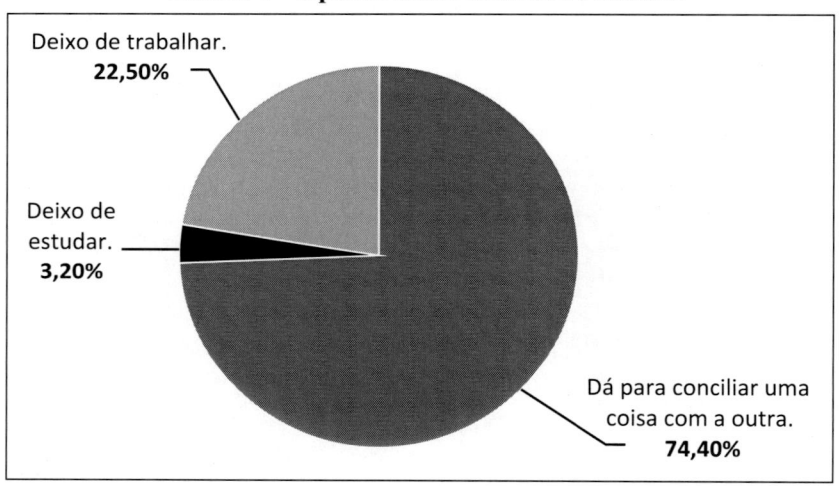

Gráfico 4 – Opinião sobre Trabalho e Estudo

Deixo de trabalhar.
22,50%

Deixo de estudar.
3,20%

Dá para conciliar uma coisa com a outra.
74,40%

Fonte: Elaborado pelas autoras (2019).

A maioria entende que é possível conciliar o trabalho com os estudos. Dos 1002 alunos questionados, 745 apontam para essa possibilidade; já entre "deixar de estudar" ou "deixar de trabalhar", a diferença é gritante. Pouco mais de 3% prefere parar de estudar, caso não consiga conciliar com trabalho. Ou seja, essa resposta segue o entendimento de que as juventudes veem na escola uma oportunidade, consideram importante manter os estudos.

O perfil dos respondentes talvez também justifique a importância dada aos estudos, já que a maioria dos entrevistados nunca foi reprovada, como se pode observar no gráfico 5.

Grupo 05 – Indicador de aprovação ou reprovação

Sim
20,20%

Não
79,80%

Fonte: Elaborado pelas autoras (2019).

Observa-se que quase 80% nunca repetiram de ano. Isto demonstra o compromisso deles para com a escola/estudos. Pensando em um país com tamanha desigualdade social, podemos dizer que esse compromisso, de certa forma, manifesta-se no sentimento de ascensão social que a escola carrega, o estudo é aqui encarado como a alternativa mais clara de possibilidade de mudança.

Quando questionados sobre o futuro, quase 85% dos alunos acreditam que a escola é a real chance de se construir um amanhã promissor.

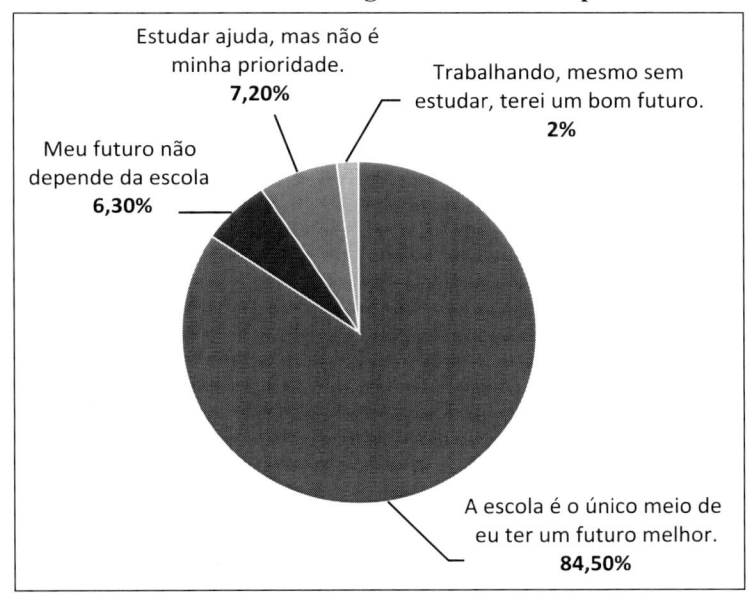

Gráfico 06 – A Escola como garantia de futuro profissional

Estudar ajuda, mas não é minha prioridade.
7,20%

Trabalhando, mesmo sem estudar, terei um bom futuro.
2%

Meu futuro não depende da escola
6,30%

A escola é o único meio de eu ter um futuro melhor.
84,50%

Fonte: Elaborado pelas autoras (2019).

O fato de 847 alunos optarem na questão "Sobre o futuro" pela a alternativa "A escola é o único meio de eu ter um futuro melhor" corrobora com o que temos apontado de que a escola carrega em si os sonhos das juventudes. É neste espaço em que encontram a possibilidade de um caminho para um futuro que, provavelmente, pode ser melhor do que o dos pais. A escola tem uma responsabilidade enorme, ela está para além da formação do estudante, ela é ponto de apoio, de esperança, as juventudes "entregam-se" a esta aposta. Isso também pode ser compreendido no âmbito cultural. Há, nas classes menos favorecidas, a narrativa de que o estudo vai levar o filho a "ser alguém". Os pais, mesmo com dificuldades, esforçam-se para manter os filhos na escola porque acreditam na ascensão social por meio da escolaridade.

Não há escola sem estudantes e sem professores. Por isso foi questionado aos pesquisados o que eles esperam do perfil de professor. O gráfico 7 revela que a maioria tem preferência por aquele professor comprometido com o desenvolvimento do aluno, pois pode-se observar no resultado que não temos tantos alunos preocupados com a formação que apenas leve a passar no ENEM. Há uma atenção para o ensino que provoque o pensamento crítico.

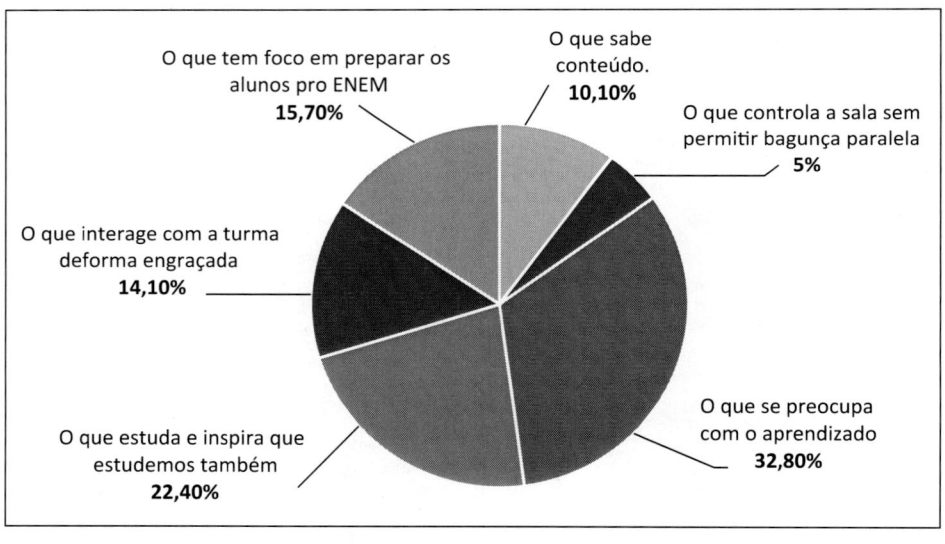

Gráfico 07 – Perfil do professor segundo os estudantes

Categoria	%
O que tem foco em preparar os alunos pro ENEM	15,70%
O que sabe conteúdo.	10,10%
O que controla a sala sem permitir bagunça paralela	5%
O que interage com a turma deforma engraçada	14,10%
O que estuda e inspira que estudemos também	22,40%
O que se preocupa com o aprendizado	32,80%

Fonte: Elaborado pelas autoras (2019).

Ao juntarmos a resposta da maioria (32,80%): "o que se preocupa com o aprendizado"; com a segunda opção mais marcada (22,40%): "O que estuda e inspira que estudemos também" e com os mais de 10% que marcaram "o que sabe o conteúdo", temos mais de 60% dos respondentes demonstrando interesse no aprendizado e na boa formação do professor. Pode-se inferir que estejam em busca de qualidade de ensino. Mas também vale comentar os mais de 15% que disseram se preocupar com controle da sala de aula, o que estaria mais atrelado a um modo tradicional de ensino.

No gráfico 8 vemos que a maioria dos estudantes tem o ambiente escolar como um lugar positivo, de troca de experiências, de empatia, de segurança.

Gráfico 08 – Significado da Escola

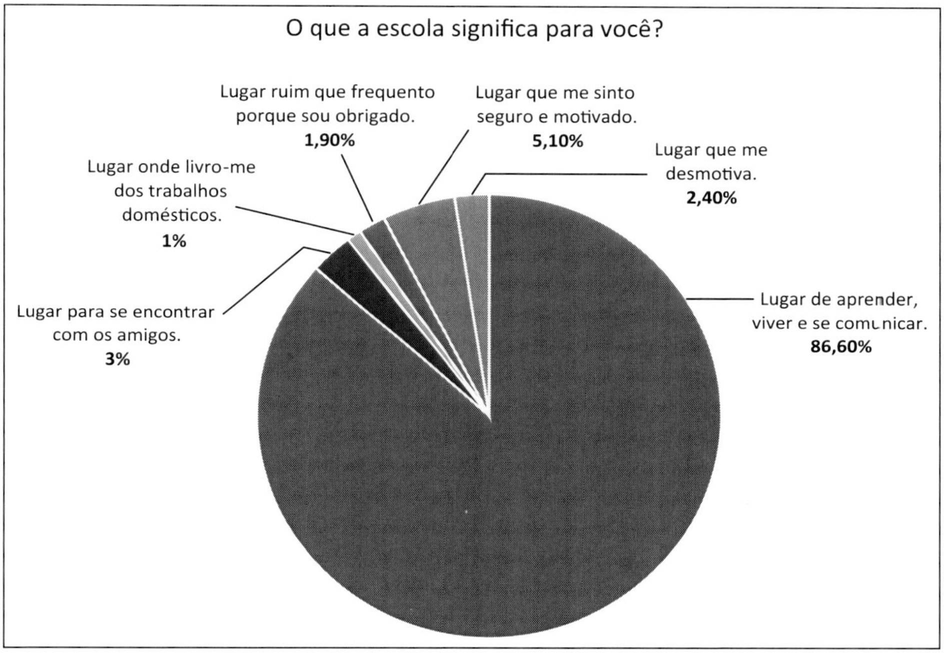

O que a escola significa para você?

- Lugar ruim que frequento porque sou obrigado. 1,90%
- Lugar que me sinto seguro e motivado. 5,10%
- Lugar que me desmotiva. 2,40%
- Lugar onde livro-me dos trabalhos domésticos. 1%
- Lugar para se encontrar com os amigos. 3%
- Lugar de aprender, viver e se comunicar. 86,60%

Fonte: Elaborado pelas autoras (2019).

Novamente podemos observar a escola como uma propulsora de um futuro melhor. Ao serem questionados sobre os motivos que os levam a ir à escola, mais de 50% optou por "perspectiva de futuro". E também percebe-se a escola como local de trocas sociais, de laços afetivos quando quase 15% vão à escola dos amigos, conforme demonstrado no gráfico 08.

Gráfico 08 – Motivos de ir à escola

- As aulas: 17%
- Os amigos: 14,60%
- O lanche diário: 4,60%
- Os professores: 2,60%
- A estrutura da escola: 0,90%
- As atividades extras que a escola planeja: 2,60%
- A perspectiva de futuro: 57,80%

Fonte: Elaborado pelas autoras (2019).

Nossa última questão tinha o objetivo de identificar a ligação do aluno com o estudo e perceber se os desafios econômicos, sociais, ambientais têm pesado na decisão dos alunos de permanecer na escola. Sabemos que a evasão escolar é um dos desafios enfrentados pelo sistema educacional brasileiro e, por isso, quisemos levantar esse ponto. Apesar de a maioria ter respondido que nunca pensou em parar de estudar, se somarmos os que responderam que às vezes pensaram em parar com os que sempre pensaram em desistir temos um índice relativamente alto, mais de 30%.

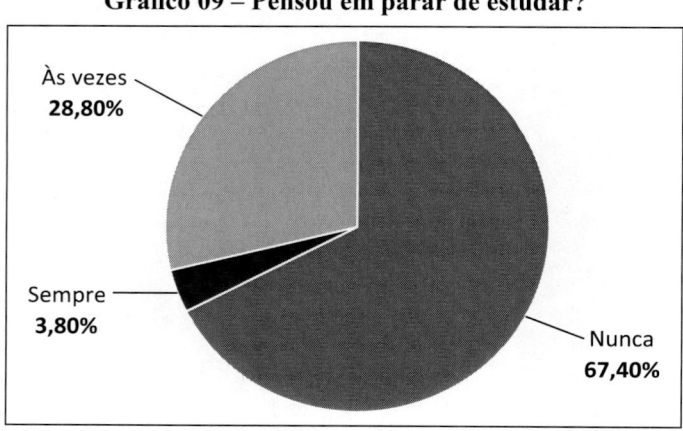

Gráfico 09 – Pensou em parar de estudar?

- Às vezes: 28,80%
- Sempre: 3,80%
- Nunca: 67,40%

Fonte: Elaborado pelas autoras (2019).

O gráfico 9 nos leva a refletir sobre os motivos para que tantos alunos e alunas pensem em parar de estudar. Esta é uma questão a ser aprofundada, mas, levando em conta o perfil desses respondentes, que, a julgar por suas respostas, parecem ter interesse no ensino, levam a educação com compromisso, podemos inferir que problemas de cunho social e econômico podem ser os principais responsáveis por muitos aventarem a possibilidade de abandonar a escola.

Como vimos pontuando anteriormente, temos universos diversos em confronto. Uma dinâmica tradicional, mais engessada em termos de currículo e metodologias, por um lado; por outro, o mundo pós-moderno que gira em outra direção. Conexões, modos de interação, modos de ser e de estar ancorados em outros desejos, gostos, perspectivas. Nos perguntamos quando a escola enxergará seus alunos do século XXI?

Como destaca Zacariotti (2017) as juventudes estão invisíveis para a sociedade, tas, se tomamos como referência os espaços tradicionais de trocas e laços sociais como a família, a escola, as instituições religiosas. Estas, embora vivam os movimentos contemporâneos, mantêm padrões de pensamento, modos de fazer atrelados aos princípios delineados na modernidade, baseados na racionalidade, na centralidade do sujeito, na identidade definida.

Nesta linha, as políticas educacionais e o espaço escolar precisam estar mais em sintonia com essas juventudes que parecem invisíveis. Mas elas estão aí, estão nas nossas salas de aula, nos espaços públicos, nos encontros das tribos (Maffesoli, 2007) reais ou virtuais. Tornar a escola mais atraente e ainda mais "lugar das juventudes" implica olhar as mudanças do mundo, sintonizar-se com elas e propor novas formas de ensinar e de aprender.

As juventudes das escolas Jovem em Ação de Palmas ouvidas na pesquisa nos deram pistas importantes: depositam muita esperança nas possibilidades de melhoria na qualidade de vida; a escola/estudo pode ser a mola propulsora para a mudança e ir à escola é mais do que simplesmente cumprir uma obrigação. Gostam de encontrar os amigos, de ver professores e preferem os professores que se preparam.

Como nosso olhar foi para sujeitos que cursam uma modalidade nova do ensino médio, que é o projeto Jovem em Ação, também nos perguntamos o quanto o resultado da pesquisa tem a ver com a proposta dessas escolas de ensino integral. O objetivo não era avaliar o ensino do referido projeto e, como já dissemos, muitos são os elementos que envolvem a implantação do novo ensino médio. Mas, podemos dizer que, pelo menos esses estudantes ouvidos ainda consideram a educação como central nas suas vidas. Se isso se refere aos projetos de futuro desenhados no modelo Jovem em Ação ou ao projeto pedagógico deste sistema, que prega maior autonomia do aluno, não se pode afirmar. São pistas a serem seguidas.

Considerações finais

A nossa proposta foi a partir da apresentação de alguns dados de uma pesquisa realizada com juventudes do ensino médio propor uma discussão sobre a relação: juventudes, escola e as transformações na sociedade pós-moderna, que alteram os modos de ser/estar no mundo e, consequentemente, os modos de aprender e de ensinar. O currículo escolar dialoga com a centralidade das tecnologias digitais? O que as juventudes esperam da escola, quais suas angústias e sonhos? Estas questões conduziram nosso interesse de pesquisa. E torna-se claro que já não faz sentido perguntar se a escola – ancorada, ainda, em métodos tradicionais de ensino – está preparada para receber as juventudes contemporâneas. A resposta óbvia é: não. E a pandemia do coronavírus (Covid 19) escancarou esta realidade. Nos vimos absolutamente desaparelhados (do ponto de vista tecnológico e pedagógico).

As tecnologias digitais e redes sociais estão significativamente presentes no cotidiano de boa parte da nossa sociedade. O ambiente virtual é um facilitador de encontros – virtuais ou para marcar um encontro físico – e de descobertas. Nele, as juventudes inserem-se em grupos, encontram pessoas com os mesmos anseios, além de ser um grande espaço de informação. Para o bem e para o mal.

O problema, como já pontuamos, é que há grande desigualdade social no país. E, é claro, o acesso a essas novas tecnologias também é desigual, seja em relação aos aparelhos ou à capacidade/disponibilidade de Internet. Mas essas barreiras precisam ser enfrentadas com políticas, com leis de inclusão digital e projetos. A escola pode ser uma das promotoras desse acesso, inserindo as juventudes nesse contexto em duas mãos: tanto reparando a desigualdade; quanto incluindo os saberes e informações dessa cultura digital, que já faz parte do universo das nossas juventudes, em maior ou menor grau.

Dessa forma, e repetindo o que já dissemos, a escola, principalmente, para os alunos e alunas de baixa renda, é fundamental para a possibilidade de uma melhoria de vida e para a sua formação cidadã.

Por isso, faz-se necessário pensarmos em uma escola que não só insira as juventudes nesse contexto tecnológico, mas leve-as a pensar criticamente sua realidade, as desigualdades sociais, os grupos a que pertencem, suas relações, as informações que recebem e como podem ampliar sua autonomia, tendo como arma o saber e a capacidade de interpretar o mundo. Mas tudo isso é parte de uma concepção de educação e de escola que inclui alguns pressupostos, os quais, sabemos, representam um grande desafio em um mundo altamente atravessado pelo capital, pela lógica instrumental e pela desvalorização da educação.

Assim, voltando ao nosso objeto, que foram escolas do ensino médio integral que implantaram o projeto Jovem em Ação, levantamos alguns questionamentos: 1) As instituições têm autonomia para trabalharem o projeto Jovem em Ação e adequar às especificidades locais e à pluralidade das juventudes? 2) Em que medida as instituições de fato fazem a escuta de seu público (alunos e professores) na execução do projeto? 3) Se as juventudes ainda depositam suas esperanças na educação, como a escola pode torná-las partícipes da sua construção do saber, indo além do uso de ferramentas tecnológicas? Nosso trabalho enseja estes questionamentos e aponta para a urgência de nos debruçarmos sobre cada uma dessas perguntas.

Se queremos a escola do século XXI, é preciso, antes, fazer adaptações, abrir-se às realidades, ouvir as juventudes, trazer para a escola o mundo contemporâneo que gira fora dela. Isso não quer dizer apenas inclusão de tecnologias digitais. Não se trata de substituição de tecnologias. Identificamos em nossa pesquisa que os alunos e alunas do ensino médio querem aprender, confiam em professores que se dedicam e esperam ter uma vida melhor do que a de seus pais. Então, estas juventudes precisam ser atraídas para o espaço escolar, tendo respeitadas suas vivências, suas experiências, que podem ser agregadas aos modos de ensinar mais tradicionais, mas nunca serem descartadas. Como reforça Dayrell (2007, on-line) isso "implica reconhecer que a dimensão educativa não se reduz à escola, nem que as propostas educativas para os jovens tenham de acontecer dominadas pela lógica escolar." O que o autor nos chama atenção é que já não se pode pensar naquela perspectiva de ensino que separava claramente o aluno de suas vivências. Ou seja, os muros da escola faziam a barreira com a sociedade e, no espaço escolar – de regras, códigos e condutas específicas – as juventudes cumpriam o papel de aluno, como se fosse possível desprender-se de sua sociabilidade, de seus contextos de vida. Mas, aos poucos, é possível perceber uma pequena aproximação da escola com a sociedade e vice-versa. Os muros da escola começam a se romper. No entanto, esta abertura ainda é discreta. Para que de fato traga uma educação emancipadora (como nos dizia Paulo Freire) é preciso ir além. Assim, pode-se dizer que a escola perdeu o monopólio da socialização das juventudes, o que implica, continua o autor (*Ibidem*):

> [...] investir em políticas que considerem a cidade na sua dimensão educativa, garantindo o direito de ir-e-vir, até mesmo nas noites dos finais de semana, o acesso a equipamentos de cultura e de lazer, mas, principalmente, transformando o espaço público em espaços de encontro, de estímulo e de ampliação das potencialidades humanas dos jovens, e possibilitando, de fato, uma cidadania juvenil.

Diante disso, parece-nos que mudanças são um caminho necessário. Se não for por políticas e decisões das instituições, será pela imposição/exigência das juventudes, que seguem dando pistas da dificuldade de seguir o modelo tradicional, em todos os aspectos. Concordando com Myriam Tricodate, em entrevista a Marcela Lorenzoni (2018, on-line), acreditamos que o papel da escola no século XXI é preparar para a cidadania. O que isso quer dizer? Que a escola traz o mundo para dentro de seus muros e promove o deslocamento do verbo ensinar para o verbo aprender, onde todos somos educadores, inclusive nossos alunos e alunas. Difícil pensar assim? Provavelmente, mas já é tempo, parafraseando Dayrell (2007), de a escola fazer juventudes, ou seja: construir, produzir e reproduzir conhecimento teórico, social, político para que nossas juventudes exerçam sua cidadania e não apenas tenham um aprendizado bancário, voltado somente ao objetivo de passar no vestibular ou no ENEM.

Uma escola que problematiza, que faz o aluno questionar, é fundamental para combater a desigualdade social e promover a cidadania. Antes de preparar o aluno para o mercado de trabalho, precisamos fazer com que ele entenda o que é mercado de trabalho. Sabemos dos anseios de nossos estudantes por uma qualidade de vida melhor. Sendo assim, o ambiente escolar não pode se resumir apenas a um local preparatório para o mercado de trabalho; ele é, fundamentalmente, um espaço de debate, de aprendizagem coletiva, de expressão das juventudes, enfim, um lugar de construção de cidadãos críticos.

Conclui-se, por fim, que professores, alunos(as) e gestão das escolas podem construir mudanças, mesmo por meio de projetos pré-formatados, como o Jovem em Ação. Pelo menos das escolas pesquisadas, que já trabalham na perspectiva do Jovem em Ação, notamos que as juventudes gostam da escola e têm potencial para desenvolverem protagonismo. Se podemos fazer uma crítica, está na dúvida de ser (ou não) uma boa escolha condicionar os estudantes a fazer e a trabalhar projetos de vida. Porque isso pode ser uma proposta um pouco limitadora, direcionadora, uma vez que as juventudes pós-modernas, conforme discutimos neste artigo, regem-se pelo presenteísmo, pela lógica do aqui e agora, dos instantes eternos (MAFFESOLI, 2003). O futuro, como projeto, é uma ilusão. Mas tudo é um processo e há sempre brechas. Que as juventudes nos ajudem a preencher/ocupar os vazios deixados por nossas falsas certezas e por nossas muitas incompreensões.

REFERÊNCIAS

CORTI, A.P. Juventude e escolarização: os sentidos do Ensino Médio. *In:* CORTI, A.P. **Uma diversidade de sujeitos**: juventude e diversidade no ensino médio. Ministério da Educação: Secretaria de Educação à Distância, 2009.

DAYRELL, J. A escola "faz" as juventudes? Reflexões em torno da socialização juvenil. **Educ. Soc.,** Campinas, v. 28, n. 100 – Especial, p. 1105-1128, out. 2007. Disponível em: https://www.scielo.br/pdf/es/v28n100/a2228100.pdf. Acesso em: maio 2020.

DAYRELL, J. Juventude e escolarização: os sentidos do Ensino Médio. *In:* DAYRELL, J. **Uma diversidade de sujeitos**: O jovem desconhecido. Ministério da Educação: Secretaria de Educação à Distância, 2009.

DAYRELL, J. (org). **Por uma pedagogia das juventudes**: experiências educativas do observatório da juventude da UFMG. Belo Horizonte: Mazza Edições, 2016. Disponível em: http://observatoriodajuventude.ufmg.br/publication/view/livro-por--uma-pedagogia-das-juventudes/. Acesso em: 22 ago. 2020.

GARBIN, E.M. Juventude e escolarização: os sentidos do Ensino Médio. *In:* GARBIN, E.M. **Participação juvenil nas Escolas-conectados por um fio**: alguns apontamentos sobre internet, culturas juvenis contemporâneas e escola. Ministério da Educação: Secretaria de Educação à Distância, 2009.

LAKATOS, E.M.; MARCONI, M.A. **Metodologia do trabalho científico**. Ed. Atlhas, SP. 2007.

LÉVY, Pierre. **Cibercultura**. Trad. Carlos Irineu da Costa. São Paulo: Ed 34, 1999.

MAFFESOLI, M. **O instante eterno**: o retorno do trágico nas sociedades pós-modernas. São Paulo: Zouk, 2003.

MAFFESOLI, M. **O tempo das tribos**: o declínio do individualismo nas sociedades de massa. 4. ed. Rio de Janeiro: Forense Universitária, 2006.

MAFFESOLI, M. **Tribalismo pós-moderno**: da identidade às identificações. Revista Ciências Sociais – UNISINOS, v. 43, n. 1, jan/abr. 2007.

PRODANOV, C. C.; FREITAS, E. C. **Metodologia do trabalho científico**: Métodos e técnicas da pesquisa e do trabalho acadêmico. Universidade FEEVALE. 2. ed. Novo Hamburgo, RS, 2013.

SATO, S.K; POMPEU, B. **Juventude, Tecnologia e Inovação**: uma construção mítica na contemporaneidade. VIII pró-pesq, CAC-UFPE,2017.

TRICODATE, M. **O papel da escola no século XXI**. [Entrevista concedida a] Marcela Lorenzoni. Site Geekie. On-line. Disponível em: https://site.geekie.com.br/blog/papel-da-escola/. Acesso em: set. 2020.

VALENTE, Jonas. **Brasil tem 134 milhões de usuários de internet, aponta pesquisa.** Site Agência Brasil – Brasília. Disponível em: https://agenciabrasil.ebc.com.br/geral/noticia/2020-05/brasil-tem-134-milhoes-de-usuarios-de-internet-aponta-pesquisa. Acesso em: 26 maio 2020.

ZACARIOTTI, M. **(In)visibilidades das juventudes pós-modernas:** trilhas estéticas na cibercultura. Curitiba, PR: CRV, 2017.

ÍNDICE REMISSIVO

A
Acessibilidade 44, 52, 61, 65, 66, 71, 73
Alfabetização 19, 29, 30, 64, 140, 169, 170, 176, 180, 185, 186, 193, 197, 313
Aluno 20, 33, 37, 38, 64, 103, 137, 139, 141, 142, 147, 152, 154, 155, 158, 168, 172, 173, 175, 179, 183, 184, 193, 204, 212, 225, 232, 233, 234, 235, 236, 237, 264, 265, 268, 270, 271, 275, 286, 292, 294, 295, 297
Aprendizagem 30, 33, 43, 63, 64, 65, 77, 82, 83, 84, 85, 86, 87, 98, 99, 100, 101, 103, 104, 113, 136, 137, 154, 155, 156, 157, 158, 159, 164, 167, 175, 176, 178, 180, 182, 183, 192, 194, 196, 199, 201, 212, 216, 231, 232, 235, 236, 237, 238, 241, 242, 252, 253, 256, 258, 259, 264, 267, 268, 270, 272, 273, 297
Arte 8, 9, 13, 14, 76, 77, 129, 138, 141, 142, 143, 145, 146, 156, 172, 173, 185, 187, 195, 202, 203, 204, 205, 206, 207, 211, 212, 213, 216, 217, 218, 219, 220, 221, 223, 225, 226, 227, 263, 264, 265, 266, 267, 268, 269, 270, 271, 272, 273, 274, 275, 276, 277, 278, 279, 280, 281, 312, 313
Assistência estudantil 11, 39, 40, 42, 43, 44, 46, 47, 48, 49, 50, 51, 52, 54, 55, 56, 57, 65, 66
Autonomia 8, 13, 36, 41, 42, 46, 65, 87, 93, 94, 95, 98, 99, 101, 102, 103, 104, 116, 135, 136, 147, 148, 153, 154, 155, 157, 158, 159, 160, 161, 162, 163, 220, 231, 232, 233, 255, 258, 270, 283, 286, 287, 295, 296
Avaliação institucional 8, 12, 99, 109, 110, 111, 112, 113, 114, 115, 116, 117, 118, 119, 120, 121, 122, 123, 124, 125, 126

B
Brinquedos 214, 215, 216, 218, 219, 274

C
Cantigas de roda 218, 219, 222
Comunidade universitária 109, 110, 111, 112, 113, 115, 116, 117, 118, 119, 120, 121, 122, 123
Conhecimento 11, 14, 31, 46, 49, 59, 60, 66, 104, 108, 123, 129, 132, 136, 137, 138, 139, 140, 142, 143, 144, 145, 152, 153, 154, 155, 156, 159, 178, 182, 188, 198, 200, 204, 213, 214, 217, 220, 221, 230, 232, 233, 235, 236, 237, 238, 240, 242, 244, 245, 248, 249, 256, 263, 264, 266, 267, 268, 271, 273, 274, 275, 276, 297
Crianças 9, 29, 62, 70, 84, 85, 86, 136, 138, 156, 169, 171, 172, 175, 176, 178, 180, 183, 185, 193, 197, 199, 213, 214, 215, 216, 221, 222, 223, 224, 243, 244, 245, 246, 247, 248, 249, 250, 251, 252, 253, 254, 255, 256, 257, 258, 259, 260, 261, 263, 273, 274, 277

Cultura regional 213, 216, 218, 219, 220

Currículo 3, 8, 11, 13, 21, 129, 131, 134, 139, 141, 142, 147, 148, 154, 155, 156, 157, 158, 159, 160, 161, 162, 165, 167, 171, 172, 173, 175, 177, 178, 182, 184, 187, 189, 191, 194, 195, 197, 199, 200, 201, 204, 205, 206, 211, 212, 225, 226, 243, 244, 247, 248, 252, 256, 258, 259, 265, 266, 267, 269, 270, 275, 276, 279, 280, 285, 286, 295, 296, 309, 310, 312, 314

D

Danças 213, 214, 215, 218, 219, 221, 222

Deficiência 7, 11, 29, 43, 48, 59, 60, 61, 62, 63, 64, 65, 66, 67, 68, 69, 70, 71, 72, 73, 74, 224, 249, 276, 277

Desenvolvimento 11, 14, 20, 25, 26, 27, 28, 29, 34, 37, 38, 43, 45, 46, 57, 59, 60, 61, 62, 63, 65, 66, 67, 71, 75, 76, 103, 105, 108, 110, 112, 119, 122, 125, 129, 130, 132, 133, 135, 136, 137, 139, 143, 147, 149, 151, 153, 156, 157, 159, 161, 162, 167, 168, 171, 173, 174, 175, 177, 178, 182, 183, 185, 191, 193, 194, 195, 196, 199, 201, 203, 204, 213, 231, 233, 234, 237, 239, 243, 244, 245, 246, 247, 248, 252, 253, 257, 258, 259, 265, 266, 267, 269, 270, 273, 274, 275, 292

Direito à educação 7, 11, 18, 19, 20, 22, 23, 34, 38, 39, 40, 41, 42, 44, 46, 47, 48, 54, 56, 75, 76, 77, 87, 88, 89, 90, 93, 95, 177

Disciplina 64, 155, 172, 195, 217, 241, 243, 244, 246, 247, 248, 252, 253, 255, 258, 259, 263, 264, 265, 267, 270, 271, 272, 273, 274, 275, 276, 277, 281, 286

Ditos populares 218, 219

Diversidade 19, 30, 59, 62, 64, 65, 67, 77, 95, 98, 103, 137, 138, 142, 156, 173, 176, 185, 186, 190, 192, 194, 204, 211, 213, 217, 224, 236, 238, 268, 282, 285, 286, 299, 310, 314

Docente 8, 12, 14, 28, 31, 33, 81, 90, 99, 102, 111, 115, 117, 119, 120, 125, 129, 132, 134, 143, 144, 146, 149, 150, 160, 163, 165, 184, 224, 263, 267, 272, 274, 277, 279, 309, 314

E

Educação à distância 299

Educação básica 8, 11, 12, 14, 19, 20, 21, 25, 26, 27, 28, 29, 30, 31, 32, 33, 34, 35, 36, 37, 38, 42, 61, 64, 69, 77, 78, 80, 81, 84, 85, 86, 89, 90, 95, 98, 100, 101, 102, 103, 107, 108, 127, 131, 134, 139, 141, 142, 147, 155, 156, 157, 163, 173, 175, 177, 179, 184, 185, 186, 193, 195, 211, 212, 213, 225, 226, 236, 243, 244, 260, 263, 264, 265, 266, 269, 272, 274, 276, 278, 310, 311, 312, 313, 314

Educação continuada 19, 64, 132, 154, 176, 185, 186

Educação do Tocantins 7, 12, 13, 93, 103, 108, 147, 148, 157, 158, 206, 287, 310, 311, 312

Educação escolar indígena 19, 189, 190, 191, 192, 193, 194, 195, 197, 199, 200, 203, 205, 206, 207

Educação infantil 13, 14, 20, 27, 28, 29, 174, 201, 211, 212, 213, 214, 216, 220, 221, 223, 224, 225, 227, 244, 258, 267, 269, 270, 280, 313, 314

Educação integral 8, 13, 155, 156, 167, 168, 169, 171, 173, 174, 175, 176, 183, 184, 185, 186, 187, 188

Empreendedorismo 80, 91

Ensino da arte 9, 14, 142, 195, 220, 263, 264, 265, 266, 267, 270, 271, 273, 274, 275, 276, 277, 278, 279, 280, 281

Ensino fundamental 9, 14, 25, 26, 27, 28, 29, 30, 32, 85, 133, 142, 143, 145, 155, 160, 174, 175, 176, 177, 192, 193, 194, 195, 197, 201, 212, 216, 217, 218, 220, 225, 227, 243, 257, 260, 263, 269, 270, 314

Ensino superior 7, 11, 34, 35, 38, 39, 40, 41, 42, 47, 56, 57, 59, 60, 61, 62, 63, 64, 65, 66, 67, 69, 70, 71, 72, 73, 84, 95, 115, 134, 140, 161, 204, 310

Escola 8, 13, 14, 18, 19, 22, 25, 26, 27, 29, 38, 40, 47, 76, 77, 83, 84, 85, 86, 87, 90, 93, 96, 97, 98, 101, 102, 103, 104, 105, 106, 107, 108, 130, 131, 133, 137, 138, 139, 141, 146, 147, 148, 150, 151, 155, 156, 157, 158, 159, 160, 161, 163, 164, 167, 168, 169, 170, 171, 172, 173, 174, 175, 176, 177, 178, 179, 181, 182, 183, 184, 187, 188, 189, 191, 192, 194, 196, 197, 198, 199, 200, 201, 202, 203, 204, 205, 206, 207, 211, 212, 216, 217, 225, 226, 227, 233, 235, 236, 238, 239, 243, 248, 249, 250, 251, 253, 257, 258, 261, 263, 264, 265, 267, 268, 269, 270, 271, 274, 275, 276, 277, 278, 280, 281, 283, 284, 285, 286, 287, 288, 290, 291, 292, 293, 294, 295, 296, 297, 298, 299, 300, 310

Escolas públicas do Tocantins 212, 216

Estudantes 14, 21, 26, 27, 36, 37, 39, 40, 42, 43, 44, 46, 47, 48, 49, 50, 51, 52, 53, 54, 57, 61, 62, 65, 66, 70, 73, 80, 82, 83, 84, 85, 86, 94, 104, 115, 139, 141, 155, 156, 157, 159, 160, 162, 180, 181, 182, 183, 229, 236, 238, 239, 240, 241, 244, 249, 255, 266, 284, 285, 287, 288, 289, 290, 292, 293, 295, 297, 298

F
Filosofia 9, 14, 19, 62, 69, 129, 131, 156, 165, 170, 188, 229, 232, 235, 237, 238, 239, 241, 242, 243, 244, 245, 246, 247, 248, 249, 252, 253, 254, 255, 256, 257, 258, 259, 260, 261, 263, 279, 309, 312, 313, 314

Financiamento da educação 7, 11, 12, 20, 25, 28, 29, 32, 33, 35, 37, 38, 47

Folclore 13, 211, 212, 213, 214, 215, 216, 218, 219, 220, 221, 224, 225, 226

G
Gestão democrática da educação 32, 81, 86, 87, 89, 95, 98, 104, 105, 107, 108

H
Habilidades 29, 43, 65, 66, 104, 129, 131, 139, 143, 151, 153, 156, 160, 161, 178, 214, 218, 219, 220, 221, 222, 223, 244, 246, 248, 250, 251, 252, 253, 254, 255, 257, 265, 267, 275

I
Inclusão 7, 11, 19, 29, 40, 41, 42, 43, 53, 59, 60, 61, 62, 63, 64, 65, 66, 67, 68, 69, 70, 71, 72, 73, 74, 186, 195, 197, 265, 266, 280, 284, 285, 286, 296
Institucional 8, 12, 34, 35, 43, 44, 52, 57, 99, 109, 110, 111, 112, 113, 114, 115, 116, 117, 118, 119, 120, 121, 122, 123, 124, 125, 126, 159, 200, 267, 313

J
Jovens 14, 18, 19, 20, 26, 30, 42, 46, 65, 80, 86, 91, 131, 135, 138, 141, 156, 157, 158, 159, 176, 178, 182, 183, 185, 192, 199, 234, 235, 236, 239, 244, 247, 249, 253, 261, 271, 281, 285, 286, 287, 288, 290, 297
Juventudes 9, 14, 155, 157, 158, 281, 282, 283, 284, 285, 286, 287, 288, 290, 292, 295, 296, 297, 298, 299, 309

L
Lei de diretrizes e bases da educação nacional 25, 41, 64, 77, 84, 103, 174, 213, 227, 243, 258, 265, 278, 279
Lenda 218, 219
Língua indígena 194, 195, 197, 204
Língua portuguesa 131, 156, 180, 190, 194, 195, 197

M
Manutenção e desenvolvimento da educação básica 20, 25, 27, 38, 103, 177, 185
Matemática 19, 131, 141, 156, 159, 180, 182, 195, 213, 226, 260
MEC 26, 33, 34, 35, 41, 42, 52, 64, 65, 88, 89, 103, 105, 106, 108, 115, 124, 134, 141, 145, 164, 174, 176, 180, 181, 185, 186, 193, 205, 227, 260, 279, 309
Mercado de trabalho 46, 134, 140, 161, 196, 265, 288, 297

N
Natureza 39, 40, 42, 45, 47, 53, 60, 77, 95, 96, 101, 104, 111, 115, 116, 120, 122, 123, 148, 149, 150, 151, 157, 159, 168, 170, 211, 213, 217, 220, 235, 241, 244, 245, 246, 248, 252, 253, 257, 258, 283

O
Organização 20, 21, 41, 78, 79, 80, 85, 86, 90, 94, 98, 100, 101, 103, 104, 108, 110, 111, 112, 113, 115, 116, 117, 119, 121, 130, 141, 148, 150, 151, 152, 153, 154, 156, 158, 164, 171, 172, 190, 192, 195, 197, 198, 201, 213, 214, 215, 216, 220, 250, 258, 286, 309

P
Parlendas 215, 218, 219, 222, 223
Pedagogia 12, 64, 102, 109, 129, 132, 134, 139, 140, 141, 143, 144, 146, 152, 154, 159, 165, 188, 264, 269, 271, 276, 299, 309, 310, 311, 312, 313, 314

Pensamento artístico 218, 219, 220
Permanência na escola 40, 47, 76, 77, 175, 176, 177, 184
Pesquisas educacionais 33, 50, 95, 107, 173
Pessoas com deficiência 7, 11, 59, 60, 61, 62, 63, 64, 65, 66, 67, 68, 70, 71, 73
Plano estadual de educação 12, 98, 103, 108, 179, 206
Políticas 8, 11, 12, 17, 18, 19, 20, 21, 22, 32, 35, 38, 40, 41, 42, 44, 45, 46, 47, 48, 52, 54, 55, 57, 59, 60, 61, 63, 64, 65, 67, 70, 71, 72, 73, 75, 76, 82, 85, 87, 88, 89, 93, 98, 99, 107, 111, 113, 114, 119, 124, 127, 129, 130, 132, 140, 142, 143, 146, 160, 164, 173, 176, 177, 181, 184, 187, 192, 193, 195, 200, 203, 229, 259, 263, 275, 284, 285, 295, 296, 297, 309, 310, 311, 312
Práxis socioeducativa e cultural 11, 309, 312
Processo de avaliação institucional 109, 110, 113, 114, 116, 117, 119, 122
Processo de ensino e aprendizagem 99, 100, 101, 196, 256, 259, 272
Produções artísticas 218, 219, 220
Professor 12, 13, 21, 102, 132, 133, 134, 136, 139, 141, 142, 143, 144, 150, 151, 154, 160, 197, 199, 211, 212, 213, 215, 216, 220, 221, 233, 234, 235, 236, 237, 242, 245, 254, 255, 256, 257, 264, 265, 269, 270, 271, 272, 273, 274, 275, 276, 277, 279, 280, 286, 292, 309, 310, 312, 313, 314
Profusão de ritmos do Brasil 218, 219, 220
Projeto Político Pedagógico 95, 99, 100, 196, 207, 212, 224, 227, 267, 280

R
Recursos 18, 20, 25, 26, 27, 28, 29, 32, 33, 34, 35, 36, 37, 39, 43, 44, 46, 48, 52, 53, 54, 66, 80, 95, 98, 103, 104, 106, 132, 133, 192, 193, 203, 214, 223, 231, 232, 235, 239, 251, 267, 272, 274, 290
Referencial pedagógico 13, 212, 220, 221, 223, 227
Respeito 28, 40, 48, 49, 51, 53, 64, 75, 76, 77, 82, 95, 113, 132, 134, 135, 143, 148, 156, 158, 159, 161, 173, 176, 190, 194, 196, 197, 201, 212, 213, 214, 216, 217, 222, 224, 226, 232, 233, 237, 244, 246, 249, 263, 264, 265, 266, 267, 270, 272, 273
Ritmos do brasil 218, 219, 220

S
Saberes indígenas 194, 195
Sensibilidade 138, 142, 217, 218, 219, 220
Sociedade 12, 20, 21, 34, 37, 38, 45, 54, 55, 57, 59, 60, 61, 63, 65, 67, 68, 73, 76, 77, 82, 83, 87, 88, 94, 100, 104, 105, 107, 111, 113, 130, 132, 134, 135, 137, 138, 140, 142, 145, 149, 150, 151, 156, 157, 158, 159, 161, 163, 165, 169, 170, 172, 173, 174, 178, 183, 189, 192, 195, 197, 198, 204, 211, 213, 220, 224, 225, 226, 230, 231, 233, 235, 236, 242, 247, 248, 249, 250, 253, 257, 264, 268, 269, 270, 282, 284, 285, 286, 295, 296, 297, 309, 310

T
Tocantins 3, 7, 8, 11, 12, 13, 14, 15, 21, 35, 39, 57, 59, 65, 70, 73, 75, 76, 78, 79, 80, 81, 82, 84, 86, 87, 89, 90, 91, 93, 94, 95, 96, 97, 98, 99, 100, 102, 103, 104, 108, 109, 111, 114, 122, 124, 125, 126, 127, 129, 141, 142, 147, 148, 149, 158, 161, 163, 167, 178, 179, 180, 188, 189, 190, 191, 192, 193, 194, 196, 197, 202, 204, 205, 206, 207, 211, 212, 216, 217, 218, 220, 225, 227, 243, 263, 267, 270, 276, 280, 281, 287, 309, 310, 311, 312, 313, 314

U
Universidade 5, 8, 12, 32, 39, 40, 47, 49, 50, 51, 52, 53, 54, 56, 57, 59, 60, 61, 64, 65, 66, 67, 68, 69, 70, 71, 72, 73, 79, 94, 99, 109, 111, 112, 114, 119, 120, 121, 122, 124, 125, 126, 134, 149, 163, 165, 171, 172, 173, 187, 190, 193, 195, 199, 206, 242, 243, 260, 263, 277, 278, 280, 281, 300, 309, 310, 311, 312, 313, 314

V
Valores estéticos 218, 219, 220

SOBRE OS AUTORES

Juciley Silva Evangelista Freire (Organizadora)
Graduada em Pedagogia pela Universidade do Tocantins em 2006, Mestre em Educação Brasileira (2001) e Doutora em Educação (2011) pelo Programa de Pós-Graduação em Educação da Universidade Federal de Goiás (PPGE/UFG). Professora adjunta da Universidade Federal do Tocantins, atuando no Curso de Pedagogia do Campus de Palmas e no Curso de Mestrado Profissional em Educação do PPPGE/UFT. Coordenadora do Núcleo de Estudos e Pesquisa em Educação, Desigualdade Social e Políticas Públicas (NEPED). Atua como pesquisadora no Programa Educação, Pobreza e Desigualdade Social da UFT/MEC/Secadi – Trajetórias Escolares. Tem experiência na área de Educação, com ênfase em formação de professores. Pesquisa principalmente nos seguintes temas: Políticas e Gestão da Educação; Organização do Trabalho Pedagógico; Educação e Trabalho; Educação, Pobreza e Desigualdade Social.
E-mail: jucy@mail.uft.edu.br;
Lattes: http://lattes.cnpq.br/4040502728465179;
Orcid: https://orcid.org/0000-0002-5963-8709.

Roberto Francisco de Carvalho (Organizador)
PhD em Políticas Públicas e Formação Humana (Universidade do Estado do Rio de Janeiro/UERJ); Doutor e Mestre em Educação pela Universidade Federal de Goiás (UFG); Professor Associado da Universidade Federal do Tocantins (UFT)/Campus Universitário de Palmas – Cursos de Filosofia e Teatro; Membro do corpo docente do Mestrado Profissional em Educação da UFT (PPPGE); Pesquisador na área de Política/Gestão Educacional e Currículo, vinculado ao Grupo de Estudo e Pesquisa Práxis Socioeducativa e Cultural (Líder) e Grupo de Pesquisa em Educação, Políticas Públicas e Desigualdades Sociais (GEPEDS) e Rede Universitas/Br.
E-mail: rcarvalho@uft.edu.br;
Lattes: http://lattes.cnpq.br/5571746546717368;
Orcid: https://orcid.org/0000-0001-7278-181X.

João Cardoso Palma Filho
Doutor em Educação. Professor Titular (aposentado) do Instituto de Artes da Universidade Estadual Paulista (Unesp). Atualmente colabora no Programa de Pós-Graduação em Artes na mesma instituição. Pós-Doutor em Política Educacional pela Faculdade de Educação da Universidade de São Paulo (USP).
E-mail: jcpalmafilho@uol.com.br;
Lattes: http://lattes.cnpq.br/6871865854491549.

Doracy Dias Aguiar de Carvalho
Doutoranda em Política Social pela Universidade de Brasília (UnB), Mestre em Educação pela Universidade Federal de Goiás (UFG) e Assistente Social da UFT. Membro dos grupos de Estudo e Pesquisa: Práxis Socioeducativa e Cultural (UFT); Democracia, Sociedade Civil e Serviço Social (GEPEDSS – UnB) e Núcleo de Estudo e Pesquisa em Educação, Desigualdade Social e Políticas Públicas (NEPED – UFT).
E-mail: doracy@uft.edu.br;
Lattes: http://lattes.cnpq.br/1417584270957347;
Orcid: https://orcid.org/0000-0001-6992-1615.

José Wilson Rodrigues de Melo
Estágio pós-doutoral na Université de Montréal – UdM, Canadá (2013). Doutorado em Didacta e Organización Escolar pela USC, Espanha (2008); mestrado em Educação pela Universidade Federal do Ceará – UFC (1995); Especialização em Docência do Ensino Superior pela Uece (1994). Graduação em Pedagogia pela UFC (1985). Professor efetivo da Fundação Universidade Federal do Tocantins – UFT desde 2003. Membro do mestrado profissional (Interdisciplinar) em Prestação Jurisdicional em Direitos Humanos. Tem experiência em educação com ênfase na política educacional, ensino superior, currículo, direitos humanos, diversidade cultural.
E-mail: jwilsonrm@mail.uft.edu.br;
Lattes: http://lattes.cnpq.br/6897023241348861.

Marja Diane Pereira Brito de Oliveira
Possui graduação em Direito pela Faculdade Católica do Tocantins (2011). Pós-Graduação Lato Sensu em Direito Administrativo pela Universidade Federal do Tocantins (2012). Mestranda da Pós-Graduação Stricto Sensu em Prestação Jurisdicional e Direitos Humanos, Turma VII, pela Escola Superior da Magistratura Tocantinense biênio 2019/2020 (cursando). Atualmente exerce o cargo de assistente em administração na Universidade Federal do Tocantins.
E-mail: marjadiane@uft.edu.br;
Lattes: http://lattes.cnpq.br/9672415064827045.

Rosilene Lagares
Doutora e Mestre em Educação pela Universidade Federal de Goiás (UFG). Especialista em Docência da Educação Superior (Faculdade de Patrocínio/MG). Graduada em Pedagogia (UFG). Professora Adjunto da Universidade Federal do Tocantins (UFT)/ Campus de Palmas/Curso de Pedagogia e Programa de Pós-Graduação em Educação (Mestrado) e Doutorado em Educação em Rede/Amazônia (Educanorte). Tutora do Programa de Educação Tutorial de Pedagogia Palmas. Líder e pesquisadora do grupo de pesquisa CNPq/Plataforma Lattes/UFT: Estudo, Pesquisa e Extensão em Educação Municipal na UFT (GepeEM), do Observatório de Sistemas e Planos de Educação do Tocantins (ObsSPE) e da Pesquisa Rede MAPA. Diretora da Associação Nacional de Política e Administração da Educação (Anpae-Tocantins). Avaliadora AdHoc da

Associação Nacional de Pesquisa e Pós-Graduação em Educação (Anped/Grupo de Trabalho 5/Estado e Política Educacional). Integra a Linha de Pesquisa do PPGE: Estado, Sociedade e Práticas Educativas.
E-mail: roselagares@uft.edu.br.
Lattes: http://lattes.cnpq.br/6515208027900665.

Ítalo Bruno Paiva Gonçalves
Mestrando Profissional em Educação (UFT) na linha de pesquisa Gestão e Políticas Educacionais. Especialista em Psicopedagogia Escolar (ITOP, 2019) e História Cultural (Claretiano, 2014). Licenciado em História (UFG, 2009) e professor da educação básica da rede estadual do Tocantins. Membro do grupo de Estudos, Pesquisa e Extensão em Educação Municipal na UFT (Gepem), cadastrado no CNPQ/CAPES. Membro do Observatório de Sistemas e Planos de Educação do Tocantins (ObSPE. Desenvolve pesquisa na temática educação municipal, nos aspectos da gestão, legislação e políticas públicas e história. Tem experiência com ensino de história na educação básica, coordenação pedagógica e financeira.
Orcid: https://orcid.org/0000-0002-4285-1669.

Leonardo Victor dos Santos
Mestre em Educação pela Universidade Federal do Tocantins (UFT) (2019); Especialista em Gestão Educacional pela Universidade Católica de Brasília (2008); Licenciado em Pedagogia pela Universidade Estadual do Tocantins (2000); Professor da Educação Básica da Rede Estadual de Ensino do Tocantins. Ex-Diretor Regional de Educação de Arraias nos anos de 2014, 2018 e 2019. É Membro dos grupos de Pesquisa: 1) Grupo de Estudo, Pesquisa e Extensão em Educação Municipal da UFT - Núcleo de Estudos, Pesquisa e Extensão de Políticas Curriculares e Educativa; 2) Observatório dos Sistemas e Planos de Educação do Tocantins; 3) REDE MAPA (Projeto de Pesquisa Gestão Democrática do Ensino Público: Mapeamento das Bases Normativas e das Condições Político-Institucionais dos Sistemas Municipais de Ensino. Filiado na Associação Nacional de Administração em Educação (Anpae). Desenvolve pesquisa sobre parcerias público-privadas na gestão educacional e a respeito da normatização e as condições de efetivação da gestão democrática no âmbito dos sistemas municipais de ensino. Coordenador Geral da Rede ColaborAção Tocantins, que promove formação, acompanhamento, apoio e avaliação das redes e sistemas municipais de ensino.
E-mail: professorleonardoarraias@gmail.com;
Lattes: http://lattes.cnpq.br/5796542022410702;
Orcid: https://orcid.org/0000-0002-1466-8402.

Katia Cristina C. F. Brito
Doutora em Educação pela Universidade Federal de São Carlos (UFSCar). Mestre em Educação pela Universidade Federal de Santa Catarina (UFSC). Graduada em Pedagogia pela Universidade Federal de Goiás (UFG). Membro da Rede Mapa (Gestão

Democrática do ensino público: mapeamento das bases normativas e das condições político-institucionais dos sistemas municipais de ensino) no Tocantins, Grupo de Estudos, Pesquisa e Extensão em Educação Municipal (GepeEM) e do Observatório dos Sistemas e Planos de Educação no Tocantins (ObsSPE). Atua como professora no Curso de Pedagogia da Universidade Federal do Tocantins (UFT) e no Mestrado Profissional em Educação (PPPGE/UFT).
E-mail: katiacristina@uft.edu.br
Lattes: http://lattes.cnpq.br/2258920700681561;
Orcid: https://orcid.org/0000-0001-8519-4884.

Lêda Lira Costa Barbosa
Mestranda em Educação (PPPGE/UFT). Graduada em Pedagogia com Licenciatura em Administração Escolar pela Universidade Federal de Sergipe (UFS). Professora de Educação Básica na Rede Estadual de Ensino do Tocantins. Atualmente, é técnica na Unidade Técnica Executiva em Orientação Educacional da Secretaria de Educação, Juventude e Esportes do Tocantins.
E-mail: costa.lira@mail.uft.edu.br;
Lattes: http://lattes.cnpq.br/7163363624278376;
Orcid: https://orcid.org/0000-0003-2701-2848.

Meire Lúcia Andrade da Silva
Doutoranda em Educação pela Universidade Federal de Goiás (UFG). Graduada em Pedagogia e mestre em Educação pela Universidade Federal do Tocantins (UFT). Membro da Rede Mapa (Gestão Democrática do ensino público: mapeamento das bases normativas e das condições político-institucionais dos sistemas municipais de ensino) no Tocantins, Grupo de Estudos, Pesquisa e Extensão em Educação Municipal (GepeEM) e do Observatório dos Sistemas e Planos de Educação no Tocantins (ObsSPE). Atualmente, atua como professora de educação básica na Rede Municipal de Ensino de Gurupi (TO).
E-mail: melucia26@hotmail.com;
Lattes: http://lattes.cnpq.br/6735648604184569;
Orcid: https://orcid.org/0000-0002-1237-6422.

Geraldo Santos da Costa
Bacharel em Biblioteconomia pela Universidade Federal do Pará – UFPA (2000). Especialista em Orientação Educacional pela Faculdade Guaraí – FAG (2004). Especialista em Administração de bibliotecas pela Universidade Federal do Pará – UFPA (2008). Mestre em Educação pela Universidade Federal do Tocantins – UFT (2020). Bibliotecário da Universidade Federal do Tocantins.
E-mail: gerabelem@uft.edu.br;
Lattes: http://lattes.cnpq.br/8706164495156185.

Rosemeri Birck
Doutora em Artes pelo Instituto de Artes da Universidade Estadual Paulista "Júlio de Mesquita Filho" da Unesp; Mestre em Educação e Pedagoga pela Universidade Estadual de Maringá (UEM). Professora Adjunta da Universidade Federal do Tocantins (UFT)/Campus Universitário de Miracema no Curso de Pedagogia, Pesquisadora na Área de Arte e Educação vinculada ao Grupo de Pesquisa Observatório da Arte, pesquisadora na área de Currículo, Política e Gestão Educacional, vinculada ao Grupo de Estudo e Pesquisa Práxis Socioeducativa e Cultural (Vice-Líder).
E-mail: rosebirck@uft.edu.br;
Orcid: https://orcid.org/0000-0002-2133-9316.

José Carlos da Silveira Freire
Professor da UFT. Campus de Palmas. Membro do Grupo de Pesquisa em Educação, Políticas Públicas e Desigualdade Social.
E-mail: cfreire@mail.uft.edu.br;
Lattes: http://lattes.cnpq.br/9140963267227040.

Eliziane de Paula Silveira
Professora da Secretaria Estadual de Educação do Tocantins. Aluna do Mestrado em Educação Profissional da UFT.
E-mail: elizianepsb@hotmail.com;
Lattes: http://lattes.cnpq.br/5330430592299224.

Adriana dos Reis Martins
Doutora em Artes pela Universidade do Estado de São Paulo (Uesp); Mestra em Música pela Universidade Federal de Goiás. Professora assistente do curso de teatro da Universidade Federal do Tocantins, atuando como professora de estágio supervisionado, tendo como pesquisa a formação de professores para educação básica. É bolsista Capes atuando como coordenadora do curso de licenciatura de Artes-Teatro./Parfor.
E-mail: adrianaarte@uft.edu.br;
Lattes: http://lattes.cnpq.br/4795382232840623.

Solange Aparecida Machado
Mestranda em Educação (PPPGE/UFT). Graduada em Pedagogia com Habilitação em Orientação Educacional pelo Centro Técnico Educacional Superior do Oeste Paranaense (CETSOP). Membro do Grupo de Grupo de Estudo e Pesquisa Práxis Sócio Educativa e Cultural (PRÁXIS). Especialista em Gestão Pública pela Universidade Aberta do Brasil(UAB-UFT); Professora da Educação Básica na Rede Estadual de Ensino do Tocantins. Atualmente, Assessora de Orientação Educacional na Diretoria Regional de Educação de Dianópolis-TO.
E-mail: solange.machado@mail.uft.edu.br;
Lattes: http://lattes.cnpq.br/9544186490606952.

Raquel Castilho Souza
Doutora em Artes, professora adjunta do curso de Filosofia da Universidade Federal do Tocantins, Palmas/TO.
E-mail: raquelcastilho@uft.edu.br;
Lattes: http://lattes.cnpq.br/3356457304123848;
Orcid: https://orcid.org/0000-0002-4758-5240.

Karylleila Andrade
Doutora em Linguística, professora associada III da Universidade Federal do Tocantins. Atua no Programa de Pós-Graduação em Letras, câmpus de Porto Nacional, e no PPGL em Ensino de Língua e Literatura, câmpus de Araguaína, Palmas/TO, Bolsista Produtividade CNPq PQ2.
E-mail: karylleila@uft.edu.br;
Lattes: http://lattes.cnpq.br/8224727509470953;
Orcid: https://orcid.org/0000-0001-6920-9206.

Tânia Ferreira Rezende
Doutora em Estudos Linguísticos, professora associada da Universidade Federal de Goiás. Atua na graduação e no Programa de Pós-Graduação em Letras e Linguística.
E-mail taniaferreirarezende@gmail.com;
Lattes: http://lattes.cnpq.br/9438105037411040;
Orcid: http://orcid.org/0000-0003-3954-2758.

Roní Lopes Nascimento
Graduação em Normal Superior, EAD-UNITINS– Fundação Universidade do Tocantins, 2007. Estudos Complementares em Pedagogia, EAD-UNITINS – Fundação Universidade do Tocantins, 2008. Graduação em Teatro, UFT– Universidade Federal do Tocantins, 2018. Pós-Graduação em Especialização em Alfabetização e Letramento, UCAM– Universidade Candido Mendes, 2019. Professora da Educação Básica – Educação Infantil/Centro Municipal de Educação Infantil Matheus Henrique de Castro dos Santos (CMEI), Palmas-TO.
E-mail: larishenrik.com@hotmail.com;
Lattes: http://lattes.cnpq.br/1879725429655172.

Catherinne Melo Alves
Mestra em Filosofia. Professora do curso de Licenciatura em Filosofia da UFT – Palmas.
E-mail: caterinealves@hotmail.com;
Lattes: http://lattes.cnpq.br/5604530159701787.

João Paulo Simões Vilas Bôas
Doutor em Filosofia. Professor do curso de Licenciatura em Filosofia da UFT – Palmas e do PROF-FILO, núcleo UFT.
E-mail: jpsvb@uft.edu.br;
Lattes: http://lattes.cnpq.br/8882556250527283.

Terezinha de Jesus Rocha Bezerra
Graduada em Licenciatura em Filosofia pela Universidade Federal do Tocantins e Especialista em Ética e Ensino de Filosofia pela Universidade Federal do Tocantins (UFT).
E-mail: terezinhacontatuss@gmail.com;
Lattes: http://lattes.cnpq.br/5580347352235336.

Brenda Faria Braga de Sousa
Pedagoga pela Universidade Federal do Tocantins – Campus Universitário de Miracema – foi pesquisadora do Programa Institucional de Bolsas Iniciação Científica (PIBIC – 2015-2017), é membro do Grupo de Pesquisa Observatório da Arte.
E-mail: brendafariabraga@gmail.com;
Lattes: http://lattes.cnpq.br/4096869272112683.

Marluce Evangelista Carvalho Zacariotti
Doutora em Educação - PUC-Goiás (2015). Mestrado em Ciências da Comunicação pela Universidade de São Paulo (2004). Professora e vice-coordenadora do Programa Profissional de Pós-Graduação em Educação/ UFT.
E-mail: marluce@uft.edu.br.
Lattes: http://lattes.cnpq.br/4391204994734508;
Orcid: https://orcid. org/0000-0002-4834-1088.

Adriana da Costa Pereira Aguiar
Mestranda m Educação – UFT, graduada em Pedagogia, professora da rede estadual de ensino, Secretaria de Educação do Estado do Tocantins.
E-mail: adrianacpa@hotmail.com;
Lattes: http://lattes.cnpq.br/6043753382852008/.

Amanda Pereira Costa
Mestranda em Educação, UFT, graduada em Pedagogia, professora da rede estadual de ensino, superintendente de Educação Básica.
E-mail: amandapcosta@hotmail.com;
Lattes: http://lattes.cnpq.br/1578887156912042/.

José Damião Trindade Rocha (Organizador)
Doutor em educação/UFBA, (2009). Mestre em educação Brasileira/UFG, (2002). Pedagogo. Coordenador do mestrado Profissional em educação UFT. coordenador do sistema Universidade aberta do Brasil – UaB/capes na UFT. Diretor de tecnologias educacionais DTE/Reitoria/UFT. docente do Programa de Pós-Graduação em educação da UFT (mestrado acadêmico e mestrado Profissional). Ex-coordenador do curso modular de Pedagogia (Parfor). É avaliador *ad-hoc* da revista Brasileira de estudos Pedagógicos e da revista de educação da Unemat. Líder de grupo de pesquisa da plataforma Lattes/CNPq na área de currículo, atuando principalmente nos seguintes temas: teorias do currículo; currículo da educação infantil; currículo

do ensino fundamental; currículo e intersecções com diversidade sexual e de gênero; currículo na interzona das tecnologias digitais.
E-mail: damiao@mail.uft.edu.br;
Lattes: http://lattes.cnpq.br/9799856875780031.

José Soares das Chagas (Organizador)
Doutor pelo Instituto de Artes da UNESP. Mestre em Filosofia pela UECE. Graduado em Filosofia pela UEVA. Bacharel em Teologia pela Faculdade Católica de Fortaleza – FCF. Professor adjunto da Universidade Federal do Tocantins – UFT, Campus de Palmas. Coordenador do curso de Licenciatura em Filosofia da UFT (gestão 2019 – 2021). Professor do Mestrado profissional em Filosofia – Prof-Filo. Atualmente, desenvolve o projeto de pesquisa "Filosofia em movimento: questões em torno de metafísica, ética, estética e educação" e leciona Filosofia da Educação na graduação e Tópicos específicos de filosofia e seu ensino no mestrado profissional.
E-mail: jsoares007@hotmail.com;
Lattes: http://lattes.cnpq.br/9881921211705297.

SOBRE O LIVRO
Tiragem: 1000
Formato: 16 x 23 cm
Mancha: 12,3 X 19,3 cm
Tipologia: Times New Roman 10,5/12/16/18
Arial 7,5/8/9
Papel: Pólen 80 g (miolo)
Royal Supremo 250 g (capa)